ESPECTRO

Perry Anderson

ESPECTRO
da direita à esquerda no mundo das ideias

Tradução
Fabrizio Rigout
Paulo Cesar Castanheira

Copyright © Perry Anderson, 2005
Copyright desta edição © Boitempo Editorial, 2012
Traduzido do original em inglês: *Spectrum: from right to left in the world of ideas* (Londres, Verso, 2005)

Coordenação editorial	Ivana Jinkings
Editora-adjunta	Bibiana Leme
Assistência editorial	Livia Campos e Mônica Santos
Tradução	Fabrizio Rigout (prefácio, capítulos 2, 3, 5, 7, 8, 10, 11, 12 e 13, e "Dívidas de gratidão")
	Paulo Cesar Castanheira (capítulos 1, 4, 6 e 9)
Preparação	Mariana Echalar
Revisão	Mariana Tavares
Capa	Studio DelRey
	sobre o cartaz antiguerra "Parem a militarização do espaço" (autoria desconhecida, URSS, década de 1980)
Diagramação	Acqua Estúdio Gráfico
Produção	Livia Campos

CIP-BRASIL. CATALOGAÇÃO NA FONTE
SINDICATO NACIONAL DOS EDITORES DE LIVROS, RJ

A561s

Anderson, Perry, 1938-
 Espectro: da direita à esquerda no mundo das ideias / Perry Anderson ; [tradução Fabrizio C. Rigout, Paulo Cesar Castanheira]. - São Paulo : Boitempo, 2012.

 Tradução de: Spectrum: from right to left in the world of ideas
 Inclui índice
 ISBN 978-85-7559-143-7

 1. Direita e esquerda (Ciência Política). 2. Sociologia política. 3. Ciência política - Filosofia. 4. Nacionalismo. 5. Liberalismo. 6. Socialismo. I. Título.

11-7314.
CDD: 320.5
CDU: 321

É vedada a reprodução de qualquer parte
deste livro sem a expressa autorização da editora.

1ª edição: janeiro de 2012
1ª reimpressão: maio de 2018

BOITEMPO EDITORIAL
Jinkings Editores Associados Ltda.
Rua Pereira Leite, 373
05442-000 São Paulo SP
Tel.: (11) 3875-7250 / 3875-7285
editor@boitempoeditorial.com.br | www.boitempoeditorial.com.br
www.blogdaboitempo.com.br | www.facebook.com/boitempo
www.twitter.com/editoraboitempo | www.youtube.com/tvboitempo

*Para Tom Mertes,
com amizade.*

Sumário

Agradecimentos 9
Prefácio 11

I. Política 19
1. A direita intransigente: Michael Oakeshott, Leo Strauss, Carl Schmitt, Friedrich von Hayek 21
2. Teatro constitucional: Ferdinand Mount 49
3. Sonhos da Europa Central: Timothy Garton Ash 83

II. Filosofia 127
4. Criar o consenso: John Rawls 129
5. Normatizando fatos: Jürgen Habermas 139
6. Delineando valores: Norberto Bobbio 157
7. Armas e direitos: o centro ajustável 169

III. História 207
8. *In memoriam*: Edward Thompson 209
9. Filologista extraordinário: Sebastiano Timpanaro 221
10. Lembranças tropicais: Gabriel García Márquez 243
11. Atlas da família: Göran Therborn 255
12. Guerra civil, inquietação global: Robert Brenner 267
13. A esquerda vencida: Eric Hobsbawm 315

Dívidas de gratidão 361
1. *London Review of Books* 363
2. Um anglo-irlandês na China: J. C. O'G. Anderson 383

Índice onomástico 431

Nota da edição brasileira

Os artigos "A direita intransigente: Michael Oakeshott, Leo Strauss, Carl Schmitt e Friedrich von Hayek", "Criar o consenso: John Rawls", "Delineando valores: Norberto Bobbio" e "Filologista extraordinário: Sebastiano Timpanaro" foram traduzidos por Paulo Cesar Castanheira e publicados na coletânea *Afinidades seletivas* (São Paulo, Boitempo, 2002).

Agradecimentos

As primeiras versões de todos os seguintes ensaios ou parte deles foram publicadas na *London Review of Books*: "A direita intransigente", em 24 de setembro de 1992; "Teatro constitucional", em 22 de outubro de 1992; "Sonhos da Europa Central", em 25 de novembro de 1999; "In memoriam", em 21 de outubro de 1993; "Guerra civil, inquietação global", em 4 de novembro de 1993; "Filologista extraordinário", em 10 de maio de 2001; "A esquerda vencida", em 3 e 17 de outubro de 2002; "Um anglo-irlandês na China", em 30 de julho e 20 de agosto de 1998. "Criar o consenso" foi publicado originalmente em *Dissent*, no inverno de 1994. "Delineando valores" e "Armas e direitos", na *New Left Review* (v. I, n. 231, set.-out. 1998 e n. 32, jan.-fev. 2005). "Lembranças tropicais" e "Atlas da família" apareceram em *The Nation*, em 26 de janeiro de 2004 e 30 de maio de 2005. O primeiro apêndice saiu como "Nota ao leitor" na *London Review of Books: An Anthology* (Londres, 1996). A maior parte desses textos foi corrigida ou editada. "Normatizando fatos" é inédito. Adendos na forma de *postscriptum* são indicados pela data no fim do texto.

Gostaria de agradecer a minhas editoras na *London Review of Books* e na *New Left Review*, Mary-Kay Wilmers e Susan Watkins, e a meu irmão Benedict Anderson por seus comentários sobre diferentes partes deste livro; e a Tom Mertes, Choi Sung-eun e Zhang Xiaohong por toda a ajuda que me deram durante sua preparação.

P. A.

Prefácio

Este livro é um exercício de história das ideias contemporâneas. Pode ser encarado como uma tomada panorâmica, deslocando-se da direita para a esquerda, de uma paisagem intelectual. Os pensadores e escritores que examina pertencem a um mundo político em que as categorias de direita, centro e esquerda ainda retêm seu significado, mesmo se – e esta é uma das questões levantados no trajeto – a localização e as fronteiras de cada uma estejam longe de ser fixas. Esse é o espectro ao qual o título alude. A existência de tal gama de concepções e convicções é bastante familiar. Contudo, passagens por sua extensão são ocorrências relativamente raras enquanto empreitada analítica. Há duas boas razões para isso. A primeira é a tendência natural que cada família política tem de se interessar mais por seus próprios parentes do que pelos estranhos e pelos adversários. O zelo polêmico é capaz de produzir uma fixação pelo outro lado, ou lados, de intenção puramente hostil. A Guerra Fria foi repleta desse tipo de literatura, tão efêmera quanto instrumental. Mas, num plano intelectual mais sério, as cabeças tendem a se dividir de acordo com suas simpatias, numa versão acadêmica da atração exercida por iguais entre si. O ímpeto de estudar a princípio as fontes – próximas ou remotas – das próprias lealdades é perfeitamente aceitável e produtivo. Entretanto, pode, é claro, levar a um estreitamento de horizonte. Ideias raramente são valores absolutos: seu valor é sempre relativo às outras noções que estão em jogo no campo, e é apenas o conhecimento destas que proporciona uma medida de comparação. A absorção intramuros jamais será capaz de produzir esse resultado.

A segunda razão para a escassez de trabalhos comparativos tem a ver com a natureza do próprio espaço. A política não é uma atividade fechada em si, gerando organicamente um corpo conceitual interno. O que conta como um conjunto de ideias relativas aos conflitos políticos de dado momento varia de acordo com a época e a região. Hoje se estende muito além do alcance da ciência política, em sua concepção tradicional. Filosofia, economia, história, sociologia, psicologia, para não falar das ciências naturais e biológicas, das artes, todas se cruzam em diferentes pontos no terreno da política, em sua definição clássica. A teoria política formal, apesar de distante da extinção, ocupa apenas uma parte do espaço resultante. Contudo, essa é uma expansão sujeita às leis ferrenhas da especialização. Quanto maior o número de disciplinas com o poder potencial de determinar posições políticas, mais difícil é formar um panorama adequado da gama de ideias existentes sobre poder e sociedade – o domínio da política propriamente dita – que compõem o inventário de uma época. A restrição a especialistas reforça a introspecção partidária e juntas inibem a exploração do campo como um todo.

Não obstante, ao tentar dar um passo nessa direção, segui os métodos descritos em *Zona de compromisso**, publicação anterior da qual esta pode ser considerada uma sequência. Seria ocioso repeti-los detalhadamente aqui. Basta dizer que uma premissa deste livro também é a de que ideias de qualquer grau de complexidade são mais bem estudadas por meio do trabalho detalhado dos autores que as produzem, como textos inseparáveis de contextos históricos ao mesmo tempo sociais e conceituais, mas que não podem ser reduzidos a estes. A opção, em outras palavras, é a de não tratá-los como motivos atemporais, nem como discursos genéricos, nem como linguagens especializadas, as três alternativas mais populares disponíveis. Por outro lado, este volume não é apenas um simples apêndice ao trabalho anterior, porque sua organização inclui uma alteração de escopo. No último livro expliquei que, como meu impulso primário para me engajar com uma obra era usualmente a admiração crítica, tinha dificuldade de escrever sobre autores aos quais me sentia pessoalmente próximo demais. Ao construir um volume que trata de pensadores que vão desde a extrema direita até a esquerda radical, passando pelo centro moderado, tentei superar essa limitação. *Zona de compromisso* menciona três pensadores da esquerda sobre os quais eu gostaria de ter escrito à época, mas senti-me incapaz. Dois deles, Eric Hobsbawm e Sebastiano Timpanaro, aparecem neste livro; o terceiro, Fredric Jameson, é objeto de outro estudo, *As origens da pós-modernidade**. Trata-se da ampliação de um extremo do espectro. No outro, conside-

---

* São Paulo, Editora Unesp, 1996. (N. E.)
** Rio de Janeiro, Zahar, 1999. (N. E.)

ro aqui um grupo de pensadores que, diferentemente dos já analisados, não são liberais de matiz mais ou menos conservador – Max Weber e Francis Fukuyama, que têm destaque em *Zona de compromisso*, certamente o são –, mas sim teóricos de uma direita mais intransigente, inimigos de qualquer consenso liberal.

O resultado é um livro mais sistemático em termos de concepção do que seu predecessor. Qualquer seleção de figuras extraídas de cada um dos segmentos de um hemisfério político está, naturalmente, fadada a ser um tanto arbitrária, respondendo aos acidentes do interesse pessoal. De qualquer maneira, a reflexão sobre aquelas incluídas nesta coleção nem sempre foi premeditada, mas respondia a diferentes solicitações. A intenção de um panorama com a estrutura que segue, porém, foi estabelecida logo no início e guiou as escolhas que se sucederam. O espectro político, que dá as coordenadas gerais deste livro, também em larga medida determinou seu escopo tópico. Direita, centro e esquerda não investiram igualmente nos mesmos assuntos ou disciplinas. Os legados clássicos do pensamento político, de Platão a Nietzsche, e as tarefas imediatas de administrar o mundo, nacional e internacionalmente, têm sido do maior interesse para a direita. Construções filosóficas normativas se tornaram a especialidade do centro. Investigações econômicas, sociais e culturais – do passado e do presente – dominam a produção da esquerda. Qualquer tentativa de dar conta das três perspectivas, portanto, está obrigada a atravessar um terreno um tanto variado. Encontram-se entre os tópicos deste livro teorias sobre o direito, o estado, a economia, a família, as relações internacionais, as lições da Antiguidade e do século XX, a memória e a mortalidade. Claramente, cada uma delas seria mais bem tratada por um especialista no assunto. Mas algo ainda pode ser dito a seu respeito, por mais parcial que seja, quando elas ingressam no inventário geral da cultura política como recursos para determinada corrente de opinião. Minha tentativa de fazê-lo não é baseada em nenhuma competência polimática, mas sim mundanamente nas necessidades da prática editorial, hoje já com meio século, em uma revista generalista que impõe certa diversidade de leituras e – pelo menos a princípio – a crítica como requisito técnico[1]. As limitações também implícitas nisso são suficientemente claras.

Não se pretende que a coleção de tópicos examinados a seguir, em cada caso por meio do prisma de dado corpo de trabalhos, esteja próxima de ser com-

---

[1] A *New Left Review* foi fundada em 1960. Passei a envolver-me editorialmente com ela em 1962. A conexão define, é claro, minha própria posição no espectro político.

pleta. Algumas das falhas se referem a sistemas intelectuais com os quais lidei em outras oportunidades: notadamente o pós-estruturalismo francês, cujo pensador político mais ativo, Jean-François Lyotard, discuti em *As origens da pós-modernidade*. Figuras de outros campos foram tão bem analisadas por colegas que qualquer adendo seria supérfluo. Entre elas estão dois dos mais importantes teóricos das relações entre Estados hoje, de marcas muito distintas, John Mearsheimer e Philip Bobbitt[2]. A teoria dos sistemas mundiais de Immanuel Wallerstein e sua escola ainda não foi objeto de uma avaliação dessa qualidade, mas já atraiu vasta literatura. O mesmo poderia ser dito a respeito da política cultural de Edward Said, cuja influência hoje não é menor. Outras lacunas têm mais a ver com a falta de uma figura ou obra específica centrais o suficiente para representar uma porta de entrada óbvia no terreno em questão. Esse é tipicamente o caso das questões que compõem boa parte da agenda política emergente no novo século, mas que ainda não chegaram a produzir uma literatura à altura de sua importância. Ecologia e biotecnologia são os exemplos óbvios. O feminismo é um caso diferente, pois sua já considerável história apresenta um padrão intrigante de paradas e partidas intelectuais. Se o atual período é de baixa relativa – não se espera outro *O segundo sexo* –, esta não deve durar. O mundo das ideias políticas ainda é muito mais masculino do que o das carreiras políticas, mas cedo ou tarde um alcançará o outro.

A organização do livro segue o desfile da época. Desde o final da Guerra Fria, quando *Zona de compromisso* foi publicado, as ideias da direita conquistaram mais espaço; o centro se adaptou cada vez mais a elas; a esquerda continua a recuar, globalmente falando. A escala da restauração intelectual que ocorreu – o termo "neoliberalismo", levado a sério em sua referência histórica, a sintetiza parcialmente – é habitualmente reprimida na esquerda de diversas maneiras. A derrota é uma experiência difícil de assimilar: a tentação é sempre sublimá-la. Mas, se algum dia for superada, é necessário ter a capacidade de olhar nos olhos dos adversários, sem indulgência nem autoengano. Isso requer uma cultura de curiosidade e crítica que não se dê por satisfeita em permanecer dentro das tradições da própria esquerda, nas quais a inclinação geral das tendências políticas à autoabsorção tem sido tipicamente intensificada pela mentalidade de cerco de qualquer formação minoritária, como sempre foi o universo intelectual da esquerda – no Ocidente, pelo menos, com exceções

---

[2] Ver Peter Gowan, "A Calculus of Power", *New Left Review* 16, jul.-ago. 2002, p. 47-67; e Gopal Balakrishnan, "Algorithms of War", *New Left Review* 23, set.-out. 2003, p. 5-33.

passageiras na França do pós-guerra e na Itália –; nunca antes tanto quanto hoje. Um dos objetivos desta coleção é resistir a essa involução.

A primeira parte do livro trata de escritos que pertencem de alguma maneira à literatura da direita. A dominar essa paisagem estão os quatro pensadores, cada um a seu modo dotado de excepcionais dotes, discutidos no ensaio de abertura: Michael Oakeshott, Carl Schmitt, Leo Strauss, Friedrich Von Hayek. Desde que esse texto foi escrito, a literatura secundária a seu respeito, como pensadores individuais, foi enriquecida[3]. Mas são as inter-relações complexas entre essas mentes, reagindo à chegada da democracia de massas, que continuam a ser a chave para compreender seu impacto político. Esse é o tema do capítulo dedicado a eles aqui. O restante da seção trata de dois escritores de levas subsequentes, ambos proeminentes na vida pública inglesa, que ilustram um pouco a maneira pela qual a democracia passou a ser concebida depois daquele momento: Ferdinand Mount trazendo o legado de Oakeshott para as estruturas internas do Estado e da sociedade britânicos; Timothy Garton Ash ocupando-se da replicação externa dos modelos ocidentais, desintoxicada dos riscos que alarmaram o quarteto do entreguerras, na Europa Oriental e no restante do mundo. O título dessa seção, "Política", é para ser entendido no sentido mais estreito do termo – ou seja, o de divisar maneiras de administrar um estado, e suas políticas, em vez de lidar com questões mais amplas sobre a natureza e a estrutura do poder em uma sociedade, ou, no uso francês, *la politique* e não *le politique*. É lógico que os textos nessa área devem tender predominantemente para a direita, já que o mundo caminhou nessa direção no período.

A segunda parte do livro trata dos três principais filósofos políticos na virada do século, todos os quais são amplamente considerados – e se consideraram – personalidades da esquerda moderada: John Rawls, Jürgen Habermas e Norberto Bobbio. Aqui eles são tratados, sem qualquer ênfase polêmica em especial, como pensadores que, pelo menos a esta altura, deveriam ser classificados como de centro. No caso de Rawls e Habermas, a justificativa vem do ideal que une a teoria política nacional de seu trabalho mais tardio: "consenso".

---

[3] A mais notável contribuição a essa literatura é Gopal Balakishnan, *The Enemy: an Intellectual Portrait of Carl Schmitt* (Londres, Verso, 2000). Paul Franco, *Michael Oakeshott* (New Haven, Yale University Press, 2004) e Daniel Tanguay, *Leo Strauss: une biographie intellectuelle* (Paris, Bernard Grasset, 2003) também são ambas de interesse. Alan Ebenstein, *Friedrich Hayek: a Biography* (Nova York, Palgrave, 2001) e Hans Jörg Hennecke, *Friedrich August von Hayek. Die Tradition der Freiheit* (Düsseldorf, Wirtschaft und Finanzen, 2000) são iniciações regulares, mas limitadas.

Se esse não é um valor quintessencial do centro, é difícil saber o que seria. Bobbio, que teve um passado mais longo e comprometido como personalidade da esquerda, nunca subscreveu essa ideia: a bem da verdade, procurou sem pouca eloquência retraçar linhas divisórias claras entre a esquerda e a direita que fizessem com que o centro se tornasse um lugar apenas para a evasão. No caso dele, mais claramente até do que no de Habermas ou Rawls, a classificação política é uma função da conjuntura histórica em vez da identidade essencial. Escrevi em outro lugar sobre os primeiros trabalhos de Habermas e Bobbio, quando eles se situavam inequivocamente na esquerda[4]. Ao comparar a teoria política nacional dos três pensadores, conforme analisadas a seguir, Bobbio permaneceu até o final mais radical em termos de sensibilidade do que Rawls ou Habermas. Mas, se olharmos para as obras desse trio que tratam de relações internacionais, tema do ensaio do meio deste livro, sua convergência quanto aos princípios da intervenção militar que justificaram as seguidas guerras imperiais coloca todos os três no centro imóvel do senso comum atual.

A terceira seção do livro se desloca para o terreno da esquerda, onde todos os resenhados podem ser considerados mais abertamente ocupados da história como registro do passado, distinta de qualquer deontologia, do que qualquer uma das figuras da direita ou do centro tratadas aqui. Isso nem precisa ser dito, é óbvio, em relação a historiadores modernos famosos como Edward Thompson, Robert Brenner ou Eric Hobsbawm. Mas se aplica a Sebastiano Timpanaro também, um historiador das ideias do século XIX, bem como filólogo clássico; a Göran Therborn, sociólogo por profissão, mas cujo trabalho principal é, por qualquer padrão, uma grande síntese histórica; e mesmo, à sua maneira, a Gabriel García Márquez, cuja ficção nunca tomou por objeto o mundo contemporâneo. Seria essa uma disposição comum na esquerda porque sua vida ativa como movimento para mudar o mundo faz parte do passado? Seria uma conclusão fácil demais, não apenas porque nenhuma dessas personalidades jamais deixou de se engajar na política contemporânea. O que essa preocupação histórica indica é, na verdade, a existência de conexões compartilhadas com o que

---

[4] Sobre Habermas, ver *In the Tracks of Historical Materialism* (Londres, 1983), p. 57-67; *A Zone of Engagement* (Londres, 1992), p. 327-31 [ed. bras.: *Zona de compromisso*, São Paulo, Editora Unesp, 1996]; *The Origins of Postomodernity* (Londres, 1998), p. 36-44 [ed. bras.: *As origens da pós-modernidade*, São Paulo, Jorge Zahar, 1999]; sobre Bobbio, *A Zone of Engagement*, p. 87-129. Bobbio respondeu tanto a estes últimos quanto ao ensaio a seu respeito publicado neste volume. Sobre nosso debate em ambos os casos, ver *Teoria Política*, n. 2-3, 1989, p. 293-308 e *New Left Review*, v. I, n. 231, p. 82-93.

foi até recentemente a *Leitkultur* da esquerda internacional, que seus fundadores afinal chamavam de materialismo histórico.

É evidente que um marxismo capaz de subsidiar trabalhos de magnitude tão óbvia quanto os de Therborn, Brenner ou Hobsbawm – tratando de tópicos que abrangem o mundo como a história da família moderna, a dinâmica da economia global, a periodização do século XX – não pode ser declarado morto. Meu tratamento das diferentes figuras dessa esquerda varia em parte em função das ocasiões nas quais me foi pedido que escrevesse a seu respeito e daquelas em que escolhi fazê-lo. Dois desses textos foram escritos quando da morte de tais pessoas, Edward Thompson e Sebastiano Timpanaro, e têm um tom mais pessoal. Outros dois tratam de determinado trabalho do autor, um sobre Göran Therborn e outro sobre Gabriel García Márquez, cuja inclusão aqui, na condição de romancista mais admirado do mundo hoje, é menos estranha do que pode parecer à primeira vista – que crestomatia da esquerda poderia deixá-lo de lado? Dois, finalmente, olham para seus sujeitos mais detidamente, cada um com duplo foco: Robert Brenner, em seu trabalho sobre a Guerra Civil Inglesa e a longa desaceleração, e Eric Hobsbawm em sua tetralogia do mundo desde a Revolução Francesa até suas memórias. Este último ensaio, em virtude da maneira pela qual o autor escreveu *A era dos extremos*, bem como a realidade do período, é intitulado "A esquerda vencida". Mas ser derrotado e submeter-se não significam a mesma coisa. Nenhum desses escritores baixou a cabeça perante os vitoriosos. Se se pretende traçar uma linha divisória entre aquilo que se tornou o centro e o que resta da esquerda, o lugar dela seria aqui.

Ensaios sobre outras pessoas, praticados como forma, muitas vezes levantam tacitamente questões a respeito do próprio ensaísta. Os estudos culturais trouxeram a moda do "autoposicionamento", na forma de um exórdio frequentemente laborioso antecedendo as questões de efetivo interesse. Aqui eu preferi simplesmente indicar duas de minhas dívidas de gratidão como escritor. A primeira é à *London Review of Books*, na qual muitos destes ensaios foram publicados pela primeira vez. Vindo de um passado político um tanto distante do tom predominante da revista, aprendi com ela a escrever – portanto, também a pensar – de maneiras que eram novas para mim. A descrição que tento fazer da *LRB* procura capturar a peculiar alquimia da revista e pode ser lida como um sinal do quanto estas páginas devem à sua educação. É difícil escrever sobre periódicos, e isso não se faz com frequência. As reflexões que se seguem, sejam críticas ou admiradoras, foram escritas do ponto de vista de um colaborador à extrema esquerda do espectro da revista. O livro termina com um registro da vida de meu pai na China Republicana. O que uma geração deve à outra é algo que varia bastante historicamente. As circunstâncias que descrevo me separaram desse passado, mas quando o descobri, um tanto tardiamente, me dei conta, de maneira complicada, de que parte daquilo foi responsável pela minha própria constituição. Mas a história em si, de um indivíduo e de uma instituição, fica em pé sozinha enquanto registro histórico.

I
Política

1
A DIREITA INTRANSIGENTE: MICHAEL OAKESHOTT, LEO STRAUSS, CARL SCHMITT, FRIEDRICH VON HAYEK

Alguns meses depois da queda de Margaret Thatcher, morreu o mais original dos pensadores do conservadorismo do pós-guerra. Talvez por causa da comoção provocada pela mudança de liderança nacional, o passamento de Michael Oakeshott não atraiu muita atenção do público. Até mesmo o *Spectator*, de quem se deveria esperar uma grande homenagem para marcar o acontecimento, ignorou-o durante mais de seis meses, antes de curiosamente publicar um confuso artigo do seu editor, informando a respeito de estranhas perdas entre os papéis do filósofo, sem nem mesmo mencionar suas ideias políticas[1]. O afastamento entre as origens intelectuais de Oakeshott e a paisagem contemporânea foi talvez outro elemento dessa discreta reação. O idealismo anglo-escocês do início deste século, depois de extintos todos os seus outros luminares, tornou-se um dos episódios menos lembrados do passado dessas ilhas. Oakeshott foi sempre considerado difícil de se classificar. Embora fosse um entusiasta exemplar das instituições britânicas, um exame superficial nos levaria a crer que nos últimos tempos ele era mais respeitado nos Estados Unidos do que na sua própria terra. Seu último livro, *The Voice of Liberal Learning* [A voz da aprendizagem liberal], foi editado no Colorado. A primeira coleção póstuma, uma versão ampliada de *Rationalism in Politics* [Racionalismo na política], aparece agora numa edição de Indianápolis[2]. O único levantamento extensivo de sua obra é uma admirável monografia publicada em Chicago[3]. Ainda assim, sua presença nos dois lados do Atlântico é fugaz.

---

[1] Ver Charles Moore, "Another Voice", *The Spectator*, 15/6/1991.
[2] Os dois volumes foram editados por Timothy Fuller, da Universidade Colorado.
[3] Paul Franco, *The Political Philosophy of Michael Oakeshott* (New Haven, 1990): um estudo lúcido e cuidadoso realizado originalmente na Universidade de Chicago, que nunca se afasta das posições do autor analisado.

Oakeshott foi geralmente considerado a voz deslocada do arquetípico conservadorismo inglês: empírico, rotineiro, tradicional, adversário de todas as políticas sistemáticas, da reação assim como da reforma; um pensador que preferia escrever sobre o Derby* a discorrer sobre a Constituição e que considerava Burke excessivamente doutrinário. Essa imagem descuidada e conciliadora é enganosa. Para definir o contexto real de Oakeshott é necessária uma perspectiva comparativa. Pois ele foi, de fato, um dos membros do mais importante quarteto de teóricos europeus da direita intransigente, cujas ideias agora dão forma – por mais ou por menos que os principais praticantes tenham consciência desse fato – à grande parte do mundo mental da política ocidental do fim do século. A melhor maneira de classificar Michael Oakeshott é ao lado de Carl Schmitt, Leo Strauss e Friedrich von Hayek. As relações entre essas quatro figuras deverão ainda ser documentadas por biógrafos no futuro. Mas sejam quais forem os contatos e os conflitos circunstanciais entre eles – alguns mais visíveis que outros –, a teia de ligações intelectuais que os une forma um padrão impressionante. Três foram contemporâneos exatos – Strauss (1899-1973), Hayek (1899-1991) e Oakeshott (1901-1990). Nascido uma década antes, Schmitt (1888-1985) foi contemporâneo dos outros três, vivendo além de noventa anos, longevidade quase alcançada por Hayek e por Oakeshott. Os quatro vinham de diferentes disciplinas – economia (Hayek), direito (Schmitt), filosofia (Strauss) e história (Oakeshott) –, mas a política atraiu a atenção de todos para um campo comum. Ali, eles se dividiram por nítidos contrastes de caráter e perspectivas, e pelas situações que cada um enfrentou. O entrelaçamento de temas e resultados em meio a tantas diferenças é ainda mais impressionante.

A experiência formativa de todos eles foi a crise da sociedade europeia durante os anos entreguerras, à medida que a ordem estabelecida foi submetida à pressão crescente pelo deslocamento econômico, pela revolta do movimento operário organizado e pela reação da classe média, e que em seguida começou a desmoronar nos pontos mais fracos. Na República de Weimar, Schmitt, da Westfália, começou a carreira como o mais original dos adversários católicos do socialismo e do liberalismo. Em polêmicas de elétrica intensidade, que visavam cada vez mais o parlamentarismo precário da Alemanha pós-Versalhes, ele tratou essas ideias como teologias diluídas, que nunca teriam capa-

---

* Competição de corrida de cavalos, esporte sobre o qual Oakeshott escreveu, junto com Guy Griffith, o livro *A Guide to the classics, or How to Pick the Derby Winner* (Londres, Faber and Faber, 1936). (N. E.)

cidade de enfrentar a força do mito nacional[4]. Sua própria doutrina positiva se transformou numa teoria neo-hobbesiana da política. Sua distorção crítica foi projetar o estado da natureza descrito em *Leviatã**, a guerra de todos contra todos em que os agentes individuais se lançam uns contra os outros, sobre o plano dos conflitos coletivos modernos: dessa maneira, a sociedade civil é transformada num segundo estado da natureza. Para Schmitt, o ato de poder soberano se torna então não tanto a instituição da paz entre os indivíduos, mas a decisão que define a natureza e a fronteira de qualquer comunidade, separando amigos e inimigos – a oposição que define a natureza da política em si[5]. Essa visão "decisionista" surgiu de um cenário em que as opções pareciam a Schmitt, assim como a muitos outros, se restringir à escolha entre revolução e contrarrevolução. "Nós na Europa Central vivemos *sous l'oeil des russes* [sob o olhar dos russos]", escreveu ele[6]. Sua própria opção pela segunda alternativa – era um admirador de De Maistre e de Donoso Cortés – nunca foi posta em dúvida.

Na Inglaterra, onde o incandescente manifesto em favor da Igreja Romana foi editado como uma série de *Essays in Order* [Ensaios sobre a Ordem][7], a polaridade não foi tão aguda. A Cambridge dos anos 1920 era um lugar tranquilo, e os interesses de Oakeshott não eram de início tão claramente políticos. De formação anglicana, e não católica, sua primeira publicação foi um tratado, *Religion and the Moral Life* [A religião e a vida moral], cujo tema era a necessária complementação da opção ética pela sabedoria religiosa, e assim, a unidade substantiva entre civilização e cristianismo[8]. A fé pessoal de Oakeshott parece ter declinado ao longo dos anos, apesar de ter mantido as inflexões contrárias da tradição religiosa e da escolha radical: uma combinação que faz lembrar o Schmitt dos primeiros anos, com a diferença de que o decisionismo de Oakeshott tinha um registro antes moral que político. Mas havia estudado

---

[4] Os três textos decisivos são: "Politische Theologie" (1922); "Römische Katholizismus und politische Form" (1923); "Die geistesgeschichtliche Lage des heutigen Parlamentarismus" (1923) [ed. bras.: *Crise da democracia parlamentar*, São Paulo, Scritta, 1996].

* Thomas Hobbes, *Leviatã* (São Paulo, Abril Cultural, 1974). (N. E.)

[5] A declaração clássica é "Der Begriff des Politischen" (1932) [ed. bras.: *O conceito do político*, Petrópolis, Vozes, 1992], publicado originalmente como um ensaio no *Archiv für Sozialwissenschaft und Sozialpolitik* em setembro de 1927, p. 1-33.

[6] "Das Zeitalter der Neutralisierung und Entpolitisierung" – o discurso visionário de Schmitt dirigido à União Cultural Europeia, em Barcelona, em outubro de 1929, e publicado em *Positionen und Begriffe im Kampf mit Weimar-Genf-Versailles* (Hamburgo, 1940); ver p. 120.

[7] Sob o título *The Necessity of Politics* (Londres, Sheed and Ward, 1931), com introdução de Christopher Dawson; outros trabalhos na série incluíram textos de Maritain e Berdyaev.

[8] "D'Society Pamphlet" (Cambridge, 1927), p. 10-3.

teologia em Marburg e em Tübingen e conhecia *Teologia política**, a famosa aplicação de categorias religiosas a definições seculares feita por Schmitt[9]. Quando se voltou para a política, Oakeshott demonstrou ter a mesma lealdade intelectual. Quando começou a construir uma teoria do Estado, ele se baseou em Hobbes. Para os dois homens, *Leviatã* – "a maior, talvez a única obra-prima de filosofia política escrita na língua inglesa", no dizer de Oakeshott[10] – deveria ser a pedra angular de qualquer descrição da autoridade civil.

Nem era este o único paralelo na forma de ver de ambos. Quando oferecia opiniões políticas durante aqueles anos, o menosprezo de Oakeshott pelo liberalismo e pela democracia era muito pouco menos incendiário que o de Schmitt. Ao dar seu veredito sobre o outro filósofo inglês, geralmente considerado um clássico, ele se manifestava com a autêntica voz da direita radical.

> Locke foi o apóstolo do liberalismo mais conservador que o próprio conservadorismo, o liberalismo que se caracteriza não pela insensibilidade, mas por uma sensibilidade sinistra e destrutiva ao influxo do novo, o liberalismo que tem certeza de seus limites, que tem horror aos extremos, que opõe a mão da respeitabilidade paralisante sobre tudo o que é perigoso e revolucionário [...] Foi um manso, e até recentemente herdou a terra.[11]

Felizmente, esse legado está passando para outras mãos. "Democracia, governo parlamentar, progresso, discussão e 'a ética plausível da produtividade' são noções – todas elas inseparáveis do liberalismo lockiano – que hoje já nem conseguem levantar oposição", zombava Oakeshott: "Não são apenas absurdas e vazias, são desinteressantes"[12]. Estas linhas foram escritas no outono de 1932, às vésperas da vitória nazista na Alemanha. Alguns meses depois, Schmitt – que havia sido conselheiro de Brüning e depois de Schleicher – converteu-se a Hitler. Olhando da Inglaterra para o novo regime, Oakeshott decidiu no fim da década que, comparada às alternativas disponíveis, a democracia representativa, ainda que incoerente como doutrina, tinha algum valor. O catolicismo, entretanto, era o repositório de outra tradição de profunda importância, autoritária sem caprichos, "uma herança que esquecemos": "No que se refere a este país", continuou, "atrevo-me a sugerir que muitos dos princípios que perten-

---

* Belo Horizonte, Del Rey, 2006. (N. E.)
[9] Ver sua nota em "Thomas Hobbes", *Scrutiny*, v. IV, 1935-36, p. 264.
[10] "Introdução a *Leviathan*" (1946), coligido em *Hobbes on Civil Association* (Oxford, 1975), p. 3.
[11] "John Locke", *Cambridge Review*, 4/11/1932, p. 73.
[12] Idem.

cem à doutrina histórica do conservadorismo são encontrados na doutrina católica"[13] – que recebeu forma constitucional na Áustria de Dollfuss e em Portugal de Salazar. Em abril de 1940, mês em que a França caiu, ele ainda escarnecia da "baboseira sobre governo por consenso"[14].

Leo Strauss, por sua vez, originário de um ambiente ortodoxo em Hessen, havia feito seu *début* no movimento sionista com textos sobre a religião e a política judaicas – sua primeira obra importante foi *Das Heilige* [O sagrado][15] – antes de passar ao estudo da crítica bíblica de Spinoza, e daí à pesquisa sobre Hobbes. Foi quando fez contato com Schmitt, com quem manteve relações de amizade em Berlim. Antes de sair da Alemanha, em 1932, dedicou sua última publicação – na mesma época em que Oakeshott proferia sua sentença de condenação a Locke – à mais interessante das obras de Schmitt, *O concerto do político*. Numa crítica ao mesmo tempo laudatória e admoestadora, Strauss afirmou que a louvável rejeição do liberalismo por Schmitt se apoiava nas bases filosóficas erradas. Pois a teoria do Estado de Hobbes não era um antídoto ao liberalismo moderno, era, pelo contrário, sua verdadeira fundação. Ao radicalizar a visão factual de Hobbes das paixões humanas e de sua resolução na sociedade civil numa exaltação tácita da inimizade como a assinatura necessária da vida política, Schmitt produzira apenas um "liberalismo afetado de sinal negativo"[16]. Era necessário um "horizonte além do liberalismo", cujos sinais, entretanto, já se encontravam no texto de Schmitt, quando este falava de uma "ordem de coisas humanas" que somente seria encontrada quando da volta à natureza incontaminada. Foi essa ordem natural, afirmou Strauss, que a concepção liberal da cultura havia esquecido[17]. Schmitt anotou silenciosamente essas observações, fazendo alguns acertos nas edições subsequentes de sua obra para acentuar as insinuações de um cenário religioso, conforme a

---

[13] *The Social and Political Doctrines of Contemporary Europe* (Cambridge, 1939), p. xix-xx.
[14] "Democratic Socialism", *Cambridge Review*, 19/4/1940, p. 348.
[15] Ver *Der Jude*, n. 7, 1923, p. 240-2.
[16] "Anmerkungen zu Carl Schmitt: Der Begriff des Politischen", *Archiv für Sozialwissenschaft und Sozialpolitik*, ago.-set. 1932, p. 748. Não foi coincidência a publicação do texto na mesma revista em que apareceu o ensaio original do próprio Schmitt: ele o havia recomendado pessoalmente ao editor. A crítica de Strauss apareceu na edição inglesa de *The Concept of the Political* (uma tradução do corpo principal da versão de 1932 da obra), com introdução de George Schwab (New Brunswick, 1976); ver p. 103 [ed. bras.: *O conceito do político*, Petrópolis, Vozes, 1992].
[17] "Anmerkungen", cit., p. 736, 739, 749; "Comments", em *The Concept of the Political*, cit., p. 86, 90, 104-5.

sugestão de Strauss[18]. Também ajudou Strauss a ir para a França antes da chegada de Hitler ao poder. Seis meses depois da instalação do Terceiro Reich – no mesmo dia em que Goering promoveu Schmitt ao Conselho Prussiano do Estado –, Strauss escrevia a ele de Paris pedindo uma carta de apresentação a Maurras. Em 1934, Strauss se mudou para Londres, onde se queixou de que a obra mais recente de Schmitt, o primeiro desenvolvimento de uma teoria legal sob a nova ordem, havia incorporado, sem os créditos necessários, propostas de Strauss de um avanço para além do decisionismo[19].

Foi na Inglaterra que Strauss escreveu a demonstração de que Hobbes era a verdadeira fonte do moderno individualismo nivelador. Publicado em 1936, *The Political Philosophy of Hobbes* [A filosofia política de Hobbes] argumentava que a revolução imaginada por Hobbes era a substituição da visão clássica de uma ordem política baseada na razão filosófica e moldada à honra aristocrática por uma doutrina de poder soberano motivado pelo medo e construído pela vontade: uma construção erigida sobre o charco da "negação de toda gradação na humanidade" por ser ele incapaz de conceber "ordem alguma – ou seja, nenhuma gradação na natureza"[20]. Recomendado ao leitor inglês pelo impecável liberal Ernest Barker (que pouco depois prestou o mesmo serviço para o levantamento feito por Oakeshott das doutrinas políticas contemporâneas, formando assim um estranho *trait d'union* entre os dois), o livro de Strauss foi recebido por Oakeshott como o estudo mais original sobre Hobbes aparecido depois de muitos anos. Mas, enquanto para Strauss o remédio para o naturalismo contaminado de Hobbes estava intacto na sabedoria antiga criada por Platão, para Oakeshott a incoerência da doutrina naturalista da vontade de Hobbes só seria superada na moderna reunião de razão e vontade em Hegel e Bosanquet – mesmo que a síntese dos dois ainda estivesse por se completar[21]. Oakeshott também não aceitava, como deixou bem claro mais tarde, que Hobbes tivesse renunciado aos valores heroicos do or-

---

[18] A significância dessas emendas é pesquisada com delicada precisão por Heinrich Meier em seu importante estudo *Carl Schmitt, Leo Strauss und "Der Begriff des Politischen"* (Stuttgart, 1988) – obra central sobre a relação entre o pensamento dos dois homens.

[19] Para as cartas de Strauss para Schmitt, de 10/7/1933, e para Jakob Klein, de 10/10/1934, ver a documentação de Meier em ibidem, p. 134-8.

[20] *The Political Philosophy of Hobbes: Its Basis and Genesis* (Oxford, 1936), p. 167.

[21] "Dr. Leo Strauss on Hobbes", publicado originalmente em *Politica*, v. II, 1937, e coligido em *Hobbes on Civil Association*, cit., p. 132-49.

gulho como ingrediente da paz civil: em seu realismo, ele havia apenas confinado tais valores a uns poucos escolhidos, "por causa da carência de indivíduos dotados de nobreza de caráter"[22].

Em 1938, Strauss se mudou para os Estados Unidos, onde, depois da guerra, ocupou uma cátedra em Chicago, à mesma época em que Oakeshott ensinava na LSE*. Lá, ele produziu uma série notável de obras, formalmente um retrospecto oracular da história da filosofia desde Sócrates até Nietzsche, mas efetivamente uma doutrina política sistemática, que vem desde então fundamentando a escola mais distinta e inflexível do conservadorismo americano. Essa obra teve dois temas fundamentais. Uma ordem política justa deve se basear nas exigências imutáveis do direito natural. A natureza, entretanto, é inerentemente desigual. A capacidade de descobrir a verdade está restrita a uns poucos, e a de aceitá-la, a uns poucos mais. Portanto, o melhor regime deverá refletir as diferenças em excelência humana, e ser governado por uma elite apropriada. Mas o fato de a contemplação filosófica da verdade ser a maior entre as virtudes, não significa – ao contrário do que indica uma leitura superficial da *República*** – que a cidade justa deva ser governada pelos filósofos. Pois a filosofia observa sem descanso não apenas as condições necessárias da ordem política, por mais irritantes que possam parecer aos preconceitos vulgares, mas também as realidades muito mais terríveis da desordem cósmica: a completa ausência de autoridade divina, a delusão da moral comum, a transitoriedade da terra e de suas espécies – todas as ideias que a religião é forçada a negar e às quais a sociedade não sobrevive. Tornadas públicas, essas verdades destruiriam a atmosfera protetora de qualquer civilização, e com ela todas as condições de estabilidade para o estudo da filosofia em si. Sabedoria esotérica e opinião exotérica devem portanto continuar separadas, sob pena de destruição mútua. Cavalheiros ociosos instruídos na regra – mas não educados para a verdade – pelos filósofos devem apoiar uma ordem racional de estabilidade política contra as tentações niveladoras. Em tal regime, o conhecimento teórico encontra abrigo institucional, sem efeitos colaterais perigosos, na prática cívica. Atendendo aos próprios ensinamentos, que aconselhavam a prudência ao filósofo, durante a Guerra Fria Strauss admitiu – o que antes seria impensável – que tais

---

[22] "The Moral Life in the Writing of Thomas Hobbes" (1960), publicado pela primeira vez em *Rationalism in Politics* (Londres, 1962), p. 292.
* Sigla para London School of Economics. (N. E.)
** Platão, *República* (São Paulo, Perspectiva, 2006). (N. E.)

opiniões fossem uma contribuição ao liberalismo, ainda que no "sentido original", como entendido pelos antigos, de uma "liberalidade" que era o outro nome da "excelência"[23]. Durante a rebelião das universidades em 1968, ele apoiou Richard Nixon publicamente. Entretanto, de modo geral, Strauss fugiu da lenga-lenga oficial e dos pronunciamentos sectários: função de quem estuda, não de quem ensina.

A velada estrela-guia de Strauss na viagem pelo passado foi Nietzsche, o único pensador moderno que – segundo ele – havia captado toda a profundidade da crise da modernidade, depois que a filosofia abandonou nas mãos de Hobbes o conceito de propriedade e partiu para o resgate da propriedade, em detrimento da busca da verdade eterna, fazendo com que as formas sociais se afastassem da ordem natural[24]. Para Oakeshott, a autoridade equivalente era Burckhardt. Gostava de comparar os dois, privilegiando o vidente suíço, o amigo que partilhava do horror de Nietzsche pela sociedade de massa e de seu desprezo pela democracia, mas que exibia ante as duas uma serena frieza, ao invés de "uma sensibilidade errática e patológica" a elas, e não se dignava a propor uma cura para os tempos[25]. Na verdade, essas virtudes eram em grande parte imaginárias: o antissemitismo peçonhento e o discurso político enlouquecido de Burckhardt não têm paralelo em Nietzsche[26]. A história de Oakeshott durante aqueles anos também não está à altura do contraste que tentou estabelecer. A guerra fez dele um nacionalista, e a eleição do pós-guerra, um alarmista. Esquecendo afirmações anteriores, ele passou a anunciar que "nada existe em comum entre o conservadorismo britânico e qualquer das categorias da política continental. Conversas dessa espécie apenas liberam uma bruma de irrealidade"[27]. Outro problema foi o Partido Trabalhista. A experiência alemã recente era muito ominosamente ligada à proposta do partido, mesmo que "a ausência de um *coup d'état* na sua ascensão ao poder tenha inicialmente enganado os obser-

---

[23] *Liberalism Ancient and Modern* (Nova York, 1968), p. vii e 28.
[24] Ver "The Three Waves of Modernity", reunidas em *Political Philosophy: Ten Essays by Leo Strauss*, Hilail Gildin (org.) (Nova York, 1989), p. 95 e segs.; e "Note on the Plan of Nietzsche's Beyond God and Evil" (1973), reunida em Thomas Pangle (org.), *Studies in Platonic Political Philosophy* (Chicago, 1983), p. 174-91.
[25] "The Detached Vision", *Encounter*, jun. 1954, p. 69-74.
[26] Ver, por exemplo, *Jakob Burckhardts Briefe an seinen Freund Friedrich von Preen 1864-1893* (Stuttgart/Berlin, 1922), p. 137, 189, 203.
[27] "Contemporary British Politics", *The Cambridge Journal*, v. I, 1947-1948, p. 479-80 – um texto-chave.

vadores superficiais". Mas "a tirania naturalizada é incapaz de ocultar indefinidamente seu próprio caráter, exceto dos escravos que a aceitam", e naquele momento (1947) estava claro que "o Partido Trabalhista tem o *incentivo* para se tornar despótico, os *meios* de se tornar despótico e a *intenção* de se tornar despótico". Na verdade, Oakeshott já havia detectado um plano para estabelecer não pela força, mas por meio de subterfúgios, um sistema unipartidário e a escravidão de que é inseparável[28]. Strauss teria provavelmente considerado excessivas essas diatribes paroquiais.

Mas o ponto de vista burckhartiano ainda permitia uma posição próxima da de Nietzsche, mesmo que com entonação própria. Enquanto para Strauss a democracia política moderna se baseava na negação da desigualdade do homem como gradação permanente na natureza, para Oakeshott essa desigualdade era o resultado da diferenciação histórica. Como Burckhardt havia demonstrado, durante a Idade Média tardia surgiu em cena um novo personagem, o *uomo singolare,* um indivíduo moral autônomo livre dos grilhões da comunidade, capaz de escolher sua própria forma de vida. A disseminação dessa espécie de individualidade, o evento mais significativo da história europeia, levou gradualmente à criação de instituições que expressassem sua liberdade, as quais atingiram o clímax no governo parlamentar que surgiu na Inglaterra no fim do século XVIII e início do XIX. Mas a dissolução salutar de comunidades tradicionais criou também uma perigosa multidão de pessoas de tendência contrária. A essa multidão Oakeshott deu o nome de indivíduos *manqués* – todos aqueles que se recusaram a adotar as novas condições por não aceitarem a responsabilidade que acompanha a independência individual, um bando de fracassados morais e sociais consumidos pela "inveja, ciúme e ressentimento"[29]. No fim do século XIX, essa massa inferior já pressionava por uma mudança radical: a transformação gradual do "governo parlamentar" em governo "popular", cuja "primeira grande iniciativa foi a decretação do sufrágio adulto universal". Pois, segundo Oakeshott, "o poder do 'homem da massa' estava no seu número, e esse poder seria imposto ao governo por meio do 'voto'" – ou seja, um regime baseado na "mera autoridade dos números"[30]. Nesse sentido, a democracia

---

[28] Ibidem, p. 483 e 485.
[29] "The Masses in Representative Democracy" (1957), em A. Hunold (org.), *Freedom and Serfdom: an Anthology of Western Thought* (Dordrecht, 1961), p. 152-60 – ensaio agora incluído na edição ampliada de Timothy Fuller (org.), *Rationalism in Politics* (Indianápolis, 1991).
[30] Ibidem, p. 166.

moderna desafiava não apenas a hierarquia dos dons naturais, ponto de vista idêntico ao de Strauss, mas também a das escolhas existenciais. Pois o anti-indivíduo que havia por trás do sufrágio universal, explicou Oakeshott, "caracteriza-se pela inadequação moral, e não intelectual"[31].

Essa nuance está reproduzida nas respectivas concepções da vocação filosófica. Para os dois homens, ela era o esforço supremo da compreensão humana, tão rigidamente radical que nunca poderia se relacionar com a política, a qual exige a estabilidade dos costumes, forçosamente subvertida por sua busca incansável da verdade. Pois a filosofia, de acordo com a fórmula de Oakeshott, era a "experiência sem pressuposição, reserva, restrição ou modificação"[32] – uma frase que provocaria calafrios em Burke. O exercício da política, pelo contrário, envolvia necessariamente as quatro condições excluídas pela filosofia teórica. "A filosofia é a tentativa de dissolver os elementos em que a sociedade respira e, dessa forma, coloca a sociedade *em perigo*", escreveu Strauss[33]. Oakeshott era ainda mais franco.

> A filosofia não é o aprimoramento da vida, é a negação da vida [...] há algo decadente ou depravado na tentativa de chegar a um mundo de experiências completamente coerente; essa busca exige de nós, pelo menos durante algum tempo, a renúncia a tudo que possa ser considerado bom ou mau, a tudo que seja valioso ou rejeitado como sem valor.[34]

Entretanto, a tensão entre os dois polos no *pathos* de cada um – uma metafísica do escândalo e uma pragmática da convenção – teve soluções diferentes. Para Strauss, o conhecimento filosófico não se oferece ao vulgo, mas tem capacidade de organizar à distância as formas de vida cívica, desde que se mantenham as barreiras entre a verdade esotérica e a exotérica. Para Oakeshott, ao contrário, filosofia e política eram categoricamente separadas: a política era uma atividade de segunda categoria que envolvia intrinsecamente "vulgaridade mental, lealdades irreais, objetivos ilusórios e falsas significâncias"[35] – à prova de aperfeiçoamento pela filosofia, que não poderia esclarecer nem mesmo o valor de projetos políticos específicos[36]. A crença de que ela fosse capaz de fazê-lo levaria à pior

---

[31] Ibidem, p. 168.
[32] *Experience and its Modes* (Cambridge, 1933), p. 2.
[33] "On a Forgotten Kind of Writing" (1954), em *What is Political Philosophy?* (Chicago, 1964), p. 221.
[34] *Experience and its Modes*, cit., p. 355-6.
[35] "The Claims of Politics", *Scrutiny*, v. VIII, 1939-1940, p. 148.
[36] "Political Education" (1951), em *Rationalism in Politics*, cit., p. 132.

de todas as ilusões práticas: a ideia de as formas institucionais serem objeto de projeto racional, e não a consequência do crescimento por tradição, ou seja, a idiotia característica do "racionalismo na política"[37].

Aqui, os caminhos se separam definitivamente. O ideal de Strauss continuou a ser o que Oakeshott abjurou: o sonho deliberado de uma cidade bem governada que havia sido o objetivo da linha que unia Sócrates a Cícero, descritos por ele como o "racionalismo político clássico", em nome do qual censurou Burke – quaisquer que fossem seus outros méritos – por tê-lo abandonado[38]. Por trás das prescrições contrárias estavam pontos de partida intelectuais contrastantes: origens normativas localizadas ou na Idade Média tardia, ou na Antiguidade. Era uma divisão marcante. Oakeshott considerava a *polis* irrelevante para o governo moderno; Strauss considerava o *pogrom* a epítome da Idade Média[39]. Mas além dessa diferença básica de horizonte histórico, havia nesse ponto uma razão mais contemporânea para a divergência de ênfases. A recusa veemente de Oakeshott de qualquer ideia de "engenharia política", por mais gradual que fosse, como um sonho maligno que seria necessariamente coercitivo e abortivo, foi consequência do governo e do planejamento (de que houve conversas) trabalhistas. Tais preocupações não eram tão prementes em Chicago quanto em Londres.

Lá chegaram, contudo, levadas pelo pensador que precedera Oakeshott na condenação do planejamento econômico, em particular, e do "construtivismo" social, em geral. Hayek havia chegado à LSE em 1931. Sua formação intelectual na Áustria foi diferente das de Strauss, Oakeshott ou Schmitt: absolutamente secular, positivamente liberal, isento de qualquer tentação suprassensível – Mach foi seu primeiro entusiasmo filosófico. Seu mentor político foi Ludwig von Mises, famoso por argumentar contra a própria possibilidade de uma economia socialista e por sua defesa irredutível de um modelo puro de capitalismo de livre mercado. Não havia defensor mais incondicional do liberalismo clássico nos países de língua alemã durante os anos 1920. Ainda assim, a cena política austríaca deixava pouco espaço para suas opiniões, dominada que era pelo conflito entre a esquerda social-democrata e a direita clerical. Nesse

---

[37] Para este tema central, ver o ensaio de abertura que dá o título a *Rationalism in Politics*, p. 1-36.
[38] *Natural Right and History* (Chicago, 1953), p. 311-4 e ss.
[39] Ver Oakeshott, "The Masses in Representative Democracy", p. 156; Strauss, "Preface to the English Translation of Spinoza's *Critique of Religion*" (Nova York, 1965), p. 3.

caso, Mises não hesitou. Na luta contra o movimento operário, talvez houvesse necessidade de um governo autoritário. Afinal, do outro lado da fronteira, eram evidentes as virtudes de Mussolini: os camisas-pretas tinham, pelo menos provisoriamente, resgatado para a civilização europeia o princípio da propriedade privada – "o mérito que o fascismo assim conquistou viverá para sempre na história"[40]. Conselheiro do Monsenhor Seipel, o prelado que administrou o país no fim dos anos 1920, Mises aprovou quando Dollfuss esmagou o trabalhismo austríaco durante a década seguinte, lançando a culpa pela repressão de 1934, que instalou seu regime clerical, na loucura dos social-democratas que contestaram a aliança com a Itália[41].

Hayek esteve muito próximo de Mises durante esse período, quando suas próprias energias estavam dedicadas a levantar argumentos contrários aos cálculos econômicos socialistas e a defender contra Keynes a sua variante da teoria austríaca dos ciclos de atividade econômica. Não existem registros de opinião sua sobre o regime de Dollfuss – certamente não há registro de protestos seus contra o fascismo austríaco –, mas é provável que sua posição em relação a ele fosse idêntica à de Mises. De qualquer forma, haveria uma impressionante coincidência entre suas intervenções políticas subsequentes, depois do início da Segunda Guerra Mundial. Evacuado para Cambridge, Hayek produziu, em 1944, o grito apaixonado de alarme contra a lógica totalitária do planejamento coletivo – *O caminho da servidão* – que o tornou famoso. Entre os temas principais estava a continuidade fundamental entre o socialismo e o nazismo como produtos malignos de origem alemã – qualquer que fosse a capacidade posterior de contágio de cada um[42]. Foi precisamente esse o argumento desenvolvido numa escala mais abrangente por Mises no seu *Omnipotent Government* [Governo onipotente], completado nos Estados Unidos um mês depois, mas baseado em rascunhos escritos na Suíça logo após o *Anschluss*, quatro anos antes. Nesse livro, o motivo da incriminação da Alemanha está evidente, servindo para tirar a culpa da Áustria, terra do "único povo do continente europeu que" – nos dias do Heimwehr – "resistiu seriamente a Hitler"[43].

---

[40] *Liberalismus*, Jena, 1927, p. 45; edição inglesa: *Liberalism: a Socio-Economic Exposition*, (cidade do Kansas, 1962), p. 51.

[41] *Erinnerungen von Ludwig v.* Mises (prefácio de Margit von Mises e introdução de Friedrich von Hayek) (Stuttgart/Nova York, 1978), p. 51, 89-90.

[42] *The Road to Serfdom* (Londres, 1944), p. 16-7, 124-34 etc. [Ed. bras.: *O caminho da servidão*, Rio de Janeiro, Instituto Liberal, 1984.]

[43] *Erinnerungen*, cit., p. 91.

Depois de uma década na Grã-Bretanha, Hayek, cujo *O caminho da servidão* evita toda referência à terra natal, não se comprometeria com tal afirmação. Expressou sua polêmica nos termos do debate político inglês. Lá, encontrou imediata ressonância entre os conservadores, e pode ter levado Churchill a fazer a previsão de uma Gestapo britânica, caso o Partido Trabalhista fosse vencedor nas eleições seguintes. Mas sua veemência de certa forma isolou Hayek durante o clima de opinião do pós-guerra, quando o governo Attlee não conseguiu honrar seus compromissos de campanha. Ainda assim, mesmo impopular no consenso trabalhista, sua intervenção parecia destinada a merecer mais honras daqueles que se opunham a ele. Oakeshott, entretanto, não se contava entre estes, pois considerava que *O caminho da servidão* era apenas mais um exemplo de racionalismo doutrinário, pouco mais do que um plano de oposição ao planejamento[44]. Desencorajado com essa atmosfera, Hayek partiu para os Estados Unidos, em 1950, na mesma época em que Oakeshott assumia uma cadeira na LSE.

Em Chicago, Hayek abandonou o trabalho econômico mais técnico em favor do desenvolvimento de uma teoria social e política que, com o passar do tempo, se tornou a síntese mais completa e ambiciosa a surgir das fileiras da direita no pós-guerra. Entre os temas – a significância fundamental do domínio do direito, a necessidade da desigualdade social, a função da tradição irrefletida, o valor da classe ociosa –, muitos já eram cultivados por Strauss no campus. Entretanto, nenhum dos dois pensadores jamais se referiu ao outro. Seria o antagonismo temperamental ou a indiferença intelectual o determinante desse silêncio? Qualquer que fosse o caso, as tensões latentes entre os dois acabariam, no devido tempo, por encontrar expressão. Schmitt, em compensação, esteve sempre presente no pensamento de Hayek – que o considerava o exemplo acabado do jurista competente, cuja sofisticação ajudou a destruir o domínio do direito na Alemanha, mas, apesar disso, um teórico político cujas definições nítidas da natureza da soberania e da lógica partidária tinham forçosamente de ser aceitas[45].

---

[44] *Rationalism in Politics*, cit., p. 21.
[45] Ver *The Road to Serfdom*, cit., p. 59 e 139; *The Constitution of Liberty* (Chicago, 1960), p. 485 [ed. bras.: *Os fundamentos da liberdade*, São Paulo, Visão, 1983]; *Law, Legislation and Liberty*, v. I, "Rules and Order" (Londres, 1973), p. 71 e 139; v. II, "The Mirage of Social Justice" (Londres, 1976), p. 144 e 167; v. III, "The Political Order of a Free People", (Londres, 1979), p. 125, 192 e 194 [ed. bras.: *Direito, legislação e liberdade*, São Paulo, Visão, 1974-1985, v. I-III].

Mas a relação entre Hayek e Oakeshott é a mais importante para a compreensão de cada um. Em *Os fundamentos da liberdade* (1960), publicado pouco antes de *Rationalism in Politics* (1962), Hayek estabeleceu a distinção entre duas linhas intelectuais de pensamento sobre a liberdade, de origens radicalmente opostas. A primeira era uma linha empiricista, vinculada essencialmente à tradição britânica que descendia de Hume, Smith e Ferguson, secundados por Burke e Tucker, que viam o desenvolvimento político como um processo involuntário de aprimoramento institucional gradual, comparável ao funcionamento da economia de mercado ou à evolução do direito. A segunda era uma linhagem racionalista, tipicamente francesa, descendente de Descartes, passando por Condorcet, chegando até Comte, com uma horda de sucessores modernos que consideravam as instituições sociais como sujeitas à construção premeditada, dentro do espírito da engenharia politécnica. Apenas a primeira conduzia à verdadeira liberdade, a segunda a destruiria inevitavelmente. Até aqui, a distinção parece idêntica à proposta por Oakeshott. Mas no relato de Hayek, Locke se torna o personagem mais importante da tradição autêntica da liberdade, enquanto Hobbes é definido como o racionalista político por excelência – uma mente nascida do caráter nacional, geradora do que mais tarde seria conhecido como as falácias letais do positivismo legal[46].

O construtivismo social não era a única ameaça ao liberalismo autêntico, que também enfrentava perigos potenciais vindos de outra direção – o surgimento da moderna democracia. Igualdade perante a lei, continuava Hayek, parecia poder levar naturalmente à igualdade na feitura da lei. Mas as duas representavam, na realidade, dois princípios absolutamente diferentes, e a última tinha meios de desfazer a primeira. Pois a ideia de soberania popular, contida na premissa do direito público declarativo – aquilo que as maiorias legislativas tinham condições de decretar à vontade –, poderia superar a sabedoria herdada do direito privado comum, transgredindo assim os limites invioláveis estabelecidos por uma ordem liberal em torno da pessoa e da propriedade individual. Nesse sentido, observou Hayek, um regime autoritário que reprimisse o sufrágio popular, mas respeitasse o domínio do direito, poderia ser melhor guardião da liberdade do que um regime democrático sujeito às tentações de intervenção econômica ou de distribuição social. Ainda assim, tratava-se de uma hipótese extrema. Pelo menos até então, a democracia poderia ser considerada como a forma mais pacífica de mudança e o melhor meio de educar as massas para

---

[46] *The Constitution of Liberty*, cit., p. 54-62 e ss., 170-1.

maior maturidade[47]. Mas eram vantagens técnicas provisórias, que não a tornavam um valor em si mesma.

Uma década depois, Hayek estava mais pessimista. Seu livro *Direito, legislação e liberdade* abriu com a confissão de que seus ideais políticos não haviam atraído o apoio político que mereciam, e que ele havia fracassado na tentativa de provar que "os modelos de instituição democrática predominante" no mundo ocidental "conduzem necessariamente à transformação gradual da ordem espontânea de uma sociedade livre num sistema totalitário"[48]. Para evitar essa fatal propensão, que, segundo ele, Schmitt, mais que, qualquer outro observador de seu tempo, havia percebido – mas também encorajado –, era necessário entender três verdades. A primeira era a diferença fundamental entre uma ordem espontânea e uma organização dotada de objetivo, ou, nos termos usados por Hayek, entre um *cosmos* e uma *taxis* – o primeiro, uma teia de relações não intencionais, mas ainda assim coerentes, dentro da qual agentes individuais perseguem cada um seus objetivos específicos, obedecendo apenas a regras de procedimento. A segunda, uma atividade deliberada que busca a realização de fins coletivos substantivos. Todas as democracias atuais confundem essas demandas, permitindo uma invasão imprudente da *taxis* no campo do *cosmos*, com a intrusão da direção macroeconômica e a criação de um Estado de bem-estar social, em nome de uma imaginária "justiça social" – uma noção sem significado. Pois a ordem espontânea do mercado não apenas se contrapõe à igualdade, ela ignora o merecimento: nela, o sucesso é geralmente apenas uma questão de sorte[49]. Assim, a hierarquia social que gera não é, ao contrário da que foi proposta por Strauss, baseada na gradação cultural da natureza. Hayek confessou que essa verdade talvez fosse excessivamente desencorajadora para poder ser amplamente proclamada e – num movimento que lembrava Strauss – concluiu que a religião poderia afinal ser o fantasma que asseguraria a coesão social contra os perigos postos pelos desapontados com os resultados da sorte.

Ainda assim, independentemente da necessidade desse tipo de consolação individual, havia um consenso geral com relação ao *cosmos* do mercado. Ele era o produto da evolução da competição histórica entre práticas econômicas rivais, que haviam provado seu valor pelo crescimento geral superior de produção

---
[47] Ibidem, p. 103 e ss.
[48] *Law, Legislation and Liberty*, cit., v. I, "Rules and Order", p. 2.
[49] Ibidem, v. II, "The Mirage of Social Justice", p. 74.

e de população que tornaram possível[50]. A partir desse ponto, a doutrina de Hayek assumia um caráter utilitarista. O padrão de avaliação de uma ordem desejável não era a verdade filosófica, mas o bem-estar prático. Em seus próprios termos, uma conclusão perfeitamente coerente. Mas sua teoria enfrentava uma dificuldade incômoda no resultado institucional aparente dos mecanismos sociais espontâneos que celebrava. Pois, nesse caso, a erosão contínua da divisão entre *taxis* e *cosmos*, com o crescimento aparentemente inexorável do Estado de bem-estar social, deveria então constituir um processo eminentemente evolutivo. Controlar esse processo exigia – conforme as novas prescrições de Hayek – uma reforma drástica da estrutura do Estado. De fato, o que ele passou a propor era nada menos que o desmantelamento de todas as legislaturas conhecidas para formar dois novos corpos com diferentes competências e eleitorados, que correspondessem às duas espécies ontológicas de ordem – uma câmara com maiores poderes, guardiã do domínio do direito em si, de cujo eleitorado não poderia participar pessoa alguma abaixo de 45 anos[51]. Mas isso, como nem mesmo seus simpatizantes deixaram de observar, representava um violento ataque do construtivismo que sua teoria propunha destruir. Hayek não se abalou. Era esse o preço da proteção do *nomos*, a lei da liberdade, contra a lógica da soberania popular. As assembleias deveriam perder os poderes de intervenção, para assegurar a limitação do governo – que deve se basear no rigor da lei, não na licença da maioria –, que era a única garantia de liberdade. Segundo Hayek, a fórmula correta era a demarquia sem democracia[52].

Dois anos depois da publicação de *Direito, legislação e liberdade*, Oakeshott publicou sua própria obra culminante, *On Human Conduct* [Sobre a conduta humana], cujo tema principal era a distinção fundamental entre a ideia de uma "associação civil", articulada por regras de procedimento, e uma "associação empreendedora", dedicada à conquista de fins substantivos. O governo, concebido como uma atividade ligada à primeira, seria uma "nomocracia", e a segunda seria uma "telocracia". Havia uma correspondência muito íntima entre essa dicotomia e a de Hayek. Este tinha conhecimento do par proposto por Oakeshott (apresentado em conferências e possivelmente usado pela primeira

---

[50] Para o significado do crescimento populacional, ver *The Fatal Conceit* (Londres, 1988), p. 120 e ss.; para o papel funcional da religião, p. 135-40, 157 [ed. bras.: *A arrogância fatal*, Porto Alegre, Ortiz, 1996].
[51] *Law, Legislation and Liberty*, cit., v. III, p. 112-4.
[52] Ibidem, p. 40.

vez em forma impressa num elogio a Geoffrey Howe, em 1967) e o reconheceu de maneira característica[53]. A cortesia não mereceu resposta. Obituaristas enfatizaram o caráter encantador de Oakeshott, mas não contavam entre suas virtudes notável generosidade em questões intelectuais. Entretanto, sua construção se distinguia da de Hayek por duas diferenças essenciais. Oakeshott não estabeleceu a superioridade da associação civil sobre a empresarial em qualquer concepção evolutiva de governo como a forma política necessária de progresso econômico espontâneo. Ao contrário, ele esboçou mais uma vez uma história particular, em que se apresentava o surgimento do moderno Estado europeu atraído desde o início para os ideais opostos da — na terminologia medieval — *societas* e da *universitas*: o governo visto em termos jurídicos ou administrativos.

Cada uma dessas formas de governo derivava de uma mistura de contingências sem qualquer lógica intrínseca. Mas, apesar de terem coexistido desde o início, as duas eram estruturalmente inconciliáveis. O Estado poderia assumir a forma de uma associação civil, ou de um empreendimento administrativo, mas não poderia haver combinação legítima das duas[54]. Em outras palavras, embora a dicotomia de Oakeshott tivesse uma gênese aparentemente mais casual, no caso do passado europeu ela adquire de fato uma força muito mais absoluta — quase fanática — do que a de Hayek. Enquanto *Direto, legislação e liberdade* admite necessariamente o exercício, ainda que rigorosamente limitado, da *taxis* pelo Estado liberal, a antítese entre *societas* e *universitas* que se vê em *On Human Conduct* é inconciliável. Por trás de um governo que executa atividades calculáveis, escreveu Oakeshott, havia uma "*canaille* [corja] recentemente emancipada de uma língua de servilidade e ainda incapaz de sentir repugnância pelo cheiro de outra" — entre cujos piores aromas estava a "vil expressão 'opção social'"[55]. A ideia de governo como associação civil baseada no orgulho da individualidade livre excluía categoricamente o objetivo coletivo.

---

[53] Ver Hayek, "The Confusion of Language in Political Thought" (1967), em *New Studies in Philosophy, Politics, Economics and the History of Ideas* (Londres, 1978), p. 89. Oakeshott parece ter apresentado seus termos ao público pela primeira vez em sua resenha favorável de *Conservative Opportunity*, uma coleção de ensaios do Bow Group, "Tomorrow's Toryism", *New Society*, 15/7/1965, p. 26-7.

[54] As duas formas são "inconciliavelmente opostas uma à outra" — "elas se negam mutuamente": *On Human Conduct* (Oxford, 1975), p. 319, 323.

[55] Ibidem, p. 87 e 303.

Mas se assim fosse, o que poderia motivar o pacto da associação civil em si? A resposta de Hayek havia sido antes prevista e descartada como nada mais que "a ética plausível da 'produtividade'": aos olhos de Oakeshott, qualquer justificativa da *societas* em termos de satisfação de necessidades materiais deveria ser deplorada como "o mais triste de todos os mal-entendidos"[56]. De fato, esse era o tipo de preocupação que havia motivado os projetistas teleocráticos desde o sonho agourento de Bacon de forçar a natureza a abrir seus segredos. Ainda que não se expressasse com tanta eloquência, Oakeshott tinha hostilidade comparável à de Strauss pela dominação tecnológica do mundo natural[57]. Esta era uma linha divisória que separava os dois de Hayek, que resistiu até o fim a todos os argumentos ecológicos, mesmo os mais moderados. Mesmo assim, a ideia de Strauss de que o melhor regime seria um abrigo de filósofos não estava ao alcance de Oakeshott, que se viu, em seus próprios termos, diante de um problema agudo de justificação. Pois se a associação não tinha objetivos, por que os agentes individuais iriam aceitar uma autoridade pública? Na construção de Oakeshott, um governo sem objetivos é mais ou menos a mesma coisa que um *état gratuit* [Estado livre]. Sua famosa imagem da política – um navio que corta indefinidamente os mares sem porto nem destino[58] – é extremamente adequada. Sendo assim, por que motivo os passageiros iriam se decidir a embarcar?

Em *On Human Conduct,* Oakeshott tentou dar uma resposta a essa questão com outra analogia, formalmente mais elaborada, mas, na verdade, ainda mais extravagante. A adesão à associação civil não era em absoluto fator determinante. Mas uma prática não determinante – atos executados por si mesmos, e não por motivos alheios – é a própria definição de conduta moral[59]. Poderia parecer então que Oakeshott, depois de descartar a prudência da condição civil, iria dotar seu Estado sem vontade de uma fundação ética. Mas seria uma ilusão. Pois o que Oakeshott identifica como moral é uma "expressão coloquial" de conduta, usada com graus variáveis de competência e de estilo verbal por dife-

---

[56] "John Locke", p. 73; "Talking Politics", *National Review*, 5/12/1975, p. 1427, hoje incluído em *Rationalism in Politics and Other Essays*, cit., p. 457.

[57] Para Oakeshott, ver *On Human Conduct*, cit., p. 288-92; para Strauss, ver *inter alia* sua introdução a *The City and Man* (Chicago, 1964).

[58] "Na atividade política, portanto, os homens navegam um mar sem limites e sem fundo; não há porto nem praia onde ancorar, não há ponto de partida nem destino certo" – nem "mesmo uma medida sensível de progresso" (*Rationalism in Politics*, cit., p. 127, 133).

[59] *On Human Conduct*, cit., p. 62-4, 122-4.

rentes usuários. Em outras palavras, a associação civil não é ditada pela virtude, ela é de fato modelada apenas pela linguagem.

Essa ideia tinha fundamento lógico. Foi Carl Menger, fundador da escola austríaca de economia, quem primeiro defendeu a proposta teórica do benefício das instituições sociais geradas por crescimento espontâneo, por oposição às que se devem a um projeto intencional[60]. Para ilustrar os méritos do mercado, ele o comparou a duas outras invenções humanas, igualmente não planejadas: o direito e a linguagem – cuja lenta evolução já havia sido tema das grandes figuras da intelectualidade romântica alemã: Savigny e Grimm. O que Hayek e Oakeshott fizeram, cada um à sua própria maneira, foi estender para o Estado o mesmo raciocínio – um movimento que o próprio Menger havia previsto. Mas enquanto Hayek adotou o mercado e o direito comum como paradigmas de uma constituição política, Oakeshott escolheu a língua como metáfora geradora. As duas opções têm lógicas absolutamente distintas. As transações econômicas satisfazem necessidades humanas – e o mercado existe apenas como casa de liquidação de utilidades; as regras legais também existem para refletir exigências humanas, e são regularmente alteradas para atender a necessidades práticas. A partir dessas analogias, podia-se projetar uma concepção plausível da "ordem política de pessoas livres" capaz de atender aos mesmos objetivos, tal como se dá no Estado hayekiano. Mas a linguagem não se presta a mudanças deliberadas, e certamente tem função mais que simplesmente instrumental. Ela oferece uma metáfora muito mais radical de um Estado despido de soberania ativa.

Em compensação, ela não oferece nenhum emblema de moralidade. A segunda metade do século XX foi testemunha de muitas tentativas de usar a linguagem como uma chave mestra para a compreensão dos assuntos humanos – e até mesmo nos nossos dias, o "estilo linguístico" ainda é atraente para os que vivem predominantemente de palavras. Nesse sentido, a versão de Oakeshott é tão simplista quanto as de Heidegger, Lévi-Strauss, Wittgenstein, Lacan, Habermas, Derrida e outros. Mas tem um silogismo específico. A associação civil não é instrumental; a prática que não é instrumental é moral; a moral é uma linguagem de conduta; assim, a ordem política pode ser entendida como o vernáculo das relações civis. Nessa cadeia de analogias forçadas, a elisão significativa é a segunda. Pois existe um tipo de prática muito mais conhecido e não

---

[60] *Gesammelte Werke*, v. II, "Untersuchungen über die Methode der Sozialwissenschaften und der politischen Ökonomie insbesondere" (Tubingen, 1969), p. 161-3 e ss.

ambíguo que a moral, que se executa por sua própria causa e sustenta discretamente o conjunto da construção. A verdadeira essência de *On Human Conduct* é uma concepção de política buscada na estética. Isso fica claro sempre que Oakeshott tenta ilustrar a alegação de que a conduta moral ou a associação civil é uma linguagem: "um instrumento que pode ser tocado com graus variáveis de sensibilidade" por muitos "flautistas", todos "concentrados na mesma técnica"; um vernáculo que pode ser "falado de forma pedante, descuidada, com subserviência ou com maestria", que "os deseducados falam com vulgaridade, os puristas com inflexibilidade", deixando "aos *connoisseurs* do estilo moral" a "apreciação do prazer de desfrutar a pequena perfeição desses lampejos de felicidade que resgatam o tédio do discurso moral vazio"[61]. A imagem adotada é a do gosto literário ou da virtuosidade musical.

Esse modo de ver a política como uma atividade estética tem uma história considerável. Por bela ironia, a crítica mais contundente foi escrita por Carl Schmitt, cujo *Political Romanticism* [Romanticismo político], de 1919, já havia capturado essa tensão na perspectiva do autor de *Rationalism in Politics*, de 1962 – chegando mesmo a separar para ser demolida a frase que se tornou o seu *slogan* mais famoso, a noção de política como uma "conversa sem fim"[62]. Mas o romantismo de Oakeshott era de um tipo paradoxal, pois continuou embalado numa lealdade formal a Hobbes. Seria difícil imaginar paladino mais incongruente para uma compreensão não instrumental do Estado, muito menos se ela tivesse natureza quase estética. O pacto da associação civil entre os indivíduos em *Leviatã* é, acima de tudo, um instrumento que visa assegurar objetivos comuns – segurança e prosperidade, "paz mútua" e "vida cômoda". A partir daí, o poder soberano que institui é capaz de superar toda reivindicação privada, menos da própria vida, em nome do interesse coletivo. O "deus mortal" não carece de prerrogativas administrativas para proteger a comunidade. Hobbes afirma claramente, numa fórmula de arrepiar os cabelos monetaristas, que o gasto do Estado deve, em princípio, ser ilimitado: "as comunidades não suportam dietas"[63]. Intelectuais de Cambridge se queixaram da estranha interpretação dos textos clássicos feita por Strauss, mas comparado a Oakeshott, de quem pouco eles falaram, ele foi a própria fidelidade filológica.

---

[61] *On Human Conduct*, cit., p. 65-6, 121.
[62] Ver *Politische Romantik* (Munique, 1919), p. 129-30; edição inglesa: *Political Romanticism* (Cambridge, 1986), p. 139.
[63] *Leviathan*, parte II, cap. 24.

Evidentemente, a questão proposta é a razão por que Oakeshott escolheu Hobbes, entre tantos patronos improváveis, para sua teoria da *societas*. A resposta está no que Hobbes exclui. Não há lugar para direitos na forma como ele organiza as coisas. Constituído o soberano, os súditos têm apenas obrigações. Não existem aqui elogios hipócritas ao consenso: apenas a afirmação clara do dever – obediência à autoridade civil. Foi o que atraiu Oakeshott. Zombando do "absurdo de uma 'carta de direitos'" e da "baboseira sobre essa coisa chamada 'sociedade'", ele não aceitava – como admitiu certa vez a uma plateia americana – "a bela doutrina da Declaração da Independência, segundo a qual os governos existem apenas para assegurar direitos que eles próprios não têm autoridade para impor, e onde o consenso dos súditos pode apenas legitimar o instrumental do poder necessário para oferecer tal garantia"[64]. O mérito do Estado hobbesiano é não deixar espaço para as reivindicações típicas da democracia moderna.

Mas uma dificuldade ainda persistia. A submissão devida às condições da associação civil, insistiu Oakeshott, não dependia de aprovação (que podia ser negada): era uma obrigação incondicional. Mas se a obediência à autoridade civil era, como afirmou Hobbes, a regra da boa conduta, queria isso dizer que qualquer lei por ela decretada seria, portanto, a justiça? Nesse ponto, o formalismo da *societas* de Oakeshott, uma associação sem objetivo ou aprovação, arriscava-se a uma conclusão inaceitável que poderia sancionar as incertezas do racionalismo. Para evitá-lo, deveria haver outro princípio que lhe atribuísse uma substância plausível. Aqui, sua formação no idealismo inglês, que pouco apareceu em suas outras obras, veio em seu socorro. Oakeshott encontrou o suplemento de que necessitava num eco fraco de Hegel: o direito não pode conflitar com a "sensibilidade moral educada" da época[65]. Se antes ele havia buscado uma teoria da vontade racional que fosse o corretivo necessário de Hobbes, agora se contentava com um mero *Sittlichkeit* consensual – a convenção desacompanhada da razão. Tal como um visitante desagradável, meio esquecido no passado, Hegel ainda é recebido em *On Human Conduct*, mas está deslocado. O esforço de Oakeshott de transformar o teórico supremo do Estado como uma comunidade substantiva, dotada de objetivo – *universitas* elevada à potência máxima –, no funcionário humilde da associação civil é uma extravagância mesmo se avaliada pela estatura de seu Hobbes. Para Hegel, a vida ética reali-

---

[64] "Talking Politics", p. 1424, 1427; *Rationalism in Politics and Other Essays*, cit., p. 448, 450.
[65] "The Rule of Law", em *On History and Other Essays* (Oxford, 1983), p. 160.

zada no Estado moderno era um padrão racional de formas sociais que refletem o desenvolvimento imanente da história universal. Na versão de Oakeshott, a crosta da ordem política abriga tão somente a polpa do costume aleatório – pois toda linguagem moral é tão contingente quanto o passado do povo que a fala, e o mundo se divide entre vernáculos sem relação[66]. Evidentemente, mesmo nesses termos, a polpa se desintegra, pois nenhuma comunidade moderna conteve apenas uma "sensibilidade educada". A colisão de códigos morais no interior do mesmo Estado é a matéria da vida política que o sonho da associação civil reprime.

Quase todos os obituaristas de Oakeshott acentuaram seu desapego do mundo, tipificado por sua indiferença às honras oficiais que suas conquistas poderiam merecer. Não há razão para duvidar dessa característica atraente do homem. Mas ela também diz um pouco sobre ele como escritor. Embora Oakeshott tenha se formado historiador, e num compartimento de sua mente ele conhecesse mais dos detalhes reais do passado europeu do que Hayek, Strauss ou Schmitt, sua teoria normativa do Estado abandona, de forma mais completa do que qualquer outra de suas propostas, tais realidades como estrutura histórica. Pois, como o demonstra o exame superficial daquele passado, desde o início a *raison d'être* fundamental do Estado europeu foi a guerra, a mais "administrativa" e "instrumental" de todas as atividades coletivas. Oakeshott nunca se permitiu registrar a lógica da competição militar na construção do Estado: sua visão da autoridade pública é puramente doméstica. A guerra era somente um período de exceção, em que o papel adequado do Estado como guardião da paz civil ficava temporariamente suspenso[67]. Oakeshott estava tão determinado a excluir da ideia de governo qualquer traço de empreendimento comum que foi até forçado a negar a existência da nação-Estado. Politicamente, sua própria perspectiva era absolutamente nacionalista. Quem poderia negar a superioridade das instituições inglesas em relação às "cinco fúteis repúblicas da França", o arremedo de unificação da Itália, a anarquia da Espanha e o banditismo da Grécia: ou melhor, em relação ao "fracasso conspícuo da maioria dos Estados europeus modernos (e de todas as imitações de Estado no resto do mundo)?"[68]

---

[66] *On Human Conduct*, cit., p. 80-1, em que "o modesto mortal que tem a si mesmo a apresentar e uma alma a fazer" não tem "a inclinação para o medo por haver outras línguas semelhantes, às quais ele não é capaz de relacionar sua própria".
[67] Ibidem, p. 147.
[68] Ibidem, p. 188, 191.

Entretanto, filosoficamente, a conjunção de nação com Estado deixava aberta uma sugestão inaceitável de ação coletiva que devia ser fechada.

Oakeshott lamentava que o Estado europeu houvesse assumido a forma de uma associação empreendedora, mas sua teoria não lhe permitia explicar a razão por que essa aberração tivesse de ocorrer. Só podia oferecer um diagnóstico psicológico. Havia no indivíduo duas tendências contrárias, a primeira voltada para um rígido "emprego de si mesmo" numa vida de aventura, a segunda para uma participação reduzida à recepção dos benefícios – e eram essas duas as molas mestras dos dois tipos de governo que não podiam ser conciliadas[69]. Toda a imponente erudição de Oakeshott termina no enorme desapontamento dessa pequena parábola da alma dividida do homem econômico. As leis de governo – as realidades sociais da acumulação de poder e propriedade na história ocidental – perderam-se de tal forma na neblina do governo da lei – o habitat ideal do homem empregado de si mesmo – que Oakeshott foi capaz de escrever com entusiasmo juvenil que os romanos e os normandos foram os dois grandes doadores da associação civil para a Europa[70]. O fato de aqueles dois Estados terem sido as "associações empreendedoras" mais cruéis e deliberadas de qualquer tempo, máquinas de conquista e colonização sem igual, podia ser esquecido.

Coube ao teórico da decisão política, não da conversação, entender o que significavam esses exemplos para qualquer jurisprudência realista. Em sua última *tour de force*, publicada já durante a República Federal, *Der Nomos der Erde* [As leis da terra], Schmitt demonstrou que o termo inventado por Oakeshott e Hayek para explicar a transcendência das regras de procedimento, isentas de qualquer diretiva social, significava realmente na sua origem o contrário, e que fora exatamente Thomas Hobbes o primeiro a tornar claro esse fato.

> Vendo portanto que a Introdução da Propriedade é um efeito da riqueza comum [...] é ato privativo do Soberano, e consiste nas Leis, que não podem fazer os que não detêm o Poder Soberano. E tal já era bem conhecido no passado por aqueles que lhe deram o nome de *nomos* (ou seja, Distribuição), e que hoje chamamos Direito; e definiram Justiça ao distribuir a cada um do que é seu. Nessa Distribuição, a Primeira lei é a Divisão da própria terra.[71]

---

[69] Ibidem, p. 323-5.
[70] "The Rule of Law", p. 164.
[71] *Leviathan*, parte II, cap. 24: "Da nutrição e procriação de uma comunidade". Sobre o mesmo tema, ver o notável ensaio de Schmitt, "Nehmen / Teilen / Weiden" (1953), incluído em *Verfassungsrechtliche Aufsätze* (Berlim, 1985), p. 489-504.

Para Schmitt, tal distribuição original pressupunha uma apropriação inicial, a que ele deu o nome de *Landnahme*[72]: a ocupação de território que necessariamente precedia qualquer divisão dele, e a qual o solo inglês havia conhecido tão memoravelmente quanto qualquer outro, sob a bota romana e o estribo normando. O "título radical" (termo usado por Locke) subjacente a qualquer lei estava nessa tomada e alocação, como sugeria a ligação etimológica entre *nomos* e *nemein* (tomar). Neste caso, conceitual e historicamente, dissolvem-se as oposições entre governo e objetivo, direito e legislação, civil e administrativo. *Nomos* e *telos* são a mesma coisa.

A exploração feita por Schmitt de toda lógica espacial oculta por detrás de qualquer regulação legal não levou a uma metafísica das origens. Ele foi buscar em Weber, a quem conheceu e cuja estrutura mental se assemelhava à sua própria, a compreensão imediata da variação histórica e social. Não teve dificuldade em perceber o tipo de distinção de que Oakeshott precisava. Perto do fim da República de Weimar, ele já havia notado a diferença entre os ideais de um *Regierungsstaat* e de um *Gesetzgebungsstaat* – entre um Estado governante e um legislante, e a maior semelhança, durante o século XIX, do Estado inglês com o primeiro e do continental com o segundo, apesar de acentuar que nenhum dos dois havia existido como tipo puro. No século XX, contudo, com o significativo aumento da regulamentação econômica, provisão para seguridade, supervisão cultural por parte das autoridades públicas – ele observou que, em 1928, mais da metade da renda nacional era controlada pelo Governo de Weimar –, houve uma "mudança estrutural". O *Gesetzegebungsstaat* não somente predominava por todo lado, mas estava assumindo uma nova configuração, em que o Estado se transformava cada vez mais em algo parecido com "a auto-organização da sociedade"[73]. Se perguntarmos qual era a ansiedade comum que fornecia energia imaginativa a todos esses pensadores, essa expressão sugere o seu centro nervoso.

Depois da *débâcle* da Primeira Guerra Mundial e da vitória do bolchevismo na Rússia, o antigo mundo político de governantes proprietários fundiários, eleitorados limitados, orçamentos modestos e moedas estáveis desabou. Uma nova espécie de liberação e de esperança de massa tomou conta da Europa, a chegada da democracia foi capaz de afastar barreiras tradicionais entre as tarefas

---

[72] *Der Nomos der Erde in Völkerrecht des Jus Publicum Europaeum* (Berlim, 1950), p. 15-20 e segs.

[73] "Die Wendung zum totalen Staat" (1931), em *Positionen und Begriffe*, cit., p. 148-52.

do governo e os negócios empresariais – um Estado semioligárquico e uma sociedade civil ainda hierarquizada –, na busca de segurança e igualdade. Aonde chegaríamos com a soberania popular isenta de responsabilidade social? Evidentemente, o comunismo foi o primeiro e o maior perigo. O fascismo, que parecia a alguns ser um antídoto, não foi melhor – na verdade, na sua representação alemã, foi absolutamente idêntico. Mas mesmo quando se descartavam os dois, havia ainda o Estado de seguridade, uma versão silenciosa da mesma doença que se aproximava discretamente. Ao longo de seis décadas, variaram as opiniões políticas sobre essa cena em mutação. Strauss e Oakeshott, que desprezavam o liberalismo antes da subida de Hitler ao poder, tornaram-se mais circunspectos depois da guerra; Hayek, que durante a guerra se descrevia como um liberal clássico, repudiou essa classificação como irremediavelmente comprometida quando chegou aos Estados Unidos; Schmitt, que nunca havia se relacionado com o liberalismo, passou do autoritarismo católico para o nacional-socialismo, até terminar como o decano do respeitável constitucionalismo do pós-guerra. Mas, além das simpatias locais discrepantes dessas carreiras – com tamanha amplitude de identidades temporárias; conservador, sionista, nazista, *whig*–, todos refletiam a mesma vocação teórica.

Foi Schmitt quem encontrou o símbolo para ela. Suas últimas obras são marcadas por uma imagem teológica. Vezes sem conta, ele aludiu a um dos mais enigmáticos dos textos apocalípticos, a segunda carta aos tessalonicenses, apesar de nunca citá-la. O que Paulo diz ali?

> O mistério do que nega a Lei já está em ação; basta que seja afastado aquele que agora o restringe. Então vai se manifestar o sem lei, e o Senhor Jesus há de destruí-lo com o sopro de sua boca e o aniquilará com a manifestação de sua vinda.

Importante aqui é a segunda frase. Quem era aquele que o retém – o *katechon* que limita a caminhada do mal na terra até a chegada do Redentor? Muita especulação erudita debateu a identidade críptica do *katechon* (esta é sua única aparição nas Escrituras) desde o tempo de Tertuliano. De acordo com o texto do próprio Schmitt, essa figura obscura assume diversas máscaras históricas – todas tipicamente oblíquas –, como o *Aufhalter* político ou jurídico de diferentes épocas[74]. Mas o barrete estígio se aplica ao esforço coletivo de todo esse

---

[74] Byzantium para *Land und Meer* (Berlim, 1944), p. 12 (talvez também, mais tarde, Rudolf II, p. 56); imperadores carolíngios, saxões e sálios para *Der Nomos der Erde*, cit., p. 28-34; Savigny e Hegel para "Die Lage der europäischen Rechtswissenschaft" (1943-1944), *Verfassungsrechtliche Aufsätze*, cit., p. 428-9; em falta à época de Tocqueville, para *Ex Captivitate Salus* (Colônia, 1950), p. 31.

conjunto de pensadores. Pois eram, na verdade, construções destinadas a afastar alguma coisa. O que todos procuravam restringir eram os perigos da democracia – vista e temida por meio dos prismas de suas teorias do direito, como o abismo de sua ausência: *to misterion tes anomias*, o mistério da falta do direito.

Cada um levantou suas barreiras contra esse perigo. As dicotomias eram a assinatura de sua obra – o esotérico e o exotérico, o civil e o administrativo, o amigo e o inimigo, o direito e o legislativo –, são tantas as barreiras cuja função é manter afastada a soberania popular. Os diferentes dons mostrados nessa empresa, independentemente da visão que se examina, foram notáveis. Apesar da tendência posterior à elegância textual, o alcance e a sutileza de Strauss como um mestre do cânone da filosofia política não tiveram iguais em sua geração. A instabilidade moral de Schmitt nunca impediu que uma extraordinária capacidade fundisse a ideia conceitual e a imaginação metafórica em raios que iluminaram o Estado. Hayek podia parecer taticamente ingênuo, mas ele construiu uma síntese teórica a partir de sua economia e epistemologia que ainda não foi suplantada.

Oakeshott era o literato dessa galeria. Seu texto varia consideravelmente em qualidade, caracterizado ora por um humor excessivamente caprichoso, ora por uma curiosa crueza, lembrando o Punch ou Cross-Bencher. Mas nos momentos culminantes, quando atinge um registro alto, chega à beleza lírica. Oakeshott não apreciava o debate, o qual ele geralmente rejeitava: está ausente de suas exposições. Tais também não têm, a despeito do que ele dizia, o caráter de conversação: as declamações de Oakeshott não têm relação com o ritmo tentativo do estilo conversacional, como se encontra em Hume. São retóricas – um exercício contínuo na arte da sedução, não da interlocução. Na sua prosa há um toque de exuberância eduardiana. Mas para entender o seu encantamento, basta apenas consultar – o exemplo mais relevante – sua digressão sobre a religião em *On Human Conduct*[75]. Não há surpresa na continuidade dos reclamos desses escritos.

Se compararmos a sorte desses pensadores da direita radical à de eminências mais convencionais do centro, há um contraste significativo. A obra de um único jurista, John Rawls, deve ter acumulado mais comentários e resenhas do que a dos quatro em conjunto. Ainda assim, essa verdadeira indústria acadêmica não teve praticamente impacto nenhum no mundo da política ocidental. A reticência desse personagem, que nunca arriscou a reputação em compromissos

---

[75] Encontrado nas p. 81-6.

expressos, é claramente parte da razão. Mas também se deve à distância entre um discurso sobre justiça, olímpico que seja, e as realidades de uma sociedade movida pelo poder e pelo lucro. O quarteto que consideramos aqui teve a coragem política de suas convicções. Mas estas também estavam de acordo com o grão da ordem social. Assim, embora possam parecer figuras marginais, até excêntricas para seus colegas, suas vozes eram ouvidas nas chancelarias. Schmitt foi conselheiro de Papen e recebeu Kiesinger; os straussianos ocuparam o Conselho de Segurança Nacional durante o governo Reagan e estão à volta de Quayle; Hayek mereceu homenagens formais de Thatcher na Câmara dos Comuns; e Oakeshott entrou para o breviário oficial sob o governo anestético de Major. Ensinamentos arcanos chegam até os cavalheiros. São eles os herdeiros.

1992

2

TEATRO CONSTITUCIONAL: FERDINAND MOUNT

"Teóricos constitucionalistas que queiram prender nossa atenção devem seduzir tanto quanto instruir; não é esse o caso, creio, em outros países", escreve Ferdinand Mount[1]. Que outra pessoa poderia ilustrar tão bem tal afirmação? Poucas pessoas no mundo das letras inglesas possuem um conjunto tão cativante de credenciais: autor de vários romances de sucesso, ele é mais do que apenas um eco de seu tio Anthony Powell. Colunista popular ou articulista principal em metade da imprensa nacional, com uma folha de serviços que vai do *Sketch* ao *Spectator*; elegante defensor dos valores iconoclásticos da família; conselheiro político cabeça dura do gabinete do primeiro-ministro – o editor do *Times Literary Supplement* parece ser o candidato ideal para a tarefa em questão. Nem se questiona que a obra *The British Constitution Now* [A Constituição britânica agora] seja capaz de cumprir a primeira parte dos requisitos. A descrição que Mount faz da estrutura do Reino Unido, e das reformas que ela exige, atrai leitores de todo o espectro político. Críticos de esquerda e de direita saudaram seu senso de humor e sua perspicácia. Ainda que poucos concordem com todas as propostas do autor, praticamente todos concordam que se trata de obra de um reformista esclarecido, de temperamento liberal, do partido da tradição. Aparentemente, é um raro conservador que poderia até ser considerado um aliado à sua maneira dos francoatiradores radicais que integram o Charter 88*.

A admiração conquistada por *The British Constitution Now* não é sem motivo. De fato, é um livro gracioso e inteligente; no entanto, foi alvo de mal-

---

[1] *The British Constitution Now* (Londres, Heinemann, 1992), p. 65. Citado daqui em diante como BCN.
* Grupo formado sobretudo por liberais e sociais-democratas em defesa de uma reforma eleitoral e constitucional no Reino Unido. (N. E.)

-entendidos. O charme da imagem, por assim dizer, obscureceu as lições do texto. Há várias maneiras de abordar essa questão, mas a melhor talvez seja começar pela dedicatória. O livro é dedicado à memória de Michael Oakeshott, cujo pensamento, diz Mount, deixou marcas "sem dúvida tristemente borradas" em muitas de suas páginas[2]. À primeira vista, a afinidade entre autor e autoridade aqui parece óbvia o suficiente, uma vez que Oakeshott era considerado o mais civilizado dos pensadores conservadores de sua época, um filósofo acima de partidos e preconceitos, admirado ocasionalmente do outro lado do campo político, até pela *New Left Review* dos primeiros anos[3]. Contudo, há mais carga política nessa afinidade do que se pode imaginar. Para demonstrá-la, é preciso voltar o olhar para a primeira ocasião em que Mount rendeu tributo a seu mentor.

Em 17 de novembro de 1975, Oakeshott proferiu uma palestra em Nova York, intitulada "Falando de política", em homenagem ao vigésimo aniversário da *National Review*, revista da extrema direita norte-americana. Na edição de 21 de novembro, Mount – colaborador regular da publicação – comemorou o advento da "obra majestosa" de Oakeshott, *On Human Conduct*, cuja "definição original e memorável de liberdade política" era motivo de "gratidão e comemoração". Trata-se de um número representativo da revista. A homenagem de Mount veio acompanhada de dois tributos, de James Burnham e F. R. Buckley, ao "líder político mais bem-sucedido do século", o generalíssimo Franco – "um gigante que a Espanha chorará sinceramente", demonstrando "a falsidade das alegações sobre o 'fascismo'". As primeiras páginas da revista traziam ainda uma entrevista elogiosa ao general Somoza, "há muito tempo o melhor amigo dos Estados Unidos na América Central", no momento em que ele iniciava a reconstrução da Nicarágua após o terremoto que atingira o país. No fim, havia uma advertência de Robert Bork sobre a ameaça de a "intelectualidade do poder" (na presidência de Ford) encaminhar a nação para o rompimento da igualdade e da uniformidade[4].

O número seguinte da *National Review*, de 5 de dezembro, foi dedicado quase todo ao texto da palestra de Oakeshott, acompanhado de "um ensaio pictográfico" do banquete comemorativo do vigésimo aniversário da revista

---

[2] *BCN*, p. ix.
[3] Ver Colin Falck, "Romanticism in Politics", *New Left Review*, v. I, n. 18, jan.-fev. 1963, p. 60-72.
[4] "Oakeshott's Distinction", *National Review*, 21/11/1975.

no Grande Salão de Bailes do hotel Plaza – uma página dupla central ao estilo *Tatler*, repleta de *smokings* e cálices, cujas estrelas eram Barry Goldwater ("mais universalmente querido do que qualquer outro americano vivo") e Ronald Reagan ("prestes a se engajar numa grande empreitada – na verdade, esta é sua última e improvável chance de desistir"). Esgueirando-se do fluxo amistoso do salão tal como um elfo, via-se Oakeshott. Talvez possamos imaginar também o jovem Mount, em algum lugar fora do quadro, circulando respeitosamente pelos redemoinhos secundários. De qualquer modo, é por essa constelação que podemos começar de maneira mais útil uma análise de *The British Constitution Now* – e, por que não?, também do atual *Times Literary Supplement*.

O livro de Mount principia com uma hábil invectiva contra as autoridades canônicas e as complacências dominantes, calculada de modo a ganhar a simpatia dos leitores radicais. As vaidades do excepcionalismo britânico – a sabedoria política ímpar de Westminster – e as ilusões de continuidade de nossa evolução constitucional são despachadas com facilidade. Então, mais detidamente, os legados doutrinários de Bagehot, Dicey e Jennings são descartados, junto com tantas outras simplificações injuriosas à realidade mais sutil e surpreendente da tradição britânica. Uma vez demolidas essas ideias, Mount passa a uma revisão do estado atual da Constituição do país – mais um edifício do que um motor, ele ressalta, com sua prosa oakeshottiana. Examinando suas partes principais, ele objeta não apenas à maneira como são interpretadas, mas também a seu modo de operação. Conclui que houve um descaminho das virtudes originais da Constituição britânica, que ainda permanecem latentes. As propostas de reforma que Mount apresenta visam reavivar esse "velho espírito" por meio de um conjunto de medidas francas, ainda que moderadas, as quais também ajudariam a Constituição a se ajustar "às enchentes da maré" vindas de fora do Reino Unido. Fortalecimento das convenções constitucionais existentes, incorporação da Convenção Europeia de Direitos Humanos, parlamentos com mandatos fixos e uma espécie de Assembleia Escocesa são os itens principais dessa agenda. Pouco ousado, diriam os defensores do Charter 88, mas está na direção correta.

O verdadeiro rumo dessa empreitada, no entanto, não é tão evidente. A característica do livro de Mount que talvez tenha agradado mais à esquerda é o descarte que ele faz dos "três grandes simplificadores", tirando-os do baralho para então poder apresentar sua própria visão da Constituição. As surras dadas em Bagehot e Dicey, em particular, causaram *frissons* de prazer em mais de uma pessoa. Maior atenção deveria ter sido dada à classificação que o próprio Mount faz desse trio. "Por coincidência", diz ele, "os três analistas constitucionais mais reputados representam cada uma das três principais tendências políticas – Bagehot, o liberal; Dicey, o unionista; e Jennings, o fabiano"[5]. O leitor pode concluir que alguém que critique esses três não defende um ponto de vista partidário estreito. A descrição, contudo, é um disfarce. Dicey foi de fato um "unionista", mas nunca chegou a ser um conservador, permanecendo um liberal de pensamento *whig* durante toda a sua carreira. Uma das "principais tendências políticas" ficou tacitamente fora do texto aqui, e é ela que fornece a base real para a crítica das outras duas.

Ao examiná-las mais detidamente, vemos que a substância das objeções de Mount às autoridades não é por terem cunhado crenças convencionais, mas sim por as terem subvertido. Bagehot, para começo de conversa – de resto, a epítome do "senso comum masculino" –, teve o mau gosto de tratar a monarquia como se fosse uma mera encenação para enganar as massas, em vez de um "símbolo tocante" da cultura das classes educadas – e, portanto, da "autoridade legítima a quem cabia cobrar sua obediência"[6]. Foi C. H. Sisson, de formação maurrassiana, o primeiro a apresentar essa objeção[7], que Mount repete agora em termos mais decorosos, lamentando o fato de Bagehot ter desconfiado tanto da ampliação do eleitorado.

Dicey, por outro lado, foi culpado de algo pior. Por trás de sua doutrina de soberania do Parlamento, desembaraçado de poderes rivais ou precedência imperativa, "esgueira-se a ameaçadora, insaciável vontade popular – o id para o ego de Westminster"[8]. Os pilares do constitucionalismo diceyano, a despeito das aparências, são pouco mais do que uma fórmula para "o império das multidões" – como demonstra sua conduta durante a longa crise irlandesa, quando apelava para a resistência popular às decisões parlamentares. Aqui, a afronta não é ao pudor monarquista, mas ao próprio Estado de direito. Mount demonstra estar chocado com o fato de Dicey ter considerado a insurreição para preservar a União – como se essa não tivesse sido uma opção bastante difundida entre o *establishment* político da época, cogitada por Bonar Law e muitos outros; na verdade, um episódio famoso da história moderna de seu próprio partido. Tal como as opiniões de Bagehot sobre o Segundo Ato de Reforma, as

---

[5] *BCN*, cit., p. 80.
[6] Ibidem, p. 39 e 43.
[7] *The Case of Walter Bagehot* (Londres, Faber and Faber, 1972), p. 64-77 e 127-9.
[8] *BCN*, cit., p. 52.

intervenções de Dicey contra a *Home Rule* constituem um cassetete taticamente conveniente com o qual Mount pode bater em autores cuja real ofensa é outra: ter manchado a aura da monarquia e aberto as portas para a soberania popular. Jennings, por outro lado, não requer nenhum ardil. Sem cerimônia, Mount o acusa de "vilipêndio burocrático desavergonhado" à Constituição, por tratar organizações como sindicatos como se tivessem alguma relevância[9]. Esse foi o caminho que levou a um corporativismo calamitoso, que inflou as pretensões e corrompeu a integridade do governo.

Se esses foram os defeitos das autoridades reconhecidas, qual seria o efeito prático de suas doutrinas? Elas promoverão tendências perigosas dentro do corpo político ou simplesmente as refletiram? "Bagehot, Dicey e Jennings seriam apenas agentes desavisados de uma degeneração intelectual que lhes foi incutida?"[10] Isso implicaria falhas estruturais em nossa própria herança constitucional. Esse é um terreno delicado, em que seu eleitorado natural tem convicções fortes, e Mount avança com cuidado. A solução que apresenta é um equívoco. Essencialmente, o problema é nossa "compreensão" da Constituição, e não sua realidade. Se é verdade que surgiram tensões ao longo do tempo, a estrutura ancestral da própria Constituição é capaz de saná-las – qualidades que durante muito tempo foram negligenciadas, sob a influência distorcedora das interpretações oficiais equivocadas. O pragmatismo do século passado é um "sintoma de decadência"[11]. Precisamos retornar aos princípios que regeram nossas instituições originais – recuperar o "velho espírito" da Constituição, como afirma Mount[12].

A conveniência de tal ideia, é claro, deve-se à ausência de qualquer coisa que lhe corresponda ou mesmo contradiga. A "Constituição britânica" é, em qualquer sentido comparativo, *apenas* espírito. A bem da verdade, poderíamos dizer o mesmo de qualquer Constituição, no sentido de ser um giro da mesa. A sessão espírita de Mount revela-se um tanto inconsistente e, após alguns resultados erráticos, ele abandona a mesa. Entre os fantasmas que aparecem brevemente estão Bracton, Grattan e, inevitavelmente, Burke. O passado ideal invocado oscila de modo nebuloso entre as épocas angevina e hanoveriana. Sem se deter em nenhum dos dois períodos, Mount passa à tarefa mais segura de

---

[9] Ibidem, p. 68.
[10] Ibidem, p. 71.
[11] Ibidem, p. 31 e 265.
[12] Ibidem, p. 81e ss.

"resumir" o espírito em geral. Naturalmente, isso inclui o Estado de direito como horizonte superior a todos os legisladores. Além disso, na retrospectiva de Mount, o velho espírito da Constituição revela-se tal como Montesquieu supôs, mas poucos ingleses acreditaram – a separação de poderes peculiar ao nosso reino. Trazido para cá por Leo Amery, o julgamento contido em *Do espírito das leis** ressurge como a verdade mais profunda de nossas instituições, não importando o que digam os historiadores[13]. Essa discordância do veredito apresentado por estudos modernos não é discutida de maneira mais detalhada. O que Mount realmente deseja enfatizar não é a separação, mas a *multiplicação* de poderes no passado da nação. O termo que ele usa para lamentar o declínio moderno da Constituição é significativo. Ao descrever a tendência do século XX, ele sempre fala em "rarefação" das instituições britânicas[14], e não em "fusão". Esse termo é usado para descrever o processo que fez a monarquia perder a substância de suas prerrogativas no Rei-no-Parlamento, e, em seguida, os lordes perderem as suas para os comuns, deixando-os perigosamente próximos do controle do Estado. Em suma, o que normalmente se chama de surgimento da democracia.

Esse processo, é claro, não se completou. Na "Reino Unidânia"**, a supremacia do Parlamento não é a soberania do povo, nem na teoria nem na prática. A passagem de uma para a outra, que Mount acusa Dicey de ter facilitado, nunca aconteceu. As razões históricas por que as formas do novo-velho acordo de 1689 sobreviveram durante três séculos estão mais bem explicadas na obra *Enchanted Glass* [Vidro encantado], de Tom Nairn, um estudo que Mount relega a uma nervosa nota de rodapé. Mas essa é a medida apropriada para julgar seu trabalho. A comparação dos dois livros revela que uma crítica daquilo que ambos os autores chamam de "monoteísmo parlamentar" pode se mover em direções diametralmente opostas. Tanto pode apontar tudo aquilo por que Westminster continua a ser uma assembleia pré-moderna, sem qualquer pretensão de representar de maneira equitativa a opinião eleitoral e muito menos o controle democrático do poder executivo, como também pode lamentar a

---

* São Paulo, Martins, 2005. (N. E.)
[13] *BCN*, cit., p. 88-9.
[14] Ibidem, p. 21, 33, 36 e 79.
** No original, "Ukania". Termo cunhado pelo acadêmico escocês Tom Nairn para se referir ao caráter irracional e onírico da monarquia constitucional inglesa. A palavra é uma associação de UK (*United Kingdom*, Reino Unido) com Ruritânia, reino fictício com profundas divisões sociais que é cenário de três obras do romancista inglês Anthony Hope (1863-1933). (N. T.)

falta de barreiras modernas à legislação em nome de um mandato popular, como aquelas que o palácio e os pares estipulavam no passado. A antipatia que Mount tem pela soberania popular ao estilo do século XX é deste último tipo. Não se trata de uma variante um pouco mais moderada de uma rejeição radical do sistema atual, mas sim de algo no polo oposto do espectro.

É por essa razão, claro, que Michael Oakeshott é o deus nessa paisagem intelectual. Sua teoria do Estado foi feita precisamente para cercear governos populares e leis que tenham algum propósito da aplicação correta das regras. "Associação civil", como modelo de ordem, excluiu da estrutura de governo os objetivos coletivos e o consentimento comum. Essas seriam características de outro tipo de atividade, "a associação empreendedora", que não tinha nada que ver com a verdadeira governança. A confusão entre associação empreendedora e associação civil, quando os governantes desempenhavam tarefas "gerenciais" – intervir na vida econômica ou interferir em questões sociais, em suma, qualquer programa de bem-estar público –, seria o caminho para a servidão. Mount, mais próximo das realidades do dia a dia, consegue vislumbrar as dificuldades dessa forte dicotomia para o político prático, e garante que os dois tipos de associação não são mutuamente excludentes, e de fato "não foram concebidos como tais"[15]. Essa afirmação reverente não é apenas superficial, mas também inócua. O que resta Mount provar é que a Constituição deveria ser vista não da maneira como Bagehot a concebeu – como um "motor" de um governo determinado, ou a terrível imagem de uma associação empreendedora –, mas como uma associação civil: uma forma de vida, escreve ele, tão destituída de forma intencional ou propósito quanto South Kensington[16].

Esses floreados provavelmente foram escritos na época em que o autor ainda era colunista do *Daily Telegraph* – podemos imaginar bairros londrinos cujos nomes teriam efeito menos poético. Mas a referência reconfortante à região de Kensington não significa que a ideia que ele quer transmitir tem interesse apenas local. O que Oakeshott explicou detalhadamente na *National Review*, e celebrou no Plaza, foi a associação civil. Goldwater e Reagan já lutavam por ela muito antes de se ouvir falar de Thatcher. O mesmo vale para Mount, à sua maneira, quando execrou o conluio de Macmillan com o planejamento e a retirada de Heath do mercado em 1972, quando o representante de Finchley era

---

[15] *BCN*, cit., p. 75.
[16] Ibidem, p. 46.

apenas mais um corporativista[17]. Naquele momento, a direita pesada norte-americana estava bem à frente da britânica. Ainda assim, a camaradagem transatlântica entre ambas acabou resultando em relações duradouras – em que se incluem as ligações de Mount com o mundo de Bork e Burnham.

Se, hoje, as melhores instâncias ideológicas do *Times Literary Supplement* são de responsabilidade de talentosos neoconservadores norte-americanos – Allan Bloom, Harvey Mansfield, Joseph Epstein, Hilton Kramer, Charles Murray, Paul Craig Roberts, Irving Kristol, e mesmo aqueles conhecidos apenas pelos iniciados, como Richard Cornuelle –, elas são fruto de uma associação mutuamente benéfica. De um lado, a oferta local é limitada – os esforços de Conor Cruise O'Brien, Paul Johnson ou Norman Stone, por mais infalíveis que sejam, têm limitações; de outro, as luzes do *New Criterion* ou do *Public Interest* brilham com mais intensidade num espelho britânico antigo do que em seu lar de origem. O resultado é uma fórmula cuja mistura tem mais vivacidade do que antes, e os liberais continuam perfeitamente apresentáveis, sob a égide de um editor que mudou discretamente de rumo e não deixa transparecer sua marca pessoal.

Por trás da afinidade que se nota aqui, no entanto, há uma atração mais profunda pela comunidade política norte-americana como tal. Chama a atenção a frequência com que Mount olha para os EUA quando procura um exemplo no qual o Reino Unido deva se espelhar. Sua empolgação é tal que a própria Thatcher se revela, em anotações que fez numa cópia surrada de um livro que ela própria deu ao autor, como alguém que, ao menos uma vez, demonstra crer secretamente na superioridade dos arranjos constitucionais norte-americanos sobre os britânicos, enquanto "sistema de fortificações para a liberdade e a justiça"[18]. Em que repousa tal superioridade? Não numa Constituição escrita, num governo republicano, na separação entre Igreja e Estado ou nos direitos à liberdade de informação. O que fortalece a liberdade e a justiça era o que Oakeshott tinha em mente – "uma toada majestosa, até mesmo sonolenta, de vida não política e o conservadorismo extremo de atitudes e práticas que contradiz a visão convencional de que os americanos são viciados em novidades", uma "certa imponência de procedimentos" e uma "constância constitucional" que "impediram o avanço da concepção da política como empreendimento associativo"[19].

---

[17] "Fashions in Planning", em *The Theatre of Politics* (Londres, Weidenfeld & Nicolson, 1972), p. 204 e ss.
[18] *BCN,* cit., p. 27-8.
[19] Ibidem, p. 178 e 76.

Em outras palavras: um Estado forte e estável, porém com capacidade reduzida de legislar, que gasta menos com bem-estar social e está menos presente nas urnas.

Qual seria a face da Constituição britânica hoje, comparada ao ideal oakshottiano? Mount procede então a um inventário, para o qual está extraordinariamente bem equipado, combinando sua experiência de *think tank* partidário com os meios modernos de comunicação de massa e o próprio *arcana imperii* do gabinete do primeiro-ministro. Ele começa sua análise do Executivo – um tanto solenemente – pela monarquia, sobre a qual reclama por não ter sido considerada com a devida precedência sobre os demais elementos do governo nos textos didáticos atuais. Algum problema aqui? Apenas nas avaliações feitas anteriormente – a partir da obra de Bagehot – da função vital da monarquia como guardiã da Constituição. A cultura da deferência é imaginária, e a ideia de cidadania, redundante – os súditos desfrutam de direitos imemoriais sob a égide da rainha. A bem da verdade, o prestígio da monarquia floresce na medida em que, hoje, os membros da família real desfrutam, eles próprios, de novas liberdades de expressão. Ele também se compromete com a visão de que a monarquia está mais segura de seu futuro do que o próprio Parlamento. Nesse momento, os leitores do *Sun* parecem tê-lo abandonado.

Eis que chega a vez do primeiro-ministro. Teria ocorrido uma concentração indevida de poder em Downing Street, em detrimento do Gabinete como um todo, como pensava Crossman e tantos outros autores? Nem um pouco. A sra. Thatcher, muitas vezes frustrada, comandou um governo neobaronial tal como foram obrigados a fazer seus predecessores – em que os ministros não recebiam ordens diretas do chefe do governo. Mas o que dizer da responsabilidade coletiva – não é fato que grupos *ad hoc* convocados secretamente pelo primeiro-ministro muitas vezes passam por cima do Gabinete em decisões importantes? Sim, e isso é bom: um Executivo forte não pode abrir mão disso. "A convocação ou não convocação de reuniões, juntamente com a inclusão ou a omissão de itens da agenda, continua sendo um instrumento importante de poder" – na verdade, "uma arma indispensável para agilizar as atividades"[20]. Mas será que até o orçamento tem de ser decidido à revelia dos ministros? Certamente – "sigilo rigoroso" necessariamente "garante que o Gabinete será impotente em questões de orçamento"[21]. Na verdade, Mount informa, com base em sua experiência

---

[20] Ibidem, p. 119.
[21] Ibidem, p. 122.

pessoal, que nem mesmo estratégias de longo prazo são um tópico que deve ser discutido pelo corpo nominalmente responsável por governar a pátria.

E o que dizer dos servidores públicos lotados nos departamentos subordinados diretamente aos ministros? Teriam mais poder de fato, como se supõe usualmente, do que aquele que seus cargos lhes conferem? Bem, eles têm as vantagens naturalmente advindas da continuidade e da quantidade, em comparação com os políticos de passagem que estão acima deles e seus parcos assessores; e também podem se beneficiar de sua experiência no setor privado – digamos, numa empresa de cigarros – antes de assumir a responsabilidade pelo bem-estar público. Mas a lealdade e a integridade dessa turma incomparável estão garantidas por sua devoção à monarquia – "uma realidade concreta e não apenas um resquício sentimental", que é "uma questão de razão e também de coração", com "implicações práticas e emocionais"[22]. Ainda assim, há espaço para melhorias na organização do serviço público: o primeiro-ministro é estupidamente privado de controle direto sobre o escritório do Gabinete – a porta de tecido verde que o separa do Gabinete permanece trancada –, sob o pretexto antiquado de que a neutralidade dos funcionários advém de seu distanciamento da formulação das políticas. Trata-se de um anacronismo: a solução é mais controle sobre o Gabinete, não menos.

Liberdade de informação? "O problema do governo aberto parece bem menos real depois que se passa algum tempo no governo" – por exemplo, "Gabinetes se reúnem em *particular*, termo menos questionável e enganoso que 'em segredo'"[23]. Mas o finado secretário de Imprensa não teria exagerado na dose de controle da informação? Ao contrário – numa saudação afetuosa a seu velho colega, Mount conta aos leitores do *Times Literary Supplement* que a única limitação do serviço de supervisão de Bernard Ingham foi que "ele desempenhou seu cargo de maneira dedicada e modesta demais, não foi suficientemente manipulador nem expressou o bastante suas visões, e também não ajudou sua amante a conspirar com os ventos e marés da política"[24]. Em suma, o que se nota aqui é o governo visto a partir da fortaleza da Unidade de Política de Downing Street – o Executivo visto de dentro. Em todos os pontos, os imperativos se resumem a autoridade, eficácia e confidencialidade. Esses são os valores aos quais Mount serviu e os quais defende hoje. Qualquer opinião que se

---

[22] Ibidem, p. 104.
[23] Ibidem, p. 114.
[24] "National Articulators", *Times Literary Supplement*, 21-27/12/1990.

tenha a respeito desses valores, a descrição da máquina é uma narrativa contundente e o que o livro tem de mais intenso.

Passando ao Legislativo, Mount argumenta que o Parlamento tem três funções possíveis: objeção, escrutínio e controle. A primeira delas, retificar as reclamações dos eleitores, ele considera que a Câmara dos Comuns desempenha de maneira excelente. A segunda, inspecionar e melhorar projetos de lei, a Câmara desempenha mal. A terceira, monitorar as ações do Executivo, ela cumpre de maneira medíocre. Suas sugestões para a reforma se concentram no escrutínio, para o qual ele acha que a solução são as Comissões Extraordinárias da Câmara, aptas a coletar dados de apoio aos projetos e lê-los. A característica mais importante dessa abordagem da função do Parlamento, no entanto, é a função que *não* lhe é atribuída – a capacidade de fazer leis, e não apenas ratificá-las ou refiná-las. Trata-se de uma "legislatura" que, em outras palavras, não legisla. Para embasar sua opinião, Mount cita sua autoridade moderna favorita. "A principal tarefa do Parlamento", declarou Leo Amery, "ainda é a mesma de quando foi criado, não legislar nem governar". Ou, nas palavras de Mount: "Devemos reconhecer os limites intrínsecos às capacidades do Parlamento, quiçá de todos os parlamentos"[25]. Mas não se trata de uma aceitação relutante da imperfeição. Ao contrário, tais limites são uma garantia salutar e devem ser reforçados, não lamentados. O propósito dessas novas comissões, explica ele, seria reduzir o trabalho legislativo, reduzindo o ritmo do processo como um todo e tornando-o mais laborioso.

A descrição que Mount faz da realidade atual é suficientemente adequada, é claro. Antes de ser assessor político, ele foi durante muito tempo representante de lobistas, de modo que sua intimidade com Westminster é comparável com a de Whitehall. Mas se perguntarmos por que a Câmara dos Comuns não é uma legislatura, no sentido que lhe davam os teóricos clássicos do governo representativo no século passado – Guizot, Mill ou Dicey –, a resposta será a mesma simples de sempre: leis não são feitas no plenário da Câmara, mas concebidas pelas lideranças dos partidos e levadas adiante pela disciplina partidária. O debate é algo incidental. Essa é a realidade central do processo político. O que Mount tem a dizer sobre isso? Nada. Simplesmente não há discussão sobre a função dos partidos na democracia constitucional britânica em *The British Constitution Now*. A enormidade dessa omissão pode ser notada se passarmos os olhos por qualquer obra crítica moderna sobre o assunto. Quan-

---

[25] *BCN*, cit., p. 179.

do Crossman escreveu a introdução a Bagehot – até hoje, a melhor reflexão sobre *The English Constitution* [A Constituição inglesa] –, o tema central era a transformação política ocasionada pela ascensão dos partidos organizados, coisa que Bagehot nunca compreendeu de forma adequada. Uma geração mais tarde, Dicey percebeu essa mudança, e atacou-a vigorosamente a partir de um ponto de vista liberal e individualista intransigente, que tinha por valor incontestável a independência do parlamentar na Câmara dos Comuns. No entreguerras, a situação era tal que bastou a Jennings escrever: "Qualquer estudo realista da Constituição britânica deve começar e terminar com os partidos e, no meio, discuti-los detidamente"[26]. Assim deve ser ainda hoje, e com ênfase muito maior.

O desaparecimento repentino dos partidos em *The British Constitution Now* é, portanto, uma regressão espantosa. Parece comprometer qualquer pretensão que Mount possa ter de ser realista. O que explica essa ausência? Certamente, não é desatenção. Um veterano do Departamento Conservador de Pesquisa e do Centro de Estudos de Políticas, sem falar dos tabloides amplificadores das opiniões *tory*, de todas as perspectivas, a que é mais familiar a Mount talvez seja a de Smith Square. A razão por que, ainda assim, os partidos são excluídos de sua análise acerca da Constituição é que o fato de considerá-los fatalmente lança a questão que a arquitetura da obra foi concebida para suprimir. Qual é a substância da *democracia* na Grã-Bretanha? A palavra nem chega a aparecer no sumário do livro de Mount. Não se trata de distração. O índice é minucioso. O termo não aparece porque a ideia não anima o texto. Não há motivo para surpresa. Pois foi contra a lógica da democracia, enquanto exercício da vontade popular, que o esquema teórico da associação civil foi concebido, com o intuito de excluir o tema da estrutura de poder e riqueza. A vida política moderna das sociedades ocidentais, evidentemente, nunca correspondeu a esse sonho. A realidade tem sido uma disputa contínua por fins sociais, entre partidos organizados que competem entre si, na condição de veículos da vontade popular. É essa a forma de democracia que possuímos.

Sua substância, então, volta-se inevitavelmente para a maneira como os próprios partidos são constituídos e eleitos – em outras palavras, até que ponto sua organização é livre, seu financiamento é justo e sua representação é equitativa. Distorcer qualquer uma dessas três condições significa, muito claramente, diminuição das chances de autodeterminação democrática. Na Grã-Bretanha, o

---

[26] *The British Constitution* (Cambridge, Cambridge University Press, 1945), p. 31. O livro foi finalizado em 1940.

voto em bloco do Partido Trabalhista é um exemplo notório da primeira condição; as corporações financeiras e a imprensa dos magnatas ligadas ao Partido Conservador são um exemplo flagrante da segunda. Mas o que os dois partidos têm em comum é sua exploração da terceira condição, que nossa nação ilustra de maneira escancarada: um sistema de votação que periodicamente exclui de representação a vontade de quase um quarto do eleitorado. O fim desse domínio perpétuo seria o verdadeiro teste de uma reforma constitucional na Grã-Bretanha. Ciente de que o sistema de maioria simples já não é mais tão intocável, Mount arrisca propor algumas mudanças, mas ele próprio naturalmente as rejeita. Mesmo considerando o baixo nível de exigência local, os argumentos que ele defende são vazios. Ainda assim, não devem ser utilizados contra ele, já que a função dos partidos e a natureza de sua representação foram excluídas de sua lista de prioridades desde o início. Estas, pelo que dá a entender, pertencem à categoria dos meros "fatos" do cenário político, que não têm nada a ver com as "estruturas" da Constituição. O grande erro de Jenning, explica Mount, foi ter misturado essas duas ordens de realidade bastante distintas[27].

Mas isso não é tudo que Mount tem a dizer sobre o Legislativo. Ainda falta falar da outra Câmara. Qual é a sua visão a respeito da Câmara dos Lordes? Ele gostaria que esta última tivesse mais poder e, com esse intuito, aceita conceder certa "redução" – mas não abolição – de seu elemento hereditário: sugere que consultemos o relatório que o Partido Conservador do lorde Home apresentou à sra. Thatcher (1978) para termos mais detalhes. É o fim, e não o meio, que importa aqui. A função da Câmara dos Lordes que Mount gostaria de ver aprimorada é a judicial – idealmente, o surgimento em seu seio de uma Suprema Corte para decidir a constitucionalidade das leis aprovadas pelos Comuns, ou ainda dos atos do Executivo. Tal evolução seria a culminação de uma mudança mais ampla. No conceito que Mount tem de reforma, o Judiciário é o ramo do governo com mais futuro. A liberdade pode ser ampliada não por baixo, pela emancipação das escolhas políticas do eleitorado, mas a partir de cima, nas altas deliberações dos tribunais.

Temperamentos políticos sem impulsos contraditórios ou traços de ambiguidade são raros. A diversidade de talentos e atividades paralelas de Mount torna improvável que ele seja uma exceção à regra. Há boas razões para querer proteger os direitos civis contra os abusos do Executivo britânico, fixando-os na letra da lei. Mount exprime bem essa necessidade para alguns desses direitos.

---

[27] *BCN,* cit., p. 70-1.

Se há uma ideia em seu livro que compreensivelmente atraiu os reformadores do Charter 88, é essa. Aqui, ao menos, notamos uma linha de pensamento decididamente libertária, que leva ao apelo para que a lei britânica incorpore a Convenção Europeia sobre os Direitos Humanos. Seria errado minimizá-la. Mas a nota generosa contida nessas páginas ainda precisa encontrar seu lugar na partitura. Ali, a lógica da doutrina determina a escolha da atenção. A despeito do apelo geral por uma proteção maior dos direitos da pessoa, faz-se silêncio em relação a formas específicas de opressão. Num discurso sobre liberdades civis, procura-se em vão por marcos da justiça britânica (Birmingham, Guildford, Gibraltar). É como se o caso do [centro de comunicação do governo] GCHQ ou [a tentativa de barrar a publicação] do *Spycatcher* nunca tivessem ocorrido. Apenas um caso lhe ocorre: Ponting. O que dizer dele? "Convencionou-se que, em vez de vazar a informação ou levá-la a público", escreve Mount, "ele deveria ter apresentado suas angústias ao seu secretário permanente e ter se dado por satisfeito com o conselho que o dignitário lhe deu"[28]. Convencionou-se? Coitados dos jurados. O que vale é o bom-senso do juiz.

Nesse ponto, o bom-senso de *The British Constitution Now* é consistente. A prosa geralmente fria de Mount se transforma em entusiasmo ruborizado sempre que menciona juízes. Há o serviço inestimável prestado à nação pelos lordes Hewart, Radcliffe e Denning; o desempenho corajoso de lorde Lane, difamado por jornalistas e demagogos; a verdadeira "revolução" em nossos tribunais, uma vez que um maior controle do Judiciário o bafeja com o sopro vital do direito natural[29]. A sugestão de que a composição do Judiciário britânico poderia trazer em seu bojo ameaças à liberdade do cidadão comum "não passa de uma tentativa barata de provocar paranoia no povo"[30]. Mount reserva admiração particular ao ex-presidente da Suprema Corte Denning, cujos "nobres" esforços, mais do que de qualquer outra pessoa, "mantiveram viva nas mentes dos ingleses a ideia de uma lei mais ampla, mais alta e mais longeva do que os volumes dos anais do Parlamento, cada dia mais grossos"[31]. Cabe lembrar esses esforços. Esse foi o juiz que disse, a respeito dos Seis de Birmingham:

> Se os seis homens ganharem, isso significará que a polícia é culpada de violência e ameaças, que as confissões foram involuntárias e que as provas foram obtidas de forma irregular – e, portanto, que as condenações foram erradas. Isso significaria

---

[28] Ibidem, p. 104.
[29] Ibidem, p. 24-8, 209-10 e 261.
[30] Ibidem, p. 212.
[31] Ibidem, p. 266 e 209.

que o secretário do Interior teria de recomendar que fossem perdoados; do contrário, teria de submeter o caso à Corte de Apelação. Tal cenário seria tão consternador que qualquer pessoa sensata nesta terra diria: "Não está certo dar seguimento a tais ações".[32]

"Sentimentos dignos daquele outro grande juiz do West Country, George Jeffreys. Se isso tem pouco significado na escala de valores de Mount, podemos presumir que seja porque ele tem em mente os serviços mais nobres prestados por Dennind. Seu herói pode se revelar ocasionalmente "errático", contudo, ele foi um líder no campo de batalha real das liberdades – iniciativas para controlar os sindicatos, que vêm "destruindo o futuro da indústria britânica ao longo de quase todo este século"[33].

Na concepção de Mount, a confiança no Judiciário possibilita uma espécie de semi-inscrição da sabedoria da Constituição. Não se trataria de um instrumento escrito tão formal como uma carta fundamental, que poderia levantar questões complicadas de princípio filosófico ou coerência arquitetônica, mas sim de algo como uma emenda parlamentar que enumerasse certos direitos e princípios passíveis de alteração apenas com o aval de uma maioria de dois terços nas legislaturas futuras. Os tribunais estariam incumbidos de interpretar essa decisão, estendida a uma instância final composta de juízes constitucionalistas respaldados pela Câmara dos Lordes. As credenciais dessa solução remontam aos arranjos familiares neozelandeses (um exemplo que presumidamente se tornou menos simpático desde que Mount escreveu, pois recentemente 80% dos cidadãos daquele país votaram a favor do fim do sistema de maioria simples). Hoje, a literatura reformista moderada apela sobretudo para um precedente pacificador, os *White Dominions*. Por exemplo, em *Constitutional Reform* [Reforma constitucional], de Rodney Brazier, lançado logo após o livro de Mount, a fonte de inspiração para as reformas é a Austrália.

O contraste entre os dois livros, contudo, revela os limites da abordagem de Mount. De maneira discreta e contida, o estudo à primeira vista mais convencional de Brazier é consistentemente mais radical. Ele traz as realidades partidárias para o centro da análise da Constituição, assim como as perspectivas de alterá-la; defende a reforma eleitoral, ou ao menos a possibilidade do voto alternativo; cogita a reconvocação popular dos membros do Parlamento para que sejam mais responsáveis; exige a redução dos poderes do chefe de governo e o

---

[32] Julgamento conhecido como "Master of the Rolls", 17/1/1980.
[33] *BCN*, cit., p. 266.

controle coletivo do orçamento; aponta o "calamitoso rol" de afrontas às liberdades civis sob Thatcher e o "número recorde de processos" nos quais o Reino Unido foi condenado pela Corte Europeia dos Direitos Humanos, o mais alto "entre os Estados representados no Conselho da Europa"; chama atenção para o fato de que "todo o Judiciário da Inglaterra e de Gales deve suas indicações a um ou, às vezes, dois políticos"; e pede uma Suprema Corte que seja "composta não apenas de homens egressos de um pequeno universo não representativo da população em geral"[34]. A despeito de seus méritos, a obra de Brazier é bastante cautelosa em muitos sentidos. Para termos um programa de reformas mais abrangente, devemos nos voltar para o impressionante plano concebido por James Cornford para um Estado britânico democratizado, o rascunho detalhado de *Constitution of the United Kingdom* [Constituição do Reino Unido][35], publicado pelo Instituto para Pesquisas em Políticas Públicas. Lá, as questões de soberania popular e representação equitativa, cernes de uma reforma política substancial na Grã-Bretanha, recebem a atenção devida. As referências abundantes que Mount faz aos estudos atuais sobre a Constituição, talvez não por acaso, ignoram essa obra.

O que se obtém somando os diferentes elementos desse pacote? Maior reverência à monarquia; autoridade inabalada do primeiro-ministro; falta de arejamento na burocracia; menos legislação vinda do Parlamento; poderes ampliados para os tribunais. Até existe uma dimensão de direitos em tudo isso, porém modesta: ossificação do mínimo existente, em vez de um avanço na direção da otimização. Executivo consagrado, legislatura inibida, Judiciário fortificado. Pode-se dizer que Mount, em vez de derrubar Bagehot, simplesmente o reformou – com uma lista de trabalhos cuja fórmula é: condecorar as partes dignas e robustecer as partes eficientes da Constituição. Mas há uma diferença, para a qual Mount pode atrair nossa atenção. A eficiência da estrutura renovada não deve ser concebida de maneira dinâmica. O Estado como associação civil requer o abandono de suas aventuras equivocadas no terreno da associação empreendedora. O elemento genuinamente radical do programa de Mount repousa não tanto em sua preocupação astigmática com as liberdades civis, mas sim em sua proposta inesperada de abolir Ministérios inteiros e enxugar o Estado. Os Departamentos de Energia, Agricultura e Emprego encabeçam a lista,

---

[34] Rodney Brazier, *Constitutional Reform* (Oxford, Oxford University Press, 1991), p. 60-2, 52-3, 100-2, 126-7, 153 e 162.
[35] Instituto para Pesquisas em Políticas Públicas, Londres, 1991.

e não existe razão aparente para não incluir o Ministério da Indústria. Eis aqui um primeiro toque de espírito hayekiano drástico, num esquema, de resto, oakeshottiano.

É claro que o próprio Hayek tinha uma opinião franca demais sobre as limitações da Constituição reino-unidânia para lhe servir de guia. O governo britânico representava uma "aberração e uma caricatura do ideal da separação de poderes", escreveu ele – para acrescentar em seguida que, teoricamente, o Parlamento poderia até enviá-lo para a Torre de Londres por ter feito tal afirmação[36]. Seu remédio para os males da supremacia parlamentar é reconstituir a legislatura numa câmara superior, baseada em eleitores maduros apenas (acima dos 45 anos), de modo a supervisionar o cumprimento de regras constitucionais estritas, e uma câmara inferior, apoiada no sufrágio universal, à qual se permitiria aprovar estatutos específicos e limitados. Naturalmente, o realismo de Mount não dá margem à recepção dessa ideia. Mas as linhas gerais de seu esquema vão na mesma direção: converter a Câmara Alta em *garde-fou* da Baixa e não deixar que surjam leis inadequadas. Em consonância com as receitas de Oakeshott, contudo, as mudanças institucionais aqui propostas não têm nenhum espírito racionalista, como modelos para melhoramentos, mas sim como sugestões de tantas "formas do porvir" latentes no próprio curso dos eventos. Tais reformas, recapituladas no fim do livro, desdobram-se em sequência nas categorias "perceptíveis", "prováveis em breve" e discerníveis "no longo prazo"[37].

As mudanças cogitadas são "plausíveis", explica Mount, no sentido feliz de serem tanto desejáveis quanto prováveis. Mas, de um ponto de vista conservador, ainda resta a dúvida: por que fazer qualquer mudança? Mount aceita de pronto que "as razões para se manter o *status quo* são fortes"[38]. O que o levou então a considerar uma reforma? À primeira vista, a resposta poderia ser uma reação à expansão corporativista, ou intrusões não liberais, do Estado pós-guerra na sociedade civil. Tal parece ser a preocupação subjacente ao tema introdutório, em que ele invoca a diversidade de poderes no velho espírito da Constituição, contra as perigosas presunções de uma Câmara dos Comuns poderosa demais. Nessa toada, o modo como Oakeshott justifica a reforma – como "correção" de uma "massa acumulada de desajustes", devida apenas à "negligên-

---

[36] *Law, Legislation and Liberty*, cit., v. III: "The Political Order of a Free People", p. 126 e 179. [Ed. bras.: *Direito, legislação e liberdade*, São Paulo, Visão, 1985.]
[37] *BCN,* cit., p. 260-7.
[38] Ibidem p. 215.

cia de gerações passadas" – também é reproduzido. "É importante levar em conta quanto esquecemos", insiste Mount, lembrando que as origens da liberdade britânica remontam ao "mundo coberto de pintas" da Idade Média, tal como gostava de fazer seu mentor[39].

Mas tais gestos se revelam válvulas de escape não tão boas quanto se poderia imaginar. Nota-se que, intelectualmente, o próprio Mount poucas vezes as abre. Após descrever a forma original da Constituição, desde então esquecida, como uma "estrutura magnífica, delicada, mas poderosamente robustecida e equilibrada", ele se perde, a ponto de falar praticamente já na página seguinte de "um conjunto de medidas tão notoriamente fluido e impreciso" que "até mesmo destacar alguma coisa que possa ser honrada com o nome de estrutura seria abrir espaço para tentativas de submeter suas vigas a pressões às quais não foram feitas para resistir"[40]! Além disso, politicamente, os perigos tradicionais que preocuparam os críticos do corporativismo governamental, ou ainda o autoritarismo, não assomam no que vem a seguir. As razões para isso são bastante claras. A administração de Thatcher, afinal de contas, combateu o primeiro perigo; além disso, Mount parece à vontade com a maioria das manifestações historicamente comprovadas do segundo. Certamente, não foi nenhuma tentativa malsucedida de vender a British Rail nem a bem-sucedida neutralização do Gabinete que motivaram *The British Constitution Now*.

O verdadeiro estímulo da reforma encontra-se em outro lugar, e Mount aproxima-se dele no fim de seu livro. Corresponde a um conjunto de problemas que os anos Thatcher deixaram sem solução para o conservadorismo britânico. O primeiro deles é a posição da Escócia no interior do Reino Unido. A situação delicada do partido ao norte da fronteira, num território permanentemente em oposição, e com potencial para escapar ao controle, por muito tempo motivou uma acomodação aos sentimentos nacionais. Aqui, Mount transforma engenhosamente o preconceito *tory* contra a lógica e a simetria em argumento a favor da inserção da Assembleia Escocesa num grau abaixo de Westminster, sem reduzir a representação escocesa em Londres – ou sem conceder autonomia substancial a Edimburgo. "Enquanto for construído cuidadosamente em linhas minimalistas"[41], esse arranjo capenga poderia ajudar a preservar a União, em vez de enfraquecê-la.

---

[39] Ibidem, p. 79.
[40] Ibidem, p. 79-81.
[41] Ibidem, p. 263.

Um segundo e mais grave problema é dado pelo destino do governo local sob Thatcher. Entre as hostes conservadoras, Mount foi desde o início um crítico presciente da *poll tax**, e sua hostilidade – "uma das piores inovações da história política britânica, e obviamente fadada ao fracasso"[42] – não arrefeceu. Mas ele se esforça muito para reafirmar que o histórico conturbado das administrações anteriores, trabalhistas e conservadoras, não foi muito melhor. A raiz desse mal está num parlamentarismo excessivamente centralizador, que desembocou num desdém frívolo pela independência municipal e pela tradição do país. É pouco provável que hoje ele considere o imposto municipal, que já expõe o partido a mais desgastes, como uma evolução. A solução está numa demarcação clara e estável dos poderes e das receitas das autoridades locais, de modo a garantir uma "zeladoria responsável", por meio de um acordo constitucional que permita, sempre que possível, restaurar no plano concreto as "lealdades históricas"[43].

Aqui, como é comum, ocorreu uma bifurcação significativa no retrospecto conservador. Ao lado do livro de Mount, temos agora outro estudo oakeshottiano, *The Anatomy of Thatcherism* [A anatomia do thatcherismo], de Shirley Letwin, que tira conclusões opostas a respeito da *poll tax*. Os dois autores foram colegas no Centro de Estudos Políticos e têm muitas preferências teóricas em comum. Mount pauta expressamente seu trabalho pela distinção que Oakeshott faz entre associação civil e empreendedora, ao passo que Letwin organiza sua obra de modo tácito em torno do contraste oakeshottiano entre o indivíduo espiritualmente "autônomo" e o anti-indivíduo "dependente". O verdadeiro impulso do thatcherismo, argumenta ela, foi ter ressuscitado as "vigorosas virtudes" características do primeiro – não apenas as dos lordes Hanson e King, mas também do dr. Johnson e de Edward Elgar, Baden-Powell e Edith Cavell – entre uma população havia muito calejada pelos vícios do segundo[44]. O relato que Letwin faz dessa época, a mais valente defesa da primeira-ministra até hoje, não é acrítica, contudo, ao seu legado. A educação superior, na qual o thatcherismo trocou os ideais oakeshottianos de aprendizado liberal pelo objetivo equivocado de uma associação empreendedora, certamente foi uma mácula – algo que deixou Mount,

---

* Imposto regressivo sobre a propriedade criado por Thatcher para custear os governos locais. (N. T.)
[42] Ibidem, p. 205.
[43] Idem.
[44] *The Anatomy of Thatcherism* (Londres, Fontana, 1992), p. 32-48.

então ausente da vida acadêmica, mais indiferente. Por outro lado, ao atacar os críticos da *poll tax*, Letwin trata a reverência às imaginárias "tradições de autonomia local"[45] na Grã-Bretanha com o mesmo tom brusco da tirada de Churchill sobre os costumes da Marinha. O maior fracasso do terceiro mandato de Thatcher não se deveu a questões de governo local, e sim à sua incapacidade de controlar a inflação. Contudo, os meios técnicos para tal variam necessariamente ao longo do tempo, e essa derrota não foi uma pá de cal sobre a causa thatcheriana, que buscava ressuscitar a moralidade das virtudes vigorosas na sociedade britânica. Houve apenas uma mudança na frente de batalha e, como consequência, o grande adversário passou a ser o *ethos* burocrático do federalismo europeu.

No fundo, a Europa é uma questão decisiva também para Mount. Em meio às divergências cada vez mais profundas do conservadorismo britânico hoje, os dois teóricos assumem posições antagônicas. Para Letwin, o autêntico individualismo britânico nunca teve correspondente à altura no continente europeu, e a "união cada vez mais íntima" prometida pelo tratado de Roma significa a extinção de nossa independência nacional. Seu livro, que toma como verdade a Constituição, termina com uma mal disfarçada admoestação aos que poderiam ser considerados usurpadores do thatcherismo. Para Mount, por outro lado, as instituições da Comunidade Europeia são hoje uma realidade incontornável na Grã-Bretanha, e é preciso ajustar-se a elas no tempo certo. No fim do livro, o argumento principal para avançarmos na direção de algo parecido com uma constituição escrita é que as obrigações legais da Comunidade Europeia já a impuseram a nós, de fato, e, portanto, seria hora de "patriá-la" numa versão propriamente inglesa, formulada por nós mesmos. Por essa lógica, se as enchentes da maré do tratado de Roma não podem ser contidas – como diria lorde Denning –, então vamos construir diques e aterros nos quais se estabeleçam nossas próprias e frutíferas paisagens.

Trata-se de um argumento nascido da necessidade. Mount, no entanto, vai além. A Comunidade Europeia é um projeto moderno, porém ligado à velha ideia de cristandade. Defende os direitos humanos e tem preocupações ecológicas. Há nessas páginas um aroma inconfundível daquilo que o *Spectator* tacharia de "euroentusiasmo" – em alguns momentos, Mount chega a usar o jargão suspeito de Bruxelas, louvando coisas de importância menor ("papo-furado estrangeiro", como se diz em Doughty Street). Por trás desse gosto pela Europa, há uma atraente e ampla cultura pessoal, destituída de qualquer

---

[45] Ibidem, p. 159-62 e ss.

azedume insular. Mas seria um erro tomar a visão de Mount a respeito da Comunidade Europeia como, digamos, um amigável filete de água num terreno político esturricado. O grande mérito da Comunidade Europeia é formar um vasto espaço de livre comércio. A união monetária não é ameaça ao capitalismo desregulado, mas sua melhor apólice de seguro. Um Banco Central Europeu cuja independência em relação às pressões políticas está inscrita na Constituição – ou seja, tal como previsto em Maastricht – controlaria a moeda de modo muito mais rigoroso do que qualquer grupo nacional de políticos, sujeitos que estão às tentações eleitorais. Voltando os argumentos de Nicholas Ridley contra ele mesmo, Mount observa que o único motivo prático para abandonar o MTC [mecanismo de taxas de câmbio] seria para apelar novamente para a ferramenta desacreditada da desvalorização da moeda.

> Os poderes que devem ser delegados numa união econômica europeia são aqueles que permitem fazer aquilo que os mais empedernidos liberais abominam. Por outro lado, aparentemente a inscrição constitucional dos princípios econômicos que mais lhes aprazem só pode ser conseguida, se tanto, no nível europeu.[46]

Esse argumento tem história. Oakeshott, cuja teoria técnica não deixava espaço para o Estado-nação, posto que a solidariedade coletiva não era um dos princípios da associação civil, não tinha nada a dizer, como se poderia esperar, sobre os problemas de um Estado supranacional. Noel Annan conta que, perguntado sobre o ingresso da Grã-Bretanha na Comunidade Econômica Europeia no início dos anos 1960, Oakeshott respondeu: "Não me parece necessário ter opinião sobre esses assuntos"[47]. Hayek, por sua vez, tinha opiniões firmes e visionárias a respeito. Já em 1939 defendeu em seu profético ensaio "The Economic Conditions of Inter-State Federalism" [As condições econômicas para o federalismo interestatal] que a transcendência da soberania nacional num modelo supranacional haveria de ter uma vantagem natural sobre a economia livre, pois quanto mais alto o plano em que seus parâmetros estruturais são inscritos (ou seja, quanto mais distantes de interesses e disputas locais), mais protegidos das paixões populares estarão[48]. Em outras palavras, quanto menos imediatamente democrático o maquinário de decisão, mais seguro ele deve ser para fins de reprodução do capital. É claro que se trata menos de uma dedução lógica do que de uma aposta empírica – que a tarefa de construir uma soberania

---

[46] *BCN*, cit., p. 245.
[47] Noel Annan, *Our Age* (Londres, Weidenfeld and Nicolson, 1990), p. 400.
[48] *Individualism and Economic Order* (Chicago, University of Chicago Press, 1998), p. 255-71.

popular supranacional, capaz de determinar o percurso social de uma economia supranacional, provaria ser impossível. Esse cálculo ainda está por ser refutado, tal como demonstram os termos de união acordados em Maastricht – uma autoridade monetária central para a Europa, sem uma assembleia eleita que lhe corresponda.

Ao se apropriar disso, Mount não é um herege nas hostes da direita radical, mas alguém fiel às suas origens. *The British Constitution Now* não busca ampliar a democracia, mas circunscrevê-la, no interesse das liberdades mais antigas. Faz isso com um toque de leveza e um ar bem-humorado, dignos dos cumprimentos recebidos. O primeiro livro de Mount sobre a vida pública se chamava *The Theatre of Politics* [O teatro da política]. Sua retórica era eminentemente oakeshottiana. Nele, a política não era uma batalha de interesses, ou uma busca da verdade, ou uma jornada de progresso – era, na verdade, uma performance estética, feita para cativar o público. Mas não se tratava de teatro sofisticado (Oakeshott também havia insistido em que a política era uma ocupação de segunda categoria). Era sobretudo um teatro comercial, um drama de bulevar que joga com nossos sentimentos ou pudores – Rattigan, em vez de Racine, explicou ele. Nesse palco, Mount certamente nos brindou com uma produção de estilo. Poderíamos chamá-la de comédia da reforma.

1992

Postscriptum

Passada uma década, ocorreu uma surpreendente mudança de cenário. O novo livro de Mount, *Mind the Gap* [Atenção ao hiato], oferece não uma polida renovação do legado constitucional britânico, mas uma acusação apaixonada de sua polarização social. Em tons mais próximos de Cobbett do que de Burke, Mount denuncia a arrogância e a irresponsabilidade de uma nova corrupção e a desmoralização dos menos favorecidos. O adido de Thatcher transformou-se num elegista da classe trabalhadora. Não há por que imitar essa metamorfose, mas os detalhes de sua mensagem merecem ser examinados.

Mind the Gap divide-se em três partes. Na primeira, Mount esboça um retrato amargo de um país polarizado. A despeito dos mitos sobre a inexistência de classes, nos quais ele diz ter acreditado até pouco tempo, a sociedade britânica aparece dividida entre dois destinos patentemente díspares. Por cima estão os *uppers*, os que têm riqueza, educação e mobilidade. Por baixo estão os *downers*, que desempenham tarefas inferiores em empregos sem futuro, alguns sem emprego, todos sem esperança. Os primeiros correspondem àquilo que um dia foram as distintas classes alta, média-alta e média, mas que hoje se transformaram numa unidade de privilégios autoindulgentes. Os segundos consistem naquilo que um dia foi a classe trabalhadora, mas que hoje está cada vez mais reduzida a uma subclasse abrutalhada. O hiato que os separa, longe de diminuir, está se ampliando de forma consistente. A desigualdade econômica continua a aumentar. Estilos de vida podem ter mudado, mas estão mais estratificados do que nunca. A educação reforça as vantagens herdadas. A pobreza é rotulada como fracasso pessoal. Além disso, entre os dois mundos, há pouco ou nenhum contato humano do tipo que no passado abrandava as relações entre as classes. É apenas à noite que os *downers* invadem as casas dos *uppers*, como protagonistas assustadores de crimes violentos e de sórdidos bate-bocas domésticos que enchem a telinha.

Mount não nega que as condições materiais de vida das camadas mais baixas da sociedade sejam hoje muito melhores do que há meio século. Mas, ainda assim, são vidas arruinadas, porque "o empobrecimento cultural destrói qualquer modesta melhora material". Nesse sentido mais fundamental, "os *downers* estão hoje em condições *muito* piores do que os *downers* dos anos 1970 ou mesmo dos anos 1930"[49]. São também – e este talvez seja um argumento ainda mais inusitado vindo desse autor – os mais miseráveis entre todas as classes baixas do mundo ocidental. *Mind the Gap* refere-se insistentemente a experiências populares melhores não apenas nos Estados Unidos, quase sempre uma referência positiva para Mount, mas também na Europa – onde historicamente a industrialização foi menos dura, as escolas são mais igualitárias e o senso de comunidade cívica é mais forte. A França, em particular, é um ponto de comparação tão atraente quanto a América, com a qual é comparada com frequência para causar efeito, em passagens que sublinham a miséria única da Grã-Bretanha[50]. Tais terras estrangeiras funcionam como referência de pano de fundo no restante do livro. A cena é ocupada por conjuntos de contrastes entre o passado e o presente do trabalho manual em nossa nação, enquanto Mount revisita a cultura da classe trabalhadora britânica em seus tempos heroicos.

---

[49] *Mind the Gap* (Londres, Short Books, 2004), p. 262. Citado daqui em diante como *MG*.
[50] Ibidem, p. 110-2, 140, 243-4, 271 e 316. Mount até se permite tratar os protestos dos agricultores franceses – que bloquearam as estradas com seus tratores, ato que sem dúvida o deixaria escandalizado na Grã-Bretanha – como expressões de um saudável espírito de independência.

Nessa época, insiste ele, não havia o problema da anomia generalizada ou da desintegração. Nas usinas e favelas do começo do século XIX, a Revolução Industrial não comprometia a moralidade tradicional, como temiam seus críticos contemporâneos, mas geravam uma nova determinação popular para manter a família unida a todo custo. Essa tenacidade moral era sustentada pela fé religiosa estampada numa vasta rede de igrejas dissidentes, para as quais afluíam as famílias de trabalhadores e nas quais seus filhos eram educados aos domingos. "Ao longo do século XIX, longe de ser intocada pela religião, a grande maioria das classes baixas crescia dentro de uma complexa rede de educação, controvérsia e ritual religiosos, de modo mais intenso talvez do que em qualquer outra época antes ou depois"[51]. Desse robusto não conformismo emanou então uma série de instituições operárias impressionantes – capelas, escolas, institutos profissionalizantes, sociedades de auxílio mútuo e, a seu modo, sindicatos. Era uma cultura autônoma e orgulhosa, de enorme força ética.

> Não é exagero dizer que as classes baixas na Grã-Bretanha, entre 1800 e 1940, criaram uma notável civilização própria para a qual é difícil encontrar paralelo na história da humanidade: talvez estreita, certamente puritana, às vezes farisaica, mas determinada, trabalhadora, honrada, idealista, pacífica e dotada de sentido de propósito.[52]

Quem foi o responsável por reduzir esse orgulhoso edifício vitoriano à atual ruína dos "lares de desolação", como os chama Mount – uma selva de casas populares dilapidadas, capelas transformadas em bingos, escolas que deseducam, imbecis encharcados de cerveja e tatuadas molambentas invocadas reunida em *Mind the Gap*? Para Mount, duas forças foram responsáveis por garrotear a autoconfiança da classe trabalhadora. A primeira foi a elite intelectual da nação, que desde os primeiros anos da era vitoriana pichava o não conformismo e enchia a literatura de representações ofensivas de pastores dissidentes e ministros evangélicos – Dickens foi um culpado em especial, Trollope não ficou atrás –, nascidas do esnobismo e da ignorância. Pior ainda, uma aliança pagã entre pensadores de todo o espectro político – com destaque para Disraeli e Marx – insistia que a sutil gradação de posições que existia na sociedade havia se transformado, na Grã-Bretanha, em uma divisão irrecuperável entre apenas duas classes opostas, e que a classe inferior estava num estado alarmante de dissolução moral. Já no fim dos períodos vitoriano e edwar-

---

[51] Ibidem, p. 173.
[52] Ibidem, p. 198.

diano, argumenta Mount, esse duplo dogma – simplificação de classes e degradação das classes inferiores – havia se transformado em ideia fixa entre a *intelligentsia* britânica, desencadeando as visões pesadelares de massas abrutalhadas e imbecilizadas que encontramos nos textos de Gissing, Wells, Woolf, Lawrence, Eliot e similares. Ao final, essa montanha de negligência inevitavelmente afetaria aqueles que eram objeto de tal desprezo.

Mais grave ainda, contudo, foi o impacto desses mitos sobre as elites obcecadas por eles, que passaram a acreditar que as classes inferiores, desamparadas e ao mesmo tempo perigosas, precisavam desesperadamente de salvação. Se deixadas na escuridão, poderiam um dia levantar-se e destruir o templo da sociedade, com elas dentro. Era, portanto, obrigação do Estado intervir e melhorar suas condições de vida. Assim foi que, após um longo e impiedoso bombardeio intelectual, comprometendo a confiança e a autoestima da classe trabalhadora, um regimento de *panzers* burocráticos avançou sobre as defesas enfraquecidas, passando por cima ou suprimindo as instituições populares que havia criado. Escolas eclesiásticas foram abandonadas em favor de alternativas subsidiadas e geridas pelo Estado. Sociedades de ajuda mútua foram engolidas por esquemas de seguro compulsório. Hospitais de caridade foram anexados pelo Serviço Nacional de Saúde. Favelas tradicionais, suficientemente miseráveis, mas não *ungemütlich* [desagradáveis] a seu modo, foram destruídas para a construção de moradias populares [*council estates*] que logo se tornaram mais desoladas e anômicas do que os cortiços que substituíram. A religião ficou exposta aos ventos do menosprezo. Até mesmo o casamento deixou de ser sagrado, uma vez que o perverso divórcio e a legislação fiscal praticamente incitaram a desagregação familiar entre os menos favorecidos. Insegurança e degradação do trabalho na camada inferior do capitalismo moderno também prejudicaram os pobres, mas o principal culpado por seu deserdamento está claro. Por volta do fim do século XX, a substância da classe trabalhadora britânica havia sido drenada por um Estado que de tudo se ocupava. Os *downers* de hoje são o resultado de um século de condescendência e expropriação.

É esse o roteiro de *Mind the Gap*. O livro conta uma história tocante, com sentimento verdadeiro. Mas de que tipo de narrativa se trata? Batizada de "ensaio" por seu autor, seria injusto tratá-la por história. Seu diapasão é antes o do "era uma vez". Mas daí a afirmar que há algo de fabular no que acontece não seria específico o suficiente. Seria mais correto dizer que *Mind the Gap* pertence a um gênero associado ao teatro. Encenado, nesse caso, não como comédia, e sim como melodrama – pois, entre outras características, o melodrama, como forma, é sempre marcado por uma oposição descomplicada entre o bem e o mal. Aqui, essa dicotomia se reveste de um forte contraste temporal: o florescimento e o colapso de um modo de vida que um dia foi admirável. Convencionalmente, isso pode ser descrito – e não há dúvida de que o foi – como uma tragédia. Mas o *script* de Mount não carece apenas da complexidade moral de uma tragédia; o que lhe falta de modo ainda mais agudo é qualquer sentido real de atuação, sem o qual o trágico não é possível. Contudo, o fato de estarmos nos domínios do melodrama pode ser notado já na maneira como Mount apresenta sua contestação aos vitorianos. Depois de uma inspirada filípica contra a "simplificação classista" dos proponentes tanto da nação una quanto do comunismo, Mount reduz a Grã-Bretanha contemporânea a uma versão ainda mais elementar do mesmo dualismo – *uppers* e *downers sans phrases*. É significativo que na descrição que faz destes últimos não haja sinal de imigrantes[53].

Mais sintomática ainda é a função que a política desempenha – ou deixa de desempenhar – nessa jornada do bem ao mal. Mount é um escritor eminentemente político – quem mais do que ele? –, porém *Mind the Gap* é uma história sobre a classe trabalhadora britânica em que qualquer traço de sua trajetória política foi virtualmente apagado. Há algumas referências nervosas à história de Edward Thompson de seus primeiros anos, lamentando sua caracterização maldosa do metodismo. A cultura do radicalismo popular, que é a preocupação central de *A formação da classe operária inglesa** e tem relação direta com a sua ideia de "civilização oculta" dos trabalhadores da época, é simplesmente ignorada por Mount. Tudo que obras como as de Thompson mostram é que "esse operariado foi concebido não para seu benefício, mas como uma arma de batalha política" por historiadores comunistas e afins, que sonhavam com um "grande coletivo pulsante e contestador" que "levaria a uma reviravolta social" – ideia um tanto alheia aos trabalhadores de carne e osso[54]. Mantendo distância de quimeras desse tipo, o operariado britânico escolheu, ao contrário, o caminho sensato das reformas pacíficas por meio do Parlamento. Naquele que é praticamente o único comentário sobre a política dos cem anos seguintes de sua história, escreve Mount:

> Seria difícil imaginar algo mais obstinado e errático do que o movimento operário britânico. Trata-se de pessoas imersas em tradições de debate democrático e prática

---

[53] Ele escreve da mesma forma sobre a situação preferível dos mais pobres na América, como se os guetos negros não existissem.
* 4. ed., Rio de Janeiro, Paz e Terra, 2002. (N. E.)
[54] *MG*, cit., p. 110 e 249.

parlamentar. Quando ganharam assento em Westminster, abraçaram a rotina da Câmara dos Comuns como se tivessem nascido ali, e não tiveram mais dificuldade para liderar um ministério governamental do que para ocupar postos de secretário-geral ou mesmo de secretário local em seus sindicatos de origem.

Mount nem sempre teve uma visão tão benévola dos sindicatos, como pudemos observar – ainda hoje, ele é mais conhecido por fulminá-los, acusando-os de serem os responsáveis pela destruição da indústria britânica. Aqui, contudo, mesmo o indubitável prejuízo causado à economia por suas práticas restritivas é tratado com tolerância, como pequeno preço a pagar por sua natureza. "A *etiqueta* política do sindicalismo britânico deve-se mais às sociedades de amigos do que à turba revolucionária"[55]. Em outras palavras, desde que chegou ao poder, o movimento trabalhista britânico se comportou muito bem.

Mas por que, se é assim, as coisas acabaram tão mal para as pessoas representadas por esse movimento? Na versão de Mount sobre o desastre que acometeu a classe trabalhadora britânica, há um curioso anonimato em torno dos atores políticos que foram responsáveis por ele. Os intelectuais são nomeados e acusados, é claro. Mas por mais escandalosa que tenha sido a atitude deles em relação às classes inferiores, ninguém jamais atribuiu poder prático a E. M. Forster ou a Virginia Woolf. Forças mais poderosas – por que não dizer, os governos – não tomaram medidas concretas para comprometer uma cultura honorável de independência? Se esse é o caso, que partidos estavam no poder então? A história de Mount evita essa questão. Sua construção depende de uma longa elipse. O que aconteceu entre a era de prosperidade e o presente sinistro é deixado em branco. Decerto as "elites" tiveram culpa e "erros" foram cometidos em ambos os lados da Câmara dos Comuns. Mas as alusões que Mount faz a eles são dispersas e vagas. Por baixo da neblina há, com certeza, o vilão do drama, mas permanece uma pura abstração, para a qual Mount apela sem mais explicações: "o Estado".

A história real foi mais dolorosa para os propósitos de qualquer polêmica, e desfaz a fábula que Mount pretende contar. O fato óbvio, praticamente a consequência da maneira contraditória como ele caracteriza o operariado britânico, é que foram precisamente as características políticas dos trabalhadores elogiadas por ele que levaram aos resultados sociais que ele lamenta. O começo e o fim da história estão muito mais interligados do que podemos imaginar, algo

---

[55] Ibidem, p. 191-2.

que seria mais apropriado chamar de trágico: os próprios heróis abraçam sua decadência. Moderado e respeitável, sem dúvida, ele era, mas, longe de estar imerso numa prática democrática, o Partido Trabalhista se construiu desde o início a partir de linhas mais burocráticas do que qualquer outro partido social-democrata da Europa, dependente de currais eleitorais controlados por um punhado de líderes sindicais. A cultura política que produziu essa estrutura inerentemente autoritária não teve dificuldades para aceitar a versão mutilada de democracia representativa que Westminster oferecia, num pacote que incluía um sistema eleitoral pré-moderno e uma segunda câmara hereditária, sem falar no imponente império colonial. A própria ideia de mudança constitucional mal lhe ocorria. Tal era a realidade das excelentes "determinação" e "maturidade política" aclamadas por Mount. Contudo, é claro que as reformas introduzidas subsequentemente foram da mesma cepa. Sem a menor sensibilidade pelos valores da participação popular, e muito menos pela rebelião, os trabalhistas comandaram a construção de um Estado de bem-estar de modelo tecnocrático e funcionamento burocrático, objeto permanente do descontentamento de Mount. Se o "estatismo" é o inimigo, eis seu principal arquiteto. Quanto à ligação do Partido Trabalhista com a cultura, em qualquer sentido do termo, quanto menos dissermos, melhor.

É claro que as cenas que hoje perturbam Mount não são mera consequência do código genético do trabalhismo. Historicamente, o capital sempre produziu o campo ao qual ele se acomodou. Mas as relações entre os dois eram o oposto daquilo que aparece como noção em *Mind the Gap*. A classe dominante do país se manteve em guarda, mas desde a segunda metade do século XIX a classe trabalhadora não era considerada nem tremendamente perigosa nem especialmente desamparada – e com toda razão. Quando o trabalhismo se materializou como principal expressão política dos trabalhadores no século XX, eles foram em larga medida bem recebidos, pois, não com menos razão, eram considerados essencialmente inofensivos e potencialmente úteis – como em 1914 eles se apressaram para comprovar. O que faltava a essa política instintivamente deferente e respeitável era justamente uma independência de espírito real. As reformas que produziram afinal o tipo de Estado e sociedade que temos hoje raramente foram frutos exclusivos de sua iniciativa – se é que um dia o foram. Via de regra, ou eram acordos aceitos pelas classes privilegiadas porque garantiam certas concessões e a possibilidade de rompimento, ou eram medidas profiláticas, temperadas pela compaixão, tomadas pelo partido que os representava. Por essa razão é que as reformas educacionais nunca resultaram num sistema escolar único, a mais fundamental de todas as fontes de divisão cultural. O sistema de saúde permitiu que a prática médica privada florescesse à custa do serviço público. Aposentadorias e pensões do Estado se transformaram numa relação pobre de esquemas de especulação comercial. Historicamente, nos arranjos híbridos que daí resultaram – concepções burocráticas propondo, considerações de mercado dispondo –, liberais e conservadores encontraram os trabalhistas no meio do caminho. Mas se tomarmos a visão de Mount sobre as virtudes políticas dos trabalhadores britânicos, de um lado, e a feiura do cenário social de hoje, de outro, a conclusão inevitável é que a classe trabalhadora cavou em larga medida a própria cova.

De fato, é claro, o movimento trabalhista na Grã-Bretanha sempre foi mais complexo do que o quadro que Mount pintou: teve várias facções que questionaram o conformismo de sua cultura dominante e que não desapareceram com o tempo. Foi preciso domá-las, em lutas renhidas, para extirpar impulsos rebeldes das camadas inferiores da sociedade. Na greve geral de 1926, na greve dos portuários de 1949, na greve dos marinheiros em 1963, coube ao Partido Trabalhista apagar os focos de incêndio insurrecional. Na greve dos mineiros de 1982, foi o governo conservador que se incumbiu de desfazer as resistências às exigências da época. O "novo trabalhismo" é o herdeiro dessa limpeza final, da qual o próprio Mount participou. Passados vinte anos, a questão obviamente levantada pelo argumento de *Mind the Gap* é como ele vê essa sucessão e o regime sob o qual o livro foi escrito.

Apesar de ter servido à causa conservadora por tanto tempo – em sua época trabalhou para o partido, para a imprensa e para o primeiro-ministro –, Mount nunca perdeu a independência de pensamento[56]. Quando Blair roubou as po-

---

[56] Para notas comparativas sobre quem ele serviu: "Não quero idolatrar Margaret Thatcher. Como bem observou Montaigne, nenhum homem ou mulher é herói para o seu criado, e eu fui criado político de Thatcher durante dois anos. Ela podia ser mesquinha, obtusa e vingativa. Como quase todos os políticos bem-sucedidos, nunca relutou em se repetir. Não conhecia a ironia. Contudo, mais do que essas fraquezas menores, ela irradiava uma sensação de possibilidade. Sempre acreditava que alguma coisa podia ser feita. E empenhava-se em garantir que fosse feita, se necessário – na verdade, de preferência –, ela mesma, sozinha, caso ninguém mais se encarregasse de ir até o fim" ("Britain and the Intellectuals: In Thrall to Bad Old Times", *The National Interest*, 2001, p. 91). Em termos menos elogiosos, ele uma vez descreveu Thatcher como a Evita do Partido Conservador. Em contraste: "Keith Joseph deve ter sido o político mais sério que já conheci. Às vezes acho que ele foi o único político sério que conheci. Para mim, ele continua sendo a personalidade mais sedutora que encontrei na política britânica e a influência individual mais crucial sobre o pensamento e a política

líticas de Thatcher, ele foi o primeiro a lhe dar o crédito pela realização de tantos dos objetivos da ex-primeira-ministra. Espantado com as traições a Major dentro do seu próprio partido, ele se mostrou mais do que pronto a assumir uma postura benevolente em relação ao novo trabalhismo. Havia razões suficientes para estar satisfeito, e ele não hesitou em expressar isso. Os sindicatos estavam agora mais enfraquecidos do que sob o governo Thatcher. Finalmente, passaram a ser cobradas taxas pela educação superior. O serviço postal já não era mais sacrossanto. Mas, acima de tudo, Blair teve a coragem de liderar a nação em batalhas justas nos Bálcãs e no Iraque. Mesmo nas questões em que o novo trabalhismo discordava do legado de Thatcher, a direção estava correta: mais abertura para uma medida prudente de descentralização na Grã-Bretanha e menos preconceito e hostilidade em relação à União Europeia. Como ocorre com qualquer governo, havia aspectos menos atraentes: impostos velados, excesso de marketing político, atitudes desafiadoras em relação aos jovens. Mas no fim das contas, o balanço foi inteiramente positivo. Perto da virada do século, Mount deu vazão ao seu entusiasmo pela mudança de opinião nacional, que ele, numa reversão sintomática, passou a chamar de "anos Blair-Thatcher"[57].

O que explica então que sua visão a respeito da Grã-Bretanha tenha se obscurecido tão abruptamente alguns anos depois? Sua própria explicação para o contraste entre o que ele escrevia em 2001 e em 2003 é marcadamente insatisfatória e atípica – ele nos oferece a vacuidade pós-moderna segundo a qual a sociedade britânica é tão complexa que pode ser vista de diversos ângulos, não importando quão contraditórios eles sejam. Em outro texto, ele escreve, de maneira não mais convincente, como se num momento virtualmente paulino tivesse perdido de repente sua cegueira de classe. Aqui, só nos resta tentar adivinhar, mas podemos especular que a explicação seria simplesmente uma queda de Mount pelo teatral, com suas exigências de mudanças dramáticas de cena e de atitude. Em seus escritos políticos, normalmente vívidos e inteligentes, há muitas vezes uma leve encenação – um sentido de atuação nem sempre levado a sério pelo ator. Contudo, em *Mind the Gap*, não há dúvida quanto à força dos sentimentos de Mount a respeito do abismo entre *uppers* e *downers*, retratado com um dom de observação e de compaixão imaginativa mais caro ao roman-

---

do Partido Conservador desde a guerra – e, como o Partido Conservador esteve no poder em boa parte desse período, a influência mais importante na elaboração das políticas internas do país como um todo" (Quarta Conferência em Memória de Keith Joseph, 23/3/2000).

[57] "Britain and the Intellectuals", cit., p. 86. Para uma contribuição prévia nessa linha eupéptica, ver "Farewell to Pudding Island", *Times Literary Supplement*, 28/4/2000.

cista do que ao publicista que mora dentro dele. Ele parece nunca antes ter escrito com tamanha paixão.

Isso ainda não explica por que um escritor tão observador quanto ele tenha demorado tanto para perceber algo que hoje lhe parece claro como o dia. Mas podemos ao menos fazer uma conjectura a respeito de uma condição de cunho político[58]. Ironicamente, apesar de ele ter aplaudido a maioria das medidas dos trabalhistas e ter reprovado o tom recente do conservadorismo, é provável que o regime de Blair tenha liberado impulsos críticos que teriam sido reprimidos, caso seu partido estivesse no poder. É difícil imaginá-lo desenvolvendo o mesmo jorro amargo de ultraje no governo Thatcher ou Major, embora o cenário da época, como ele próprio admite, tenha sido bastante parecido. O próprio blairismo, ainda que esteja aqui e ali um pouco fora de moda, é aceitável. De fato, em torno do primeiro-ministro, o quadro de "reformistas progressistas" – e, antes de todos, recebe elogios o decente trio formado por Mandelson, Byers e Milburn – é uma esperança de ideias inovadoras para os problemas das classes mais baixas[59]. Contudo, inibido pela ausência de relações pessoais com o novo trabalhismo, Mount agora está livre para apontar as feridas de longa data que todos os governos negligenciaram, quando não as criaram, inclusive o atual.

Mount termina *Mind the Gap* com prescrições próprias sobre a miséria dos *downers*. Ele começa com uma observação aparentemente incendiária: "A esta altura já deve ser óbvio que apenas um ato de ousadia mais robusto e pró-ativo poderá resultar na eliminação dessa grande vergonha. Apenas uma abertura sincera ou mesmo inconsequente para as classes baixas poderá melhorar tanto sua autoestima quanto a visão que as classes dirigentes fazem delas"[60]. Um crítico amistoso, ao descrever essa passagem com um daqueles "momentos cativantes em que Mao encontra Oakeshott", observou que o sistema político britânico é construído de tal forma que esse empoderamento é inconcebível[61]. Apesar de verdadeira, essa afirmação revela incompreensão do pensamento de Mount, cujo apego a uma interpretação mais restritiva dos arranjos democráticos não se alterou muito desde *The British Constitution Now*. Em tais questões,

---

[58] No comentário de que "alguém que seja obrigado a assistir televisão sem parar, quando está internado num hospital, pode se perguntar como um espectador pode sobreviver sem que seu cérebro fique irreparavelmente avariado", pode haver a sugestão de uma experiência mais pessoal que mudou seu pensamento sobre algumas das vantagens do campo (*MG*, cit., p. 234).
[59] Ibidem, p. 13, 53-4 e 304.
[60] Ibidem, p. 283.
[61] John Lanchester, *London Review of Books*, 21/10/2004.

a única mudança é que ele aderiu tardiamente ao voto alternativo (variação mais sutil possível do sistema de maioria simples), por medo de que, sem ele, o novo trabalhismo pudesse se perpetuar no poder mais ou menos indefinidamente. Quanto ao resto, a última coisa que ele imagina fazer é mexer em Westminster em nome da equidade eleitoral ou da soberania popular.

O poder que Mount pretende estender até as profundezas é de outro tipo. Trata-se do poder não do cidadão ou do eleitor, mas do proprietário e do consumidor. O espírito de sua injunção é familiar a qualquer um que tenha um mínimo de conhecimento da história do Partido Conservador. É o *slogan* de Churchill nos anos 1950: "Deixem o povo livre" – leia-se, livre para comprar e vender sem interferência do controle estatal. Meio século depois, a crítica de Mount às insolências cumulativas do Estado é bem mais ampla do que seria considerado razoável por conservadores da época de Eden ou Butler. Seu programa de libertação é proporcionalmente mais radical também. Contém um pequeno elemento redistributivo: talvez algum aumento do salário mínimo, mas certamente redução de impostos para os mais pobres. Mas não é pela destruição dos ricos que o moral dos pobres vai subir. A solução está em outro lugar. Do lado social, as prioridades são bolsas de estudos, dotes para casamentos, dízimos para as igrejas, hospitais independentes. Do lado econômico, as empresas poderiam oferecer uma pequena parte de ações lançadas com desconto para os empregados, e os locatários de prédios públicos poderiam ter a possibilidade de comprar seus apartamentos. Mas acima de tudo – a *pièce de résistance* da visão de Mount de um futuro melhor –, deveriam ser revogadas as leis que impõem cinturões verdes no entorno das cidades, disponibilizando lotes no campo, por empréstimo ou venda de terras privadas, para que os moradores dos lares de desolação urbana plantem ou construam o que bem entenderem.

Esse deve ser o programa, explica Mount, de uma "democracia de proprietários" modernizada, ideal já conhecido de muitos manifestos conservadores[62]. Mas essa versão é menos inglesa do que o termo em si possa sugerir. Tacitamente, a inspiração para a maioria dessas propostas vem dos Estados Unidos. Bolsas de estudos, iniciativas calcadas na religião, leis de proteção ao casamento: estamos no bairro de Karl Rove. Mais fundamentalmente, a própria ideia de estabelecer uma classe de lavradores e construtores autônomos em terras rurais é a transposição para um espaço inglês mais estreito do histórico sonho americano de "um império de pequenos proprietários", uma sociedade de fazendeiros

---

[62] Mount situa a frase no período em que Eden foi líder dos Conservadores (*MG*, cit., p. 285).

fortes, que prosperam em assentamentos feitos na esteira de uma fronteira que avança aos poucos até o Pacífico. O esquema de Mount é uma redução da visão de Jefferson à escala suburbana, dada a escassez de prados em Hampshire ou Kent. Sua falta de realismo em relação aos *bas-fonds* britânicos foi objeto de comentários. O aspecto fantástico de um experimento agrário do outro lado do mundo, como o êxodo uma vez previsto por Birobidjan para a URSS, é menos importante do que sua função dentro do esquema mountiano de salvação.

A alternativa que Mount oferece ao mundo dos *uppers* e *downers* ainda traz a marca de seu distinto mentor. Como filósofo político, Oakeshott deu contornos absolutistas a duas correntes contrárias da sensibilidade conservadora inglesa, levando cada uma delas a extremos como nenhum outro pensador havia feito antes. Numa única e determinada abordagem, ele combinou individualismo cáustico e tradicionalismo místico. Oakeshott não tinha tempo para a cultura política norte-americana, a seu ver comprometida por noções racionalistas sobre direitos que carregavam a marca do Iluminismo. Como sociedade, porém, os Estados Unidos incorporavam na ação, mais do que qualquer outra, a fusão de opostos que ele representava em pensamento: de um lado, um individualismo extremo na vida econômica e, de outro, um tradicionalismo extremo na vida religiosa. Livre dos preconceitos residuais da geração de Oakeshott contra os pioneiros de 1776, Mount era capaz de ver essa conjugação de modo mais claro. Ele sempre viu com admiração a "grande república adormecida" do outro lado do oceano, mais fiel às tradições, no melhor sentido, do que a própria Inglaterra. *Mind the Gap* faz, entre outras coisas, uma descrição entusiasmada da vitalidade das Igrejas Metodista e Batista nos Estados Unidos, em contraste com a sua decrepitude no Reino Unido. A bem da verdade, esse revivalismo não pode ser facilmente reimportado para a Grã-Bretanha. Enquanto senso de transcendência, para inspirar fé e lealdade e criar uma identidade coletiva, o monarquismo já basta. A monarquia, se ao menos os intelectuais não estivessem acabando com ela, poderia ser novamente o símbolo da nossa unidade e continuidade nacionais, e foco indispensável do nosso sentimento patriótico, como ainda é de maneira latente entre as classes mais baixas (com exceção, é claro, dos imigrantes). Entrementes, qualquer restauração do tecido social nas zonas de privação deve vir de mãos dadas com o retorno das Igrejas, às quais mais uma vez a administração do bem-estar poderia ser confiada. Atraído igualmente pelos valores das vertentes libertária e devocional da direita norte-americana, Mount juntou ambos num pacote colorido para consumo local, com um brio capaz de reerguer o Instituto Cato e a Fundação Heritage.

Ainda assim, permanece a imagem de desigualdade e complacência empedernida no cerne da Grã-Bretanha atual. Menos coerente intelectualmente do que *The British Constitution Now*, que foi uma obra mais fria, *Mind the Gap* é politicamente mais problemático e generoso. Cada obra sua é uma espécie de dramaturgia. Mas quem deixaria de aplaudi-las? No deserto de ideias que imperou nos regimes de Major e Blair, temos aqui um par de composições originais – sobre o Estado, a sociedade – que nenhum outro escritor do *establishment* britânico, à direita ou à esquerda, conseguiu igualar. A justaposição da "estrutura magnífica" da nossa ordem constitucional, celebrada na primeira, à "maldição não expiada" do nosso sistema de classes, denunciada na segunda, pode parecer conflituosa. Mas a receita subjacente – de liberdade econômica e comunidade espiritual – é a mesma.

2005

3

Sonhos da Europa Central:
Timothy Garton Ash

A curiosidade ocidental sobre outras terras, como fenômeno literário, tem uma longa história – suas elegantes origens datam em geral do *grand siècle*, época das viagens à Índia Mughal de François Bernier ou Thomas Coryate. Seria difícil para grande parte do período moderno fazer distinção entre as culturas europeias mais avançadas no volume ou na qualidade dos relatos de viajantes. No Iluminismo, para cada Cook havia um Bougainville ou um Forster e, num nível superior, um pouco mais tarde, um Humboldt ou um Custine. No século XX, porém, a tradição parece ter se bifurcado: as sociedades superaram umas às outras em termos de produção em todos os gêneros. Entre as guerras, houve uma vertente importante de exotismo na literatura francesa que aparece de formas variadas em Gide, Morand, Saint-Exupéry, Michaux, Leiris, Malraux e outros – e do qual *Tristes trópicos**, de Lévi-Strauss, pode ser considerado um melancólico desfecho. Houve poucas obras comparáveis depois. Deste lado do canal, onde a tradição sempre foi menos filosófica, não se nota tal ruptura. Revisitando seu legado, a literatura de viagem parece ter se transformado numa espécie de especialidade britânica.

Não está claro, à primeira vista, por que foi assim. Mas dois poderosos impulsos – opostos, porém não relacionados – podem nos fornecer boa parte da explicação. De um lado, o paroquialismo sufocante e o puritanismo da cultura da classe média insular, com todo seu peso de tédio e repressão, fizeram da fuga para o exterior uma opção instintivamente atraente para os espíritos inquietos: um motivo que pode estar ligado ao início da era vitoriana, quando a ojeriza de George Borrow pelos "nobres" locais fez nascer seu fascínio pela vida mundana dos espanhóis e dos ciganos. De outro lado, a primazia imperial

---
* São Paulo, Companhia das Letras, 1996. (N. E.)

na Grã-Bretanha – cuja memória durante muito tempo superou a realidade – inevitavelmente encorajou sonhos de feitos ousados em terras remotas, encontros com povos estrangeiros sem que necessariamente a lealdade aos valores locais fosse perturbada. O horizonte imperial habituou os ingleses à ideia de aventuras além-mar.

Entre essas duas margens brotou um rio de escritos, com um sem-número de ressacas, redemoinhos e contracorrentes (ou mesmo atoleiros marginais, dada a multiplicação recente de escritores de viagem "profissionais", que embolsam comissões para ir de uma região para outra, ignorantes e indiferentes a todas elas – o mundo de *Granta** em seu pior momento). Confinando-nos na primeira metade do século, notamos uma série de características. Geograficamente, havia três regiões privilegiadas: o Oriente Médio, o Mediterrâneo e a bacia do Danúbio. Esses foram notoriamente os territórios de St. John Philby ou Robert Byron, Norman Douglas ou Patrick Leigh-Fermor, de R. W. Seton-Watson e Rebecca West. Investidas em lugares mais distantes – como as expedições a Góbi ou Mato Grosso – ocorreram em menor número. Paradoxalmente, as vastas extensões do próprio império não eram solo fértil para esse tipo de literatura. Ali, o poder britânico estava muito próximo. Produziu outro tipo de gênero: memórias, taciturnas ou nostálgicas, de funcionários da Colônia, como Orwell ou Woolf, ou monografias declaradamente científicas, de antropólogos como Firth ou Evans-Pritchard.

A divisão do campo de acordo com a função do sujeito é menos clara que no caso do objeto. Em princípio, podíamos distinguir três tipos de autor: o jornalista, o escritor e o acadêmico. Na prática, como indica uma olhada nos nomes acima, eram raros os profissionais que não combinavam aspectos de mais de uma dessas funções, às vezes das três. Seton-Watson, mais claramente acadêmico – titular da cadeira de história em Londres e em Oxford –, fez nome primeiro como correspondente na Europa Oriental. Leigh-Fermor, escritor em qualquer definição, tinha tanto interesse no passado distante do dedo obscuro do Peloponeso quanto em sua vida presente. Evelyn Waugh, por outro lado, partiu para o Horn e para o Levante como um mercenário de Northcliffe, mas quem disse que ele parou de observar ou escrever como romancista? Quanto ao período pós-guerra, o enorme crescimento da mídia e a diminuição do número de autores "com independência de meios" fizeram do apelo a uma forma qualquer de jornalismo quase uma necessidade, mesmo para escritores relativa-

---

* Revista literária inglesa, publicada no Brasil pela editora Objetiva. (N. E.)

mente bem-sucedidos. Isso encorajou os jornalistas, por sua vez, a se considerarem escritores, e até acadêmicos temporários – quando recebiam bolsas de alguma instituição. As linhas que distinguiam essas vocações, ainda hoje relevantes, foram então, mais do que nunca, borradas.

Outro tipo de taxonomia não enfocaria nem o sujeito local nem o objeto estrangeiro, mas sim a relação entre eles. Aqui, o campo de atitudes e objetivos possíveis para um engajamento literário com culturas estranhas é ainda mais amplo. É interessante notar que a hostilidade sistemática é rara (as exceções são bem-humoradas), em contraste com as notórias ambivalências da biografia como projeto, como que para demonstrar que é mais difícil voltar-se contra uma sociedade do que contra um indivíduo. No mais, os pontos de vista adotados não foram os do crítico, menos ainda do adversário, mas sim os do aventureiro, do admirador e do defensor. Essas posições típicas podem ser combinadas, mas não devem nunca ser confundidas – ainda que, é claro, a divisão entre elas não seja estanque. Um defensor é provavelmente, ainda que não certamente, um admirador. Um admirador pode com facilidade ser um aventureiro. Um aventureiro – e isso é muito menos comum, mas possível, como prova Malraux na Indochina – pode ser um defensor, sem ser um admirador.

No entanto, não há apenas casos quase puros. Quando eles se misturam num dado indivíduo, é fácil distinguir o traço dominante. Evelyn Waugh foi um aventureiro *sans phrases* na Etiópia. Wilfred Thesiger, ainda que inequivocamente aventureiro, foi um admirador. Em 1916, aos seis anos de idade, ao assistir à entrada triunfal de Ras Tafari em Adis Abeba, seus inimigos empurraram um trem atroz atrás de si, como ele recordou mais tarde: "Acredito que aquele dia fez surgir em mim um desejo vitalício de esplendor bárbaro, selvageria, cor e bater de tambores, e isso provocou em mim uma veneração duradoura por rituais e costumes imemoriais"[1]. Em 1930, ao testemunhar a coroação de Ras Tafari como o imperador Selassiê, Thesiger lamentou que Waugh, "o único entre os presentes com o dom da escrita, não tenha atentado para o significado da ocasião, não tenha percebido que se tratava da última manifestação dos desfiles tradicionais da Abissínia". Sua opinião sobre Waugh é uma declaração violenta da distância entre as duas espécies.

> Eu não aprovava seus sapatos de camurça cinza, sua gravata borboleta mal-ajustada e a largura excessiva de suas calças. Ele me pareceu flácido e petulante, e antipatizei com ele logo à primeira vista. Mais tarde, ele me perguntou, por intermédio

---

[1] *The Life of My Choice* (Londres, Harper Collins, 1987), p. 56.

de outrem, se poderia me acompanhar ao território Danakil, para onde eu pretendia viajar. Recusei. Se ele tivesse ido, desconfio que apenas um de nós retornaria.[2]

Thesiger, loucamente apegado aos feudatários etíopes, aos beduínos árabes e aos habitantes dos pântanos iraquianos, viu o mundo que admirava se dissolver ao longo de sua vida: Hailê Selassiê deposto pelo Dergue; Nuri al-Said derrubado em seu próprio palácio; o imã do Iêmen – por cuja tirania escravagista Thesiger lutara no fim da vida – derrotado em sua tentativa de contrarrevolução. Seus livros, porém, contêm pouca ou nenhuma apologia: são pré-políticos. Philby, que explorou o deserto da Arábia antes dele, nos oferece um contraste irônico. Inimigo declarado do imperialismo britânico pós-Primeira Guerra Mundial, encorajou Ibn Saud a fazer negócios com companhias de petróleo norte-americanas para assegurar sua independência de Londres, e morreu socialista assumido sob proteção saudita – sem nunca ter hesitado em defender causas impopulares em seu próprio país.

A figura do britânico entusiasmado com a causa de um povo oprimido no exterior remonta, é claro, a Byron na Grécia. Lawrence e Philby, defendendo dinastias rivais na dissolução do Império Otomano, levaram-na até o Oriente Médio. Mas seu palco natural sempre foi o Mediterrâneo ou os Bálcãs, onde identidades sepultadas ou antigos elementos da civilização europeia poderiam ser mais facilmente invocados. O livro altamente idiossincrásico de Rebecca West, *Black Lamb and Grey Falcon* [Ovelha negra e falcão cinza]*, apelo emocional a favor dos sérvios em pleno avanço da Wehrmacht sobre a Iugoslávia, pertence a essa tradição. Seu maior representante, no entanto, foi o mais velho dos Seton-Watson, que não só escreveu as primeiras histórias modernas em inglês sobre os tchecos, os eslovacos e os romenos – não viveu para completar o estudo sobre os eslavos do sul –, como também desempenhou papel-chave na ideologia e na diplomacia de guerra que levaram à criação dos três Estados da Pequena Entente. Foi apologia em seu nível mais alto e historicamente efetivo.

Após a Segunda Guerra Mundial, as condições mudaram. A figura do explorador, ainda importante na literatura entreguerras – Fleming, Thesiger, Saint-Exupéry –, tornava-se defunta à medida que se fechava o inventário global. As distâncias foram banalizadas pela televisão e pelo turismo de massas. Sociedades "primitivas" foram anexadas aos mercados modernos. O mundo se transformou num campo universal de batalhas políticas. Nesse cenário, a corrente heroica da

---

[2] Ibidem, p. 91-2.
* Nova York, Penguin, 2007. (N. E.)

literatura anterior – por assim dizer, seu lado Legião Estrangeira – tornou-se mais difícil de sustentar. Não que faltasse drama. Mas havia se tornado algo tipicamente moderno e político, que demandava habilidades profissionais de outra natureza. A figura representativa passou a ser o jornalista com conhecimento específico de um determinado país ou região, reportando ou analisando os eventos do dia, de uma perspectiva cultural ou histórica de mais longo alcance. Hoje, a literatura de engajamento ultramarino é dominada por essa forma.

Entre seus praticantes mais fluentes estão os anglo-mosqueteiros regularmente publicados na *New York Review of Books* – Neal Ascherson, Timothy Garton Ash e Ian Buruma –, que se distinguiram na Europa Oriental e na Ásia do Leste. Embora unidos por convicções liberais comuns, o perfil do trio é, de resto, bastante distinto. Garton Ash, uma geração mais jovem que Ascherson, seguiu da Alemanha para a Polônia, suas áreas favoritas de reportagem. Em 1982-1983, ambos escreveram livros apaixonadamente engajados sobre o Solidariedade. Depois disso, nos últimos anos da Guerra Fria, Garton Ash mergulhou de maneira muito mais profunda e obcecada do que Ascherson na política do Oriente Médio. O período deve ter algo a ver com essa diferença. Ao longo dos anos 1980, a oposição ao comunismo na Europa Oriental foi aos poucos atraída para o campo magnético da ideologia dominante no Ocidente – as doutrinas da direita dura proclamadas por Reagan e Thatcher. Para Garton Ash, colaborador e editor do *Spectator* na época, tratava-se de uma evolução perfeitamente natural e desejável. Já para Ascherson, crítico mordaz do thatcherismo, essa mudança deve ter causado mais dificuldade. É provável que considerações internas também tenham pesado. Ascherson e Buruma têm origens escocesa, holandesa e judaica; ambos manifestaram repúdio à identidade britânica convencional e seus defensores usuais – no caso de Ascherson, levando a um envolvimento direto com a política radical escocesa. Por oposição, as credenciais inglesas de Garton Ash parecem ser puras. Quando foi para Berlim, em 1978, dirigindo um Alfa Romeo azul, a Grã-Bretanha não estava em questão. Como não era perturbado por dúvidas a respeito de sua terra natal, ele podia se dedicar mais integralmente às causas patrióticas do outro lado do rio Elba.

O resultado foi uma obra impressionante, que se estendeu por duas décadas. Depois de algumas reportagens sobre a vida na Alemanha Oriental baseadas em sua vida como pós-graduando no país e apresentadas em série no *Spiegel*, e um testemunho detalhado da ascensão do Solidariedade em *The Polish Revolution* [A revolução polonesa], seguiu-se *The Uses of Adversity* [Os usos da adversidade] – subintitulado "Essays on the Fate of Central Europe" [Ensaios sobre o destino da Europa Central] – na primavera de 1989, estendendo o campo de seu testemunho à Hungria e à Checoslováquia. Durante esses anos, vagando de um submundo a outro, ele construiu uma série incomparável de amizades com intelectuais dissidentes nesses três países (a essa altura, ele já havia sido expulso da RDA) que o ajudaram a mapear a erosão do comunismo na região de maneira mais intrépida e aguda do que qualquer outro jornalista na época: um processo que ele esperava que assumisse a forma de uma longa "otomanização" – afrouxamento e decadência – do poder soviético na Europa Oriental.

Meses depois, quando veio o colapso, ele estava no lugar certo para realizar os melhores instantâneos dos vitoriosos. *Nós o povo* (1990) apresenta *slides* dos heróis do momento, pegos num impressionante *close-up*: Michnik, Kuroń, Balcerowicz e Geremek, em Varsóvia; Göncz e Orbán, em Budapeste; em Berlim, "a maior festa de rua da história do mundo"; e, por fim, o clímax com Havel, em Praga –"foi extraordinário o grau em que, no fim das contas, tudo girava em torno desse único homem" –, que Garton Ash observou como participante, ao lado de Klaus e Dienstbier, no quartel-general do Fórum Cívico, "o próprio coração da revolução", enquanto a antiga ordem ruía ao seu redor[3]. Aventureiro e admirador poucas vezes estiveram tão dramática e efetivamente reunidos numa só pessoa.

Depois desse triunfo como repórter, Garton Ash voltou ao ponto de partida que planejara como acadêmico: um grande estudo histórico a respeito das origens e dos resultados da *Ostpolitik* alemã. Baseado numa cuidadosa pesquisa de arquivos, bem como num vasto material de entrevista, *In Europe's Name* [Em nome da Europa] (1993) retraça o caminho muitas vezes oblíquo e dissimulado de Bonn até a reunificação alemã – resultado que não agradou nem à França nem à Grã-Bretanha, perseguidas pela invocação ambígua de uma unidade europeia e pelo cultivo obstinado de relações com a Rússia. As próprias reservas de Garton Ash ao processo, como era de se esperar, estão ligadas a atores ou episódios julgados culpados de ignorar valores ocidentais ao tratar com os regimes comunistas da Europa Oriental – sobretudo sociais-democratas, desde a época em que Schmidt tratava os avanços do Solidariedade com indiferença. Mas o livro, sua realização mais substancial até hoje, faz uma avaliação justa e equilibrada das consequências da estratégia da Alemanha Ocidental para o

---

[3] *We the People* (Londres, Penguin, 1990), p. 85 e 89. [Ed. bras.: *Nós, o povo*, São Paulo, Companhia das Letras, 1990.]

Leste. *The file* [O arquivo]* (1997) pode ser lido como uma conclusão pessoal – a busca de Garton Ash pelas pessoas que o espionaram ou delataram na época em que estudava em Berlim Oriental, em 1980, e cuja identidade foi revelada pelos dossiês da Stasi. O que facilmente podia ser uma investigação de formulários transforma-se, à medida que sua memória autobiográfica é acionada por encontros perturbadores, no mais humano e questionador de todos os seus escritos.

Historicamente, Garton Ash pertence à última leva da Guerra Fria, uma alegre geração animada por um anticomunismo descomplicado. Sua lealdade fez dele um candidato natural ao MI6, que propôs recrutá-lo desde o início, como havia feito com Ascherson em sua época. Apesar de não lhe desagradar a ideia de trabalhar clandestinamente para o serviço de espionagem britânico, ele decidiu não aceitar porque não queria ser controlado de cima – era melhor ser flibusteiro que funcionário na batalha contra o totalitarismo. Assim que saiu seu livro sobre o Solidariedade, ele foi convidado para assumir a vice-diretoria da Rádio Europa Livre em Munique; novamente declinou. Propostas reiteradas dessa natureza tinham a sua lógica. Politicamente, suas credenciais como representante da direita liberal na Guerra Fria eram impecáveis. Em meados da década de 1980, segundo as melhores fontes, ele fazia parte de um seleto grupo de acadêmicos – Hugh Thomas, Brian Crozier, Norman Stone, Leonard Schapiro e outros – que aconselhava e auxiliava a sra. Thatcher.

Mas as memórias agradavelmente francas de George Urban, intituladas *Diplomacy and Disillusion at the Court of Margaret Thatcher* [Diplomacia e desilusão no gabinete de Margaret Thatcher], deixam claro que Garton Ash era um cortesão de maneirismos próprios. Reparando nas pessoas sentadas à mesa em Chequers – em cuja cabeceira estava a primeira-ministra –, Urban observou a respeito de seu vizinho:

> Tim é um analista excelente; é jovem e já fez nome. Posso vê-lo como um futuro R. W. Seton-Watson ou um político de primeira linha. Ele é racional, capaz de pensar sozinho, e seu coração está no lugar certo, com uma ou duas exceções: ele julgou mal a situação na Nicarágua e tem um fraco pelo Terceiro Mundo, mas, em relação ao Leste Europeu, ele é firme e escreveu coisas excelentes.[4]

Dúvidas em relação aos Contras provaram ser menos anômalas do que podiam parecer. O lado cético e empírico de Garton Ash – que ele identifica com

---

*   Nova York, Random House, 1997. (N. E.)
4   *Diplomacy and Disillusion at the Court of Margareth Thatcher* (Londres, I. B. Tauris, 1996), p. 121-2.

as melhores tradições nativas – sempre foi capaz de impor limites ao entusiasmo doutrinário. A derrubada do comunismo na Europa Oriental, concluiu ele em 1990, não trouxe novas ideias para o mundo, ainda que tenha relembrado aos europeus ocidentais valores morais e intelectuais que muitas vezes haviam sido esquecidos. O mundo foi – simples e decisivamente – virado para o lado direito, ou seja, surgiu uma ordem conhecida de parlamentos eleitos, mercados livres, direitos civis e propriedade privada, em que havia apenas um tipo de democracia, legalidade e economia. No entanto, na primeira onda de entusiasmo, havia a possibilidade de que alguns dos recém-convertidos exagerassem as coisas. Entre os intelectuais que estavam na vanguarda da transição, Garton Ash detectou "o perigo oposto: o de considerar o mercado livre a cura para todos os males, sociais e políticos, bem como econômicos. Daí a popularidade de Hayek. Podemos dizer que o mercado livre é a mais recente utopia centro-europeia"[5].

Os ensaios e notas reunidos em *History of the Present* [História do presente] trazem as respostas de Garton Ash aos fatos que ocorreram depois que o livro foi escrito. A coletânea se abre com vários assuntos relativos à Alemanha, que depois são ampliados: o triunfo eleitoral de Kohl, em 1990 e 1994, como resultado da reunificação e a queda, em 1998, por causa de suas consequências, historietas de Honecker na prisão, o julgamento de Markus Wolf e reflexões sobre o Gabinete Gauck como catarse da herança da Stasi. Passando para a Polônia, Garton Ash faz um esboço crítico do início da presidência de Walesa – infelizmente, os ex-líderes do Solidariedade "desancavam uns aos outros com cassetetes enferrujados", em meio a sinais promissores de uma economia thatcherista sob regime autoritário. Segue o relato de uma continuação impensável: a vitória, em 1995, do pós-comunista Kwasniewski – em cujo governo, no entanto, algumas mudanças, como a transformação da *Gazeta Wyborcza*, do Solidariedade, num conglomerado de mídia *à la* Murdoch, são a confirmação perversa da entrada da Polônia na normalidade consumista do Ocidente. Os diferentes significados da revolta húngara, tanto para seus contemporâneos como para a posteridade, são revistos. Na República Checa, uma passagem importante – um dos momentos-chave do livro – relata um embate público entre Havel e Klaus, presidente e primeiro-ministro, no qual o próprio autor interveio.

Retornando à sua terra de predileção, Garton Ash se mostra, em geral, alerta e cuidadoso. O tom predominante é de satisfação triste. Walesa e Havel podem ter sido uma decepção no poder, quase extinguindo as esperanças de um

---

[5] *We the people*, cit., p. 152.

ethos regional mais elevado na debandada rumo à monotonia do consumo; contudo, por mais indecorosos que fossem alguns dos antigos ornamentos da *nomenklatura*, as bases do capitalismo democrático foram asseguradas. Mas o interesse principal dessa nova coletânea está em outro lugar. A partir de 1995, Garton Ash começou a ir além de sua toada tradicional, aventurando-se no que um dia foi a Iugoslávia. As investidas nessa paisagem estranha produziram alguns dos melhores esboços e ensaios do livro. Aqui, como que livre dos apegos convencionais, ele chegou a conclusões mais radicais e originais.

Estas não iam ao encontro do consenso liberal semioficial a respeito da região. A cobertura de Garton Ash começa com uma descrição arrepiante da Krajina logo após a limpeza croata que atingiu 150 mil sérvios, e da indiferença europeia por seu destino. Quando chega à Bósnia, dá à complexidade da guerra tripartite entre as comunidades o tratamento que merece, sem diminuir a responsabilidade sérvia pela selvageria étnica ou a enormidade da falência moral da Europa diante do desastre. Em Kosovo, pediu a independência antes de qualquer intervenção ocidental ser cogitada, e expressou sérias reservas ao ataque aéreo à Sérvia – como fez em relação à entidade política "potemkina" que se armou na Bósnia.

Difundir seu tratamento a essas questões é uma convicção impopular ou, melhor dizendo, a divulgação de algo que o consenso ocidental (as vozes nos bares de Tuzla) preferiria silenciar. Democracias estáveis, argumenta ele, exigem populações relativamente homogêneas – maiorias étnicas de pelo menos 80%[6]. Aqui, uma ancestralidade de fora dos Bálcãs talvez fosse motivo para exclusão. Embora sua diplomacia o proíba de mencionar isso diretamente, as terras favoritas de Garton Ash são os Estados fundados sobre as duas maiores limpezas étnicas da Europa desde a Segunda Guerra Mundial: a Polônia e a República Checa. Não há sinal de perdão no relato que faz a respeito da repetição desses processos no Adriático, apenas horror – e o prognóstico de que a partir deles poderiam surgir democracias liberais tais como as conhecemos. Ele dá como exemplo a Croácia redimida de amanhã. Esse argumento foi proposto pela primeira vez por Tom Nairn, em relação à Bósnia, numa tensão similar de tristeza e realismo[7].

A extensão do campo de Garton Ash aos Bálcãs é então mais do que um deslocamento geográfico. Representa um alargamento moral e intelectual. Mas,

---

[6] *History of the Present* (Londres, Penguin, 1999), p. 365-6. Citado daqui em diante como *HP.*
[7] "All Bosnians Now", *Dissent*, v. 40, n. 4, 1993, p. 403-10.

com esse gesto, ele torna evidentes as limitações de seu trabalho anterior. Se havia um *leitmotiv* em sua prosa até meados dos anos 1990, era o caráter especial dos países da Europa Central no espectro das nações cativas, e seu apelo muito particular à simpatia e aos recursos da Europa Ocidental. A noção de "Europa Central" – tal como exposta por porta-vozes como Kundera ou Milosz – incluía a Checoslováquia, a Hungria e a Polônia, estendendo-se ocasionalmente à Lituânia. Ela teve essencialmente duas funções. De um lado, traçou uma linha cultural que demarcava essa zona e a separava dos países europeus de fato orientais (ou seja, atrasados), como Romênia ou Iugoslávia, para não mencionar a eternamente bárbara e totalitária Rússia. De outro, vinculou essa região à pátria da liberdade e da prosperidade na Europa Ocidental – de cujo berço de tolerância política e alta cultura, como demonstra Kundera, o destino maligno a arrancou[8].

O caráter ingenuamente ideológico dessa construção estava transparente desde o início. Se a Boêmia e a Hungria Ocidental poderiam ser descritas de maneira razoável como centro-europeias, a ideia de que Bialystok ou Vilna estivessem situadas no meio do continente, e Belgrado ou Timisoara a leste dele, sempre foi ridícula. A ideia de que uma Europa "Central" tal como foi construída – terras onde a servidão persistiu até o fim do século XVIII ou início do século XIX – fosse cultural ou socialmente mais próxima dos padrões de experiência histórica ocidentais do que dos orientais não resiste a um escrutínio mais rigoroso. Essencialmente, a função do termo era uma redescrição do tipo que se lê nos folhetos de venda de imóveis – a elevação, por metonímia, de um bairro desvalorizado a uma região mais na moda (com o típico exagero do glamour): Harringay promovido a East Highgate.

Em algum ponto de sua mente – o do historiador –, Garton Ash sempre soube que essa versão da Europa Central era um mito que servia a interesses próprios; além de qualquer outra coisa, como ele observou, o que dizer das contribuições da região para as formas mais violentas de racismo e nacionalismo modernos[9]? Mas, em outro ponto, ele precisava do mito e o cultivava. Em meados dos anos 1980, o trio PCH – Polônia, Checoslováquia e Hungria – não se afastou legitimamente de seus vizinhos do Comecon* em função do vigor de

---

[8] "The Tragedy of Central Europe", *New York Review of Books*, 26/4/1984.
[9] Ver *The Uses of Adversity* (Cambridge, Cambridge University Press, 1989), p. 165-7.
* Council for Mutual Economic Assistance [Conselho para Assistência Econômica Mútua], bloco criado em 1949 com o objetivo de ampliar a integração econômica dos países do Leste Europeu. Formado por União Soviética, Alemanha Oriental, Polônia, Hungria, Checoslováquia, Romênia e Bulgária. (N. E.)

suas oposições democráticas e do anseio de suas populações de se juntar à comunidade ocidental de nações? Se o passado não oferecia nenhuma base firme para sustentar a ideia corrente de uma Europa Central, talvez o futuro a oferecesse, pois certamente estava ali o calcanhar de Aquiles do império soviético. Nesse sentido, a definição de Europa Central era política: onde quer que estivesse, designava a linha de frente contra o comunismo – Garton Ash até se aventurou na ideia de que George Orwell poderia ser considerado, hoje, um europeu central e, nesse caso, ele próprio "poderia pleitear a cidadania"[10]. O emprego que fazia do termo era pragmático, explicou. Os britânicos não gostam de se perder em minúcias.

Em si, tal concepção – só porque foi tão flagrantemente concebida para apresentar o trio PCH *salonfähig* [socialmente aceitável] ao Ocidente – poderia ser descartada como uma quimera ideológica. Garton Ash não lançou mão dela em seu livro sobre o Solidariedade, que situa a Polônia diretamente na Europa Oriental[11], e repudiou seu perigo mais óbvio – uma cerca feita para separar as nações civis das incivis – quando, mais tarde, passou a se interessar pelos Bálcãs. *History of the Present* rejeita esse "determinismo cultural". De fato, hoje Garton Ash se diz chocado com a maneira como a ideia de Europa Central foi "posta a serviço de políticas de relativismo e exclusão"[12]. Ele condena nos termos mais fortes o fracasso da União Europeia para evitar o desastre na Iugoslávia. A preocupação com o malconcebido projeto da moeda única foi a responsável: os indolentes de Maastricht não foram capazes de perceber o incêndio prestes a explodir em Sarajevo.

A sinceridade desse veredito sobre o histórico do Ocidente nos Bálcãs está acima de qualquer suspeita. Mas falta alguma coisa. Não há a menor sugestão de autocrítica. Mas se há um caso de roto que fala do esfarrapado, é Garton Ash reclamando da indiferença de Bruxelas em relação ao destino dos Bálcãs. O culto à Europa "Central" – que ele ainda defende como uma "boa causa", e continua a manipular (com explicações chocantes para a exclusão da Ucrânia, apesar da inclusão da Eslováquia) – não era apenas uma questão de definição fantasiosa. Esse culto tinha um lado político forte. Ao adotá-lo, Garton Ash passou de admirador a defensor num sentido muito preciso. Uma coisa é manifestar simpatia por dissidentes poloneses, checos ou húngaros em sua luta

---

[10] Ibidem, p. 191.
[11] *The Polish Revolution: Solidarity 1980-1983* (Londres, Jonathan Cape, 1983), p. 4, 8 e ss.
[12] *HP*, cit., p. 209 e 392-3.

contra o regime; outra muito diferente é pedir tratamento privilegiado para o trio PCH após a queda do comunismo, em detrimento de outras nações do Leste Europeu. Em outubro de 1990, Garton Ash pediu que fosse dada "clara e altíssima prioridade" – tanto em termos de ajuda econômica quanto de inclusão política na União Europeia – à Polônia, à Hungria e à Checoslováquia. "Se a ajuda da Alemanha, da Europa e do Ocidente for distribuída mais ou menos indiscriminadamente por toda essa vasta região", qualquer transição para o capitalismo liberal ficaria comprometida, e "a região poderia efetivamente se transformar no Oriente Médio da Europa"[13]. Como não era possível resolver tudo de uma só vez, era essencial discriminar. Os países do Visegrado, cujos cristianismo ocidental e legado pré-guerra os tornavam parceiros naturais, deveriam ganhar acesso rápido à União Europeia. A bem da verdade, Garton Ash logo começou a insistir que esses países fossem admitidos de modo imediato.

Embora a demanda fosse claramente impraticável, serviu para alimentar a pressão retórica para que houvesse um tratamento especial aos PCH, numa campanha, de resto, muito bem-sucedida – em grande parte porque coincidia com os objetivos da política externa alemã, que visava um *glacis* de segurança e investimentos no entorno da República Federal. A proposta francesa de oferecer um tratamento equitativo a todos os antigos países comunistas na região, numa confederação que os vinculasse à União Europeia, foi rejeitada com indignação – sobretudo pelos checos, Havel à frente, que ficou furioso com a possibilidade de ser posto em igualdade de condições com búlgaros e romenos. Por solicitação de Kohl, os PCH ganharam a promessa de que teriam a preferência para entrar na União Europeia, e prontamente receberam a maior parte da ajuda ocidental. A Hungria, cuja renda per capita é quatro vezes maior que a da Macedônia, recebeu doze vezes mais ajuda do que esta. A Europa Central encontrou sua lógica econômica: dar a quem tem.

A justificativa de Garton Ash para essa sabedoria bíblica era consistente: só ela poderia evitar um desastre na região como um todo, já que o sucesso do capitalismo democrático no trio PCH era a condição para a paz e a estabilidade no restante da Europa ex-comunista – isso a protegeria do destino esquálido do Levante. Em 1993, ele escreveu: "Mais uma vez, a questão centro-europeia é provavelmente a questão central da Europa"[14]. No momento em que essas palavras eram impressas, Sarajevo completava um ano sob o cerco, e a principal

---

[13] Ibidem, p. 62.
[14] *In Europe's Name* (Londres, Vintage, 1993), p. 409.

contribuição "centro-europeia" para a paz nos Bálcãs foi a democracia húngara ter vendido clandestinamente 36 mil Kalashnikovs para os paramilitares croatas.

A realidade histórica é que a ideia de que "todos são a favor dos PCH" era questionável moralmente e também politicamente cega. Havia no centro dela um astigmatismo colossal. Em sua conclusão em *Nós, o povo*, no princípio dos anos 1990, Garton Ash reclamava indignado dos críticos ocidentais que advertiam do perigo do retorno do nacionalismo no Leste Europeu. "O que significa isso?", bradou. "Os registros históricos mostram que 1989 não foi um ano de conflitos étnicos e nacionais agudos na Europa Oriental a oeste da fronteira soviética. Ao contrário, foi um ano de solidariedade tanto no interior das nações como entre elas."[15] Para quem escreveu isso, os Bálcãs foram apagados da história. Banidos da "questão centro-europeia", eles de fato sumiram de vista.

A verdade, claro, é que os conflitos nacionalistas haviam atingido altas temperaturas na Iugoslávia, na primavera de 1987, quando Milošević tentou tomar o poder em Kosovo Polje. Um ano depois, com a cumplicidade dos eslovenos, a Sérvia acabou com a autonomia de Kosovo – isso foi antes de as duas repúblicas dominantes entrarem em rota de colisão. Em 1989 – ano em que "não houve conflitos étnicos agudos" –, grandes manifestações de albaneses em Kosovo provocaram confrontos violentos com a polícia: foi declarado estado de emergência máximo, e enquanto os líderes croatas e eslovenos se preparavam para a secessão, tanques e jatos de água forçavam uma ocupação virtual da província. Esses não são eventos periféricos ou obscuros. Foram presságios claros da desintegração da Iugoslávia, um país com uma população maior do que a soma das populações da Hungria e da Checoslováquia. Para os democratas, ocorreram violações de direitos humanos que excederam em muito quaisquer outras que tenham ocorrido na "Europa Central" – e já vinham ocorrendo havia algum tempo, como comprovam os relatórios da Anistia Internacional. Claramente, um desastre estava se preparando.

Não adianta culpar o Tratado de Maastricht pelo fato de a Europa Ocidental não ter percebido o que estava em jogo na Iugoslávia, como quer agora Garton Ash. Muito antes de sua concepção, o barril de pólvora nos Bálcãs já era evidente. O projeto de moeda única também não desviou a atenção da União Europeia do que estava acontecendo no Leste. A "expansão" – restrita ao trio PCH – foi chancelada oficialmente como uma das metas de Maastricht. Daí em diante, os preparativos para o euro passaram a ser gerenciados pelos Bancos

---

[15] *We the People*, cit., p. 143 e 145.

centrais e pelos ministros das finanças. A política para o Leste foi determinada pelo Conselho Europeu e o oficialismo de diversas chancelarias seguiu em piloto automático para Varsóvia, Praga e Budapeste. Transformar a moeda única em bode expiatório de Sarajevo, ainda que seja conveniente para uma sensibilidade conservadora britânica, é um deslocamento – como entendia Freud – acompanhado de vingança. O líder ocidental que mais insistiu na união monetária, François Mitterrand, era na verdade o único que possuía uma visão unitária para a Europa do Leste como um todo – precisamente ao que Garton Ash se opunha. Indiferente à crise nos Bálcãs, lobista incansável por atenção e ajuda à Europa "Central", se houve uma voz responsável pela trágica inversão de prioridades enquanto a Iugoslávia caía no abismo, essa voz é a dele.

É claro que ele não estava sozinho. A partir dos anos 1980, bem antes de ser vendida como tal, a "Europa Central" já atraía bons repórteres e intelectuais inquiridores. Seu atrativo era duplo. Polônia, Checoslováquia e Hungria foram palco dos movimentos mais vigorosos e interessantes contra o comunismo, assim como a zona mais disposta a afirmar seu parentesco com o Ocidente. A Iugoslávia – e, mais ainda, seus vizinhos – carecia desses dois elementos de investimento afetivo. Por mais complexa ou turbulenta que fosse a política nos Bálcãs, ela não podia ser representada (ainda) como uma batalha entre o bem e o mal. Além disso, culturalmente, oferecia poucas *images d'Epinal* – a Virgem Negra de Czestochowa, a praça de São Venceslau, a coroa de santo Estêvão, o papa libertador, o presidente filósofo, o eletricista ganhador do Nobel – com as quais a mídia pudesse animar os espectadores no Ocidente. Kadaré pode ser melhor escritor que Havel, mas, com exceção de alguns leitores franceses, quem mais se importava com isso? Não havia patrimônio montenegrino à espera de ser reivindicado por lordes ingleses; mas, na Boêmia, Garton Ash pode mostrar Diana Phipps (nascida Sternberg) tomando posse de seus domínios ancestrais – 3 mil hectares de bosques povoados de javalis e um castelo venerável ("restaurado com gosto raro e imaginação") – e achar isso "não apenas fabuloso, no sentido original da palavra, mas também comovente"[16].

Na literatura de engajamento no exterior, a apologia tem memória honrosa. Comparações com R. W. Seton-Watson, por si só, dão crédito a Garton Ash. Mas há uma regra geral aqui. Tal apologia atingirá sua melhor forma quanto mais depurada estiver de qualquer inclinação a buscar semelhanças consigo próprio naquele que é defendido. A história colonial está repleta de exemplos

---

[16] *HP*, cit., p. 116-7.

disso: as "raças marciais" na Índia, bem como os muitos Highlanders subcontinentais. O tropo da Europa Central era cego em parte por ser tão autocentrado: os primos de Orwell no espelho.

Assim, metade da dívida externa da Polônia foi perdoada, ao passo que os mesmos credores ocidentais sugaram a Iugoslávia, forçando planos e mais planos de estabilização draconianos no país; enquanto isso, o desemprego disparava e o governo federal desmoronava. O pano de fundo imediato da desintegração da Iugoslávia foi o desastre econômico. O mito de uma Europa Central não foi apenas a condição negativa para o desdobramento da crise, ele foi também seu catalisador ativo. Como diz Susan Woodward em seu *Balkan Tragedy* [Tragédia dos Bálcãs], principal obra de pesquisa sobre a dissolução da Iugoslávia:

> Já em 1989, os governos ocidentais passaram a declarar que os países da Europa Central estavam mais bem preparados para fazer a transição política e econômica do socialismo para o capitalismo do que os países do sudeste europeu. Mas esse critério histórico-cultural, advindo em grande parte da tradição da Mitteleuropa, do catolicismo romano e dos Habsburgos, passava exatamente no centro da Iugoslávia. Deixou uma ferida enorme e indefinida onde antes uma fronteira militar de populações heterogêneas separava o Império dos Habsburgos do Império Otomano e reforçou os argumentos separatistas que já vinham sendo defendidos por nacionalistas croatas e eslovenos. Os intelectuais passaram a falar da existência de "dois mundos" na Iugoslávia, e cada um dos grupos se proclamava mais bem preparado para ser membro da Europa na qualidade de centro-europeu.[17]

A suposta precondição para que houvesse paz civil no Leste revelou-se, como já se esperava, uma incitação à guerra entre as etnias.

History of the Present não reconhece essa conexão fatal, separando o bom uso – a "boa causa" – e o mau uso – a "horrível exclusão" – do culto à Europa Central, como se ambos não tivessem relação. Contudo, a condenação que faz ao *Flur-und-Feldbereinigung* croata e à indiferença do Ocidente, bem como a amplitude de sua comiseração por todas as vítimas do ódio e da violência étnica na ex-Iugoslávia, são ainda um dos mais poderosos comentários sobre a região no fim dos anos 1990. Diante de tanta decência, por que relembrar seus incômodos antecedentes? Há duas respostas para essa pergunta, uma intelectual e outra política. Ambas nos levam ao modo como a coletânea é estruturada como um todo.

---

[17] *Balkan Tragedy* (Washington, DC, The Brookings Institution, 1995), p. 104-5.

O livro, em mais uma volta na espiral do *hype* contemporâneo, deve seu título a um vasto texto elogioso da *New York Review of Books* sobre um dos primeiros trabalhos de Garton Ash, no qual George Kennan o compara a Tocqueville e o chama de "historiador do presente". O autor agora se apropria despudoradamente desse apelido para descrever seu novo trabalho – cuja contracapa traz o *laudatio* completo de Kennan, antecedido de uma fotografia do autor em que ele posa contra uma parede desoladoramente descascada e olha sombriamente para o horizonte com o garbo e o ar de um escocês da Antártida moral. Esperamos que a ideia tenha sido do departamento de marketing da Penguin, e não do próprio Garton Ash, que antigamente demonstrava modéstia e desagrado diante de tais pretensões, mesmo entre amigos (lamentou que Václav Havel tivesse assumido um "olhar imperial repulsivo" – o que dizer do seu próprio olhar hoje?)[18].

Se tal é o caso, no entanto, quem produziu sua imagem o induziu a cometer mais do que apenas lapsos de gosto em sua apresentação. A introdução que escreveu para o livro começa justificando o título com uma série de alegações sobre a história contemporânea. Hoje, argumenta Garton Ash, atores em grandes acontecimentos não põem mais seus pensamentos ou atos no papel, como faziam no passado; eles falam, telefonam ou enviam instruções eletrônicas. Os documentos estão perdendo importância. Por outro lado, homens de Estado e outros nunca foram tão afoitos para dar suas versões "ao vivo" dos acontecimentos, no tempo real das entrevistas para a televisão ou dos discursos. O resultado é que "aumentou o que se pode saber logo depois de ocorrido o evento e diminuiu o que se pode saber muito tempo depois dele"[19]. Isso nos oferece oportunidades para um novo tipo de história – capaz de transcender a ilusão retrospectiva dos pesquisadores enclausurados nos arquivos, por meio do relato direto "do que realmente aconteceu na época", como escreve Garton Ash, ou seja, por intermédio de testemunhas bem-informadas. Aqui, a televisão – para espanto de muitos pesquisadores e também de telespectadores – assume um valor inestimável para capturar a verdade do mundo: "Mais do que qualquer outro meio, ela nos leva para mais perto das coisas tais como elas realmente aconteceram". Melhor ainda, no entanto, é o repórter estar no local, como tantas vezes esteve o próprio Garton Ash: "Nada se compara a estar lá"[20].

---

[18] *HP*, cit., p. 20.
[19] Ibidem, p. xii.
[20] Ibidem, p. xvi e xiv.

A inocência dessa descoberta nos remete, irresistivelmente, à presença desorientada de Peter Sellers na Casa Branca. A ideia de que a presença pessoal proporciona acesso privilegiado à realidade, ou que uma entrevista na televisão seja um veículo superior da verdade, pertence ao mundo das revistas vendidas nos caixas dos supermercados, e não à Universidade Oxford. Tentar elevar dessa maneira o melhor jornalismo ao *status* supra-rankiano tem o efeito de desacreditá-lo. A distância entre uma história real do presente, que é necessariamente apenas uma versão preliminar, e *History of the Present* pode ser notada quando se lê *Balkan Tragedy*, de Susan Woodward. Não é apenas a escala da narrativa ou o grau de detalhamento e documentação que os diferenciam. É, acima de tudo, a diferença entre uma empreitada que se atém de forma consistente a uma cadeia de causalidades, por mais difícil que seja, e traça as complexidades dos processos principais, desde as suas origens remotas até as suas últimas consequências, e outra que oferece essencialmente uma série de episódios e vinhetas, sem comprometimento com um conhecimento mais profundo das interconexões que existem entre eles. Num estudo como esse, o *frisson* do leitor não é mais do que engodo. Não interessa quanto tempo se passe na Lanterna Mágica, isso nunca explicará o papel da polícia secreta na manifestação estudantil de 17 de novembro que levou à Revolução de Veludo: até hoje, os historiadores debatem o assunto. Garton Ash, autor de *In Europe's Name*, sabe isso perfeitamente bem. Seu próprio trabalho como historiador é resposta suficiente para o título do livro.

Não que esse seja o credo de qualquer repórter. No caso de Garton Ash, a ilusão do imediatismo tem outras fontes também. Ele é mais conhecido como escritor por causa da sua intimidade com os principais dissidentes da Europa Oriental. Foi na companhia deles que testemunhou eventos históricos. Quando se tornaram governantes, não hesitou em criticá-los ou discutir com eles, se julgasse necessário. Não era apenas uma questão de temperamento, era convicção também. Na famosa discussão com Havel, aferrou-se a uma distinção radical entre as funções do intelectual e do político. A tarefa do intelectual era, na expressão cunhada por Havel como dissidente, "viver a verdade". A função do político eleito, replicou Garton Ash, era "viver meias-verdades" – o melhor que se pode esperar de um sistema partidário competitivo, baseado em "mentiras calculadas com fins antagonistas"[21]. Ambas são vocações honrosas. Mas tentar combinar poder e verdade seria um desserviço às duas. Num Estado liberal, a

---

[21] Ibidem, p. 22.

divisão de trabalho entre intelectuais independentes e políticos profissionais é essencial. Tornando-se presidente – disse seu amigo, de maneira bastante polida –, Havel corria o risco de deixar de ser um intelectual sério.

Naturalmente, Havel rejeitou a antítese, não apenas por considerá-la absoluta demais, mas também por equivaler a uma negação de que a pureza de intenções poderia ter efeito prático sobre um governo. Por que os intelectuais não poderiam elevar o padrão dos cargos públicos? Para Neal Ascherson, corroborando Havel, é justamente isso que figuras excelsas como Geremek e Balcerowicz – arquitetos da integração militar e da terapia de choque na Polônia – vêm fazendo na Europa Oriental. Garton Ash, sem dúvida, responderia que, como ministros, eles não são mais os pensadores que eram. Nesse estranho debate, dois aspectos se sobressaem. A definição de Garton Ash para intelectual deriva da frase de Havel – "viver a verdade" –, que originalmente tinha aplicação bastante ampla, como modo de expressar a integridade moral sob jugo autoritário. Essa frase sempre foi de um *pathos* um tanto sentencioso, uma vez que a verdade não é um lugar, mas, na melhor das hipóteses, um objetivo de vida, variável e nem sempre atingível. Mas se há licença na literatura clandestina, argumentos feitos à luz do dia precisam ser mais exatos. A conversão da frase em talismã do intelectual parte de uma confusão. Integridade pode ser encontrada (ou perdida) em qualquer ocupação. Intelectualidade é outra coisa: seu campo são as ideias.

Valores – éticos, epistemológicos, estéticos – fazem parte das disputas nesse campo, mas não o definem. Intelectuais são julgados não por sua moral, mas pela qualidade de suas ideias, que raramente podem ser reduzidas a simples vereditos de verdade ou mentira, até porque as banalidades são, por definição, corretas. Como veículos ou fontes de ideias, os intelectuais participaram muito naturalmente da política – na oposição e no poder – desde que emergiram pela primeira vez como tipos modernos nas revoluções americana e francesa. Assim como invocou legitimamente De Gaulle em apoio à sua causa, Havel poderia também ter citado Jefferson. A bem da verdade, os intelectuais citados por Garton Ash como exemplos de independência moral, alheios à bajulação do poder político, têm a mesma história pouco gloriosa para contar. "Temos Orwell. Temos Raymond Aron"[22]: o primeiro forneceu ao governo uma lista secreta de conhecidos suspeitos, e o segundo, para não desagradar os patrões, silenciou sobre a Guerra da Argélia no *Figaro*. É inútil tentar resguardar os intelectuais, mesmo os proeminentes, da sujeira da política.

---

[22] Ibidem, p. 155.

Embora a receita de Garton Ash para os intelectuais tenha gerado debate, talvez o aspecto mais significativo de sua dicotomia tenha sido o outro lado, o que passou praticamente sem discussão. Não podemos esperar que políticos digam a verdade nua e crua; mentiras fazem parte de seu equipamento profissional, é uma necessidade funcional para uma carreira bem-sucedida em qualquer democracia parlamentar, em que a competição entre partidos requer habilidades de anunciante, mais do que busca de ideias e exercícios de reflexão. Em outras palavras, se as normas para os intelectuais são postas em níveis implausíveis – estratosféricos –, as expectativas em relação aos políticos parecem situar-se num plano altamente indulgente – mundano demais –, como se ardis e mediocridade fossem inerentes ao ofício tal como praticado no Ocidente. Não é assim, porém, que Garton Ash vê o problema. Ao contrário, ainda que às vezes seja bastante severo em relação à omissão coletiva dos líderes ocidentais no Leste Europeu, ele é de um respeito notável para com a maioria dos chefes de Estado que aparecem em seu livro.

Aqui, a ilusão de imediatismo parece emanar de uma proximidade excessiva do poder – reuniões periódicas com o primeiro escalão, discussões em conclaves semidiplomáticos, conversas íntimas com os poderosos. O tom com que se refere a eles chega a um grau de formalidade reverente difícil de imaginar no caso, por exemplo, do desbocado e nada convencional Buruma. Embora Garton Ash sinta falta de Margaret Thatcher na Iugoslávia, é o chanceler alemão que recebe seus aplausos. "Helmut Kohl é o político – e homem de Estado – mais admirável da Europa. Não é fácil desviá-lo da tarefa que se impôs", escreve.

> À medida que o século XX se aproxima do fim, podemos dizer, com certeza, que Helmut Kohl é o último grande homem de Estado da Europa. Observando-o sair de cena, lembrei-me de uma conversa memorável que tivemos alguns anos atrás [...]. Essa investida incrível trazia vários elementos da grandeza de Kohl: o instinto agudo de poder, a visão histórica e a corajosa simplicidade de seu pensamento estratégico.[23]

Se, infelizmente, Gerhard Schroeder não é do mesmo calibre, há consolo nos altos valores de seus pares britânicos e norte-americanos. "Alguém que o conhece muito bem me disse que, ao contrário de Clinton ou Blair, ele não tem nenhum apego religioso. Logo, ele é uma espécie de Clinton sem princípios"[24] (*sic*).

---

[23] Ibidem, p. 144 e 331.
[24] Ibidem, p. 338.

Acima de todos, no entanto, está o próprio papa. "Filósofo, poeta e dramaturgo, além de pastor", declara Garton Ash, "João Paulo II é simplesmente o grande líder mundial de nossa época". Comensal da visão planetária do pontífice – "certa vez jantei com ele, numa roda de amigos poloneses em que se falava polonês. Fiquei impressionado com [...] sua experiência global, sua fé e missão" –, ele não duvida que, entre os gigantes da história, o papa supera a todos.

> Tive a oportunidade de falar com vários candidatos qualificados para o título de "grande homem" ou "grande mulher" – Mikhail Gorbachov, Helmut Kohl, Václav Havel, Lech Walesa, Margaret Thatcher –, mas nenhum se iguala à combinação singular de força, consistência intelectual, calor humano e simples bondade de Karol Wojtyla.[25]

Jantares como esse, em excesso, não costumam produzir a espécie de intelectual que Garton Ash recomenda.

Mas, em seu caso, o grande perigo não é tanto a sedução do poder – embora às vezes sua linguagem se torne efusiva –, mas a distorção da perspectiva. O senso do contato cara a cara, do "estar ali" com os regentes do mundo, ameaça transformar a história, à maneira de um telescópio, em fábulas edificantes. Ele encerra a homenagem a João Paulo II afirmando que o papa foi o principal agente da queda do comunismo, de Berlim a Vladivostok – o próprio Gorbachov aparece como subproduto das forças que Wojtyla pôs em marcha, quando o retorno do Santo Papa à Polônia incitou taumaturgicamente o povo a agir por meio do Solidariedade; "Eis aqui" – exclama – "a cadeia específica de causas e efeitos que vai da eleição do papa polonês, em 1978, ao fim do comunismo, portanto da Guerra Fria, em 1989"[26]. Existe aqui algo semelhante à inversão paródica da famosa pergunta de Stalin: "Quantas divisões tem o papa?". Com a *perestroika* relegada a um *status* secundário, os devotos agora podem perguntar: "Quantas missas tinha o Kremlin?".

Com isso, no entanto, chegamos à outra razão por que a reinvenção tardia da Europa Central continua hipotecando o entendimento de Garton Ash a respeito daquela época. A ideia foi construída como barreira para dissociar a Polônia, a Hungria e a Checoslováquia da Rússia. Quando o comunismo caiu, o mito requeria, logicamente, que a queda fosse resultado do trabalho das oposições, que derrubou o regime de baixo para cima. Na verdade, a mudança historicamente decisiva veio com o próprio poder hegemônico. Após a invasão da Checoslováquia, em 1968, o dissidente alemão oriental Rudolf Bahro escreveu

---

[25] Ibidem, p. 344-5.
[26] Ibidem, p. 347.

em seu livro *A alternativa para uma crítica do socialismo real* que o sistema *politburocrático* ruiria quando surgisse Dubček em Moscou – e ele julgava isso inevitável[27]. Sua previsão estava correta. Nenhuma mudança fundamental ocorreria na Europa Oriental enquanto o Exército Vermelho estivesse pronto para atirar. Isso somente seria possível a partir do momento em que ocorressem mudanças fundamentais na própria Rússia. Bahro, na verdade, antecipou mais do que pretendia. No devido tempo, a figura e o destino de Gorbachov passaram a lembrar os de Dubček: o *naïf* desconcertante e bem-intencionado, enganado e arruinado pelos que ainda imaginava serem seus amigos – tanto a oeste quanto a leste.

Na prática, a Rússia está ausente de *History of the Present*, do mesmo modo como ficou ausente do cenário de Garton Ash em 1989. Mas se a Rússia continua a delimitar sua imaginação, a razão é, sem dúvida, a mesma que explica a primazia do papa nela. Garton Ash orquestra os temas europeus em escala generosa, mas ao fundo há sempre um murmúrio da *Polonaise*. Dentre os países da Europa Central, um foi seu primeiro amor – por tradição, o mais apaixonadamente antirrusso – e ainda comanda seu olhar. Nisso, é claro, ele não estava sozinho. Por diferentes razões, nos últimos anos a Polônia vem ocupando uma posição especial nos cálculos do capital ocidental. Nos Estados Unidos, o voto polonês que preocupava Roosevelt em Yalta foi um apoio importante para Reagan, e continua a ter grande força interna. Na Alemanha, o desejo de ter um sólido anteparo político e militar contra a Rússia deu prioridade às relações diplomáticas com Varsóvia. Laços afetivos e culturais unem a França à Polônia. Sendo a mais populosa e mais bem localizada estrategicamente do trio PCH, além de pioneira no afrouxamento do comunismo, a Polônia estava fadada a ser a peça-chave do *Drag nach Osten* após a Guerra Fria.

Apesar de deplorar repetidamente o fato de a União Europeia não ter dado logo as boas-vindas aos Estados do Visegrado, Garton Ash é mais discreto ao comentar sua absorção pela Otan. Lamenta que a Grã-Bretanha não tenha liderado o processo, como gostaria que houvesse feito, mas, de resto, limita-se basicamente a uma frase impessoal: "O argumento da Otan venceu"[28]. As implicações práticas não são mencionadas. Hoje, os sistemas de comando e controle ocidentais estão estacionados às margens da Rússia Branca. As garantias

---

[27] *The Alternative* (Londres, NLB, 1978), p. 333. [Ed. bras.: *A alternativa para uma crítica do socialismo real*, Rio de Janeiro, Paz e Terra, 1980.]
[28] *HP*, cit., p. 412.

sigilosas dadas a Gorbachov (mas caracteristicamente nunca firmadas em papel) de que a Otan não se expandiria para leste caso ele desmantelasse o Pacto de Varsóvia foram jogadas ao vento. Três meses após digerir a Europa Central, o Pacto do Atlântico – ainda "defensivo" – desencadeou uma ofensiva militar de grande escala nos Bálcãs.

Nobremente perturbado com um ataque aéreo realizado de uma distância estratosférica contra as bases da vida civil na Sérvia, Garton Ash se cala a respeito da evolução dos objetivos estratégicos. Seu livro termina com mais uma defesa da "ordem liberal" na Europa – uma zona de livre comércio que fugisse de uma moeda comum e rejeitasse qualquer unidade federal, mas abarcasse as terras que antes tinham sido comunistas, admitindo-as numa sequência apropriada. Além de abster-se de qualquer tentativa de ser o único ator da cena mundial, essa ordem europeia ainda teria de dispor de "certo grau de projeção de poder, que incluiria o uso coordenado do poder militar em áreas adjacentes de interesse vital para nós, como o Norte da África e o Oriente Médio"[29]. Esse poderia muito bem ser o ponto de vista de qualquer conservador britânico culto levemente eurocético. Como panorama do continente, seu principal interesse está naquilo que fica de fora.

No exato momento em que escreve sobre a Europa Oriental, a cortina se fecha sobre a Rússia, e quando se volta para a Europa Ocidental – a Comunidade e a União que se desenvolveram a partir dela –, um véu delicado cai sobre os Estados Unidos. Referências substanciais a Washington são poucas e rápidas. No máximo, Garton Ash observa discretamente que, mesmo numa "ordem liberal planejada para ser não hegemônica", um "poder hegemônico externo benigno" pode ser necessário[30]. Desse ponto de vista – traduzido cruamente, o tradicional servilismo da Grã-Bretanha aos Estados Unidos que se imagina como uma afinidade especial –, torna-se claro por que uma ideia de Europa como ator único e, portanto, capaz de desafiar os Estados Unidos é um anátema, ao passo que as "projeções de poder" locais, nas quais as forças britânicas podem continuar a atuar como os dobermanns mais confiáveis da vontade norte-americana, continuam sendo indispensáveis. Mas isso é, no máximo, uma dedução negativa. A estrutura positiva do domínio norte-americano na Europa é quase inteiramente ignorada.

No entanto, como sabiam muito bem os fundadores da Comunidade Europeia, se era para unificar o continente, isso teria de ser feito em detrimento dos

---

[29] Ibidem, p. 327.
[30] Ibidem, p. 323 e 326.

Estados Unidos como poder global – por mais benevolente que fosse a ajuda de Washington para fazer decolar o processo de integração. Até hoje, a despeito da retórica untuosa em contrário, essa ainda é a verdade não dita sobre a construção da Comunidade Europeia. Uma identidade comum no Velho Mundo só pode se realizar a partir da tensão com o Novo, que o dominou durante cinquenta anos. Essa ascendência norte-americana não é apenas prática ou institucional. De modo propriamente hegeliano, ela continua a ser teórica também. Se quisermos entender a Europa contemporânea, é para os Estados Unidos – o maior produtor da literatura mais ampla e incisiva sobre a Comunidade Europeia, bem como o comandante nos campos diplomático e militar – que devemos olhar, mais cedo ou mais tarde. Para usar um dito famoso de Adorno e Horkheimer, quem não quiser falar da América deve silenciar sobre a Europa.

Portanto, se quisermos saber por que a Otan logo ultrapassou a União Europeia, devemos analisar os debates realizados em Washington e em Boston. Depois do colapso da União Soviética, duas escolas de pensamento disputavam a política do Ocidente para a Rússia pós-comunista. Um dos lados, que contava com algumas das mentes mais conservadoras e "liberais" do país, argumentava que a prioridade principal era defender a nova Rússia de Yeltsin contra os riscos de uma queda no caos social e no nacionalismo amargo ao estilo Weimar, oferecendo uma ajuda material generosa e evitando uma humilhação desnecessária do país. A expansão da Otan para as portas da Rússia seria uma provocação pouco sábia, que empurraria Moscou para um isolamento rancoroso e, com isso, não fortaleceria a Aliança. Esse ponto de vista, comum entre russianistas nas universidades, encontrou plateia na mídia: Richard Pipes e Thomas Friedman tinham representatividade.

Cerrando fileiras contra eles, havia o campo dos que defendiam que a Rússia ainda era um inimigo potencialmente perigoso, um poder imperial semibárbaro que não corrigiria com facilidade seus defeitos e precisava ser contido sem demora, enquanto as coisas ainda iam bem na Europa Oriental. Dessa perspectiva, a rápida expansão da Otan era prioritária, para evitar que a Rússia ficasse tentada a pensar que poderia voltar à posição de grande potência e convencer a Federação de que sua estatura no mundo diminuíra. Em vez de dar espaço para suscetibilidades a respeito do novo *status* ou nostalgias nacionais em Moscou, o Ocidente precisava construir um conjunto de fortificações no antigo solo czarista – Estados independentes firmemente integrados na Aliança Ocidental, capazes de conter qualquer ressurgimento das ambições russas. Inevitavelmente, o pivô desse sistema de contenção seria a Polônia. No devido tempo, no entanto, ele seria estendido aos Estados bálticos, ao norte, e à Ucrânia, ao leste. Henry Kissinger estava entre os que preferiam essa opção.

Mas – não por acaso – seu principal expoente foi outro polonista, o assessor de Carter para assuntos de Segurança Nacional, Zbigniew Brzezinski. Foram o vigor e a clareza de seus argumentos que acabaram levando a melhor. A expansão da Otan em direção à Europa Oriental, movimento que Bush havia prometido não fazer, foi abraçada pela administração Clinton e implementada pela obscura ex-pupila e assistente de Brzezinski no Conselho Nacional de Segurança, Madeleine Albright (apropriadamente de origem checa). Para entender o pensamento político por trás do avanço da Otan em direção à Bielo-Rússia e à Rutênia, basta ler o recente manifesto de Brzezinski, *The Grand Chessboard* [O grande tabuleiro de xadrez]. Ali são expostas, com franqueza impressionante, as fundações de um projeto norte-americano de longo prazo para a Europa. Com segurança e consistência, ele detalha aquilo que Garton Ash prefere não dizer, ou não confrontar. Não que o livro de Brzezinski possa ser tratado simplesmente como a verdade que a obra de Garton Ash deixa nas entrelinhas. Há pelo menos um elemento em seu arrazoado que seria de leitura dolorosa para este último. Mas, de maneira geral, ele dá o arcabouço do cenário esboçado em *History of the Present,* no mundo real.

Brzezinski começa lembrando que, hoje, "os Estados Unidos se mantêm supremos nos quatro domínios decisivos do poder global"[31]. Militarmente, não têm rival; economicamente, são a locomotiva do crescimento mundial; tecnologicamente, lideram em todas as áreas da inovação; culturalmente, têm apelo universal entre os jovens. O resultado é uma hegemonia global sem precedentes na história. Porém, se seu alcance é grande, sua profundidade é pequena sob certos aspectos, já que atingem espaços bem mais vastos do que qualquer outro império atingiu no passado, mas, ao contrário deles, não possuem um controle direto do território. Os Estados Unidos precisarão de imaginação e vigilância para preservar seu poder. *The Grand Chessboard* expõe os fatores necessários para que a primazia norte-americana se mantenha por mais meio século.

Nesse sentido, o campo de batalha será decisivo. "Para os EUA, o grande prêmio geopolítico é a Eurásia." Ali, onde estão localizados três quartos da população e dos recursos mundiais, pela primeira vez na história "um poder não eurasiano tem preeminência"[32]. Esse é o grande tabuleiro de xadrez em que os

---

[31] *The Grand Chessboard: American Primacy and its Geostrategic Imperatives* (Nova York, Basic Books, 1997), p. 24.
[32] Ibidem, p. 30.

Estados Unidos têm de jogar para ganhar, desde o oceano Atlântico até os oceanos Índico e Pacífico. Brzezinski tem muito a dizer sobre o Extremo Oriente, o Oriente Médio e a Ásia Central. Mas seu panorama começa resolutamente pelo Ocidente. "A Europa é a principal cabeça de ponte geopolítica dos EUA no continente eurasiano. Os interesses geoestratégicos dos EUA na Europa são enormes. Ao contrário dos laços dos EUA com o Japão, a Aliança Atlântica entrincheira o poder militar e a influência política dos norte-americanos diretamente no continente eurasiano."[33] Na própria Europa, há um mercado comum na metade oeste do continente, sem unidade política por ora, e sinais de declínio na vitalidade econômica.

Nessas condições, não totalmente salutares, "não existe uma Europa verdadeiramente 'europeia'". Brzezinski deduz as consequências sem eufemismos. "O fato cruel é que a Europa Ocidental e, cada vez mais, também a Europa Central continuam a ser, em larga medida, um protetorado dos EUA, em que os Estados aliados são reminiscência dos antigos vassalos e tributários".[34] No entanto, a unidade europeia deve ser encorajada pelos Estados Unidos, que têm de se comprometer de maneira construtiva com seus principais atores para guiar o processo numa direção mutuamente desejável. Esses atores – e aqui Garton Ash talvez franzisse o cenho – não incluem o Reino Unido. "A Grã-Bretanha não é um ator geoestratégico." Sem nutrir qualquer visão arrojada a respeito do futuro da Europa, apegando-se à ilusão de uma relação especial, o país perdeu sua relevância continental. "É o principal defensor dos EUA, um aliado muito confiável, uma base militar vital e um parceiro próximo em atividades de inteligência críticas. A amizade entre os dois países precisa ser alimentada, mas suas políticas não demandam atenção permanente."[35]

Em contraste, França e Alemanha – o eixo historicamente central da Comunidade Europeia – têm agendas ambiciosas para a Europa, derivadas respectivamente de um passado imperial e de um presente unificado, mas cujos rumos podem divergir cada vez mais daqui em diante. Dada a frieza dos franceses para com a primazia norte-americana, no curto prazo os Estados Unidos devem apoiar a liderança da Alemanha na União Europeia, trabalhando com ela por objetivos comuns, como a expansão da Otan. Mas no longo prazo, uma vez estabelecida uma estrutura de segurança adequada, deverão estar dispostos a

---

[33] Ibidem, p. 59.
[34] Idem.
[35] Ibidem, p. 42-3.

fazer concessões às sensibilidades francesas. Com o tempo, a França se tornará um parceiro útil para a Polônia para fazer contrapeso à Alemanha. Esses três Estados poderão então formar a espinha dorsal de uma Europa unificada no futuro[36]. Enquanto isso, com calma, os Estados Unidos devem dissuadir a Alemanha de se comprometer com a Rússia, atraindo-a para a expansão da Otan em direção a Riga e Kiev. Um mapa pode mostrar o poder combinado que França, Alemanha, Polônia e Ucrânia terão em 2010. Quanto à Rússia, o teste de suas credenciais democráticas será a aceitação de arranjos europeus desse tipo e o fim de suas últimas pretensões no Cáucaso e na Ásia Central. É provável, como Brzezinski especulou em outro texto, que ela ainda se divida em unidades mais fáceis de gerenciar.

Não é difícil discernir aspectos visionários nesse panorama. O próprio Brzezinski expressou reservas quanto ao futuro da Ucrânia, que pode ser reabsorvida pela Rússia se os Estados Unidos não conseguirem ancorá-la no Ocidente. Mas não é isso que mais impressiona. A retórica oficial na Europa e, em larga medida, também nos Estados Unidos – não só os comunicados grandiloquentes do G7, como também os editoriais devotos de colunistas bem-pensantes – não cansam de enfatizar a necessidade de tratar o patriotismo russo de maneira digna, sob pena de estimular uma reação revanchista contra o Ocidente, riscos inerentes à detenção de um arsenal nuclear e à urgência de conciliar a democracia incipiente do país. Há objeção mais temerária a esse coro de lugares-comuns do que a estratégia de jogo apresentada em *The Grand Chessboard*?

Contudo, seu cálculo foi o que se mostrou mais realista até agora. A prática vale mais do que qualquer teoria. Os Estados Unidos – com a Europa a reboque – levaram a Otan até as suas antigas fronteiras soviéticas, sem que Moscou tenha esboçado qualquer reação concreta. Desde então, a nova Otan desencadeou a primeira guerra do "pós-guerra" na Europa contra o último Estado supostamente próximo à Rússia e nem por isso enfrentou oposições sérias de Moscou (cujas admoestações terríveis ocuparam a imprensa ocidental leal) – ao contrário, em última análise, contou com sua colaboração voluntária, já que soldados e diplomatas russos se encarregaram de oferecer a folha de figueira com que Milošević poderia se render com certa decência. Uma mãozinha na Chechênia foi pouco em retribuição a tais serviços. Por entre a bruma da solicitude hipócrita, chegou-se a um julgamento claramente desdenhoso. As elites russas são tão corrompidas e incompetentes, desde a família do presidente até o menos im-

---

[36] Ibidem, p. 78.

portante dos deputados da Duma, que, independentemente do barulho que façam, na prática aceitam qualquer coisa que venha do Ocidente, desde que as torneiras do FMI [Fundo Monetário Internacional] não se fechem.

Quanto tempo isso vai durar, claro, é outro assunto. Os antecedentes não são bons indicadores nesse caso. No momento, essa é a realidade do continente, onde entidades derrisórias como a "Organização para a Segurança e a Cooperação da Europa" são apenas miragens. Na conclusão de *History of the Present*, Garton Ash expressa sua decepção com o atual estado de coisas – à semelhança de R. W. Seton-Watson, que depois do Tratado de Versalhes achou que sua causa ganhara a guerra, mas perdera a paz. "Seja qual for o seu nome", escreve ele, "essa não é a ordem que desejei"[37]. Entre os apegos à Guerra Fria e os impulsos humanitários há muito incompatíveis com eles, Garton Ash escolheu pôr a culpa em Bruxelas. Mas errou de endereço: o problema não está no edifício Carlos Magno, mas no bulevar Leopoldo. Suas últimas palavras conclamam os britânicos a "ver a Europa de maneira clara e em seu conjunto"[38]. Mas o conjunto é mais amplo do que parece aos seus olhos; e, para vê-lo, precisamos de um bilhete múltiplo de outra natureza.

1999

Postscriptum

Com a publicação de *Free World* [Mundo livre], seu livro mais recente, Garton Ash abriu seu campo de visão. Ninguém pode criticar esse trabalho, subintitulado "Why the Crisis of the West Reveals the Opportunity of Our Time" [Por que a crise do Ocidente revela a oportunidade de nossa época], com certa relutância acanhada em tratar da função dos Estados Unidos na Europa. A capa não poderia ser mais direta. Nela, duas peças de um quebra-cabeça esperam para ser encaixadas. Os Estados Unidos estendem um braço fraternal em direção ao braço esticado da União Europeia; por trás deles está a bandeira do Reino Unido, sustentando ambos os lados. A "oportunidade de nossa época" será aproveitada quando as duas peças se encaixarem perfeitamente. A "crise do Ocidente" é o intervalo infeliz que ainda os separa. *Free World* mostra como montar o quebra-cabeça.

---

[37] *HP*, cit., p. 412.
[38] Ibidem, p. 417.

Sob a imagem e o subtítulo, Václav Havel classifica o livro de "manifesto contundente pela expansão da liberdade e uma nova era da política mundial". Elogios pré-arranjados como esse – o tipo de livro que celebridades recomendam como se fosse a roupa esportiva da moda – tornaram-se característica tão marcante das publicações contemporâneas que talvez seja injusto apontar o dedo para o ex-presidente por causa desse em questão, por mais pomposo e vazio que seja. Contudo, há certa ironia aqui. O que precipitou *Free World* foi a Guerra do Iraque, uma expansão da liberdade apoiada de maneira efusiva por Havel, apesar de ter causado a desafortunada cizânia no Ocidente representada na capa. Quando escreveu esse livro, a primeira preocupação de Garton Ash foi mostrar que essa ideia de expansão da liberdade não tinha bases muito sólidas. Confrontadas com a ditadura do partido Baath em Bagdá, as potências ocidentais poderiam e deveriam ter formado uma frente comum. Mas, em vez de unidade, a falta de estadismo produziu quedas de braço no Conselho de Segurança e recriminações dentro da própria Aliança Atlântica. "A diplomacia da crise do Iraque em 2002-2003 foi um estudo de caso, de todos os lados, sobre como não governar o mundo", escreve ele[39]. Não questiona que o Ocidente governe o mundo e que por ora deve continuar a governá-lo. Mas as coisas podem desandar se o Ocidente não conseguir demonstrar um senso de propósito coletivo. Em *Free World*, Garton Ash toma o cuidado de não julgar a guerra em si, de modo a não perpetuar os atritos que tenta superar. No entanto, basta uma olhada na maneira como ele descreve os atores principais no recente *déboire* para não restar dúvida sobre quais grupos tiveram mais culpa pelos desentendimentos na Aliança Atlântica. Houve "o espetáculo sem precedentes da França tentando conquistar votos contra os Estados Unidos no Conselho de Segurança das Nações Unidas, numa questão de guerra e paz que os Estados Unidos consideravam vital para sua própria segurança nacional" e "o oportunismo político" de Schroeder, que permitiu "que até mesmo princípios básicos da política externa de uma nação fossem abandonados em nome de uma reeleição"[40]. Houve abandonos fundamentais de princípios. Em comparação, os erros grosseiros de Bush e a negligência de Blair podem ser considerados menos graves, ainda que também tenham contribuído para uma demonstração calamitosa de desunião ocidental.

---

[39] *Free World* (Londres, Penguin, 2004), p. 44. Citado daqui em diante como *FW*.
[40] Ibidem, p. 8 e 70.

No entanto, eles eram apenas um quarteto de políticos, capazes, como indivíduos, de aprender ou sair de cena. Se Blair, por exemplo, demonstrava "inexperiência casual", era porque, como tantos outros políticos democráticos, ele havia se especializado na técnica de conquistar o poder interno, mas era amador no exercício da política externa. Daí "ele ter de aprender na prática", o que "era difícil, apesar de ter assessores diplomáticos de primeira categoria à sua disposição no fim do corredor da sede do governo em Downing Street"[41]. Outro que teve de aprender na marra foi Bush, que por volta do outono de 2003 já havia amadurecido muito e passou a defender o multilateralismo, num "retorno à grande continuidade dos onze presidentes desde Roosevelt"[42]. Chirac e Schroeder, mais incorrigíveis, estavam de saída, e já se esperava por seus sucessores Sarkozy e Merkel, que seriam claramente preferíveis. Não se deve levar muito em consideração os incidentes diplomáticos em torno da derrubada de Saddam Hussein.

Mais preocupantes eram as tendências intelectuais que usaram a guerra no Iraque como um amplificador para dar a entender que havia grandes contrastes entre os Estados Unidos e a Europa. Essas tendências atraíram pensadores até então responsáveis, como Habermas, cujo manifesto em coautoria com Derrida, por ocasião dos protestos contra a guerra, propunha um conjunto de diferenças de valor que supostamente discernia a Europa dos Estados Unidos e seria capaz de formar a base de uma identidade europeia comum: secularismo, Estado de bem-estar, solidariedade social, rejeição da pena capital, limitação da soberania nacional. Tais esquemas levavam a crer que a Europa não era apenas diferente dos Estados Unidos, mas de certo modo melhor do que eles. Trata-se de uma ideia divisora, baseada numa falsa dicotomia. A Europa não é um simples modelo social ou político, mas um conjunto diversificado de comunidades, em que as características da vida local são muitas vezes mais próximas das normas norte-americanas do que daquelas dos países vizinhos, e estão muito longe de um padrão continental. Do mesmo modo, os Estados Unidos não oferecem um cenário homogêneo, e nem se assemelham às caricaturas em voga a seu respeito. A Inglaterra tem uma religião de Estado, coisa que os Estados Unidos não possuem; irlandeses e poloneses são patriotas mais ardorosos do que os norte-americanos; na Ucrânia e na Moldávia há tantas armas de fogo quanto no Kansas ou em Oklahoma; o gasto público com o Medicaid é pro-

---

[41] Ibidem, p. 43.
[42] Ibidem, p. 129.

porcionalmente superior ao gasto com o NHS*; imigrantes indianos preferem a receptividade do Vale do Silício à da Renânia. Os Estados Unidos e os vários países da Europa pertencem a uma família mais ampla de democracias liberais e demonstram muito mais semelhanças do que diferenças. Além disso, quaisquer diferenças que existam não podem ser generalizadas numa avaliação contrastante geral. Os Estados Unidos são melhores em alguns aspectos, a Europa, em outros. O que importa é que permaneçam unidos.

O unilateralismo da administração Bush, após os ataques de 11 de Setembro, pôs em risco essa união. O poderio militar superior levou à tentação de agir sozinho, primeiro no Afeganistão e depois, num acesso de soberba, no Iraque. Embora executados de maneira canhestra, os objetivos norte-americanos são ainda admiráveis, na melhor tradição wilsoniana de disseminação da democracia e dos direitos humanos. O perigo real não é o ativismo dos Estados Unidos, mas seu desengajamento em regiões conflituosas, "deixando o serviço pela metade" no Iraque e em outras partes do mundo[43]. Os Estados Unidos ainda são uma nação indispensável, que combina um poder militar, político, econômico e cultural ao qual a União Europeia não pode esperar igualar-se. A própria Comunidade Europeia nem sempre compreende isso. Garton Ash alerta para as ilusões do euro-gaullismo – a ideia de que a Europa poderia atuar como um poder independente dos Estados Unidos, ou mesmo como um potencial rival. Obviamente, o assento desse conceito perigoso é a França, mas ele goza de apoio mais amplo entre as elites europeias e é encorajado por noções como a de Habermas. O perigo é óbvio. "A linha divisória entre Europa como não EUA e Europa como anti-EUA", observa Garton Ash em tom sombrio, "não está claramente demarcada em nenhum mapa"[44]. Felizmente, em oposição a esse euro--gaullismo, existe um euroatlantismo mais saudável, representado não apenas pela opinião pública britânica, mas, acima de tudo, pelas novas democracias da Europa Central e Oriental, em particular a Polônia, cujos líderes eram "blairistas muito antes de Blair"[45].

Ideias ao estilo de Chirac, ou seja, uma superpotência europeia num mundo multipolar, estão fadadas ao fracasso. Mas se o euro-gaullismo é um "abrigo

---

* Medicaid e NHS (National Health Service) são os sistemas nacionais de saúde dos Estados Unidos e da Grã-Bretanha, respectivamente. (N. E.)
[43] Ibidem, p. 133.
[44] Ibidem, p. 64.
[45] Ibidem, p. 87.

do nada"[46], o euroatlantismo continua a ser um projeto para ser concretizado no século XXI. E, aqui, a função da Grã-Bretanha se torna crucial. Essa ilha de passado glorioso, portanto de características insulares, é também um ponto de encontro do mundo, cuja capital é hoje tão multirracial e multicultural quanto Nova York, se não mais. Ligado à Europa como membro da União Europeia, bem como por sua longa história, o Reino Unido é também o ancestral colonial dos Estados Unidos, a quem legou o idioma, as tradições legais e as ideias políticas fundadoras. Quem melhor do que esse "Janus de quatro cabeças" para unir os dois lados do Atlântico, ou mesmo o norte e o sul do planeta? "Essas ilhas são tudo, menos comuns; por cinco séculos, até as revoluções americana e francesa, nós fomos os pioneiros da liberdade no Ocidente", e ainda hoje, onde quer que os ocidentais tentem mudar as coisas para melhor, "os britânicos estão sempre entre os que moldam o mundo"[47].

Além disso, eles produziram um primeiro-ministro em sintonia com a época. A visão estratégica de Blair para uma união euroatlântica, e o que ela pode oferecer ao mundo, é o que o destaca de seus pares na Otan. Apenas ele, ao contrário de Bush, Chirac ou Schroeder, procurou evitar uma cisão desastrosa no Ocidente, conseguindo apoio à política dura dos Estados Unidos para o Iraque no Conselho de Segurança. Se esse resultado naufragou na intransigência franco-alemã e na indiferença norte-americana, a responsabilidade não é dele. Não que seu desempenho durante a crise, ou antes dela, tenha sido perfeito. Blair entendeu instintivamente que a própria natureza da Grã-Bretanha como país exigia a concórdia entre a Europa e os Estados Unidos, e manifestou-se com clareza e autoridade inigualáveis sobre o que os dois continentes poderiam realizar juntos. Mas ele estava inclinado demais a pintar o Reino Unido como uma ponte entre os Estados Unidos e a União Europeia, uma imagem com conotações exclusivas, ao contrário daquela da autoestrada inclusiva. E embora fosse um europeu convicto, no equilíbrio delicado do discurso e da diplomacia ele se inclinou demais na direção dos Estados Unidos, em detrimento da Europa. Isso, no entanto, deve-se menos a uma derrota pessoal, ou a uma maior intimidade com a anglosfera, do que às chantagens dos tabloides eurocéticos, aos quais, de certo modo, ele estava atrelado eleitoralmente. Mas sua visão básica permanece correta. Os interesses mundiais dos Estados Unidos e da Europa são os

---

[46] Ibidem, p. 93.
[47] Ibidem, p. 207-8.

mesmos. Juntos, eles podem fornecer os bens públicos globais de que o mundo mais necessita.

A segunda parte de *Free World* trata desse cenário mais amplo. O Ocidente está diante daquilo que Garton Ash descreve como os quatro "novos Exércitos Vermelhos": agitações no Oriente Próximo, ascensão da China no Extremo Oriente, pobreza no Sul e danos ao meio ambiente por toda parte. Mas, caso se refaça, o Ocidente descobrirá um terreno de oportunidades sem precedentes. A liberdade já está em marcha, mobilizando nada menos que 1 bilhão de cidadãos em Estados democráticos mundo afora, e a função do Ocidente deve ser ajudar em sua disseminação a todos os cantos do planeta. Para que a União Europeia possa cumprir seu papel nessa missão, Garton Ash afirma que ela deveria expandir-se para quarenta Estados, abarcando não apenas os Bálcãs meridionais e a Ucrânia, mas também a Turquia. Internamente, a economia precisa ser menos regulada, os imigrantes devem ser mais integrados e devem ser criados símbolos para unir os povos, como um hino que todos pudessem cantar. Caso uma proposta desse tipo fracasse, a alternativa pode ser um retorno à barbárie europeia, numa reafirmação da tendência para o mal que existe na própria natureza humana. Nos Estados Unidos há menos necessidade de mudança. Mas por respeito à sensibilidade alheia, eles deveriam agir como se tivessem menos poder do que de fato têm, e também aceitar a Europa como um corretivo benigno às suas prerrogativas executivas no mundo. Os norte-americanos também deveriam reduzir a emissão de dióxido de carbono.

Assim reformado e reunido, o Ocidente poderia enfrentar os atuais Exércitos Vermelhos. No Oriente Médio, onde a Europa tem responsabilidade especial em ações conjuntas com os Estados Unidos – porque é um "estrangeiro próximo" –, a tarefa é modernizar a democracia, secando o pântano que produz o terrorismo. Na tarefa necessária de polícia, pode-se fazer uma "divisão de trabalho entre o 'policial mole' europeu e o 'policial duro' norte-americano"[48]. Economicamente, a União Europeia tem o dever de criar uma área de livre comércio no Mediterrâneo, para auxiliar os Estados Unidos em sua estratégia de desenvolvimento para a região. Por razões geográficas e históricas, o Extremo Oriente é um rincão mais estritamente norte-americano, mas ali também os Estados Unidos e a União Europeia têm interesses iguais, e o poder econômico de ambos em conjunto pode ser usado para conduzir a China na direção da democracia. Quanto aos outros Exércitos Vermelhos, pobreza e risco ecológico,

---

[48] Ibidem, p. 154.

é necessária essencialmente uma "globalização com rosto humano" – mais ajuda e comércio mais livre. A Europa deve abolir a PAC [Política Agrícola Comum] e os Estados Unidos devem aceitar o protocolo de Kyoto. O estadista que incorpora o necessário espírito de generosidade prática e responsabilidade ambiental é o primeiro-ministro britânico. Digam o que disserem a respeito de sua preferência por Washington, em matéria de mudança climática ele tem sido "europeu até o último fio de cabelo"[49]. Garton Ash termina o livro conclamando o 1 bilhão de cidadãos das democracias atuais a cerrar fileiras em favor do programa esboçado por ele e a participar das discussões a respeito do tema em seu *site*.

Assim é *Free World*. Que relação ele tem com o trabalho anterior de Garton Ash? O aspecto que mais chama a atenção nesse livro é o salto temporal que ele dá. Nos anos 1980, quando se formou como um jovem guerreiro da Guerra Fria, a união dos Estados Unidos e da Europa Ocidental na luta contra o comunismo era inquestionável, a ponto de, ganha a guerra, os Estados Unidos servirem tão naturalmente como pano de fundo para "ver a Europa como um todo" que quase não são mencionados em *History of the Present*. Para uma sensibilidade política dessa qualidade, a irrupção de disputas em torno do Iraque deveria ser algo chocante, algo que exigisse uma ação reparadora para garantir que a Europa continue firmemente ancorada na Aliança Atlântica, e que esta seja reequipada para enfrentar quaisquer ameaças de fora da região que venham a ocorrer. Com esse intuito, Garton Ash oferece não apenas gestos de reparação, mas também propostas ambiciosas de rejuvenescimento. Estas, contudo, permanecem congeladas numa calota de gelo conceitual datada da Guerra Fria. O "Ocidente" – noção à qual ele dedica as primeiras páginas ardentes de seu livro – ainda é a origem e o horizonte absolutos da referência política contemporânea. Para além dele, haverá no futuro o empíreo de um "Mundo Livre" – que, explica ele, distingue-se de seu condescendente predecessor da época dos irmãos Dulles pela substituição crucial de um artigo definido por um indefinido. Que inimigos cuja ameaça poderia galvanizar o Ocidente em mais uma batalha vitoriosa? Reencarnações do Exército Vermelho – os T-52 dos pobres, os SAM-9 da camada de ozônio, os SS-20 dos jihadim e, aparentemente, os Sukhoi do crescimento chinês.

---

[49] Ibidem, p. 181.

A presunção não deve ser considerada mero truque de retórica jornalística. No centro do livro de Garton Ash há uma proposição que diz muito sobre o Mundo Livre imaginado pelo autor. O

> velho Ocidente, que se concentra no Atlântico e molda o mundo desde 1500, provavelmente não continuará nessa função por mais do que vinte anos. Essa é mais uma razão por que é tolice europeus e norte-americanos perderem tempo com discussões. De uma perspectiva histórica mais longa, essa pode ser nossa última chance de ditar as prioridades da política mundial.[50]

O recado é: a hegemonia do Ocidente deve prevalecer enquanto puder. No futuro previsível – já que, para além de vinte anos, pouca coisa pode ser prevista de maneira realista –, as linhas-mestras para a humanidade deverão ser determinadas por Washington e Bruxelas. Ou melhor, apressa-se a dizer, por todo o 1 bilhão de cidadãos livres, não apenas da América do Norte e da Europa, mas também do Japão e da Australásia, somados à população rica da Rússia, do Oriente Médio e da América Latina, que podem ser considerados membros honorários do Ocidente para os propósitos da "oportunidade de nossos tempos".

Que oportunidade é essa? Estender certo tipo de liberdade ao resto do mundo – democracia e prosperidade para todos. Há uma motivação decente nessa proposta, mas nem uma sombra de ironia autocrítica. A crescente boa vontade dos Estados democráticos, tal como avaliada e catalogada pela Casa da Liberdade em Washington, é a sinalização de um futuro auspicioso. A expansão da democracia como a conhecemos é a causa pela qual o Ocidente deve lutar mundo afora. Em nenhum momento passa pela cabeça de Garton Ash que talvez falte alguma coisa no modelo que ele pretende exportar. Que pouco mais da metade da população – com frequência, menos – vota nas eleições presidenciais dos Estados Unidos; que o custo de uma corrida ao senado, mesmo no menor estado norte-americano, chega a milhões; que o atual governo britânico foi legitimado por pouco mais de um quinto do eleitorado; que o comparecimento nas eleições para o Parlamento Europeu está diminuindo – todos esses fatos, num livro cheio de números sobre todos os outros assuntos, são relegados às masmorras. Um capítulo inteiro é dedicado à perspectiva de uma União Europeia estufada de quarenta membros, sem nem uma linha que explique como se garantirá o controle popular sobre essa desejável entidade. Nas últimas páginas do livro, Garton Ash finalmente se lembra de uma anomalia. "Um aspecto estranho dessa nossa era inigualável de democracia é que tantas pessoas se

---

[50] Ibidem, p. 192.

sentem tão desiludidas com a política convencional que nem se dão ao trabalho de votar"[51]. Não é o estranhamento que o detém. A ideia de que possa haver uma conexão entre a expansão desse tipo de democracia e a indiferença crescente das pessoas é algo que está além de sua compreensão.

A realidade é que a democracia se espalhou pelo mundo *pari passu* com a diminuição do leque de escolhas oferecido por ela. Uma vez que o mundo se torne seguro para o capitalismo – termo largamente banido de *Free World* –, eleições podem ser realizadas até na menos estável das sociedades. Sem alternativas às limitadas opções de políticas "amigas do mercado" à disposição, as manifestações de vontade popular serão bem menos perigosas do que na época de Mossadegh, Arbenz ou Allende. Caso haja algum risco de reversão, ainda assim o Ocidente pode garantir que os resultados sejam satisfatórios: ver o resgate de Yeltsin. Por inadvertência, a própria linguagem de Garton Ash revela a verdade da história. Ao descrever as maneiras como seu bilhão de cidadãos livres pode influenciar o resto da humanidade, ele diz com entusiasmo: "É um monte de gente, com um monte de dinheiro, um monte de votos e um monte de vozes"[52]. Essa é a sequência atualizada de atributos que importam no Mundo Livre. A imagem que lhe ocorre para invocar a possibilidade de um dia a democracia chegar à China deriva desse mesmo vocabulário: "o maior desembolso da história da liberdade" – dinheiro jorrando do caça-níquel. Mesmo quando pede mais ajuda e menos restrições ao comércio com o Sul, é o mesmo cálculo político que está em ação. Durante a Guerra Fria, explica ele, "a maioria de nós" acreditava que lutar contra "as ditaduras e as guerras causadas por elas" era prioritário; hoje, a frente de batalha mudou e devemos lutar contra "a pobreza extrema"[53]. Traduzindo: agora que o socialismo já era, podemos concentrar nossa atenção na miséria.

Não que a boa causa se restrinja ao uso da nossa riqueza econômica para promover a liberdade e distribuir caridade pelo mundo. Ainda precisamos usar a força para criar um mundo melhor. O Ocidente, insiste Garton Ash, precisa institucionalizar a doutrina das "guerras justas", que deu um grande passo desde o colapso do bloco soviético. Intervenções militares em todo o mundo ainda são necessárias, se não para derrubar ditaduras, ao menos onde Estados bárbaros cometem genocídio ou tentam adquirir armas de destruição em massa.

---

[51] Ibidem, p. 249.
[52] Ibidem, p. 194.
[53] Ibidem, p. 241.

Os dois critérios são justificavelmente restritivos. "O que caracteriza um genocídio é tema para sérios debates", ao passo que a maneira como "estabelecemos se há perigo real e presente" de armas de destruição em massa é "algo que todos nós temos de combater"[54]. Considerando que, segundo Garton Ash, houve genocídio em Kosovo – 5 mil dos 1,7 milhão de albaneses foram mortos –, o risco de que não se aceite a legitimidade de operações como a guerra travada pela Otan na Iugoslávia é baixo. Se é ilegal, ainda que perfeitamente legítima, a solução é mudar a lei internacional para dar a ações futuras desse gênero o selo da legalidade.

Com relação às armas de destruição em massa, quem pode culpar Blair por acreditar que elas existiam no Iraque? Suas intenções eram boas e, afinal, às vésperas da invasão, ele era o primeiro-ministro – "Ele tinha de decidir. Ele tinha de liderar". Se os dados em que baseou sua decisão estavam errados, a culpa não era dele, mas do funcionário que os forneceu[55]. Garton Ash duvidou desde o início da sensatez da invasão, mas sua oposição não era de princípios. Ele apenas temia que, no momento em que os tanques norte-americanos e britânicos avançassem, a guerra se revelasse "não grotesca e criminosamente infundada, mas prudente e politicamente infundada"[56]. Iniciada a guerra, ele rezou por seu sucesso e se preocupou sobretudo com uma retirada prematura dos Estados Unidos, um perigo do qual vem alertando desde então. Nesse momento, a Europa deveria marcar presença no rio Tigre, ao lado dos Estados Unidos. "No Iraque, onde não éramos obrigados a intervir, temos promessas a manter, e a Europa tem mais interesse nesse desfecho do que os Estados Unidos".[57]

Reações desse tipo à guerra no Iraque são típicas. Garton Ash pode alegar que previu as dificuldades da ocupação do Iraque antes dos outros, e lamenta o atoleiro que se criou por lá. Mas, assim como seus predecessores na época da Guerra do Vietnã, ele insiste em que se vá até o fim. Por trás do lugar-comum, porém, há uma cegueira – ou, antes, uma complacência – no centro de *Free World*. No fim do livro há uma série de mapas destinada a ilustrar graficamente a distribuição desigual da renda *per capita*, gastos com armamentos, popula-

---

[54] Ibidem, p. 243. Para mais informações sobre a necessidade de guerras justas, p. 184-5 e 221.
[55] Compare "In Defence of the Fence", *Guardian*, 6/2/2003, e "Scarlett Must Go", *Guardian*, 14/10/2004.
[56] "America on Probation", *Guardian*, 17/4/2003.
[57] *FW*, cit., p. 244. Já em abril de 2003, ele escrevia: "Muito se fala atualmente do novo império da América. Mas o grande perigo não é o imperialismo norte-americano, é a inconstância norte-americana" (*Guardian*, 17/4/2003).

ção, "valores" e liberdade no mundo. No entanto, de todos os mapas apresentados, o mais impressionante, porque assimétrico, é o que foi omitido: o mapa das bases militares dos Estados Unidos no mundo. As forças armadas norte-americanas estão acampadas atualmente em mais de cem países, bem mais do que na Guerra Fria. Essa rede imensa de violência em suspensão é a armadura que Garton Ash propõe com seu Mundo Livre aos 5 bilhões de infelizes que ainda não gozam de seus benefícios. Que ele não mencione esse fato nem uma única vez já basta para medir a qualidade da liberdade que ele oferece. O império das bases é a base silenciosa da liberdade humana que está por vir.

O autor de *Free World* mudou. A principal questão que se coloca no livro é como e por que essa mudança ocorreu. A razão mais imediata é o advento do novo trabalhismo na Grã-Bretanha. Nos anos 1980, quando escrevia sobre a Europa Oriental para o *Spectator*, Garton Ash fez parte de um grupo informal de intelectuais especializados em política externa ligado a Thatcher, cujo anticomunismo – não menos resoluto, porém mais alerta que o de Reagan – ele naturalmente admirava. Mas sem muita paixão pela política interna, além da crença na propriedade privada e no mercado como esteios da sociedade livre, ele não era um conservador leal. Além disso, nas ocasiões em que demonstrou sentimentos mais fortes, eles eram confusos em relação a Thatcher. Ela era certamente uma inimiga corajosa da União Soviética, mas lamentavelmente era também antieuropeia – a ponto de não aceitar muito bem a reunificação da Alemanha.

Quando Blair se preparava para assumir o poder, e Garton Ash foi convocado para uma reunião em Islington com outros acadêmicos e diplomatas bem-informados[58], ele estava mais do que disposto a oferecer seus conselhos. Depois que Blair assumiu, Garton Ash parece ter julgado que finalmente o país contava com um líder que combinava o pró-americanismo com o pró-europeísmo, duas condições para uma política externa britânica saudável em medida quase perfeita. "Tony Blair percebeu e expressou o interesse, o papel e o destino nacionais melhor do que qualquer um de seus predecessores. Ao estabelecer um rumo estratégico para a Grã-Bretanha no mundo, ele foi determinado, consistente e, algumas vezes, valente."[59] Se o impulso principal para escrever *Free World* veio da necessidade premente de reunir Europa e Estados Unidos, o motivo mais estrito – e original, diante dos fatos – parece ter sido o desejo de amparar a posi-

---

[58] Ver John Kampfner, *Blair's Wars* (Londres, Free Press, 2003), p. 10.
[59] *FW*, cit., p. 198-9.

ção de Blair na Grã-Bretanha, num momento difícil para o novo trabalhismo. Garton Ash considera estranho que, apesar de a política externa de Blair ser o único caminho sensato para o Reino Unido, "é a que tem menos representatividade na mídia britânica" – mídia essa que é dominada por uma imprensa eurocética, com eloquente exceção do *Financial Times* e do *Economist* (talvez por modéstia, ele omite o *Guardian*, onde veicula suas opiniões). *Free World* tenta remediar essa falta de apoio. Numa confissão que sugere a dimensão de sua identificação com o líder do país e entrega ingenuamente a lógica do livro, ele escreve: "Perguntar por que a ponte de Blair ruiu em 2003 é uma maneira de perguntar como aqueles que têm a mesma visão estratégica de parceria entre a Europa e os Estados Unidos vão poder se sair melhor no futuro"[60].

O tom de intimidade e entusiasmo misturados não é novo. Antes, no entanto, havia uma distância geográfica típica entre o admirador e os objetos de sua admiração irrestrita, gigantes como Kohl ou Wojtyla. Animar um regime em seu próprio país, semana após semana, é outra coisa: "Como disse Blair em seu magnífico pronunciamento na Câmara dos Comuns terça-feira..."; "Estou totalmente convencido de que a visão blairista de uma nova ordem pós-guerra para a política mundial é a melhor que existe..."; "Desde Churchill, nunca houve um líder britânico com tanto magnetismo do outro lado do canal..."; "Longa vida ao blairismo..."; "O blairismo é a resposta para os males da Europa..." – e assim por diante, *ad libitum*[61]. O jorro de frases é interrompido de tempos em tempos por fragmentos de críticas, símbolo de qualquer intelectual que se preze. Mas o estado de espírito é muito claro. Um dos sinais é o grau de imbecilidade a que Garton Ash é capaz de chegar nesse estado de arrebatamento. Defendendo um "compromisso histórico" entre a Grã-Bretanha e a França sob o signo do euroatlantismo de Blair, ele afirma que não só a Grã-Bretanha ocuparia a posição mais forte nesse arranjo – já que "os britânicos venceram", graças à "sucessão hegemônica desde o Império Britânico até os Estados Unidos" –, como também o próprio De Gaulle ficaria encantado[62].

Para completar e concluir *Free World*, temos a famosa declaração igualitária de Thomas Rainsborough, feita supostamente na igreja da Santa Virgem Maria

---

[60] Ibidem, p. 42. Mesmo no plano doméstico, essa é a fórmula certa. "Sendo tão íntimos da Europa e da América, temos a chance de ter o melhor de ambas. De muitas maneiras, é isso que o governo do novo trabalhismo tem tentado fazer" (p. 205).
[61] *Guardian*, 20/3/2003; 16/9/2004; 2/6/2005.
[62] *FW*, cit., p. 200-1.

durante os debates de Putney, de 1647, e apresentada no livro não só como expressão do espírito da empreitada de Garton Ash, mas também como *genius loci* exibido no alegre mosaico dos atrativos multiculturais de uma rua comercial – McDonald's, Benetton, Starbucks, Hot Wok Express estão entre os mencionados – e reencarnado, acima de tudo, no blairismo. "O projeto de Blair de ser uma ponte [entre os continentes] é, por assim dizer, Putney transformado em política."[63] Não é preciso dizer que Rainsborough nunca discursou na igreja citada, ao contrário de Garton Ash[64]. Por que alguém se surpreenderia com o fato de que um revolucionário republicano assassinado por monarquistas seja servido para consumo ideológico num caldo de Big Macs e United Colors, em nome de uma instituição da qual Tony Blair é admirador efusivo? Desde que Thatcher invocou são Francisco de Assis no umbral de Downing Street, nunca houve apropriação tão grotesca de uma figura histórica para fins de miscelânea política.

Tais momentos constituem um nadir especificamente britânico em *Free World*. Mas seria injusto julgar o livro simplesmente pela marca pegajosa do novo trabalhismo. Já estavam em ação inclinações de cunho mais pessoal. A atração que Garton Ash tem por poderosos simpáticos, sempre forte, intensificou-se com os anos. Nessa obra, somos conduzidos à presença de Bush na Casa Branca, Blair em Downing Street, Fischer na ex-Berlim Oriental, Havel no castelo Hradcany. Os epítetos que adornam esses políticos são consistentes. Já vimos muitos no caso de Blair, mas Garton Ash os distribui de maneira mais ampla. Bush, demonstrando simpática humildade – "o encontro serve para preparar o presidente, ainda novo no cargo, para sua primeira viagem à Europa" –, confessa "sarcasticamente" que ainda está aprendendo a função. Quando o presidente aprende alguma coisa, Garton Ash fica maravilhado com "a mudança extraordinária" para melhor que teve. Clinton faz uma "impressionante declaração de compromisso" com a Europa e "um discurso brilhante" na Convenção Democrata. "Numa conversa memorável" em uma mesa de café, Fischer diz "palavras sábias e maduras". Rumsfeld "pisca" para ele enquanto se dirigem a um banquete com Havel. Powell tem "um desempenho de chamar a atenção"

---

[63] Ibidem, p. 52.
[64] O debate de 29 de outubro de 1647, em que Rainsborough e outros discutiram com Ireton e Cromwell o *Acordo do povo*, dos *levellers*, foi realizado nas dependências do quartel-general do Exército. Naturalmente, 350 anos depois, a demanda dos *levellers* por uma constituição escrita, consolidando direitos fundamentais, continua irrealizada na "ilha incomum" celebrada por Garton Ash.

no Conselho de Segurança. A visão de Rice é "de tirar o fôlego de tão ambiciosa". Diante do problema de os valores ocidentais serem ou não valores universais, Garton Ash descobre a pedra filosofal. Que sábio a revelou? Ora, James Baker, que "ganhou o dia" com a hábil expressão "valores democráticos", quando Bush pai e Gorbachov, "subindo e descendo nos mares tempestuosos ao largo da ilha de Malta", quebravam a cabeça para encontrar a fórmula certa para encerrar a Guerra Fria. O tom predominante é: "Quando saí pela famosa porta do número 10 [de Downing Street], no tapete vermelho que havia sido estendido para o premiê da Sérvia, eu pensei..."[65].

Essa torrente de hipérboles e clichês poderia ser vista simplesmente como a linguagem natural de um vendedor da política. Faz par com as condecorações amorosamente enumeradas no *site* de Garton Ash: Prêmio "O que dizem os jornais", Placa Comemorativa Imre Nagy, Prêmio Hoffman von Fallersleben, Honra ao Mérito da Polônia, da República Checa e da Alemanha, Prêmio Nápoles, Membro da Distintíssima Ordem de São Miguel e São Jorge. Será que a Medalha da Liberdade está distante? Garton Ash já foi melhor do que essas vaidades. Tornou-se vítima do próprio sucesso e da causa a que serviu tão bem originalmente. O frescor da observação e o calor da simpatia que levava ao mundo então semiobscuro da dissidência leste-europeia, em suas aventuras como repórter, contavam em parte com um desafio juvenil à opinião convencional do Ocidente a respeito da *détente* – reivindicada quando se tornou a principal testemunha das revoluções populares contra a revolução. Obviamente, ele não estava sozinho, na medida em que Thatcher estava no poder, mas de início ele também não partilhava a opinião pública dominante na Europa. No entanto, quando a vitória total na Guerra Fria foi seguida de uma consolidação da ordem neoliberal no mundo avançado e em boa parte do mundo em desenvolvimento, para não falar de seus países prediletos na Europa Oriental, aquilo que ele defendia, como uma espécie de dissidente ocidental, tornou-se uma sabedoria convencional universal, o que em geral significa a sentença de morte de uma ideia. Mas em vez de questionar seus pressupostos, Garton Ash mergulhou ainda mais neles. A tentativa de projetar suas convicções formadoras, da Europa do Leste para o planeta como um todo, sem a experiência direta que lhes dera origem, levou simplesmente à inane ideia dos novos Exércitos Vermelhos. O mundo pós-Guerra Fria não pode ser tratado dessa maneira analógica. A tentativa de inverter o relógio mental resultou num livro que, do ponto de vista

---

[65] *FW*, p. 93, 129, 112 e 237; *Guardian*, 28/11/2002, 6/2/2003, 20/1/2005, 10/2/2005.

intelectual, apenas ocasionalmente se eleva acima da presunção e do enaltecimento. Sem quase nenhum contato com movimentos de base semelhantes aos que um dia o fortaleceram, seu universo reduziu-se pouco a pouco às plateias cordiais formadas por um punhado de políticos sem importância.

Mudanças nas ocupações tiveram parte nessa transformação. O repórter *free-lance* tornou-se colunista de vários órgãos de imprensa e pilar de duas instituições acadêmicas, ligadas intimamente ao *establishment* diplomático de seus respectivos países, primeiro o St. Antony's, em Oxford, e agora – o elemento de *translatio imperii* torna-se patente – o Hoover Institute, dedicado à luta contra o comunismo desde o início, nos anos 1930. Em larga medida – não completamente, por causa de Blair –, *Free World* é a visão de Palo Alto. Dessas novas funções, contudo, a mais significativa é a primeira. As exigências implacáveis de uma coluna de jornal sempre ameaçam expor as fraquezas do escritor. O palanque de Garton Ash no *Guardian*, largamente utilizado para vender o livro, não tem sido apenas um veículo de sua fidelidade política atual. De forma desastrosa, ele realçou e acentuou a superficialidade de seus textos mesmo em seus melhores momentos, o pendor para as frases engraçadinhas e a surdez para o lugar-comum e o *poshlost* [mau gosto]. Esta é a descrição que ele faz de um conclave orquestrado por Havel, em Praga:

> O tema agora eram seus colegas presidentes, e se ficariam para ouvir o impressionante hino à liberdade que combinava a "Ode à alegria", de Beethoven, com a Marselhesa e "Power to the People", de John Lennon, especialmente encomendado por ele para a cúpula da Otan – e para sua própria despedida... Tomamos lugar no Centro de Conferências, de onde podíamos admirar o castelo do outro lado do rio, iluminado, imponente e gracioso, dominando a cidade mais linda da Europa Central. Mas naquela noite, no ponto mais alto do castelo, havia um enorme coração de neon grená pulsando lentamente. O coração é o símbolo de Havel – ele o desenha ao lado de sua assinatura nas cartas para os amigos – e esse é um gesto de adeus. Alguns checos reclamam que é *kitsch* e indigno, especialmente porque o coração de neon vermelho, na Checoslováquia, é placa de bordel. Mas Havel não se importa, e acho que ele tem razão. Em contraste com o céu noturno, o coração parece mágico.[66]

Orlando no Vltava.

Ou ainda, em tom semelhante, eis como ele conclui o capítulo sobre a Grã-Bretanha:

> Devemos ter uma estratégia nacional que seja totalmente engajada com o mundo, em todas as frentes. A tarefa é desafiadora, mas, com sorte e os aliados certos, não

---

[66] *Guardian*, 31/1/2003.

é impossível – como a promessa de Churchill, em 1940, de que venceríamos. Naquele mesmo ano, Orwell concluiu *The Lion and the Unicorn* [O leão e o unicórnio]* com estas palavras: Acredito na Inglaterra e acredito que avançaremos'. Nós ainda podemos. O único obstáculo somos nós mesmos.[67]

Há sátira capaz de superar afirmação tão insípida e pomposa? No fim do livro, somos informados: "A receita para a felicidade humana é misteriosa e não pode ser comprada no Wal-Mart"[68]. Escrito por um professor de história europeia de Oxford.

Le style, c'est l'homme [O estilo é o homem] não é uma máxima infalível. Há muitas variações entre eles. Mas nesse caso o estilo de *Free World* é o veredito correto sobre o conteúdo. Flaubert teria se atirado nele com deleite, como um incomparável *Dicionário de idéias feitas*** dos nossos dias. A obra não tem uma idéia que não possa ser encontrada, em qualquer dia da semana, nos editoriais da grande imprensa ocidental – *Financial Times, Guardian, Die Zeit, International Herald Tribune, La Repubblica, New York Times, Economist, El País* e demais. O que o livro oferece, de fato, é um compêndio de opiniões convencionais incessantemente repetidas nesse universo, apenas temperadas com especial parcialidade para com Blair e ufanismo britânico. Sem compreender de fato o que diz, Garton Ash deixa essas coisas escaparem. A seu ver, com a deposição de Saddam,

> o coro de vozes norte-americanas e europeias que exigem "reparação", "renovação" e "renascimento" da relação transatlântica subiu para o *fortissimo* do último movimento da *Nona Sinfonia* de Beethoven. Não houve nem um dia sem pelo menos uma coluna, uma carta aberta, um discurso, uma conferência, uma oficina, uma reunião de *think-tank* ou grupo eminente ou força-tarefa dedicada a unir mais uma vez o Ocidente. Muitas vezes, esses encontros ou iniciativas foram financiados por uma empresa norte-americana controlada por alemães, ou uma empresa britânica de propriedade norte-americana, ou uma das centenas de outras companhias com interesses diretos na economia transatlântica. A comunidade atlântica, que se desenvolveu ao longo de mais de sessenta anos – e num sentido mais amplo, porém mais fraco, ao longo dos últimos quatrocentos anos –, defendeu-se tal como um corpo humano lutando contra um vírus.

Ouvir esse "coro de espíritos irmanados de ambos os lados do Atlântico", que vinha com ele "contestando a estupidez de Europa e América discutirem

---

*   Londres, Penguin, 1982. (N. E.)
[67] *FW*, cit., p. 208.
[68] Ibidem, p. 247.
** São Paulo, Nova Alexandria, 1995. (N. E.)

enquanto o mundo pega fogo", foi "bastante animador"[69]. Nenhum escritor político deve aspirar a ser original, explica ele. Isso é para poetas e romancistas. O que importa é saber quantas pessoas estão dizendo a mesma coisa que você e, então, multiplicá-las.

Como credo do conformismo, essa obra tem o mérito da franqueza. *Free World* repete incansavelmente o recado de que "uma Europa que gosta da ideia da América é uma Europa melhor", bem como "uma América que gosta da ideia de uma nova Europa apoia, por sua vez, outra versão de si". Ou ainda na frase "impactante" de Thomas Friedman, que Garton Ash cita com aprovação: "Eu apoio uma Europa unida, porque acredito que dois Estados Unidos são melhores do que um"[70]. De fato. O Garton Ash de hoje corre o risco de se tornar uma versão pálida de seu equivalente norte-americano, menos rude e truculento, mas também menos iconoclástico e direto. Ele tem pouco apetite para as verdades brutais apreciadas por Friedman. Onde o estilo do americano é *épater*, o instinto do inglês é *adoucir*, para usar os termos do Foreign Office britânico. Garton Ash refutou certa vez, e com indignação, que pudesse se identificar com outro norte-americano de fala direta, Zbigniew Brzezinski[71]. Mais tarde, explicou que sempre considerou Brzezinski um homem "lúcido, incisivo, ousado e estimulante", e que ficara numa posição difícil por ter de discordar de sua "análise e suas recomendações de políticas, em especial a respeito da Otan e da ampliação da União Europeia"[72]. Mas um ponto ainda estava atravessado em sua garganta. Brzezinski não deveria dizer que a Europa é um protetorado militar dos Estados Unidos. Suas palavras foram não apenas imprecisas, como também "inúteis". O adjetivo diz tudo: um eufemismo para proteger eufemismos, surgido das catacumbas do serviço público.

2005

---

[69] Ibidem, p. 127 e 250.
[70] Ibidem, p. 232.
[71] *London Review of Books*, 3/12/1999, em resposta às observações feitas acima sobre *The History of the Present*, cit.
[72] Simpósio sobre "Living with a New Europe", *The National Interest*, 2001, p. 32.

II
Filosofia

4
Criar o consenso:
JOHN RAWLS

Nenhuma obra de filosofia política moderna, em qualquer língua, gerou tamanho fluxo de comentários eruditos quanto *Uma teoria da justiça**, de John Rawls. Depois de vinte anos de fluxo ininterrupto de comentários críticos, o novo livro de Rawls é apresentado como a correção do original, à luz da discussão que ensejou. *Liberalismo político* oferece evidência abundante – até mesmo superabundante – da cuidadosa resposta à recepção de *Uma teoria da justiça* numa floresta de notas de rodapé a diferentes leituras. Mas toda essa atenção se mostra seletiva, e o resultado é desconcertante. A prístina teoria de Rawls propõe dois princípios fundamentais de justiça. Primeiro: direitos políticos e liberdades iguais para todos; e segundo: apenas aquelas desigualdades econômicas ou sociais que são compatíveis com oportunidades iguais, e que concedam maior benefício para os menos abastados. Esses princípios, segundo Rawls, seriam certamente os escolhidos por nós se nos imaginássemos a decidir a forma de uma sociedade justa a partir do ponto de vista hipotético de uma "posição original", sem o conhecimento de qual seria a nossa participação nela. Em torno desse núcleo doutrinário, concebido como uma variante atualizada do construtivismo kantiano para superar todas as formas posteriores de cálculo utilitarista, Rawls desenvolveu um imponente edifício intelectual, culminando em reflexões éticas de nobre alcance.

Da imensa literatura propiciada por essa construção, quais seriam as objeções mais férteis? Quatro se apresentam como as mais significativas. Primeira: a ideia da posição original foi muito condenada por sua circularidade. Para colocar as partes reunidas na posição original, a fim de produzir os princípios da justiça,

---

* São Paulo, Martins Fontes, 2000. (N. E.)

Rawls foi obrigado sub-repticiamente a lhes conceder as simpatias que somente os próprios princípios poderiam induzir. O círculo lógico trai o *petitio principi* histórico. Com efeito, longe de ser uma condição original, como o estado natural proposto em teorias anteriores do contrato social, a posição de Rawls dá origem a pressupostos que só seriam possíveis no capitalismo industrial avançado. O "véu de ignorância" que cobre seus atores é excessivamente diáfano: à sua frente está a paisagem conhecida de uma moral estabelecida – ainda que não praticada. Entre os sinais mais óbvios do contexto restritivo da teoria de Rawls está o ordenamento "léxico" dos princípios de justiça em si, objetos da segunda crítica mais comum. Por que liberdades iguais deveriam ter sempre prioridade sobre suficiências iguais? A subsistência material é condição de existência jurídica, e suas exigências para a maior parte da experiência humana têm sido insuperáveis.

Nos países capitalistas avançados de hoje, as alegações de necessidade absoluta são mais raras do que as de privação relativa. Seria a fórmula de Rawls adequada para atendê-las? O "princípio da diferença" – que assegura apenas as desigualdades que geram benefício máximo para os mais carentes – é a mais memorável das teses de *Uma teoria da justiça*. Mas o que ela realmente significa? A enorme ambiguidade da teoria da justiça rawlsiana está precisamente nesse ponto. Seria o princípio da diferença uma convocação para uma redistribuição de renda quase socialista – uma vez que, conforme uma leitura, parte tão pequena das gritantes disparidades que nos envolvem contribui para o bem-estar dos pobres? Ou seria ele, conforme outra leitura, apenas uma defesa sensata da operação normal do capitalismo – cujo crescimento constante de produtividade, que aumentou os padrões gerais de vida, exige exatamente as estruturas de incentivo, testadas e julgadas pela experiência, que temos hoje? Para entender completamente a profundidade da indeterminação no âmago da construção de Rawls, basta notar que ela é aplaudida, em um extremo, por John Roemer, à esquerda, e, no outro, por Friedrich von Hayek à direita, cada um deles afirmando que sua própria mensagem coincide com a de Rawls[1]. É evidente que os dois não podem estar certos simultaneamente. Mas a *Teoria* de Rawls, na qual a legitimidade do socialismo é defendida numa página, e a sociedade americana considerada "quase justa" na seguinte, abre espaço para as duas opiniões. Pode-se dizer que, no âmbito da sua estrutura, o princípio da diferença é politicamente irrelevante.

---

[1] Compare Hayek, *Law, Legislation and Liberty*, cit., v. II: "The mirage of solid Justice", p. xx, 100, 185, com Roener, *A Future Socialism* (Cambridge, Cambridge University Press, 1994), p. 26-7.

Os problemas de justiça concebidos em escala internacional estão completamente fora dessa estrutura. A última das principais críticas à obra de Rawls foi sempre o anacronismo de suas premissas territoriais. Não somente o Ocidente, mas a nação-Estado, formava a fronteira de sua imaginação.

Depois de vinte anos, o que Rawls tem a dizer a respeito dessas questões? Em geral, muito pouco. A ideia da posição original, reitera ele, é um artifício de representação – e seu resultado é, assim, "hipotético e não histórico". Mesmo assim, os ocupantes dessa posição devem levar em conta "as exigências organizacionais e a eficiência econômica" – em outras palavras, devem ter internalizado os imperativos do capitalismo moderno ("assim não é razoável parar na divisão igual") de um tipo eminentemente histórico[2]. Em compensação, a prioridade da liberdade cívica sobre a igualdade social, Rawls agora admite, "não é necessária em todas as ocasiões", mas presume "circunstâncias razoavelmente favoráveis" de prosperidade e alfabetização[3]. Entretanto, o princípio da liberdade "pode facilmente ser precedido pelo princípio lexicamente superior de que as necessidades básicas dos cidadãos, sejam atendidas" – aparentemente sem necessidade de ajustes adicionais a esse esquema[4]. O que dizer então do princípio da diferença? Ao contrário do princípio da liberdade, este é inadequado para codificação constitucional, pois sua interpretação é quase sempre contestável, baseada que é em "complicadas inferências e julgamentos intuitivos que exigem de nós uma avaliação de informações sociais e econômicas complexas sobre tópicos mal compreendidos"[5]. É isso que o leitor recebe – efetivamente, um aviso de entrada proibida para os curiosos. O tratamento das relações internacionais é ainda mais resumido. Elas não passam de "problemas de extensão", que Rawls deixa de lado para se concentrar na "questão fundamental da justiça política"[6].

Liberalismo político, em outras palavras, evita ou ignora todas as dificuldades clássicas levantadas por *Uma teoria da justiça*. Prefere tratar de uma não tão óbvia. Na obra original, Rawls argumentava que a realização estável do princípio da justiça exigia uma sociedade bem ordenada, em que os cidadãos tinham em comum uma certa perspectiva moral – um sentido do que é bom para

---

[2] *Political Liberalism* (Nova York, 1993), p. 24 e 281-2. [Ed. bras.: *Liberalismo político*, São Paulo, Ática, 1999.] Citado daqui em diante como *PL*.
[3] Ibidem, p. 297.
[4] Ibidem, p. 7.
[5] Ibidem, p. 229-30.
[6] Ibidem, p. 20-1.

complementar o sentido do que é direito. O terço final do livro, sob o título "Ends" [Fins], explora a forma assumida por essa visão. Essa conclusão estava errada, decidiu Rawls, pois significava "uma doutrina filosófica abrangente" cujo efeito não era, como ele antes havia acreditado, o fortalecimento dos princípios de justiça, mas uma ameaça a eles. Qual a razão dessa afirmação? Porque, segundo ele, numa sociedade moderna sempre haverá uma variedade de doutrinas abrangentes que são razoáveis, ainda que incompatíveis. Qualquer tentativa de fazer de uma delas a base da razão pública deverá, portanto, ser divisionista e sectária – um projeto que só poderia ter sucesso pelo uso intolerante do poder do Estado, o que cancelaria exatamente o primeiro princípio de justiça.

A solução está no título do novo livro. O que sugere a fórmula *Liberalismo político*? O antônimo de político não é aqui – como poderia ter sido antes – "econômico", um liberalismo que nunca é mencionado nessas páginas, mas "metafísico". Com esse termo Rawls se refere aos valores maiores ensinados por Kant ou Mill, e esboçados em espírito em *Uma teoria da justiça*. Em sentido estrito, o novo livro de Rawls não é um desenvolvimento da obra anterior: é uma amputação dela. A proposta de *Liberalismo político* é uma renúncia intelectual, em vez de uma adição substantiva. Para Rawls, isso não significa uma perda real. Ele acredita que sua teoria básica se torna mais forte com esse sacrifício. Pois, na nova versão, os princípios de justiça exigem apenas um frouxo "consenso abrangente" entre as várias doutrinas em debate na sociedade, e não um sentido mais profundo dos fins últimos partilhados por todos os cidadãos. O objetivo mais modesto é um ganho em realismo, bem como uma barreira contra a tentação.

Seria essa mudança de ideia assim tão persuasiva? Não é difícil de resistir a ela. Contrariamente às suas esperanças, a nova construção de Rawls é mais frágil do que a anterior. *Uma teoria da justiça* pressupunha um tempo histórico e um espaço nacional, mas se afastava dos dois para gerar princípios ostensivamente atemporais. *Liberalismo político* introduz a história e a sociologia diretamente na estrutura justificadora, mas de uma forma que expõe, em vez de sanar, a contradição original. Pois todo o livro depende da tese de que uma pluralidade de doutrinas abrangentes incompatíveis – ainda que razoáveis – é uma característica permanente das sociedades modernas. Mas Rawls parece considerar tão óbvia essa afirmação que se exime de oferecer evidências para corroborá-la. Ele se limita a aludir aos conflitos religiosos dos séculos XVI e XVII, e a notar o aumento da tolerância que se seguiu a eles, e então concluir que, mesmo assim, existe o "fato de ainda persistir a divisão religiosa"[7]. Dado o incansável avanço da secularização em todas as sociedades europeias modernas, o destino das crenças sobrenaturais depõe contra a premissa de Rawls, não a favor dela. Talvez o anacronismo americano nesse ponto o tenha enganado. O mais provável, entretanto, seria uma certa inocência filosófica. O grande corpo de teoria social, de vários pontos de vista diferentes, que insiste em ser a crescente homogeneização cultural uma tendência histórica – e que inclui nomes tão diversos quanto Kant e Hegel até Parsons e Gellner, para não falar de Bell ou Fukuyama, e tantos outros –, mal parece ter sido computado. A questão não é que essa tradição de pensamento esteja necessariamente correta, mas a necessidade de evidências e argumentos históricos sérios para provar que ela está errada. E para esse fim, é fútil o apelo à sobrevivência teológica.

Estar-se-ia sendo injusto com Rawls ao atribuir todo esse peso a essa ilustração? Seria bom pensar que sim. Mas os outros exemplos de pluralismo doutrinário que levaram à revisão de sua teoria sugerem o contrário. Quais são as doutrinas compreensivas cujo conflito desautoriza as conclusões de *Uma teoria da justiça*? No seu "caso modelo", elas se reduzem a um protestantismo tolerante, no espírito de Locke, e "doutrinas morais liberais, tais como as de Kant ou Mill" – que em outras obras foram catalogadas na oposição entre a "filosofia moral de Kant" e "o utilitarismo de Bentham e de Sidgwick"[8]. Basta considerar essa lista para ver a fragilidade da alegação de grandes incompatibilidades. O tipo de calvinismo de Locke, que nem chegou a gerar uma seita, há muito foi esquecido. Quem imagina que o imperativo de Kant seja uma inspiração cívica significativa? Onde se respeita o cálculo de Bentham? Quantas pessoas ainda se lembram do nome de Sidgwick? A realidade é que as doutrinas filosóficas *abrangentes* da espécie que provocou o arrependimento de Rawls desapareceram quase por completo da cena contemporânea. Sua própria retratação é apenas mais um exemplo do processo que ele não percebeu, e que solapa suas fundações. Alguém poderia dizer que a história que ele admitiu na sua teoria, tal como o ar que penetra um túmulo selado, tende a desintegrá-la, não a preservá-la. De fato, as únicas candidatas ao papel de visões abrangentes são religiosas; e para dar força à ideia de um consenso como o apoio necessário para os princípios de justiça, Rawls é forçado – mesmo que não sem um tremor de compunção – a declarar que todas as grandes religiões são doutrinas "razoá-

---

[7] Ibidem, p. xxiv.
[8] Ibidem, p. 145 e 169.

veis" capazes de aceitá-los[9]. Aqui, a distância se torna absoluta: é como se o dever do filósofo não fosse a interpretação nem a mudança do mundo, mas apenas mudar as interpretações dele.

Paradoxalmente, entretanto, o próprio Rawls é incapaz de se colocar à altura de suas próprias determinações autolimitadoras. Pois o liberalismo político, que, supõe-se, exclui a visão metafísica, se apoia, de acordo com ele, numa "concepção da pessoa" que é uma espécie bastante tradicional de constructo ontológico. Trata-se de uma figura dotada de "dois poderes morais" (e somente dois): a capacidade de ter um sentido de "justiça" como aquilo que é "razoável" e de ter uma ideia do que é "bom" como o que é "racional", que juntas tornam possível uma sociedade que se concebe como "cooperação justa"[10]. E onde Rawls encontra esta pessoa? Ele confessa: "em nenhuma descrição da natureza humana oferecida pela ciência natural ou pela teoria social". Ao contrário, trata-se de uma "concepção normativa"[11]. Então, de onde vêm as normas? Não vêm de nenhuma doutrina filosófica compreensiva, mas das "verdades simples hoje amplamente aceitas ou disponíveis aos cidadãos em geral"[12]. O que garante essas verdades? Elas são as "concepções da pessoa e da cooperação social que têm a maior probabilidade de serem aceitas pela cultura pública de uma sociedade democrática"[13]. Em outras palavras, onde as antigas doutrinas fundavam suas ideias de identidade ou de valor em argumentos orientados por princípios, a nova orientação apela apenas ao *status quo* de nossa cultura democrática – ou o que se apresenta como tal. Na verdade, é claro, a maioria dos cidadãos consideraria divertida essa pequena lista de seus poderes morais, que é, em essência, um resíduo do que foi antes uma visão ética coerente, como um dos fragmentos isolados de *Depois da virtude**. Afastados de seu lar metafísico, são agora inadequadamente abrigados na opinião pública, que não os aceita.

Entretanto, além dessa ficção de domicílio, o movimento de Rawls tem um efeito mais sério. O que era uma circularidade latente e sutil em *Uma teoria da justiça* transforma-se em outra grosseira e explícita em *Liberalismo político*. Pois Rawls apela simultaneamente ao aspecto natural de uma sociedade democrá-

---

[9] Ibidem, p. 170.
[10] Ibidem, p. 19.
[11] Ibidem, p. 18.
[12] Ibidem, p. 225.
[13] Ibidem, p. 339.
* Alasdair MacIntyre, *Depois da virtude* (Bauru, Edusc, 2001). (N. E.)

tica para fundamentar sua concepção da pessoa, e à sua concepção da pessoa para fundamentar a estrutura de uma sociedade democrática. O que valida a doutrina dos dois poderes morais é o fato de ela "se ajustar" a uma sociedade em que a justiça é entendida como equidade; e o que valida a justiça como equidade, com sua relação de princípios fundamentais e bens primários, é o fato de ela proteger o exercício dos dois poderes morais. A ideia atenuada de uma pessoa é o fundamento teórico de uma constituição desejável que determina o significado de "bens primários" antes de todas as exigências da vida social[14] – mas, ainda assim, não passa de um reflexo ideológico da cultura que deve gerar. Num círculo vicioso, acordos públicos são deduzidos de capacidades pessoais, que são definidas como as que se ajustam aos acordos públicos.

O que se discute aqui não se limita ao erro lógico. O que a estrutura da argumentação de Rawls indica é uma característica mais fundamental de seu pensamento. Estamos num mundo anfíbio, que contém o mínimo necessário da terra de referência social real para fugir das águas profundas da primeira filosofia (em termos gerais, o gesto é o seguinte: partimos de onde estamos – ou seja, o país de Clinton e Bush), e navegamos com cuidado nas águas da abstração para evitar contato com o terreno da mudança política real (por exemplo, o que aconteceu nos Estados Unidos desde a década de 1970). O resultado é uma espécie de cabotagem política, uma crítica da sociedade existente que nervosamente jamais se afasta de suas praias. Os leitores de Rawls poderiam perguntar: onde, nos Estados Unidos, está a verdadeira justiça, a que corresponde ao constructo ideal que ele nos oferece, se ela se baseia nas "verdades simples amplamente aceitas pelos cidadãos"?[15] A pergunta não tem resposta. *Liberalismo político* não cita nenhuma ordem contemporânea como sendo "quase justa", mas prefere falar de "uma sociedade democrática moderadamente bem governada"[16]. A polarização social dos últimos vinte anos parece não ter ocorrido. Em todo o livro, o único nome de lugar pertencente à geografia dos Estados Unidos atual é Malibu. A miséria e o desespero, a ganância e a violência da cena urbana diária passam longe. Os infernos sociais da *Cidade de quartzo** parecem estar em outro planeta.

As preocupações de Rawls voltam-se para outra direção. Ele observa, de passagem, que a tendência dos mercados é a de "a justiça oculta ser erodida

---

[14] Ibidem, p. 308.
[15] Ibidem, p. 225.
[16] Ibidem, p. 347-8.
* Ver, a este respeito, Mike Davis, *Cidade de quartzo* (São Paulo, Boitempo, 2009). (N. E.)

quando os indivíduos agem francamente"[17], sem oferecer explicação desse processo, e aprova o princípio da redistribuição fiscal. Mas as "desigualdades sociais e econômicas nas perspectivas de vida dos cidadãos, dependendo de suas origens sociais", são "inevitáveis, ou melhor, necessárias e altamente vantajosas na manutenção da cooperação social"[18]. Até que ponto o princípio da diferença teria capacidade de mitigar essas desigualdades é uma questão por demais técnica e infraconstitucional para deter o leitor. O estado das "liberdades básicas" que têm prioridade no sistema de justiça merece uma atenção intensa. Rawls lhe dedica as duas seções mais interessantes do livro. As questões que ele isola para discussão crítica são o direito de palavra e o financiamento de campanha. Segundo ele, o primeiro não pode ser limitado em nome da proteção da Constituição contra doutrinas revolucionárias, justificada pelo fato de elas representarem um perigo claro e presente à ordem legal – só se permitiriam restrições ao direito de palavra em casos de crises constitucionais generalizadas, que devem ser evitadas de início por uma democracia bem governada. Portanto, o "livre uso público de nossa razão em questões de justiça política e social nos parece absoluto"[19]. O sentimento é admirável, mas os argumentos usados para justificá-lo são, em geral, surpreendentemente fracos. Rawls está tão comprometido com sua conclusão que insiste – desafiando o óbvio – que a Primeira Emenda não poderia ser constitucionalmente revogada, pois, independentemente do que decidisse o Congresso ou a Suprema Corte, ela "já está validada por uma longa prática histórica"; declara até mesmo que a lei de sedição é retroativamente inconstitucional, independentemente de sua validade à época, porque "ela foi julgada pelo tribunal da história e declarada insatisfatória"[20]. Não são o que se poderia chamar de razões kantianas, mas são coerentes com uma nova tendência de encontrar justificativas *ad hoc* para os objetos da simpatia de Rawls, sempre que estejam em desacordo com a lógica de sua teoria. A religião protestante é manifestamente uma doutrina compreensiva do tipo que *Liberalismo político* exclui de papel legítimo no discurso da razão pública. Entretanto, Martin Luther King conseguiu ser aceito, pois seus apelos bíblicos "apoiavam integralmente os valores constitucionais" – assim como Abraham Lincoln, pela razão contrária de que sua religião não "interferia na essência da Constituição"[21].

---

[17] Ibidem, p. 267.
[18] Ibidem, p. 270.
[19] Ibidem, p. 355.
[20] Ibidem, p. 239 e 343.
[21] Ibidem, p. 250 e 254.

Não há dúvida de que o mesmo raciocínio se aplica à convocação à oração de George Bush, em 1991, no instante em que os bombardeiros partiam para Bagdá, mas é pouco provável que Rawls o faça.

O direito de palavra não está hoje sendo ameaçado nos Estados Unidos. Por outro lado, eleições justas estão praticamente fora de alcance. O reconhecimento por Rawls da extensão em que são negadas pelo poder do dinheiro é o único movimento radical de *Liberalismo político*, em que ele não recua, mas avança em relação a *Uma teoria da justiça*. Igualdade de liberdades políticas, Rawls enfatiza, não é suficiente – elas têm de ter o mesmo valor, o que não pode acontecer se as eleições são disputadas e vencidas pela força da maior riqueza. Ao lamentar as decisões da Suprema Corte que derrubaram as limitações (geralmente nominais) do gasto privado no processo eleitoral, ele imagina um volume de financiamento público das eleições para assegurar "um valor justo" aos direitos políticos de cada cidadão[22]. Mas para por aí. Que estruturas institucionais serão necessárias para que o primeiro princípio se transforme numa realidade continua a ser um mistério insondável – mais uma vez, neste caso, "a melhor forma de proceder é uma questão complexa e difícil", em que "talvez haja carência de experiência histórica e de compreensão teórica"[23]. Ao fechar *Liberalismo político*, o leitor está tão distante de uma perspectiva de reforma eleitoral quanto estava ao abri-lo. Rawls parece não haver notado que para as liberdades políticas serem equivalentes seria necessária uma mudança elementar da representação proporcional do sistema de votação, bem como uma forma equitativa de financiar o sistema de se fazer campanha. Não se encontra nessas páginas a menor indicação de que, no "mais antigo regime democrático do mundo"[24], metade da população nem chega a votar. Pelo contrário, somos convidados – *inter alia* – à contemplação patriótica do "orgulho de um povo democrático que se distingue dos povos não democráticos"[25] (*sic*). A categoria de povo não democrático é uma inesperada *trouvaille* política.

Liberalismo político, como descobriu a maioria dos que o resenhou, é um livro desapontador. Sua organização formal é pobre, ainda mostrando os sinais das várias conferências separadas a partir das quais foi montado, com uma alta taxa de repetição e falta de orientação independente. Pertence àquele conjunto

---

[22] Ibidem, p. 328.
[23] Idem.
[24] Ibidem, p. 239.
[25] Ibidem, p. 204.

peculiar de livros em que um autor se propõe a corrigir ou defender uma obra anterior elogiada, e consegue apenas produzir uma sombra árida – *Arqueologia do saber**, de Michel Foucault, ou *Justiça de quem? Qual racionalidade?***, de Alasdair MacIntyre, são outros exemplos que vêm à mente. O sentimento de quem o lê é de arrependimento. A dignidade imperfeita de *Uma teoria da justiça* permanece. Se Rawls errou ao se afastar dele, num caminho de redução e não de ampliação, a razão está em parte no isolamento paroquial de seu mundo intelectual, hoje ocupado por colegas e pupilos com as mesmas opiniões. Mas é também consequência do desejo impossível que assombra o seu programa – adaptando a frase de Kant –, a que poderíamos dar o nome de seu conformismo inconformado: o sonho de extrair de uma descrição de si mesmo uma alternativa radical ao nosso mundo social real. A contradição entre os postulados do consenso, a que Rawls continuamente se refere, e as realidades do dissenso, a que pertencem seus melhores impulsos, é insuperável. Não há expressão mais clara desse fato do que a inocente passagem de uma sentença-chave para a seguinte na agenda de *Liberalismo político*.

> O objetivo é desenvolver uma concepção política e social de justiça que se harmonize com as convicções e tradições mais arraigadas do Estado democrático moderno. A razão para tal é ver se podemos resolver o impasse da nossa história política recente: o fato de não haver acordo quanto à forma de organizar as instituições sociais básicas para que se conformem à liberdade e igualdade de cidadãos e pessoas.[26]

Se o Estado moderno, no fundo de suas convicções e tradições democráticas, é tal como é descrito, como seria possível o impasse quanto à realização da liberdade e igualdade para seus cidadãos? As duas metades da afirmação se contradizem. Se tivesse buscado a lógica da segunda, em vez do desejo da primeira, tornando-se menos amoldado ao Estado e mais atento ao impasse, Rawls teria escrito um livro melhor. A sequência necessária à sua grande obra teria outro título: *Uma teoria da injustiça*.

1994

---

*   Rio de Janeiro, Forense Universitária, 2004. (N. E.)
** São Paulo, Loyola, 1991. (N. E.)
[26] *PL*, p. 300 e 368.

5
Normatizando fatos: Jürgen Habermas

O trabalho mais lido de Jürgen Habermas é praticamente o primeiro: *Mudança estrutural da esfera pública*, publicado em 1962, quando ele tinha trinta e poucos anos. Sua longa influência internacional se deve à maneira como combina argumentos históricos, sociológicos e filosóficos numa única e poderosa narrativa dirigida ao presente político. Com sua notável interdisciplinaridade, permaneceu mais fiel às intenções originais da teoria crítica, como propostas por Horkheimer, no começo dos anos 1930, do que qualquer outro trabalho da própria Escola de Frankfurt antes da guerra. Quanto ao tema, no entanto, o livro oferece uma versão agudamente revisada do Iluminismo, sobre o qual Adorno e Horkheimer haviam decretado seu impiedoso veredito vinte anos antes. A história contada em *Dialética do esclarecimento** é a do enrijecimento da verdade na forma de mito desde a sua origem: o domínio da natureza requer domínio dos outros e de si mesmo, algo que já aparece na aurora da civilização na imagem de Homero de Odisseu amarrado ao mastro, com os ouvidos tapados para não ouvir o canto das sereias, enquanto a tripulação continuava a remar. Bacon, Kant e Sade deram outros passos à frente na instrumentalização da razão, numa lógica regressiva que só poderia terminar na barbárie moderna do antissemitismo e da indústria cultural do capitalismo avançado – não como negação da concepção kantiana do esclarecimento como maturidade autodisciplinada da humanidade, mas como sua realização.

Mudança estrutural da esfera pública é antitético no método e no argumento. Ele procede não por meio de uma projeção discursiva dramática – e dramaticamente arbitrária –, mas por uma cuidadosa reconstrução histórica

---
* Rio de Janeiro, Zahar, 2006. (N. E.)

baseada em materiais empíricos controláveis. Prefere restabelecer as origens do Iluminismo num determinado período e numa determinada região (fim do século XVII e início do século XVIII na Europa Ocidental) a envolvê-las nas neblinas arcaicas do Egeu. De modo ainda mais decisivo, da razão instrumental, ele transfere o foco da pesquisa para aquilo que mais tarde Habermas chamaria de razão comunicativa, ou seja, não a conquista da natureza, mas o consenso entre as pessoas, alcançado por meio de um intercâmbio crítico-racional de opiniões dentro de uma esfera pública emergente, independente do poder do absolutismo. Habermas descreve a ascensão dessa esfera através de seus circuitos institucionais sucessivos: a família conjugal, o mundo das letras, o café e o salão, o semanário e o romance, a biblioteca circulante e o jornal, culminando na codificação do direito civil que abriu as portas para o Estado constitucional burguês. Habermas fornece uma fenomenologia intensa e vívida de todo esse processo, como um impressionante triunfo da razão em sua época.

Assim constituída, no entanto, a esfera pública do Iluminismo começou a dar sinais de desgaste interno. Hegel chamou a atenção para os antagonismos particularistas da sociedade civil, que somente poderiam ser resolvidos na universalidade do Estado. Marx mostrou que o Estado não era de maneira nenhuma universal, pois refletia uma sociedade dividida em classes – apenas a democracia poderia fazer isso. Mill e Tocqueville perceberam que a democracia era capaz de induzir a conformidade das massas, e a própria opinião pública se transformou em tirania. Em meados do século XX, as tensões e presságios do século XIX já haviam assumido contornos preocupantes. A esfera pública criada na época do Iluminismo foi profundamente alterada.

Onde antes eram separados, Estado e sociedade agora se interpenetravam, à medida que a economia se tornava cada vez mais regulada e os grupos de pressão organizados invadiam a administração. As corporações borraram a distinção entre instituições públicas e privadas. A família perdeu sua função na socialização. A cultura deixou de ser domínio da argumentação crítica e tornou-se campo de mero consumo ideológico, à medida que a massificação dos meios de comunicação – editoras, imprensa, rádio – tendia a fazer desaparecer públicos genuinamente independentes. As decisões políticas migraram para longe dos parlamentos, não mais refletindo os desdobramentos de uma argumentação desinteressada num consenso racional, mas compromissos entre interesses particulares com variado poder de barganha. Nas assembleias, os deputados tornaram-se instrumentos passivos de máquinas partidárias, e as eleições reduziram-se cada vez mais a processos de extração de aclamações. No fim dessa estrada, houve um declínio quase completo – econômico, social, familiar, cultural e político – de todo o complexo iluminista da esfera pública, que se tornou mera "publicidade" ou "relações públicas", em sua acepção contemporânea desvalorizada.

À primeira vista, poderia parecer que tais processos traçam o caminho de uma destruição da razão comunicativa cujo ponto final, paradoxalmente, não estaria longe do resultado mais desolador da dialética da razão instrumental de Horkheimer e Adorno: a perdição do Iluminismo. Mas Habermas não achava que tudo estava perdido. A esfera pública poderia ser salva se o Estado liberal constitucional do século XIX evoluísse para um Estado de bem-estar social, no qual a participação efetiva de todos os cidadãos estivesse garantida por uma propaganda consistente dos partidos, da mídia e da administração, submetendo-os a controles democráticos e, assim, racionalizando o exercício necessário da autoridade política e social. Mas a ideia de consenso racional em torno de tais objetivos não seria utópica, uma vez que ainda existiriam relações de poder desiguais, beneficiadas pelo declínio da esfera pública? Habermas admitia que o próprio advento do Estado liberal constitucional não ocorrera apenas por força do melhor argumento, atraindo os ouvintes para a persuasão da razão comum. Uma vontade divisora também se fez necessária: "A autoridade para legislar havia sido tão obviamente conquistada numa luta árdua contra os poderes antigos que não poderia ser absolvida de ter ela própria caráter de 'poder coercitivo'"[1].

Mas a perspectiva de um Estado de bem-estar social democratizado somente poderia ser realizada sob o signo da união, não da divisão. Como se poderia chegar ao consenso necessário para isso numa sociedade tão desigual? A possibilidade de um acordo harmonioso, acaba por sugerir Habermas, dependia de dois processos. De um lado, o início da abundância generalizada fez com que "não fosse irrealista assumir que a pluralidade de interesses continuada e crescente pudesse perder o aspecto antagonista das necessidades concorrentes até um ponto em que a possibilidade de satisfação mútua se tornasse tangível". De outro lado, o perigo da destruição nuclear era "tão grande que, em relação a ele, interesses divergentes podem ser relativizados sem dificuldade"[2]. O fim da

---

[1] *Strukturwandlung der Öffentlichkeit* (Neuwied, Hermann Luchterhand, 1968), p. 94; *The Structural Transformation of the Public Sphere* (Cambridge, Mass., MIT, 1991), p. 82 [ed. bras.: *Mudança estrutural da esfera pública*, Rio de Janeiro, Tempo Brasileiro, 2003]. "Poder coercitivo" é *Gewalt* no original, ou violência.
[2] *Strukturwandlung*, cit., p. 254-5; *The Structural Transformation*, cit., p. 234-5.

escassez e os riscos da autodestruição ofereciam a oportunidade de uma humanidade unida, sem a necessidade das lutas divisoras do passado.

Duas décadas depois, Habermas já não acreditava mais na possibilidade de uma sociedade autogovernada do tipo que concebera em *Mudança estrutural da esfera pública*. Mas concluiu que não se tratava de uma perda. Parsons era melhor guia para a modernidade do que Marx: os sistemas impessoais do mercado e da administração burocrática eram os imperativos funcionais de uma sociedade racional, inerentemente resistente ao controle popular. Mas isso não implicava redução de perspectivas para a liberdade ou a razão; ao contrário, abria caminho para uma base mais sólida para elas. *The Theory of Communicative Action* [A teoria da ação comunicativa]* (1981-1985), em que Habermas se engajou diretamente na *Dialética do esclarecimento*, de Horkheimer e Adorno, defendia que a razão instrumental que necessariamente governa os campos do dinheiro e do poder, domínio próprio da teoria dos sistemas, poderia e deveria ser limitada por uma razão comunicativa que emanasse do mundo vivido para além desses campos, na qual a ação – nas famílias, escolas, associações voluntárias, iniciativas culturais e outros – estivesse orientada não para o sucesso material, mas para o entendimento mútuo.

À medida que a modernização capitalista avançava sobre as condições contemporâneas, crescia o perigo de os sistemas colonizarem o mundo vivido: pressões econômicas ou tecnocráticas invadindo as formas naturais de intimidade ou sociabilidade e distorcendo-as. Mas a resistência a esse excesso tendia a surgir espontaneamente dentro do próprio mundo vivido, à medida que os movimentos sociais e as iniciativas cidadãs – pacifistas, feministas, ambientalistas e outras – contestassem tais incursões. A arena em que essas batalhas foram travadas foi a esfera pública, intermediária entre as duas zonas constitutivas da sociedade moderna. O mundo vivido não podia esperar sujeitar os sistemas à sua lógica própria: historicamente, qualquer tentativa desse tipo – a ideia de uma democracia de produtores ou qualquer outro tipo de democracia direta – levaria a uma regressão fatal. Mas seus impulsos seriam capazes de influenciar indiretamente o mundo do capital e do governo, na forma de uma opinião pública que, no limite, poderia sitiar as fortalezas do dinheiro e do poder, mesmo que nunca chegasse a ocupá-las.

---

* Boston, Beacon Press, 1985-1989, 2 v. (N. E.)

Dez anos depois, revisitando *Mudança estrutural da esfera pública*, Habermas explicou que, se foi demasiado otimista em relação às possibilidades de uma democracia de massas, também foi demasiado pessimista em relação à mídia, cuja função era bem mais complexa do que ele havia imaginado, e podia muitas vezes ser claramente positiva. Estava mais esperançoso em relação à vitalidade da esfera pública e menos resistente do que fora[3]. O que ele quis dizer com isso torna-se mais claro num trabalho que foi publicado alguns meses mais tarde e até hoje é a expressão maior de sua filosofia política. *Direito e democracia: entre facticidade e validade* é um tributo ao papel da lei como meio de converter o poder comunicativo em poder administrativo e libertar os atores do mundo vital das obrigações de integração social, transferindo-as para um sistema autogovernado. As normas legais, explica Habermas, possuem ao mesmo tempo facticidade e validade. Baseadas tanto na coerção quanto na liberdade, elas formam um conjunto de limitações que devem ser obedecidas a fim de evitar sanções e cuja autoridade, no entanto, está fundada em algo mais do que o temor da retribuição – pois as fontes da lei residem nas solidariedades sociais do mundo vital, cuja comunicação espontânea confere legitimidade às suas regras para além da mera legalidade. Assim disposta, a lei pode então não apenas reconstruir as instituições do próprio mundo vital (família ou escola), como também – e mais importante – criar os novos e decisivos sistemas da modernidade (mercados, negócios, burocracias).

O que garante que tal conversão das fontes do mundo vital em postulados dos sistemas seja de fato legítima? A resposta de Habermas é que isso se torna compreensível quando entendemos corretamente a democracia como fluxo necessário de um discurso desimpedido na direção do consenso. Assim concebida, há uma relação interna entre o império da lei e a democracia: direitos privados e autonomias públicas – digamos, liberdade de expressão e voto – são cooriginais, e não ordenados ou sequenciais, como em outros relatos. A validade da lei, diferentemente da facticidade, deriva de processos nascidos dessa conexão. Não é possível nenhum sujeito coletivo que autorize a legislação, como Rousseau ou Jefferson um dia imaginaram. Ao contrário, o processo democrático que subjaz ao direito moderno é um fluxo de "comunicação sem sujeito" numa sociedade inescapavelmente descentrada. Mas, como tal, é moldado nas alegações de verdade embutidas nas condições da própria fala, que requerem con-

---

[3] "Further Reflections on the Public Sphere", em Craig Calhoun (org.), *Habermas and the Public Sphere* (Cambridge, Mass., MIT, 1992), p. 438 e 456-7.

senso irrestrito. Cidadãos que se comunicam livremente chegarão a um acordo capaz de gerar leis que tenham validade universal.

Habermas tem consciência de quão longe essa visão está da longa e distinta tradição que começa em Hobbes e vai até Weber, Schmitt e outros, e que vê o direito, realisticamente, como a codificação do poder, e não da fraternidade, buscando sua origem não na razão, mas na vontade, para usarmos os termos de *Mudança estrutural*. Mas ele não discute mais a negação de seus pressupostos nem a teoria positivista do direito que produziu grandes juristas como Kelsen ou Hart; tampouco trata do ceticismo dos estudos jurídicos críticos contemporâneos. Tais alternativas não são capazes de compreender que a legitimidade é inseparável da verdadeira legalidade e, portanto, não pode ser reduzida às contingências de um comando soberano, ou uma *Grundnorm* inapelável, ou decisões judiciais partidárias. Nisso, a exemplo do Rawls tardio, o Habermas de *Direito e democracia* habita um universo mental no qual praticamente os únicos interlocutores significativos são colegas ou pupilos próximos o suficiente para não perturbar as premissas básicas do trabalho.

A posição não é exatamente a mesma em se tratando de democracia. Aqui, Habermas está mais preocupado em contrastar sua teoria com as duas outras teorias concorrentes na interpretação moderna da estrutura democrática: o liberalismo, que vê as liberdades negativas do indivíduo como sendo as bases de qualquer ordem democrática, e o republicanismo, que vê a participação ativa do cidadão na vida pública como critério básico de qualquer democracia real. *Direito e democracia* situa-se entre as duas. Uma teoria discursiva da democracia, explica Habermas, é mais forte do que seu modelo liberal, já que insiste que as liberdades positivas – o direito ao voto e seus concomitantes – não estão em segundo plano em relação às liberdades negativas, mas num patamar equiprimordial. Contudo, é mais fraca que o modelo republicano de democracia, já que não exige de seus cidadãos a *virtù* clássica e abandonou a ideia de que a vontade deliberada destes podia moldar a vida da cidade.

A soberania popular não pode mais ser concebida como autodeterminação coletiva: seu conteúdo se esgota na competição entre partidos do sistema parlamentar e na autonomia das esferas públicas. E como ficam estas últimas, cujo declínio Habermas um dia lamentou? Em harmonia com o caráter afirmativo de sua nova visão a respeito da democracia ocidental, ao menos formalmente em melhor condição. A imagem dos cidadãos reunidos na esfera pública, sitiando uma fortaleza – salutarmente – intacável da administração em *The Theory of Communicative Action*, Habermas explica agora, era muito derrotista. A democracia moderna deveria ser vista antes como um complexo central de instituições parlamentares, judiciais e burocráticas e uma periferia de solidariedades sociais no mundo vital, cujos impulsos fluem da entrada para o centro através dos "canais" da esfera pública, irrigando-as com normas ou propostas inovadoras, capazes de reformar – e até certo ponto, talvez, democratizar – a própria administração. Portanto, conclui Habermas, é errado pensar que, pelo fato de a soberania popular ser concebida como "comunicação sem sujeito", e não como agência autogovernada, ela perde todo o potencial radical. Mas se o triunfo do Ocidente na Guerra Fria eliminou os perigosos delírios de um sujeito coletivo, os vitoriosos, até o momento, parecem ter receio de estender o âmbito da "intersubjetividade mais elevada", na qual o sistema legal de democracias está ancorado. *Direito e democracia* mostra por que devem ter mais coragem.

Como julgar essa extensa construção teórica? A primeira, e mais óbvia, característica que distingue o tratamento posterior que Habermas deu à lei em comparação com seu estudo original sobre a esfera pública é o seu método completamente a-histórico. Se *Mudança estrutural* traça cuidadosamente a emergência dos diferentes elementos constitutivos de seu objeto através do tempo, e, até certo ponto, através do espaço também – abordando suas trajetórias particulares na Inglaterra, na França e na Alemanha –, *Direito e democracia* não apenas faz poucas referências à gênese real dos sistemas legais modernos, e menos ainda à sua variação, como também é construído sobre um postulado que é contradito por uma rápida espiada na história do direito constitucional. Em nenhum país, liberdades privadas e direitos públicos originaram-se ao mesmo tempo. Habermas sabe disso, e até cita brevemente a descrição de Marshall da emergência sucessiva dos direitos civis, políticos e sociais, criticando, com razão, sua excessiva linearidade – e observando até que um Estado constitucional poderia conceder o primeiro e o terceiro sem o segundo[4]. Mas esse reconhecimento é puramente parentético, não incide sobre a estrutura da sua teoria, que continua a insistir de modo imperturbável na indissolubilidade filosófica daquilo que a história ordenou e dividiu. Savigny ou Dicey, Guizot ou Bismarck nem precisariam ter existido. "Em termos normativos", garante serenamente,

---

[4] Para uma exploração mais profunda das variações dessa sequência, ver Michael Mann, "Ruling Class Strategies and Citizenship", em *States, War and Capitalism* (Oxford, Blackwell, 1988), p. 188-209.

"não existe um Estado constitucional sem democracia"[5]. É o que tem a dizer. A ideia de "origem simultânea" não pertence nem à ciência política nem à jurisprudência, mas a uma família antropológica: o mito das origens.

Se a história é banida da arquitetura de *Direito e democracia*, o mesmo não acontece com a sociologia – ao menos não da mesma maneira. Habermas avisa que "o conteúdo idealista das teorias normativas" da democracia e do direito "vem evaporando sob o sol da ciência social"[6]. Isso, no entanto, não é simplesmente "resultado de evidências que frustram o entusiasmo", mas sim de "folclore empiricista" e "estratégias conceituais equivocadas". O objetivo de sua intervenção é dirigido, antes de mais nada, contra "um falso realismo que subestima o impacto empírico das pressuposições normativas das práticas legais existentes"[7]. Portanto, embora esteja determinado a rebater o que chama de "comprometimento sociológico" da autoridade normativa da lei, ele também se propõe a mostrar que a sociologia das democracias atualmente existentes, se entendida de maneira adequada, confirma, mais do que contradiz, suas afirmações a respeito dela.

Com esse intuito, ele deve ser capaz de mostrar que, à sua maneira, os códigos jurídicos transmitem o fluxo não distorcido de comunicação entre iguais no mundo vital para o interior das regulações do Estado moderno ou, em outras palavras, que eles não refletem exatamente a distribuição de interesses desiguais na sociedade como um todo. Para chegar a esse resultado, Habermas precisaria de um modelo para as democracias contemporâneas que ultrapassasse até mesmo a sua capacidade de idealização. Sua solução é sublimar o problema. Não a divisão social entre classes, mas a divisão técnica do trabalho na produção e na difusão do conhecimento e a (necessária) seletividade dos meios de comunicação criam inevitavelmente "assimetrias na disponibilidade de informação, ou seja, chances desiguais de acesso à geração, validação, formação e apresenta-

---

[5] "Normativ gesehen, gibt es keinen Rechtsstaat ohne Demokratie." Esse pronunciamento está em *Die Einbeziehung des Anderen* (Frankfurt, Suhrkamp, 1996), p. 251; *The Inclusion of the Other* (Cambridge, Mass., MIT, 1998), p. 215 [ed. bras.: *A inclusão do outro*, São Paulo, Loyola, 2002]. Citados daqui em diante como *EA* e *IO*, respectivamente.

[6] *Faktizität und Geltung* (Frankfurt, Suhrkamp, 1992), p. 399; *Between Facts and Norms* (Cambridge, Mass., MIT, 1996), p. 329 [ed. bras.: *Direito e democracia: entre facticidade e validade*, Rio de Janeiro, Tempo Brasileiro, 1997-2003. 2 v.]. Citado daqui em diante como *FG* e *BFN*, respectivamente. O próprio Habermas revisou e adaptou a tradução do livro para o inglês.

[7] *FG*, cit., 400 e 11; *BFN*, cit., p. 330 e xl. A expressão desdenhosa "à luz do folclore empirista" não aparece no alemão.

ção de mensagens". Isso, no entanto, são "momentos *inevitáveis* de inércia", já que, "mesmo em condições favoráveis, nenhuma sociedade complexa poderia corresponder ao modelo de relações puramente comunicativas"[8].

Como surge, de fato, a legislação que prescreve as regras aplicadas pelos tribunais? Depois de mais uma vez expor sua visão a respeito dos fluxos comunicativos desimpedidos, levados apenas pela corrente do melhor argumento, passando pelos canais da esfera pública e informando a sabedoria dos legisladores, Habermas acrescenta, de passagem: "Para dizer a verdade, a prática normal da política, ao menos como conduzida de hábito nas democracias ocidentais, não consegue satisfazer condições tão severas"[9]. Na prática, "soluções de compromisso compõem o grosso dos processos decisórios políticos" e são resultado de barganhas entre interesses rivais, não de discurso intersubjetivo[10]. Habermas nota que tal processo de barganha "pode apoiar-se no poder e em ameaças mútuas" – isto é, a antítese de tudo sobre o que sua teoria da democracia se apoia –, mas segue desimpedido. Em situações "em que as relações sociais de poder não podem ser neutralizadas da maneira como o discurso racional pressupõe", o princípio do discurso ainda pode "regular o processo de barganha a partir do que é justo", garantindo que haja "distribuição equitativa de poder de barganha entre as partes"[11]. Em outras palavras, não importa quão desigual seja o equilíbrio de poder entre – para usar os termos que quase nunca aparecem em *Direito e democracia* – capital e trabalho, o resultado legal de um processo de barganha entre eles será "justo", desde que lhes sejam dadas oportunidades iguais para que conversem entre si. Com esse passe de mágica, a desigualdade torna-se mais uma vez semelhante à igualdade.

Contudo, mesmo com tal prestidigitação, o que garante que leis advindas de negociações particularistas tenham apelo normativo geral? Habermas oferece duas respostas, uma tão contraditória quanto a outra. Por um lado, as leis são produto do governo da maioria, que "guarda uma relação interna com a verdade", visto que as maiorias podem mudar, e suas decisões são revogáveis por argumentos racionais ou outras coalizões de interesses[12]. No entanto, isso não parece ser obstáculo para a erosão que promovem nos princípios de qualquer

---

[8] *FG*, cit., p. 396; *BFN*, cit., p. 325-6. Itálicos do original.
[9] *FG*, cit., p. 432; *BFN*, cit., p. 356.
[10] *FG*, cit., p. 344; *BFN*, cit., p. 282.
[11] *FG*, cit., p. 204-5; *BFN*, cit., p. 166.
[12] *FG*, cit., p. 200-21; *BFN*, cit., p. 179-80.

consenso representativo. "Decisões formalmente corretas tomadas pela maioria", diz Habermas em outro texto, "que apenas refletem ansiedade por *status* e reflexos autoassertivos de uma classe média ameaçada pela possibilidade de declínio social, comprometem a legitimidade dos processos e das instituições do Estado democrático"[13]. O advérbio e o adjetivo iniciais expõem a vacuidade de uma teoria puramente processual do direito, como o próprio Habermas a chama. A bem da verdade, ele é compelido a admitir em dado ponto de *Direito e democracia* que "a lei muitas vezes reveste o poder ilegítimo com a mera aparência da legitimidade", mas não se demora no assunto[14]. O que distingue a lei legítima da ilegítima? Aqui, a resposta muda completamente de registro. "Uma ordem legal pode ser legítima", escreve, "apenas se não contradiz princípios morais básicos"[15]. Quais são esses princípios? A resposta de Habermas é radical. "Em se tratando de questões morais, a humanidade ou uma pressuposta república mundial de cidadãos constituem o sistema referencial para justificar normas de igual interesse para todos"[16]. Mas, quando examinado, o critério moral para a legitimidade da lei mostra-se tão vazio quanto o critério processual. Que legislação, hoje, é "de igual interesse" para todos os habitantes de um planeta inimaginavelmente desigual? Se fôssemos julgar os livros de direito do mundo ocidental por esse critério, nada sobraria.

 A relação interna que *Direito e democracia* pretende estabelecer entre o império da lei e a democracia logicamente estende as fragilidades da teoria a respeito do primeiro para o modelo do segundo. As sociedades modernas, insiste Habermas, são compostas de sistemas de dinheiro e poder guiados por si mesmos e da solidariedade social do mundo vital. Como conceber as relações entre essas três partes? Em seu "Further Reflections on the Public Sphere" [Reflexões posteriores sobre a esfera pública], Habermas alertava para os perigos de uma colonização do mundo vital pelos sistemas e falava da necessidade de um novo equilíbrio entre eles, em que "o poder da solidariedade pudesse prevalecer sobre os poderes dos outros dois recursos de controle, isto é, o dinheiro e o poder administrativo, e com isso afirmar com sucesso as demandas práticas do mundo vital"[17]. Quatro anos mais tarde, isso havia se transfor-

---

[13] *EA*, cit., p. 149; *IO*, cit., p. 123.
[14] *FG*, cit., p. 59; *BFN*, cit., p. 40.
[15] *FG*, cit., p. 137; *BFN*, cit., p. 106.
[16] *FG*, cit., p. 139; *BFN*, cit., p. 108.
[17] "Further Reflections on the Public Sphere", cit., p. 444.

mado simplesmente em "um equilíbrio aceitável entre dinheiro, poder e solidariedade" e, logo depois, o máximo que se podia imaginar era que "a solidariedade social poderia ganhar força suficiente para resistir às outras duas forças sociais – dinheiro e poder administrativo"[18]. Por mais vagas que sejam essas formulações, a declinação que vai de "prevalecer" até "resistir", passando por "equilíbrio aceitável", traça uma curva.

Direito e democracia não trata da colonização do mundo vital, cujos recursos, como se diz agora, repõem-se espontaneamente[19]. Também não utiliza metáforas de equilíbrio para representar as relações entre os poderes comunicativo e instrumental. As ordens impessoais do dinheiro e do poder ainda são sistemas autogovernados, e o domínio do discurso continua à distância deles. Mas agora as relações entre as partes são descritas por outras figuras, ao mesmo tempo espaciais e temporais. Os sistemas constituem o complexo central da modernidade e o mundo vital torna-se a sua periferia. Entre os dois estão as eclusas e os canais da esfera pública. A hierarquia de relevância implícita nessa topografia não precisa ser detalhada. Dentro da própria esfera pública, a função da cidadania ativa despenca precipitadamente desde seu nascimento nos capítulos que inauguram o retrato do Iluminismo pintado por Habermas. Hoje, observa ele, as associações e os movimentos espontâneos que compõem a sociedade civil "não representam o elemento mais conspícuo de uma esfera pública dominada pela mídia de massa e pelas grandes agências, observada por pesquisas de opinião e mercado e inundada pelo trabalho de relações públicas, propaganda e publicidade de partidos e grupos políticos"[20].

Que impacto essa zona reduzida de comunicação preservada poderia ter no governo ou mesmo no mercado? Habermas define isso em termos temporais. No centro, a prática normal da política (ele não discute a dos negócios) segue largamente inalterada pelos redemoinhos produzidos na periferia. Mas "*em certas circunstâncias* a sociedade civil pode adquirir influência na esfera pública, produzir efeitos no complexo parlamentar (e nos tribunais) por meio de suas opiniões públicas e compelir o sistema público a mudar para a circulação oficial

---

[18] *Die Normalität einer Berliner Republik* (Frankfurt, Suhrkamp, 1995), p. 97; *A Berlin Republic: Writings on Germany* (Lincoln, University of Nebraska Press, 1997), p. 92. Citados daqui em diante como *NBR* e *BR*, respectivamente. *EA*, cit., p. 289 ("behaupten können"); *IO*, cit., p. 249.
[19] *EA*, cit., p. 292; *IO*, cit., p. 252.
[20] *FG*, cit., p. 444; *BFN*, cit., p. 367.

de poder"[21], isto é, uma representação democrática da vontade dos cidadãos. O itálico indica quão incomuns e precários são esses episódios. O que os desencadeia são as emergências excepcionais. "Numa situação percebida como crise, os *atores na sociedade civil* até então negligenciados em nosso cenário *podem* assumir um papel surpreendentemente ativo e importante"[22].

Independentemente do grau de sucesso empírico que movimentos envolvidos nessas questões possam ter quando tentam mudar a ordem das coisas, o argumento estrutural está claro: surtos de solidariedade no mundo vital são a exceção, não a regra. São "uma forma extraordinária de resolução de problemas", que, assim como os ataques de medo ou consciência dos quais dependem, só podem ser esporádicos e devem ceder caso colidam com o sistema ordinário de tomada de decisões. "Quando os conflitos se tornam intensos, o legislador político tem a última palavra." Pois, confessa Habermas, "discursos não governam"[23]. Na prática, então, a função da razão comunicativa que deveria embasar e informar toda a ordem jurídico-política das democracias contemporâneas é periférica e excepcional em relação a elas. Involuntariamente, o próprio Habermas oferece a imagem apropriada do modo como o sistema de fato opera. Anteriormente, ele havia falado dos "sensores" necessários para proteger o mundo vital das incursões do dinheiro e da administração, usando a linguagem da vigilância eletrônica e das empresas de segurança privada. Em *Direito e democracia*, quando explica que os esforços conjuntos dos cidadãos podem às vezes influenciar os cálculos daqueles que os governam, ele utiliza outra metáfora. "Os jogadores que se encontram na arena devem sua influência à aprovação dos que estão nas arquibancadas"[24]. Justamente: estamos assistindo à política do espetáculo.

O que dizer da impressão do próprio Habermas a respeito dessa apresentação? O propósito do modelo do cerco, utilizado anteriormente por ele para descrever o papel da razão comunicativa, segundo explicou, foi opor-se à ideia clássica de revolução – o Estado pode ser conquistado, em vez de cercado. Apenas

---

[21] *FG*, cit., p. 451; *BFN*, cit., p. 37. Itálicos do original.
[22] *FG*, cit., p. 460; *BFN*, cit., p. 380. Itálicos do original. Habermas cita a corrida armamentista nuclear, a engenharia genética, as ameaças ecológicas, a pobreza do Terceiro Mundo, o feminismo e o multiculturalismo como questões que criaram uma "crise de consciência" que permitiu à sociedade civil fazer ouvir sua voz.
[23] *FG*, cit., p. 433; *BFN*, cit., p. 357; "Further Reflections on the Public Sphere", cit., p. 452.
[24] *FG*, cit., p. 461-2; *BFN*, cit., p. 382.

um caminho gradual e reformista em direção à mudança é praticável e moral[25]. Mas a mudança é de fato necessária: a intenção de sua teoria processualista do direito é "domar o sistema capitalista"[26]. Não devemos duvidar da sinceridade das convicções de Habermas sobre a necessidade de tomar as rédeas do capitalismo, como cidadão. Mas sua filosofia não deixa quase nenhum espaço para o conteúdo. O resultado é a incoerência. Os resultados da teoria discursiva não são meramente formais, insiste ele. Mas declara, ao mesmo tempo, que "esse paradigma do direito, ao contrário dos modelos liberal e de bem-estar social, não favorece mais um ideal particular de sociedade, uma visão particular da boa vida ou mesmo uma opção política em particular"[27]. Assim, não são feitas propostas específicas[28]. Mas se não são feitas é em parte porque *Direito e democracia* deixa implícito que as reformas necessárias já estariam em marcha. O que a teoria de Habermas faz é "dar certa coerência aos esforços de reforma que estão em discussão ou já em curso" – pois, na prática, "a *concretização* controversa de princípios constitucionais universalistas tornou-se um processo permanente que já está em marcha na legislação ordinária"[29].

Mas essa visão afirmativa, que, para todos os efeitos, parece dar suporte a arranjos estabelecidos em bloco, como se fosse de sua natureza poder aperfeiçoar-se, nunca chega a ser estabilizada pela teoria discursiva da democracia. É sempre ofuscada e incomodada por observações mais críticas, embora nunca chegue a confrontá-la. Habermas também escreve, ainda invocando os mesmos princípios, mas agora num registro antitético, que "desigualdades crescentes de poder econômico, recursos e condições de vida vêm destruindo cada vez mais as precondições factuais para que uma oportunidade igual faça uso de poderes legais igualmente distribuídos"[30]. Aqui, não é a reforma, mas a reação que dita o passo, invalidando os próprios direitos sobre os quais a teoria processual do direito se baseia. A incompatibilidade entre os dois polos da retórica de Habermas é acentuada por uma divergência aguda na perspectiva de uma reforma como

---

[25] *NBR*, cit., p. 139; *BR*, cit., p. 135, em que Habermas explica também por que trocou o modelo do "cerco" pelo modelo do "canal" do poder comunicativo; *FG*, cit., p. 79; *BFN*, cit., p. 57.
[26] *FG*, cit., p. 494; *BFN*, cit., p. 410.
[27] *FG*, cit., p. 536; *BFN*, cit., p. 445.
[28] "Pôr em ação princípios elevados requer imaginação institucional. Eu não estou preocupado com isso": *NBR*, cit., p. 81; *BR*, cit., p. 76.
[29] *FG*, cit., p. 535 e 629; *BFN*, cit., p. 444 e 489. Itálicos do original.
[30] *EA*, cit., p. 302; *IO*, cit., p. 261.

ele cuidadosamente a aborda. Os sistemas autogovernados não o são igualmente em face do mundo vivido. Habermas consegue imaginar certa racionalização da administração que pode torná-la mais democrática. Mas o mercado está excluído dessa possibilidade. "Podemos democratizar o poder, não o dinheiro"[31].

A frase diz muito de suas referências. Uma das anomalias que mais se sobressaem na arquitetura da teoria social de Habermas, tal como exposta em *The Theory of Communicative Action*, e transferida sem modificações para *Direito e democracia*, é a eliminação tácita das instituições de representação política. Na trindade poder, dinheiro e solidariedade, o primeiro significa administração, ou seja, a máquina burocrática do Estado. É necessário que seja assim, pois descrever a máquina eletiva do Estado como um sistema autoguiado destruiria as credenciais da própria democracia que Habermas procura defender e ilustrar. A soberania popular, até onde vai, está alojada, em primeiro lugar, nesses mecanismos de representação. Mas o efeito paradoxal das abstrações de Habermas é despi-los de poder, um termo que ele reserva para a autoridade impessoal da administração pública, alheia a qualquer exercício da vontade popular. Concessões ocasionais para fazer com que as agências burocráticas se abram para uma certa democratização "interna" podem ser lidas como um sinal de desconforto em relação à lógica de seu esquema – um substituto para aquilo que ele omite. As instituições representativas do governo moderno são um objeto muito mais óbvio de reforma política. Mas como não se encaixam na dicotomia entre sistemas e mundo vital, nem essa pequena alteração lhes é permitida.

Mais sintomática ainda, é claro, é a imunidade a qualquer vontade popular que o sistema de Habermas confere ao mercado. O dinheiro não pode ser democratizado. Para o bem ou para o mal – principalmente para o bem –, uma economia capitalista autoguiada é uma das condições fundamentais da modernidade, e não pode ser recuperada pelas forças da solidariedade social nem na extensão que poderia ser a administração pública. De fato, a democracia econômica é excluída como uma contradição em termos. Mas se o capital é estruturalmente intocável, como remediar as crescentes desigualdades econômicas que nos momentos mais lúcidos de Habermas destroem até mesmo o exercício dos direitos legais? O objetivo de sua teoria da lei era domesticar o capitalismo.

---

[31] *Die postnationale Konstellation* (Frankfurt, Suhrkamp, 1998), p. 119; *The Postnational Constellation* (Cambridge, Mass., MIT, 2001), p. 78 [ed. bras.: *A constelação pós-nacional*, São Paulo, Littera Mundi, 2001]. A tradução omite um limitante "*beispielsweise*" na primeira oração.

Contudo, logo em seguida, ele próprio escreveu que "as panaceias convencionais que preveem a 'domesticação' social e ecológica do 'capitalismo' são aceitas por todas as partes"[32]. Se tal é o caso, teria valido a pena dedicar quinhentas páginas a uma platitude incapaz de impedir seu retrocesso à selvageria?

Habermas considera sua teoria a respeito da democracia contemporânea mais empírica e crítica do que a de Rawls. "Uma avaliação cética das atuais condições mundiais é o pano de fundo de minhas reflexões. É por isso que minha abordagem se distingue das concepções puramente normativas, como a teoria da justiça de John Rawls, em si mesma admirável"[33]. A seu ver, *Liberalismo político* não corrige essa limitação, uma vez que sofre do oposto. A ideia de um consenso por sobreposição é uma base fraca e contingente demais para ancorar a estrutura normativa da democracia constitucional, que se apoia, na verdade, na lógica universal da razão comunicativa embutida na linguagem. Da mesma forma, a preocupação excessiva de Rawls com a estabilização política de uma ordem constitucional esquece que "as brasas democratas radicais" podem ser reacendidas de tempos em tempos para avançar no projeto, em vez de aceitá-lo simplesmente como herança"[34]. O resultado é a diminuição da importância do público à custa da autonomia privada dentro do complexo de liberdades, conforme a prioridade que se dê ao segundo em detrimento do primeiro na lista de princípios da justiça estabelecida por Rawls. Nessa medida, Habermas conclui que, em suas respectivas concepções de democracia, Rawls é um liberal, ao passo que ele é um republicano, embora do tipo kantiano.

Rawls, vice-versa, deixa claro que considera a teoria de Habermas menos incisiva que a sua. Jefferson estava errado em pensar que todas as gerações devem ser igualmente constituintes; uma constituição justa não precisa de reinvenção, apenas de execução. Liberdades positivas e negativas são de fato interdependentes e de igual importância, porém é uma ilusão acreditar que, por causa disso, não possa haver conflito entre elas. A teoria processual da lei de Habermas é menos puramente processual do que ele a apresentou. Mas, ao tomar a legitimidade como princípio normativo, ela se revela substancialmente mais fraca do que uma teoria da justiça que seja instrumento da crítica política, já que a legitimidade pode ser de diversos tipos – tanto dinástica quanto democrática. Em

---

[32] *The Past as Future* (Lincoln, University of Nebraska Press, 1994), p. 158, cujo epílogo é posterior a *Vergangenheit als Zukunft* (Zurique, Pendo, 1990) [ed. bras.: *Passado como futuro*, Rio de Janeiro, Tempo Brasileiro, 1993].
[33] *NBR*, cit., p. 136; *BR*, cit., p. 132.
[34] *EA*, cit., p. 90; *IO*, cit., p. 69-70.

ambos os casos, não diz nada sobre a qualidade do império do soberano, como pode dizer a justiça. Rawls relembra tais "temas urgentes" nos Estados Unidos e trata-os como um "grave desequilíbrio das liberdades políticas justas", causado pelo financiamento privado das campanhas, pela "ampla disparidade de renda e riqueza" que minam oportunidades iguais na educação e no emprego e pela falta de um sistema de saúde de cobertura universal – temas que sua teoria da democracia poderia abordar, e assim o fez, de maneira diferente da teoria de Habermas[35].

As críticas mútuas são moderadas: permanecem dentro dos limites de uma discussão familiar, nas palavras de Habermas. As semelhanças entre os trabalhos mais maduros de ambos os pensadores derivam de um equívoco comum, mais marcado e insistente em *Direito e democracia* do que em *Liberalismo político*. Qual é o *status* da teoria discursiva de Habermas? Ela oferece, diz ele no início do livro, uma reconstrução do direito e da democracia que pode "fornecer um padrão crítico pelo qual se podem avaliar as práticas concretas – a realidade opaca e confusa do Estado constitucional"[36]. Como se alcança esse fim? Tomando como premissa "a ideia de que a autocompreensão contrafactual da democracia constitucional encontra expressão em idealizações inevitáveis, porém factualmente eficazes, que são pressupostas pelas práticas relevantes"[37]. Segue-se daí que não há

> *oposição* entre o ideal e o real, pois o conteúdo normativo que inicialmente propus para fins de reconstrução está parcialmente inscrito na facticidade social de processos políticos observáveis. Uma sociologia reconstrutiva da democracia deve, portanto, escolher seus conceitos básicos de maneira que possa identificar partículas e fragmentos de uma "razão existente" já incorporada nas práticas políticas, por mais distorcidas que sejam.[38]

Em tais declarações reside a estratégia central de *Direito e democracia*. O que elas traçam é o movimento contínuo de um vaivém teórico, do optativo ao indicativo e vice-versa, que nunca se estabelece firmemente em nenhum dos polos. Se a visão de Habermas da lei e da democracia é tachada de abstração fundamental das realidades empíricas de uma ordem política em que a forma-

---

[35] "Reply to Habermas", na edição de capa mole de *Political Liberalism* (Nova York, Columbia University Press, 1996), p. 408, 403, 419, 427-8 e 407.
[36] *FG*, cit., p. 20; *BFN*, cit., p. 5.
[37] "Post-scriptum (1994)" em *BFN*, cit., p. 462.
[38] *FG*, cit., p. 349; *BFN*, cit., p. 287.

ção da vontade popular é, no melhor dos casos, espasmódica ou vestigial, ele pode recorrer à sua vocação contrafactual. Se é acusada de não especificar nenhuma alternativa desejável, pode recorrer ao valor daquilo que já existe: uma base sólida de comunicação que só precisa ser consumada. O resultado é uma teoria que não consegue ser nem uma descrição acurada do mundo real nem um conjunto de propostas críticas para um mundo melhor. Ao contrário, ela atua numa terra de ninguém, numa imitação involuntária do título do livro – não lei como mediação, mas filosofia como um *passe-passe* entre fatos e normas. Que críticas reais da ordem social se depreendem do "padrão crítico" oferecido por essa teoria? Onde exatamente podemos encontrar a "eficácia" das idealizações que ela discerne nas práticas existentes, e por que elas são "inevitáveis"? Quão "parcial" – e "distorcida" – é a inscrição das normas nas condutas observáveis? Que proporção da realidade resulta da soma das "partículas e fragmentos" da razão? Tais questões estão além do trânsito dessa teoria, que foi concebida para evitá-las. Seu efeito é apologético. Nossas sociedades são melhores do que as concebemos.

2004

6

DELINEANDO VALORES: NORBERTO BOBBIO

O livro de Norberto Bobbio sobre esquerda e direita marca um momento significativo na longa e respeitada carreira do autor como pensador político. Publicado durante a campanha eleitoral de 1994, *Direita e esquerda* é uma de suas obras mais atuais e pessoais, cujo sucesso na Itália é facilmente compreensível[1]. O aplauso pela clareza, elegância e emoção é justificável. Mas o texto é mais complexo e menos conclusivo do que poderia parecer. Quais as suas teses?

O ponto de partida de Bobbio é a frequência crescente com que se rejeitam as noções de "esquerda" e "direita" na discussão política moderna – apesar de seu uso cada vez mais insistente na competição eleitoral, como observa ele. Por que, pergunta, a tradicional oposição entre esquerda e direita é tão repudiada? Há hoje três formas de contestar a dicotomia, sugere ele. A primeira é relativizar a díade ao insistir numa "terceira incluída", a saber, um centro moderado entre a esquerda e a direita, que ocupa a maior parte do espaço real dos sistemas políticos democráticos. A segunda forma de rejeitar a distinção é insistir na perspectiva de uma "terceira inclusiva", que integra e supera os legados de esquerda e direita em alguma síntese além delas. A última é apontar o crescimento de uma "terceira transversa", que penetra os campos da esquerda e da direita e rouba-lhes a relevância – o papel que, segundo ele, geralmente se atribui aos partidos verdes. A resposta de Bobbio a cada uma dessas propostas

---

[1] Norberto Bobbio, *Destra e Sinistra: ragioni e significati di una distinzione politica*, Roma, 1994 [ed. bras.: *Direita e esquerda: razões e significados de uma distinção política*, São Paulo, Editora Unesp, 1995]; uma edição ampliada e revisada foi publicada em 1995, à qual se referem todos os números de páginas citados neste texto. Título da tradução inglesa: *Left and Right* (Cambridge, 1996). Citados daqui em diante como *DS* e *LR*, respectivamente.

é um firme *fin de non recevoir* [rejeição]. A existência de um centro, ainda que dominante, não altera o contraste entre as polaridades de esquerda e direita de cada um de seus lados. As ideias de uma síntese que esteja além da esquerda e da direita geralmente ocultam as ambições de uma de neutralizar e absorver a outra. Finalmente, os movimentos de opinião que se estendem através de esquerda e direita tendem a redividi-las, como o fazem os verdes, em novas versões das duas. Bobbio também observa que nem as semelhanças entre os movimentos autoritários de esquerda e direita nem as transferências individuais de uma para a outra afetam a distinção política em si. Elas se relacionam a outro tipo de oposição, que separa extremistas e moderados em suas atitudes com relação à democracia – um contraste fundamental, mas ortogonal à polaridade entre esquerda e direita que não a cancela: na verdade, tende a ceder a ela em situações de crise, como aconteceu na Itália no início das décadas de 1920 e 1940.

Se nenhuma dessas razões para duvidar da validade da dicotomia entre esquerda e direita é válida, o que explica sua rejeição intelectual hoje? A base da opinião corrente, sugere Bobbio, está em outro lugar. A distinção entre esquerda e direita perde o significado se uma das duas deixa de existir. Sem afirmá-lo diretamente, Bobbio indica que, historicamente, isso nunca aconteceu. Mas houve ocasiões em que um dos lados sofreu derrota tão profunda que os sobreviventes tenderam a argumentar que a própria distinção tinha perdido completamente o significado, numa estratégia de consolação imaginada para ocultar a própria fraqueza. Foi a atitude da direita italiana nos primeiros anos do pós-guerra, depois que a *débâcle* do fascismo criou a impressão de uma vitória absoluta da esquerda. Hoje é o outro pé que está calçado. Na trilha do colapso do comunismo, é, acima de tudo, na esquerda – ou entre os antigos pensadores da esquerda – que se observa a tentação de negar a distinção. A verdadeira razão do novo ceticismo é mais uma vez um movimento de autoproteção, que compense uma experiência de derrota com uma retórica de renovação.

Depois de negar as razões subjetivas para descartar a dicotomia entre esquerda e direita e encontrar as razões objetivas para negar sua validade, Bobbio ainda tem de fundamentar a oposição como uma estrutura política racional que nada perdeu hoje de sua força. Depois de relacionar várias tentativas insatisfatórias de fazê-lo – codificar direita e esquerda como tradição versus emancipação, sagrado versus profano, assim por diante –, Bobbio oferece sua própria definição. A divisão entre esquerda e direita, segundo ele, reflete uma atitude em relação à igualdade. Como os seres humanos são manifestamente e ao mesmo tempo – ou seja, sob aspectos diferentes – iguais e desiguais, "de um lado, ficam os que veem os homens mais iguais do que desiguais, enquanto, do outro lado, ficam os que os veem mais desiguais do que iguais"[2]. É este o contraste permanente e subjacente entre esquerda e direita. Ele se faz acompanhar de outro. A esquerda acredita que a maior parte das desigualdades é social e eliminável; a direita, que é natural e inalterável. Para a primeira, a igualdade é um ideal; para a segunda, não.

Da mesma forma, a liberdade não é uma linha divisória entre esquerda e direita, continua Bobbio. Incomensurável com a igualdade como *status* de uma pessoa, mas não como relação entre pessoas, ela é o valor que separa moderados de extremistas em cada um dos campos. Mas na oposição entre esquerda e direita ela ocupa uma posição de meio, não de fim. Dentro de sua característica, Bobbio não aceita harmonizações pias. Liberdade não pode ser equiparada à igualdade, e não existem razões para pensar que sejam sempre compatíveis. Se alguns tipos de igualdade não afetam a liberdade, outros – restrições necessárias, como a educação pública universal – afetam. É essencialmente em questões como essas que esquerda e direita unem forças. Bobbio termina seu livro com uma confissão pessoal. A igualdade sempre foi a "estrela-guia" de sua vida política. As desigualdades deste mundo – desde os pobres e excluídos das ricas sociedades ocidentais até a enorme massa de miséria nos países mais pobres – continuam assustadoras. Basta observar "a questão social em escala internacional", escreve ele, "para perceber que a esquerda, longe de ter chegado ao fim de sua estrada, mal começou a percorrê-la". A tarefa é enorme. Mas a aspiração de uma igualdade humana cada vez maior, de que o surgimento da libertação feminina é um dos sinais mais claros hoje, é – como Tocqueville já tinha percebido há um século – "irresistível". Bobbio encerra seu livro com uma convocação para que olhemos além das lutas imediatas de hoje, para o longo alcance do "grandioso movimento histórico" que as impulsiona[3].

É uma conclusão poderosa, pela qual poucos não se deixam comover. Devemos a ela o tipo de respeito intelectual que Bobbio sempre praticou – um exame crítico desapaixonado. *Direita e esquerda* propõe dois conjuntos de reflexões. O primeiro se refere à lógica interna da argumentação de Bobbio, o segundo, ao seu contexto exterior. Examinemos o primeiro. A afirmação central de Bobbio é que a distinção entre esquerda e direita continua viva e saudável,

---

[2] *DS*, cit., p.105; *LR*, cit., p. 66.
[3] *DS*, cit., p. 128-132; *LR*, cit., p. 82-6.

pois está baseada em duas visões fundamentalmente diferentes de igualdade, que separam de forma permanente a esquerda e a direita. Mas na exposição dessa diferença, ele tende a reunir várias proposições que são logicamente independentes entre si. Podemos distinguir quatro delas, que se referem ao que podemos caracterizar como as questões de (i) factualidade; (ii) alterabilidade; (iii) funcionalidade; e (iv) direcionalidade da desigualdade humana. Na caracterização de Bobbio, a esquerda vê a desigualdade natural entre seres humanos como menor que sua igualdade, a maior parte das formas de desigualdade como sendo socialmente alterável, que poucas – se é que alguma – são positivamente funcionais e que demonstrarão cada vez mais sua própria efemeridade histórica. Por sua vez, a direita está comprometida com a visão de uma desigualdade natural entre seres humanos maior que sua igualdade, com a ideia de que poucas formas de desigualdade são alteráveis, que a maioria delas é socialmente funcional e que sua evolução não pode ser direcionada.

Os dois conjuntos assim apresentados são, entretanto, dissociáveis. O primeiro elemento de cada um sugere um problema inicial. Como os costumes humanos são ao mesmo tempo iguais e desiguais e diferem de forma tão radical – a ilustração de Bobbio é o fato comum da mortalidade e as diferentes formas de morrer –, como poderiam ser agregados num único cálculo que determine o saldo final? A solução de Bobbio é introduzir uma restrição: somente aqueles aspectos da sua natureza que ajudam as pessoas a viver juntas – *per attuare una buona convivenza* – serão levadas em conta nos cálculos[4]. Um conservador diria que isso é equivalente a embutir no cálculo, já de início, um *petitio principi*. Mas podemos esquecer essa dificuldade para notar uma ainda maior. Não existe ligação necessária entre a primeira e a segunda parte de cada um dos conjuntos. É absolutamente possível acreditar que os seres humanos são mais iguais que desiguais e que, apesar disso, a maioria das formas de desigualdade não é eliminável – e é não menos possível vê-los como mais desiguais que iguais e que, apesar disso, muitas desigualdades sociais podem e devem ser eliminadas.

Não são simples paradoxos formais. Afinal, existe uma extensa literatura que trata dos problemas que poderiam representar. Se nos concentrarmos apenas na segunda alternativa, um crescente corpo de pensamento vem se dedicando à possibilidade de que programas socialmente igualitários venham a gerar uma contrafinalidade: ao eliminar formas artificiais de desigualdade, baseadas no poder e na cultura, eles poderiam acentuar e cristalizar, muito mais dramatica-

---

[4] *DS*, cit., p. 105; *LR*, cit., p. 66.

mente que em qualquer época passada, formas naturais de desigualdade numa nova ordem hierárquica fundamentada no código genético. Esta visão já foi imaginada por Michael Young, um social-democrata moderado da década de 1950, em seu *Rise of Meritocracy* [Ascensão da meritocracia][5]. Mais recentemente, projeções semelhantes vieram de escritores liberais e neoconservadores dos Estados Unidos – Mickey Kaus ou Charles Murray. Todos esses autores, num espectro que vai da esquerda à direita, têm em comum a previsão de que, uma vez eliminadas as divisões de classe, as ocupações seriam determinadas por dons biológicos – essencialmente, graus de inteligência inata –, o que nos conduziria a formas novas e mais duras de estratificação, à medida que as estratégias endogâmicas de seleção de casamentos, orientadas por conhecimento genético preciso e pela escolha de DNA compatível, perpetuassem uma elite mental hereditária.

Não estamos interessados aqui na validade ou não dessas visões. Mas elas apontam para uma questão que foi contornada no argumento de Bobbio. Pois ele escreve como se as visões da natureza humana – e, portanto, de igualdade ou desigualdade – fossem basicamente uma questão de escolha filosófica, além da qual não existe apelação. Mas elas estão de fato sujeitas a evidências científicas, cujo volume vem crescendo continuamente em anos recentes. Mesmo assim – ele poderia contra-argumentar –, poucos foram os achados conclusivos relevantes para este tema. Mas a perspectiva de avanço continuado lança uma sombra sobre a distinção feita por ele. Mesmo em seu programa, não há razões pelas quais devam ser muito extensas as diferenças entre pontos de vista relativos à desigualdade natural ou social. Teoricamente, é possível imaginar que a variação natural em seres humanos da margem estimada tanto da desigualdade sobre a igualdade quanto vice-versa fosse estreita demais para gerar diferenças políticas sistemáticas, de fato poderia haver superposição entre as duas (já que não seria razoável esperar que cada um dos lados avaliasse consistentemente todos os elementos pela inversão da avaliação do outro). Em outras palavras, basear a distinção entre esquerda e direita em julgamentos ontológicos do equilíbrio entre igualdade e desigualdade humanas é apoiá-la numa base muito frágil – que o desenvolvimento posterior da ciência derrubaria pela imposição de uma convergência inevitável para um ponto de vista empírico comum.

---

[5] Michael Young, *Rise of Meritocracy 1870-2033: An Essay on Education and Equality* (Londres, 1958).

O que dizer então do terceiro elemento do conjunto de Bobbio? Embora ele dê menos atenção a este, poderia ele oferecer uma linha divisória mais estável? Em princípio, todos poderiam concordar com o equilíbrio factual entre a igualdade e a desigualdade naturais e com a alterabilidade ou não das desigualdades sociais, e ainda assim divergir fundamentalmente com relação à questão se estas últimas seriam funcionais ou disfuncionais para uma sociedade próspera. Neste caso, as questões de avaliação normativa, que não se prestam a arbitragem científica, receberiam a atenção que merecem. Poder-se-ia esperar que Bobbio se estendesse nelas. Mas ele menciona apenas de maneira superficial este terceiro elemento na sua caracterização de esquerda e direita, ao notar que as desigualdades são vistas não apenas como inevitáveis, mas como positivas pela direita, sem se deter no ponto de vista oposto da esquerda, que ele deve ter considerado evidente em si mesmo.

De qualquer forma, este elemento poderia ser visto como o meio mais seguro de diferenciação entre esquerda e direita. Mas surge um problema. Seria verdade que a esquerda, como existe hoje na Europa, nega a funcionalidade das desigualdades sociais? Basta observar o respeito universal atribuído ao mercado e às suas estruturas de incentivos para perceber que isso não é verdade. Em muitos países, os índices reais de desigualdade econômica aumentaram nitidamente sob administrações de esquerda, tanto ou mais do que sob administrações da direita. Foi o que se deu em décadas recentes. Evidentemente, a teoria da desigualdade produtiva foi desenvolvida pela direita, principalmente na grandiosa obra de Hayek. A esquerda se adaptou a ela, mas sem as cautelas necessárias. Talvez seja significativo que Bobbio nunca tenha debatido diretamente com Hayek. Em compensação, ele já se referiu com aprovação a Rawls, o pensador moderado da esquerda que teorizou a justiça como "imparcialidade", admitindo a desigualdade econômica apenas até o ponto em que melhora a sorte dos mais desafortunados. O formalismo do Princípio da Diferença deixa este ponto absolutamente indeterminado, o que justifica potencialmente toda desigualdade da ordem capitalista existente com base na produtividade sem precedentes históricos que atingiu e que beneficia até o cidadão mais pobre. É significativo que o próprio Hayek tenha declarado sua concordância fundamental com Rawls quando *Uma teoria da justiça* foi publicado.

O terceiro componente do pacote de Bobbio é, portanto, mais precário do que parece. Ele tem consciência da dificuldade – que, na prática, as políticas econômicas de esquerda e direita no Ocidente venham exibindo diferenças cada vez menores – e tenta resolvê-la descartando as transigências práticas da esquerda como irrelevantes para os "ideais" que ela continua a defender, e que são o objeto único de sua intervenção. Mas não se pode facilmente separar os dois. Afinal, o próprio Bobbio apela para o fato empírico de que a política partidária na Itália nunca foi tão estridente e insistentemente codificada em termos de esquerda e direita como acontece hoje, para dar peso à sua alegação de que a distinção entre os ideais ainda é válida. Mas houve uma característica ainda mais notável da campanha eleitoral italiana de 1994. Nunca as diferenças programáticas entre adversários foram tão estreitas quanto as daquele ano, consequência evidente da conversão do Partido Comunista Italiano a doutrinas mais ou menos neoliberais, simbolizada na peregrinação de seu líder a Londres durante a campanha para assegurar o *placet*. Em 1996, aumentou a convergência dos dois blocos, a ponto de cada um dos lados acusar publicamente o outro de copiar sua plataforma. Esses fatos depõem contra os tipos ideais de Bobbio, que não podem ser isolados deles.

Bobbio poderia replicar que, se essa convergência ocorreu nos países ricos, ela não se deu nos países pobres do mundo, onde – insiste ele – está a tarefa mais importante da esquerda. Mas também lá – na América Latina, na África Negra e no sul da Ásia – privatização e desregulamentação, o triunfo do mercado, são as doutrinas do momento, implementadas igualmente por políticos e partidos que já foram de esquerda e pelas forças da direita. O que tudo isso nos diz da quarta proposição de Bobbio – a direção da tendência da desigualdade global? Aqui, é notável a assimetria de sua explicação. Quando menciona o quarto elemento do seu contraste entre esquerda e direita, ele só se refere à esquerda – que, na história humana, é incentivada por um sentido mais duradouro do movimento na direção da igualdade. Bobbio não sugere o que a direita poderia pensar dessa perspectiva. Mas podemos deduzir que não haverá concordância. Qualquer espécie de direcionalidade ampla pode talvez ser considerada incompatível com a visão tradicional da direita.

Entretanto, temos diante de nós um exemplo muito recente de uma doutrina da direita moderada caracterizada por forte direcionalidade, que é muito relevante para a tese de Bobbio. É a já famosa afirmação de Francis Fukuyama de que a história chegou a uma conclusão categórica, mesmo que não cronológica, pois não há mais qualquer alternativa ao capitalismo liberal, cujas estruturas de incentivo exigem aproximadamente os níveis de desigualdade que hoje existem nos países avançados, e cuja dinâmica está agora visivelmente atraindo os países mais pobres para o mesmo caminho, na direção de uma prosperidade comum necessariamente competitiva e não igualitária[6]. Fukuyama concordaria tranquilamente com Bobbio em que a história se move em direção à maior igualdade, já que é isso que afirma a sua teoria hegeliana da luta por reconhecimento. Ele observaria apenas que, em algum ponto, esse movimento será interrompido, e que já vemos sinais desse ponto de parada nas sociedades que temos, com mais ou menos diferenças com que todos podem concordar. Não se sabe bem como Bobbio, sem uma teoria histórica comparável, responderia. Suas páginas de conclusão compõem uma poderosa declaração moral. Mas seria acidental o fato de se equivocarem num ponto crucial? A tendência de longo prazo em direção a uma crescente igualdade humana, repete ele, é "irresistível". Ainda assim, ele afirma na mesma frase que esse movimento civilizador não é "necessário", mas apenas "possível"[7]. Não é necessário enfatizar a contradição entre os dois termos.

A defesa teórica da distinção entre esquerda e direita feita por Bobbio, apesar de toda a sua eloquência, pode, assim, ser mais vulnerável do que aparenta. Se perguntamos a razão disso, a resposta está certamente na dificuldade de construir uma axiologia de valores políticos sem uma referência coerente ao mundo social empírico. Bobbio escreve sempre como se pudesse separar da história contemporânea a sua taxonomia ideal, o que ele obviamente não pode. Na prática, ele admite o cenário político do presente na sua exposição, de maneira seletiva, para os objetivos de sua argumentação. Mas é nesse presente que se encontram as razões e limites mais profundos de sua intervenção. Bobbio passou desde a década de 1950 até os anos 1980 argumentando contra as tradições do marxismo italiano, primeiro em sua forma oficial, depois na heterodoxa. Ele foi desde o início um opositor corajoso, consistente e educado do comunismo, tanto em seu próprio país como no exterior, analisando-o do ponto de vista do que ele gostaria que fosse um socialismo liberal. Entretanto, quando o bloco soviético entrou em colapso, Bobbio não ficou exultante. Sua reação foi exatamente o oposto do triunfalismo. Apesar de saudar a derrubada dos regimes do Pacto de Varsóvia como um grande episódio de emancipação humana, o fim de uma utopia invertida, seu temor imediato foi o de que o capitalismo ocidental se libertasse agora de qualquer pressão para se reformar numa direção mais humana, como a representada pela ameaça soviética, num

---

[6] Francis Fukuyama, *The End of History and the Last Man*, Londres, 1993. [Ed. bras.: *O fim da história e o último homem*, Rio de Janeiro, Rocco, 1992.]
[7] *DS*, cit., p. 132; *LR*, cit., p. 85-6.

mundo em que a maior parte da humanidade, fora das zonas de privilégio ocidental, continuava os condenados da terra[8].

Seus pressentimentos logo se confirmaram na Itália, quando um coro crescente de vozes da esquerda, ou da antiga esquerda, declarou ser a distinção entre esquerda e direita, a partir daquela data, um anacronismo. Foi exatamente contra esse tipo de reação aos acontecimentos de 1989-1991 que Bobbio tinha alertado. Melhor que qualquer outro, ele viu suas causas psicológicas, que descreve sem erro em *Direita e esquerda*. Contra esse relaxamento da tensão moral e política, ele interveio com grande força para reafirmar sua identidade duradoura com a esquerda. Mas, se essa intervenção dava grande força à sua polêmica, também fixava os seus limites. Poderíamos dizer que o olhar de Bobbio continuou muito voltado para o leste. A partir da Libertação, ele enfrentou uma esquerda dominada pelo mais poderoso movimento comunista do Ocidente, que exigiu o melhor de sua energia intelectual. Sua crítica do movimento sempre foi muito mais forte que a alternativa que propunha, depois da morte do Partito d'Azione e das esperanças de um "socialismo liberal" que ele representava. Bobbio foi atraído pelo que conhecia do trabalhismo inglês, resultado de um conhecimento breve durante os anos de Attlee. Mas não existia equivalente na Itália. Durante a década de 1970, Bobbio se via mais ou menos como um social-democrata, num país sem social-democracia. Mas ele nunca deu o mesmo grau de atenção à versão dominante ocidental da esquerda europeia que dava à oriental. A social-democracia continuou como uma imagem inofensiva e meio embaçada, não um fenômeno institucional independente e nítido.

Talvez inconscientemente, Bobbio evitava até mesmo olhar por sobre o ombro para o que estava se formando às suas costas na Inglaterra de Wilson ou Callaghan, na França de Mitterand, na Espanha de González. De qualquer forma, foi a repressão dessa experiência o que marcou os limites de sua intervenção em *Direita e esquerda*. Pois, já em 1994, os que argumentavam contra a validade das categorias de direita e esquerda foram evidentemente levados a isso não apenas pelo colapso do comunismo no Leste, mas pela desmoralização da social-democracia no Ocidente. O abandono do pleno emprego e a redução do

---

[8] "L'Utopia Capovolta", *La Stampa*, 9/6/1989, traduzido para o inglês como "The Upturned Utopia", *New Left Review*, 177, set.-out. 1989, e mais tarde publicado novamente no livro de Bobbio de mesmo título, *L'Utopia Capovolta* (Turim, 1990).

seguro social, bem como a universalização das doutrinas neoliberais de crescimento econômico, colocaram em questão o contraste tradicional entre esquerda e direita de uma forma mais dolorosa e decisiva do que admitia a visão abrangente de Bobbio. Evidentemente, os termos esquerda e direita são, por si sós, como reconhece ele próprio, puramente relativos. Uma esquerda poderia sobreviver num sistema totalmente capitalista – purgada de toda resistência ao mercado –, mas estaria à direita de qualquer coisa que atualmente se considera de centro. Isso já seria verdade atualmente, se compararmos o recente governo trabalhista da Nova Zelândia com o dos moderados da Suécia.

Mas há dúvidas quanto à persistência do vocabulário de esquerda e direita sob tais condições[9]. A Europa, que inventou a distinção, inclina-se a pensar que ele tenha se tornado universal. Mas não é verdade. Nos Estados Unidos, onde sempre existiu um sistema que se aproxima do capitalismo absoluto, os termos esquerda e direita ainda são limitadamente correntes na literatura acadêmica, mas nada significam no discurso público ou popular. Isso não é uma peculiaridade da tradição cultural americana, mas um reflexo preciso da diferença mínima e da intercambialidade esporádica entre os dois partidos do país. Basta observar que as políticas domésticas da administração democrata de Clinton são muito mais conservadoras do que as da administração republicana comandada por Nixon. Não existe uma linha nítida de princípios a separar os dois duopolistas.

Situação semelhante – potencialmente, talvez, ainda mais pronunciada – ocorre no Japão, com a liquidação do Partido Social-Democrático e a divisão do PLD. Não existe sentido em que se possa classificar os atuais governo e oposição em Tóquio como esquerda e direita, já que os dois se originaram do mesmo magma. Como Estados Unidos e Japão formam a parte maior e mais dinâmica do mundo capitalista avançado, há razões para acreditar que a Europa tenda a se aproximar do mesmo horizonte.

Historicamente, é claro, rótulos ideológicos podem persistir por muito tempo depois de desaparecer a substância à qual eles estiveram ligados – o exemplo do Sagrado Império Romano representa uma classe inteira de casos como esse. Antônimos políticos constituem um caso especial, mas também aqui uma inércia comparável de termos e de evacuação de significados é familiar o suficiente. Oposições de princípios não devem ser confundidas com inimizades entre partidos. Conflitos entre "partes" amplamente reconhecidas, alguns deles

---

[9] Para a história e a antropologia dos termos, ver J. A. Laponce, *Left and Right: The Topography of Political Perception* (Toronto, 1981).

virulentos, podem ser notavelmente duradouros, mesmo na ausência de diferenças socialmente significativas entre elas – os mecanismos de partidarismo perpetuam lealdades rivais ao longo dos períodos mais longos. Embates violentos entre Azuis e Verdes, meras equipes de bigas, dominaram a vida política do Bizâncio por séculos. Nossos partidos na televisão inspiram menos paixão do que as equipes no hipódromo. Devemos estar orgulhosos ou perturbados por essa diferença?

Não quer isso dizer que os conceitos de esquerda e direita devam ser abandonados. A convocação apaixonada de Bobbio a mantê-los merece todo respeito. Mas eles não serão salvos, sim enfraquecidos, se fecharmos os olhos para o esvaziamento do seu conteúdo pela tendência da política estabelecida desde meados dos anos 1970. Uma defesa meramente axiológica da ideia de esquerda, sem o apoio de uma teoria histórica do presente ou de um ataque institucional ao *status quo*, não está à altura dessa missão. Bobbio esperava que o socialismo liberal pudesse enfrentar esse desafio. Hoje, ele descreve a social-democracia como socialismo liberal, numa baixa notável de expectativas – mas, ao mesmo tempo, descreve o socialismo liberal como uma figura típica da terceira inclusiva, cujas tentativas enganosas de evitar a dicotomia entre esquerda e direita ele critica em outra parte. A lição desse livro é que a oposição entre esquerda e direita não tem garantia axiomática.

Filosoficamente, a resposta de Bobbio à condição política contemporânea do Ocidente é o oposto das de Rawls e Habermas. Onde eles procuraram apagar a diferença entre *sein* e *sollen*, em uma passagem contínua entre idealizações do mundo existente e concretizações de veleidades para além dele, Bobbio ateve-se aos princípios do positivismo jurídico e do realismo político que o formaram: valores e fatos são, categoricamente, domínios separados, que não devem ser confundidos. Esta é certamente uma vantagem intelectual que Bobbio goza em relação a eles. Mas tem um preço: romper toda a conexão entre os riscos históricos e os desejáveis ao remeter o mundo ao que é indesejável, em nome desse mesmo realismo.

1996-2005

7

ARMAS E DIREITOS:
O CENTRO AJUSTÁVEL

Na última década do século passado, três dos mais eminentes filósofos políticos da época voltaram sua atenção para o cenário internacional. No começo dos anos 1990, publicaram o que pode ser considerada a afirmação culminante de suas reflexões sobre os assuntos internos das democracias liberais do Ocidente: *Direito e democracia* (1991), de Jürgen Habermas, *Liberalismo político* (1993), de John Rawls, e *Direita e esquerda* (1994), de Norberto Bobbio. Seguiram-se então, agora com foco nas relações externas dos Estados, "Kant's Idea of Perpetual Peace: At Two Hundred Years' Historical Remove" [A ideia kantiana de paz perpétua: em uma distância histórica de duzentos anos] (1995) e "The Post-National Constellation and the Future of Democracy" [A constelação pós-nacional e o futuro da democracia] (1998), de Habermas, e *O direito dos povos* (1999), de Rawls[1]. Bobbio, que começou muito antes a refletir sobre as relações internacionais e antecipou muitas de suas preocupações em "Democracy and the International System" [Democracia e o sistema internacional] (1989), fez intervenções mais pontuais ao longo desses anos, provocando grandes debates intelectuais com cada uma delas. Em contraste, a aparente alteração do foco em Rawls e Habermas, muitas vezes criticados pela falta de interesse nas questões globais, chamou a atenção. No pano de fundo dessa nova série de

---

[1] O ensaio de Bobbio apareceu pela primeira vez na terceira edição de *Il problema della guerra e le vie della pace* (Bolonha, Mulino, 1989) [ed. bras.: *O problema da guerra e as vias da paz*, São Paulo, Editora Unesp, 2003] e, em inglês, em Daniele Archibugi e David Held (orgs.), *Cosmopolitan Democracy* (Cambridge, Polity, 1995), p. 17-41. Os ensaios de Habermas apareceram respectivamente em *Die Einbeziehung des Anderen*, cit., 1996, p. 192-236, e *Die postnationale Konstellation*, cit., p. 91-169, e, em inglês, em *The Inclusion of the Other*, cit., p. 165-202 e *The Postnational Constellation*, cit., p. 58-112.

preocupações da parte desses três pensadores, estendia-se o friso da história mundial, uma vez que o fim da Guerra Fria havia trazido não a pacificação das relações entre os Estados, mas sim disputas militares numa frequência inédita desde os anos 1960, no Golfo, nos Bálcãs, no Hindu Kush e na Mesopotâmia. Cada filósofo procurou oferecer propostas adequadas à época.

Dos três, Rawls foi quem ofereceu o esboço mais sistemático de uma ordem internacional desejável. *O direito dos povos* amplia do plano nacional para o global os recursos de modelagem utilizados em *Uma teoria da justiça*. Como se dá a justiça internacional? Rawls argumenta que devemos imaginar uma "posição original" para os vários povos da Terra, paralela à dos indivíduos no Estado nacional. Nela, esses atores coletivos escolhem as condições ideais de justiça sob um véu de ignorância que esconde sua própria dimensão, seus recursos e sua força na sociedade das nações. O resultado, diz ele, seria um "direito dos povos" comparável ao contrato entre os cidadãos num Estado constitucional moderno. Mas, enquanto este último é especificamente um modelo para as democracias liberais, a extensão do primeiro vai além e atinge sociedades que não podem ser chamadas de liberais, mas são organizadas e decentes, ainda que mais hierarquizadas. Os princípios da justiça global que deveriam governar povos democráticos e decentes correspondem, em larga medida, às regras que já existem no direito internacional e na Carta das Nações Unidas, porém com dois corolários críticos.

Por um lado, o direito dos povos – deduzido de uma posição original – autoriza intervenções militares para defender os direitos humanos em países que não são nem decentes nem liberais, e cuja conduta os coloca como marginais na sociedade das nações. Podem ser atacados com base em suas políticas internas, mesmo que não constituam uma ameaça à comunidade das nações democráticas, a despeito de disposições em contrário na Carta das Nações Unidas. Por outro lado, o direito dos povos não obriga à redistribuição econômica entre os Estados, como exige nos Estados democráticos. O princípio da diferença, explica Rawls, não se aplica aos povos, porque a disparidade de renda não se deve a uma desigualdade de recursos, mas sobretudo a contrastes entre as culturas. Cada sociedade é responsável por seu próprio destino econômico. Povos mais abastados têm o dever de ajudar aqueles que são historicamente mais onerados por suas culturas, mas essa ajuda não vai além de fazê-los alcançar as suficiências necessárias para o estabelecimento de uma ordem hierárquica decente. Um empíreo legal que se conformasse a essas regras teria todas as chances de estender aos quatro cantos da Terra a paz que reinou por mais de um século entre as democracias do mundo. O direito dos povos, inspirado na longa experiência de armistício entre as sociedades liberais, configura uma "utopia realista".

Rawls explica no início de *O direito dos povos* que a intenção básica de seu trabalho é apresentar uma versão contemporânea de *A paz perpétua** (1795), de Kant. Habermas, partindo da mesma inspiração, buscou atualizar Kant de forma mais explícita, revisando a fortuna póstuma de seu esquema e, sempre que necessário, ajustando-o às condições presentes. Kant acreditava que a guerra poderia ser abolida pelo surgimento gradual de uma federação de repúblicas na Europa, cujos povos não teriam os impulsos mortíferos que levaram os monarcas absolutos a guerrear continuamente entre si à custa de seus súditos – por glória ou poder. Ao contrário, estando interligados pelo comércio e iluminados pelo exercício da razão, eles suprimiriam naturalmente essa atividade tão destrutiva para sua vida e sua felicidade. Por mais de um século, observa Habermas, a história rechaçou essa possibilidade. Povos democráticos mostraram que podiam ser tão belicosos quanto os príncipes autocratas. Em vez do comércio que traz a paz, houve a Revolução Industrial e a luta de classes, que mais dividiu do que uniu a sociedade. Com a chegada dos meios de comunicação modernos, a esfera pública tornou-se vítima da distorção e da manipulação. No entanto, desde o fim da Segunda Guerra Mundial, a visão de Kant ganhou vida novamente e suas premissas se tornaram reais, porém em condições distintas. Pesquisas confirmam que democracias não guerreiam entre si. Com a Organização para a Cooperação e Desenvolvimento Econômico (OCDE), as nações tornaram-se economicamente interdependentes. O Estado de bem-estar social pacificou os antagonismos de classe. ONGs e cúpulas internacionais sobre população e meio ambiente mostram que uma esfera pública mundial está se formando.

Mas se o diagnóstico de Kant se mostrou verdadeiro, seu esquema institucional para uma paz eterna provou ter falhas. Um mero *foedus pacificum* – concebido por Kant sobre o modelo de um tratado entre Estados, do qual as partes poderiam se retirar voluntariamente – teria aplicabilidade insuficiente. Uma ordem de fato cosmopolita requer a força da lei, não um simples consentimento diplomático. A Carta das Nações Unidas – que proíbe as guerras agressivas e autoriza medidas de segurança coletiva para proteger a paz – e a Declaração de Direitos fornecem algumas bases legais para isso. Mas como insiste – de

---

* Porto Alegre, L&PM, 2008. (N. E.)

modo inconsistente – em proclamar a soberania nacional como algo inviolável, a Carta não avança além da concepção original de Kant. O passo transformador que falta dar é uma lei cosmopolita que ultrapasse o Estado nacional e conceda direitos justificáveis aos indivíduos, à qual pudessem apelar contra esse Estado. Tal ordem legal exige força: uma força armada capaz de se sobrepor, quando necessário, às prerrogativas da soberania nacional. O Conselho de Segurança não foi um bom instrumento para esse imperativo, uma vez que sua composição podia ser questionada e suas ações nem sempre eram imparciais. Seria melhor se se aproximasse do modelo do Conselho de Ministros da União Europeia, mas – ao contrário deste último – com uma força militar sob sua autoridade. No entanto, a Guerra do Golfo provou que a ONU caminhava na direção correta. O momento presente deve ser visto como uma transição entre um direito internacional de tipo tradicional, que regula as relações entre os Estados, e uma lei cosmopolita, que determina que os indivíduos estão sujeitos a direitos universalmente aplicáveis.

Já o ponto de partida de Bobbio é a obra de Hobbes. Para os teóricos do direito natural, a passagem de um estado de natureza para uma união civil requer dois contratos distintos: em primeiro lugar, um acordo entre indivíduos em guerra a fim de estabelecer uma associação entre eles e, em segundo lugar, submeter-se às decisões de uma autoridade em caso de disputa – um pacto de não agressão e um pacto pela resolução pacífica do conflito. Para Hobbes, nenhum deles é aplicável às relações entre Estados. Segundo ele, a paz é sempre uma suspensão temporária da guerra, condição infalível de poderes soberanos que competem entre si. Trata-se de uma descrição correta, afirma Bobbio, do sistema clássico de relações internacionais até o século XX. Mas com o advento da Liga das Nações, e depois das Nações Unidas, pela primeira vez um *pactum societatis* começou a ganhar forma entre Estados soberanos. Contudo, ainda faltava um *pactum subiectionis* para resolver os conflitos e aplicar os direitos. Ideais democráticos estavam claramente na base da Declaração de Direitos Humanos da ONU e da igualdade representativa da Assembleia Geral. Mas a soberania nacional continuava a frustrar a primeira e o caráter do Conselho de Segurança ainda comprometia a segunda. O destino da Terra ainda era determinado essencialmente pelas negociações entre as grandes potências.

No entanto, esse modelo passou a coexistir com um modelo superior. Se era errado idealizar a ONU, duvidar dela também era um equívoco. O novo sistema de relações internacionais representado parcialmente pela ONU não eliminou o sistema mais antigo; mas este também não conseguiu despachar aquele. Ambos roçavam-se – um ainda era efetivo, porém não mais legítimo; o outro era legítimo, mas não ainda efetivo[2]. O que ainda faltava no sistema internacional contemporâneo era a figura jurídica do "terceiro" – árbitro, mediador ou juiz –, criada por um pacto de submissão, do qual o Leviatã de Hobbes, governando os que se tornaram voluntariamente súbitos, constituía um poderoso modelo intraestatal – ainda que autocrático. Hoje, o esboço abstrato desse terceiro poderia assumir uma forma democrática enquanto soberania cosmopolita baseada no consentimento dos Estados, e forte o suficiente para fazer valer a paz universal e um catálogo de direitos humanos. A primeira condição para tal ordem desejável já havia sido percebida por Kant. Trata-se do princípio da transparência, que anula o *arcana imperii* que sempre caracterizou as políticas externas tanto das democracias quanto das tiranias, sob o pretexto de que as questões de Estado eram complexas e delicadas demais para serem divulgadas ao público, e perigosas demais para serem reveladas ao inimigo. O sigilo estaria fadado a corroer a própria democracia, como provam inúmeras ações – internas e externas – dos serviços de segurança nacional dos Estados contemporâneos. Aqui, criou-se um círculo vicioso. Os Estados só poderiam ser plenamente democráticos se o sistema internacional se tornasse transparente, mas o sistema só seria transparente se todos os Estados se tornassem democráticos. Mas havia razões para ter esperança: o número de democracias crescia e certa democratização da diplomacia já era visível. Assim como Kant viu no entusiasmo geral em torno da Revolução Francesa um "sinal premonitório" do progresso moral da humanidade, hoje a aceitação universal dos direitos humanos, por mais formais que sejam, pode ser vista como o prenúncio de um futuro de paz[3].

A semelhança entre essas construções, obtida de modo independente, é ainda mais notável se levarmos em conta o perfil distinto de seus autores. Biograficamente, a experiência formadora de cada um deles foi a Segunda Guerra Mundial, mas o período foi vivido de maneira bastante distinta por eles. Rawls (1921-2002), que nasceu numa família rica de Maryland e originalmente queria ser pastor protestante, lutou como soldado de infantaria na Nova Guiné e nas Filipinas durante a Guerra do Pacífico. As crises morais que enfrentou no campo de batalha parecem tê-lo afetado profundamente, e a vocação religiosa

---

[2] "Democracy and the Milão International System", cit., p. 22-31.
[3] *Il terzo assente* (Milão, Sonda, 1989), p. 115 e ss. [ed. bras.: *O terceiro ausente*, São Paulo, Manole, 2009]. Citado daqui em diante como *TA*.

se transformou em vocação filosófica. De volta para casa, trilhou a carreira acadêmica e, no começo dos anos 1970, com a publicação de *Uma teoria da justiça*, tornou-se o pensador político mais lido de sua época. Embora construída de maneira totalmente abstrata, a obra de Rawls era ao mesmo tempo consistentemente prescritiva, por mais ambíguas que fossem suas implicações práticas. No plano intelectual, seu horizonte pode ser considerado bastante estreito: filosofia moral anglo-americana, desde a época vitoriana até a Guerra Fria, animada por certa inspiração kantiana. No plano político, Rawls considerava-se um liberal de esquerda, e sem dúvida votava nos democratas. Mas um dos aspectos mais impressionantes desse pensador, que muitas vezes foi descrito com admiração por seus colegas como alguém alheio ao mundo, foi ter se abstido, durante toda a sua vida, de qualquer comentário sobre questões públicas.

Oito anos mais novo, Habermas cresceu numa pequena cidade do Reno, durante o governo de Hitler. Seu pai entrou para o Partido Nazista em 1933, e o próprio Habermas participou brevemente de operações de defesa no fim da guerra, ao lado da Juventude Hitlerista. Após descobrir a realidade do Terceiro Reich e romper com Heidegger, sua primeira grande influência, Habermas tornou-se o maior representante filosófico da Escola de Frankfurt, absorvendo as transformações peculiares de Marx e criticando-as em seguida à luz do pragmatismo norte-americano e da teoria dos sistemas. Como herdeiro intelectual das ambições totalizantes do idealismo alemão, deixou poucas tradições filosóficas de fora de seu rol de interesses, no qual a sociologia – clássica e contemporânea – ocupou lugar central. Como pensador político, o padrão de sua escrita inverteu o de Rawls, a quem criticou por suas intenções inadequadamente substantivas. A própria teoria política de Habermas é puramente processual, alheia a qualquer proposição programática. Mas, por outro lado, ele nunca hesitou em intervir politicamente nas questões locais, assumindo posições públicas nas principais discussões da época, na Alemanha, como cidadão de esquerda. Seu *Kleine politische Schriften* [Pequenos escritos políticos] hoje chega a nove volumes, rivalizando com *Situações**, de Sartre. Ainda assim, nunca se envolveu com organizações políticas, mantendo distância tanto do Partido Verde quanto do Partido Social-Democrata Alemão.

Uma geração mais velho, Bobbio (1907-2004) nasceu numa família bem relacionada de Turim que, tal como a maior parte da burguesia italiana, viu com bons olhos a Marcha sobre Roma e a ditadura de Mussolini. Depois de alguns

---

* Ed. port.: Porto, Europa-América, 1997. (N. E.)

trabalhos iniciais sobre Husserl, voltou-se para a filosofia do direito. Aos vinte e tantos anos, sua amizade com intelectuais da resistência antifascista lhe rendeu uma detenção breve em 1935; retornou à carreira universitária depois de escrever uma carta de submissão a Mussolini e recorrer a um tio que conhecia um alto funcionário do regime. Quando estourou a guerra, ele era membro de um círculo liberal-socialista clandestino e, em 1942, foi um dos fundadores do Partito d'Azione, a principal força da esquerda independente na resistência italiana. Membro ativo do Partito d'Azione até 1948, quando este desapareceu aos poucos da cena, Bobbio se tornou o interlocutor crítico mais eloquente do comunismo italiano no auge da Guerra Fria. Em 1966, quando os socialistas italianos se uniram novamente, ele entrou para o partido reunificado e teve papel importante tanto nas discussões internas como nos debates públicos mais amplos – depois de 1978, fez forte oposição à liderança de Craxi no Partido Socialista Italiano. Em 1984, quando se aposentou na Universidade de Turim, foi empossado como senador vitalício e, em 1992, seu nome foi cogitado para disputar a Presidência da República.

Se a carreira de Bobbio foi mais intensamente política que a de Habermas – que dirá a de Rawls –, como teórico ele foi menos sistemático e original – limitações que era o primeiro a enfatizar. Mergulhado na filosofia do direito, que ensinou durante boa parte de sua vida, e inspirando-se sobretudo no positivismo de Kelsen, ele assumiu a cátedra de ciência política no começo dos anos 1970. Em ambos os campos, demonstrou um senso histórico muito mais rico do que o do alemão e o do norte-americano. O mais influente de seus volumosos escritos tratou das origens, do destino e do futuro da democracia e de suas relações com o socialismo, e valeu-se tanto de Constant como de Mill, Weber e Pareto para confrontar o legado de Marx. Esses textos refletem de maneira vívida a energia e a variedade da cultura política italiana no período pós-guerra, em forte contraste com a paisagem monocromática dos Estados Unidos ou da República Federal da Alemanha. Nesse sentido, o pensamento de Bobbio foi o resultado de uma experiência nacional sem equivalentes em outras partes do Ocidente. Mas em um aspecto crítico ele também divergia de seu país. A partir do início dos anos 1960, Bobbio passou a se preocupar com problemas globais de guerra e paz que tinham pouca ou nenhuma ressonância na Itália – um Estado subordinado dentro do sistema de segurança norte-americano, sem colônias pós-guerra e com poucos vestígios de política externa, cuja classe política e eleitorado, notoriamente polarizados por conflitos domésticos, pouco se interessavam por questões fora de suas fronteiras. Preocupado com o risco de uma guerra termonuclear entre o Leste e o Oeste, Bobbio dedicou seus melhores ensaios às relações internacionais da era atômica, reunidos, em 1979, em *O problema da guerra e as vias de paz*, bem antes de Rawls ou Habermas pensar em falar de política internacional.

Serviço militar na guerra dos Estados Unidos para reconquistar o Pacífico; infância na Alemanha Nazista; resistência clandestina contra o fascismo italiano. Seria surpreendente que três experiências tão distintas não deixassem vestígios na obra daqueles que passaram por elas. Rawls e Habermas oferecem o contraste mais nítido. Desde o início, houve críticos – quase todos também admiradores – de *Uma teoria da justiça* que ficaram confusos diante de sua suposição tácita, nunca muito bem explicada, de que a única unidade relevante para sua "posição original" imaginária, da qual um contrato social justo poderia derivar, era o Estado-nação. Como um construtivismo kantiano, que deduz seus efeitos de princípios universais, poderia ter implicações para a construção de apenas uma comunidade em particular? O imperativo categórico não reconhecia limites territoriais. Na época, a restrição poderia parecer anódina, já que os dois princípios de justiça de Rawls e sua ordem lexical – primeiro, direitos iguais para a liberdade política; segundo, apenas desigualdades econômicas que beneficiassem a todos – pressupunham condições comuns aos ricos países capitalistas do Ocidente, com os quais seus comentaristas estavam todos essencialmente preocupados.

Com a publicação de *Liberalismo político*, no entanto, a extensão das preocupações de Rawls, que se concentravam em apenas um Estado-nação, bastante atípico, isto é, o seu próprio país, tornou-se clara. Toda a problemática dessa sequência, ainda posta em termos gerais, mas referindo-se agora com menos pesar a questões ou obsessões estritamente norte-americanas, girava em torno do papel que se permitiria que a religião desempenhasse na vida política, uma questão de pouca relevância em qualquer sociedade avançada, com exceção dos Estados Unidos. Como pano de fundo, as referências patrióticas usuais – a Declaração de Independência, a Carta dos Direitos, a Suprema Corte, os discursos inaugurais de Lincoln, o *New Deal* – delimitam o espaço de reflexão. Movendo-se em terreno menos familiar, *O direito dos povos* desdobra a lógica dessa introversão. Considerando que, em *Uma teoria da justiça*, é a escolha racional dos indivíduos que é moldada na posição original, por que o mesmo procedimento não é aplicado ao direito dos povos? Thomas Pogge, o pupilo mais proeminente de Rawls, ao lamentar o viés conservador de seu trabalho posterior, procurou estender esse ponto de partida radical exatamente da maneira que Rawls rejeitou: oferecendo uma visão de "justiça global" baseada na aplicação do princípio da diferença a todos os homens, e não apenas aos cidadãos de certos Estados[4]. A razão por que Rawls rejeitou essa ampliação tem a ver com o cerne silencioso de sua teoria. Para que os indivíduos na posição original pudessem chegar a um acordo unânime sobre os dois princípios de justiça, Rawls teve de lhes atribuir um leque de informações e um conjunto de atitudes derivadas das próprias democracias liberais que a posição original deveria gerar – com seu véu de ignorância obscurecendo os destinos de cada indivíduo na ordem social a ser escolhida, mas não o conhecimento coletivo de suas instituições típicas.

Em *O direito dos povos*, esse conhecimento circular ressurge como "cultura política" de uma sociedade liberal. Mas justamente porque é inevitável que tal cultura varie de nação para nação, o caminho para qualquer universalização dos princípios de justiça é bloqueado. Estados, não indivíduos, devem ser partes contratantes num plano global, já que não há pontos em comum entre as culturas políticas que inspiram os cidadãos de cada uma delas. Mais do que isso: são precisamente as diferenças entre as culturas políticas que explicam a desigualdade socioeconômica que as divide. "As causas da riqueza de um povo e as formas que ela assume estão nas tradições políticas e filosóficas, morais e religiosas, que sustentam a estrutura básica das instituições políticas"[5]. Nações prósperas devem seu sucesso ao zelo cultivado por tais tradições; na falta dele, os países atrasados só podem culpar a si mesmos por serem menos prósperos. Assim, apesar de insistir no direito de emigração das sociedades "oneradas", Rawls rejeita direito semelhante à imigração para sociedades liberais, já que isso apenas premiaria os incompetentes, que não são capazes de cuidar de suas propriedades. Esses povos "não têm como compensar sua irresponsabilidade no trato com sua terra e seus recursos naturais", afirma ele, "migrando para território alheio sem o seu consentimento"[6].

A capa do livro que traz essas reflexões é ilustrada pela imagem borrada, envolta por uma pálida nuvem dourada, de uma estátua de Abraham Lincoln.

---

[4] Ver *Realizing Rawls* (Ithaca, Cornell University Press, 1989), p. 9-12; "Priorities of Global Justice', em Thomas Pogge (org.), *Global Justice* (Oxford, Blackwell, 2001), p. 6-23.
[5] *The Law of Peoples* (Cambridge, Mass., Harvard University Press, 1999), p. 108 [ed. bras.: *O direito dos povos*, São Paulo, Martins Fontes, 2004]. Citado daqui em diante como *LP*.
[6] Ibidem, p. 39.

O ícone nacionalista é apropriado. Não parece ter ocorrido a Rawls que os Estados Unidos devem sua existência à desapropriação violenta dos povos nativos, fundamentada justamente no argumento alegado por ele hoje para rejeitar a distribuição de oportunidades ou renda para além das fronteiras do país – a incapacidade do outro de fazer uso "responsável" de sua terra ou de seus recursos. Os primeiros a comandar a limpeza, e os que os seguiram, são, em geral, objeto de reverência em seus textos tardios. Lincoln, contudo, ocupava posição de destaque em seu panteão, como deixa claro *O direito dos povos* – em que é celebrado como exemplo de "sabedoria, força e coragem" de estadistas que, ao contrário de Bismarck, "guiam seus povos em épocas turbulentas e perigosas" – e como atestaram seus colegas[7]. A admiração de Rawls por Lincoln deve muito à abolição da escravatura. Maryland foi um dos estados escravocratas que se uniu ao Norte quando estourou a Guerra Civil e ainda era bastante marginalizado na juventude de Rawls. Mas Lincoln, é claro, não travou a Guerra Civil para libertar os escravos, cuja emancipação foi apenas consequência indireta dessa luta. Ele a travou para preservar a União, objetivo nacionalista comum. O custo em vidas para garantir a integridade territorial da nação – 600 mil mortos – foi muito mais alto do que o de todas as guerras de Bismarck juntas; uma geração depois, o Brasil libertou seus escravos com quase nenhum derramamento de sangue. Histórias oficiais, ao contrário dos filósofos, existem para mistificar aqueles que forjaram a nação. O estilo do patriotismo de Rawls o distingue de Kant, e o põe abaixo dele. *O direito dos povos*, explica ele, não é uma visão cosmopolita[8].

Habermas é o caso antipodal. Na Alemanha do pós-guerra, mais do que em qualquer outro país do Ocidente, as reações contra o culto à nação foram muito fortes, a memória pessoal do Terceiro Reich era fresca. A divisão do país durante a Guerra Fria serviu para fortalecer ainda mais essas reações. Havia pouca chance de o Estado-nação ser tomado simplesmente como um dado tácito da reflexão política. Para Habermas, a questão era o oposto: qual é o lugar, como comunidade contingente, da nação cujas fronteiras foram delimitadas por armas e acidentes dentro da estrutura necessária da democracia liberal? Visto que incorpora princípios universais, como o *Rechtsstaat* pode abrigar um núcleo particularista? Habermas propõe duas razões, uma teórica e a outra empírica. Em

---

[7] Ibidem, p. 97. Sobre o culto de Rawls a Lincoln, ver *inter alia* Thomas Nagel, "Justice, Justice Thou Shalt Pursue", *The New Republic*, 13/1/2000.
[8] *LP*, cit., p. 119-20.

relação à primeira, ele observa que "há um hiato teórico na construção do Estado constitucional que somos tentados a preencher com uma concepção naturalista de povo" – pois "não se pode explicar em termos puramente normativos como o universo dos que se unem para regular sua vida comum por intermédio da lei positiva deve ser composto"[9]. Em relação à segunda, na prática histórica os ideais de soberania popular e direitos humanos eram abstratos demais para despertar as energias necessárias para fazer surgir a democracia moderna. Os laços de sangue e a língua deram o impulso que faltava para a mobilização exigida, e a nação tornou-se uma força motora semelhante à religião, como "um remanescente de transcendência no Estado constitucional"[10]. Então, o nacionalismo gerou o imperialismo que avançou pelo século XX, sublimando conflitos de classe em guerras de conquista além-mar e expansão externa.

Hoje, contudo, duas forças amplas enfraquecem o apelo político do Estado nacional. De um lado, a globalização dos mercados financeiros e das mercadorias compromete a capacidade do Estado de governar a vida socioeconômica: nem barreiras tarifárias nem programas de bem-estar social são de muita valia. De outro, o aumento da imigração e a ascensão do multiculturalismo estão dissolvendo a homogeneidade étnica da nação. Para Habermas, há graves riscos nesse processo biface, à medida que os mundos vitais tradicionais, com seus próprios códigos éticos e proteções sociais, caminham para a desintegração. Para evitar esses perigos, argumentou ele, seria necessário um equivalente contemporâneo da resposta social ao clássico *laissez-faire* que Polanyi traça em *A grande transformação** – um segundo "fechamento" paliativo da nova modernidade "generosamente expandida"[11]. A União Europeia ofereceria o modelo dessa constelação pós-nacional, na qual os poderes e as proteções de diferentes Estados nacionais seriam transferidos para uma soberania supranacional que não necessitaria mais de qualquer substrato comum étnico ou linguístico, mas derivaria sua legitimidade apenas de normas políticas universalistas e da oferta de serviços sociais. É essa combinação que define o conjunto de valores europeus,

---

[9] *Die Einbeziehung des Anderen*, cit., p. 129-40; *The Inclusion of the Other*, cit., p. 115. Citados daqui em diante como *EA* e *IO*.
[10] *Die Normalität einer Berliner Republik*, cit., p. 177-9; *A Berlin Republic*, cit., p. 170-2. Citados daqui em diante como *NBR* e *BR*.
* 2. ed., Rio de Janeiro, Campus, 2000. (N. E.)
[11] *Die postnationale Konstellation*, cit., p. 122-35; *The Postnational Constellation*, cit., p. 80-8. Citados daqui em adiante como *PK* e *PC*.

que foram aprendidos ao longo de uma experiência histórica dolorosa e podem constituir uma bússola moral para a União[12].

Tal federação europeia, marcando um avanço histórico que supera o modelo limitado do Estado-nação, deveria, por sua vez, assumir seu lugar numa comunidade mundial de risco compartilhado. "A grande e historicamente significativa dinâmica de abstração que leva da consciência local para a dinástica, depois para a nacional e a democrática", pode dar mais um passo adiante[13]. Um governo mundial ainda é impossível, mas não uma política doméstica mundial. Considerando que a participação política e a expressão da vontade popular, como diz Habermas, não são mais as bases predominantes da legitimidade democrática, não há por que exigir um sufrágio planetário ou uma assembleia representativa. Hoje, a "acessibilidade geral de um processo deliberativo cuja estrutura cria uma expectativa de resultados racionais" é mais significativa e, reservando-se algo como um papel para as ONGs nas negociações internacionais, ter-se-ia o bastante para se obter o progresso necessário. Uma democracia cosmopolita não pode reproduzir a solidariedade cívica ou as políticas de bem-estar social da União Europeia em escala global. "Todo o arcabouço normativo" deveria consistir simplesmente na proteção dos direitos humanos, ou seja, "normas legais com conteúdo exclusivamente moral"[14].

Além do contraste óbvio em suas avaliações a respeito da nação, nota-se uma diferença mais ampla de perspectiva entre Rawls e Habermas. A visão habermasiana das necessidades da época é mais embasada sociologicamente e oferece um relato geral das mudanças objetivas no mundo contemporâneo. Rawls, que carece dessa imaginação sociológica, parece não ver – como nota Pogge – as implicações do mercado de capital globalizado para o relato que ele faz das qualidades morais que diferenciam os povos no trato de seus bens naturais. Não é um erro que Habermas cometeria. Por outro lado, ao contrário de Rawls, ele evita fazer propostas específicas para as relações econômicas entre as regiões rica e pobre da Terra, mesmo as limitantes dadas em *O direito dos povos*. Tudo que a comunidade de risco compartilhado envolve é a aplicação internacional dos direitos humanos. Aqui, os dois pensadores voltam a convergir. Para ambos, os direitos humanos são o trampolim global para saltar as barreiras da soberania nacional em nome de um futuro melhor.

---

[12] *PK*, cit., p. 155-6; *PC*, cit., p. 103.
[13] *PK*, cit., p. 89; *PC*, cit., p. 56.
[14] *PK*, cit., p. 162-6; *PC*, cit., p. 108-11.

Como essas prerrogativas se derivam nas duas filosofias? Em *Uma teoria da justiça*, elas são uma dedução não problemática do recurso da posição original, como direitos que indivíduos hipotéticos selecionam racionalmente, *inter alia*, sob o véu de ignorância. Solução elegante, que evita a determinação do *status* dos direitos reivindicados no mundo real. Na época de *Liberalismo político*, cuja preocupação era construir um consenso por sobreposição a partir de uma variedade de pontos de vista ideológicos existentes – e, por isso, exigia mais referência empírica –, isso não era mais suficiente. Para mostrar que tal consenso incluía seus princípios de justiça, Rawls foi obrigado a afirmar que todas as grandes religiões contêm códigos morais compatíveis com eles. Em *O direito dos povos*, as duas linhas de argumentação se fundem. Direitos humanos universais são dedutíveis a partir da escolha que diferentes povos, dotados como são de fés distintas, fariam se fossem reunidos numa posição original. Como formam um grupo menor do que o espectro total dos direitos liberais, tanto as sociedades decentes como as democráticas os escolheriam; sintomaticamente, os exemplos de sociedades decentes dados por Rawls são de sociedades muçulmanas.

Na falta de um artifício contrafactual do qual derivá-los, Habermas é compelido a expressar uma visão mais clara dos direitos humanos tais como são invocados no mundo político. Registrando "certo embaraço filosófico" ao seu redor, admite que os direitos humanos não podem ser tomados como direitos morais inerentes a todos os seres humanos, já que são "jurídicos por sua própria natureza", ou seja, só podem existir como determinações do direito positivo. No entanto, são também "suprapositivos", pois sua justificação, ao contrário de outras normas legais, pode ser exclusivamente moral, não exigindo grandes argumentos em sua defesa[15]. Qual é então a moralidade que os legitima? Aqui, Habermas se une a Rawls. "Será que a pretensão de universalidade que associamos aos direitos humanos apenas ocultaria um instrumento de dominação ocidental especialmente sutil e ardiloso?", pergunta ele, "ou será que as religiões universais *convergem* para eles num repertório central de intuições morais?". Não há prêmios para quem adivinhar a resposta. "Estou convencido de que Rawls está certo, que o conteúdo básico dos princípios morais corporificados no direito internacional está em harmonia com a substância normativa das grandes doutrinas proféticas da história mundial e com as visões metafísicas do mundo"[16].

---

[15] *EA*, cit., p. 221-4; *IO*, cit., p. 189-91.
[16] *Vergangenheit als Zukunft*, cit., p. 30; *The Past as Future*, cit., p. 20-1 [ed. bras.: *Passado como futuro*, Rio de Janeiro, Tempo Brasileiro, 1993]. Citados daqui em diante como *VZ* e *PF*.

No entanto, o lado mais sociológico de Habermas, que lembra Weber, não pode se dar por satisfeito nessa questão. Afinal, a doutrina de direitos humanos é especificamente ocidental em sua origem ou tem inspiração panconfessional? Ajustando a mira, Habermas enfrenta essa objeção explicando que "os direitos humanos derivam menos da herança cultural particular da civilização ocidental do que de uma tentativa de responder a desafios específicos postos por uma modernidade social que, nesse ínterim, espalhou-se pelo globo"[17]. Como então os desafios sociais da modernidade acabam por coincidir com as intuições morais da Antiguidade – as eras atômica e axial inesperadamente fundidas na eloquência da prosa das Nações Unidas? Habermas tem uma ressalva pronta à quadratura desse círculo. As fés que concordam tão harmoniosamente entre si, e com a sabedoria laica, não são "fundamentalistas", mas têm consciência de que suas "verdades religiosas devem estar em conformidade com o conhecimento secular reconhecido publicamente" e, dessa forma, "assim como o cristianismo desde a Reforma", são "transformadas em 'doutrinas razoáveis abrangentes' sob a pressão reflexiva gerada pelas circunstâncias da vida moderna"[18].

Com essa glosa, desnuda-se o vazio da alegação de que os direitos humanos são validados por todas as religiões do mundo. Não é preciso conhecer a fundo o Pentateuco, a Revelação, o Corão ou o Bhagavad Gita – repletos de todo tipo de exortação à perseguição e ao massacre – para perceber quão absurda uma ideia anacrônica como essa pode ser. O que Rawls e Habermas tomam como postulado é que, quando as crenças religiosas se tornam indistinguíveis da "razão pública" ou do "conhecimento secular", elas podem ser arroladas como qualquer outra platitude para endossar o que quer que a sabedoria convencional requeira. O fato de que no mundo real as fés transcendentes continuem a representar imperativos éticos contraditórios, guerreando entre si ideológica ou literalmente, torna-se um resíduo irrelevante: o domínio de um "fundamentalismo" que, a rigor, já deixou de ser religião.

Na construção de Habermas, algo semelhante ocorre com a democracia. Uma vez que foram redefinidas principalmente como uma questão de "comunicação" e de "consciência", a participação política e a vontade popular tornam-se resíduos que devem ser ignorados no desenho de uma ordem legal cosmopo-

---

[17] *PK*, cit., p. 181; *PC*, cit., p. 121.
[18] *PK*, cit., p. 191; *PC*, cit., p. 128. Aqui também a referência – "doutrinas razoavelmente abrangentes" – é explícita à Rawls.

lita. Aqui também, o conceito primaz garante o resultado desejável – assim como a razão pública de Rawls, a teoria do discurso de Habermas serve para neutralizar a democracia, tal como fez antes com a religião. Isso porque, em vez de uma crítica da involução dos ideais democráticos clássicos nos sistemas políticos dispersos e despolitizados do Ocidente hoje, Habermas oferece uma justificativa metafísica para eles, em nome do salutar, impessoal e descentrado fluxo de razão comunicativa. O resultado é uma teoria política feita sob medida para dissolver ainda mais a soberania popular em nível europeu e evaporá-la de vez num nível global putativo. É preciso dizer a seu favor que, quando escrevia sobre a União Europeia real que tinha debaixo do nariz, Habermas procurou resistir à lógica do enfraquecimento que ele próprio impôs a qualquer ideia de autodeterminação coletiva – na verdade, pedindo mais poderes para o Parlamento Europeu e a formação de partidos europeus. Mas quando imagina uma ordem cosmopolita por vir, sem ser atenuada por uma experiência comparável, a lógica de sua projeção acaba numa assombração política: democracia sem democracia, despojada até de eleições e eleitores.

O arcabouço intelectual da visão de Bobbio distingue-se dos outros dois. A razão é o ponto de partida histórico bastante diverso. Rawls e Habermas foram atraídos por reflexões sobre o sistema intraestatal apenas no fim da Guerra Fria. Suas teorias são claramente uma resposta à nova ordem mundial anunciada na esteira da Guerra do Golfo. Em contraste, as preocupações de Bobbio, datadas de três décadas antes, são produto da própria Guerra Fria. Os perigos de uma guerra nuclear estão completamente ausentes da análise tanto do alemão quanto do norte-americano. Mas foram eles que determinaram a abordagem que o italiano faz do cenário internacional. A lição que Carlo Cattaneo deixou na época do Risorgimento, e também seu professor Aldo Capitini, durante a Resistência, foi que a eliminação da violência como um meio de resolver os conflitos, representado pelos procedimentos da democracia dentro dos Estados, requeria um complemento estrutural entre os Estados. Liberdade e paz, por mais hiatos ou torções empíricas que haja entre elas, logicamente andam juntas.

No fim do século XVIII e meados do século XIX, um leque considerável de pensadores acreditava que a história estava em via de consolidar sua união. Kant e Mazzini estavam convencidos de que a expansão dos governos republicanos acabaria com as guerras. Saint-Simon, Comte e Spencer acreditavam que a sociedade industrial transformaria o conflito militar em algo anacrônico. Cobden tinha confiança que o crescimento do comércio garantiria a fraternidade das nações. Bebel e Jaurès estavam certos de que o socialismo traria a paz duradoura entre os povos. Todas essas esperanças, por mais plausíveis que fossem à época, frustraram-se no século XX. As barreiras que eles imaginaram contra os massacres mútuos revelaram-se de barro. Comerciantes não substituíram guerreiros; povos mostraram-se tão truculentos quanto os príncipes; Estados comunistas se atacaram[19]. No entanto, agora que a destruição nuclear ameaçava a humanidade, a paz tornou-se um imperativo universal como nunca antes fora. Bobbio não tinha tempo para a ortodoxia da Guerra Fria. A teoria da dissuasão era contraditória – pretendia evitar o risco de uma guerra atômica pelas próprias armas que o haviam criado – e o equilíbrio do terror era inerentemente instável, concebido mais para uma escalada do que para um controle[20]. Tratados para o desarmamento eram bem-vindos, desde que fossem assegurados, porém não constituíam uma alternativa nem radical nem confiável.

Soluções morais para o problema da guerra, por mais nobres que fossem, não eram mais satisfatórias do que as soluções instrumentais, já que requeriam uma transformação improvável da humanidade. O caminho mais crível para dar fim à corrida armamentista nuclear era o institucional. Se a raiz da guerra estava no sistema de Estados, logicamente dois remédios seriam possíveis. Se os conflitos fossem gerados pela estrutura das relações internacionais, uma solução jurídica seria a mais indicada; se suas causas estivessem nas características internas dos Estados que compõem o sistema, então a solução deveria ser social. No primeiro caso, a paz só poderia ser assegurada com a criação de um superestado, dotado do monopólio global da força, capaz de fazer valer uma ordem legal uniforme em todo o mundo. No segundo, ela viria apenas por uma transição para o socialismo, levando ao definhamento universal do próprio Estado. A escolha é entre uma única soberania hobbesiana ou um *Sprung in der Freiheit* [Salto para a liberdade] marxista[21]. Sem afirmar que isso significava a eliminação da coerção, já que, por definição, o Estado sempre foi uma concentração da violência, Bobbio considerava que a única perspectiva realista para uma paz global era a hobbesiana. A ameaça de uma conflagração nuclear somente poderia ser anulada por obra de um Estado universal. Estruturalmente,

---

[19] *Il problema della guerra e le vie della pace*, cit., p. 113-4 e 143-6. Citado daqui em diante como *PGVP*; *TA*, cit., p. 34-8.
[20] *PGVP*, cit., p. 50-5; *TA*, cit., p. 60-8.
[21] *PGVP*, cit., p. 83-6.

isso poderia se transformar num superdespotismo, como temia Kant[22]. Mas, ao contrário de Rawls ou Habermas, Bobbio estava preparado para considerar esse risco, porque era menor do que o perigo de destruição planetária que os outros dois ignoravam.

Quando acabou a Guerra Fria, Bobbio preocupou-se em dotar seu modelo hobbesiano de fundações lockianas, enfatizando a necessidade de uma encarnação não autoritária, mas democrática, do terceiro ausente – algo que sempre fora preferível e, agora que o bloco soviético havia ruído, cada vez mais possível. No entanto, o governo mundial que ele defendia continuava a ser uma estrutura muito mais centralizada do que o direito dos povos de Rawls ou a consciência cosmopolita de Habermas, e envolvia menos idealização das condições. Mesmo ajustado às circunstâncias do pós-guerra, o elo entre esse tipo de autoridade e a democracia era logicamente mais fraco, já que sua legitimação primordial era não uma mimese das normas intraestatais, mas a pacificação das relações entre Estados – não artifícios como a posição original ou a teoria do discurso reproduzidos no plano internacional, mas uma lógica superveniente ela própria naquele plano, em conformidade com a frase de Bobbio, impensável para os outros dois, de que "não escapa a ninguém que veja a história sem ilusões que as relações entre governantes e governados são dominadas pela primazia das políticas externas sobre as internas"[23].

Do mesmo modo – ainda que depois tenham desempenhado nas prescrições de Bobbio para uma ordem pacífica internacional um papel muito similar às posições que ocupavam na agenda de Rawls e Habermas –, os direitos humanos sempre foram vistos sob luzes bastante diferentes. Em nenhum momento Bobbio sugere que eles sejam capazes de conciliar magicamente as intuições morais das grandes religiões do mundo, ou que possam ser considerados princípios de lei natural, ou ainda que sejam requisitos gerais da modernidade. Nem por isso são menos caros a ele. Mas uma visão realista dos direitos humanos é incompatível com suas descrições padrão. Não existem direitos naturais "fundamentais", pois o que parece básico é sempre determinado por uma certa época ou civilização. Desde que foi proclamada, a lista dos direitos humanos é, em geral, maldefinida, variável e, com frequência, contraditória. Tais direitos estão continuamente em conflito: propriedade privada contra igualdade cívica, liberdade de escolha contra educação universal, assim por diante. Como os valores supremos são

---

[22] *PGVP*, cit., p. 116; *TA*, cit., p. 49-50.
[23] *TA*, cit., p. 94.

antinômicos, os direitos que se referem a eles são inevitavelmente inconsistentes. Ainda não se fez uma síntese histórica entre as concepções liberal e socialista. Os direitos humanos carecem de fundamento filosófico. Sua autoridade é apenas factual: hoje, todos os governos prestam formalmente homenagem à Declaração dos Direitos Humanos das Nações Unidas. Esse consenso empírico lhes confere uma universalidade contingente que é a sua base real[24].

A visão de Bobbio a respeito dos direitos humanos está muito distante, portanto, das versões deontológicas de Rawls ou Habermas. Ela é radicalmente histórica. Para Hobbes, o único direito era o direito à própria vida – o indivíduo poderia se recusar a entregá-lo ao Estado. Desde então, a lista de direitos reivindicados pelos cidadãos ampliou-se progressivamente: para incluir primeiro as liberdades contra o Estado, depois as liberdades dentro do Estado e, por fim, as liberdades pelo Estado. O direito à autodeterminação nacional, rejeitado veementemente por Habermas, entra nessas conquistas. Não se via fim para a dinâmica da "Era dos Direitos" – hoje, os direitos à informação verídica e à participação no poder econômico já fazem parte da discussão. Mas declamação teórica é uma coisa; observância prática é outra. O novo *ethos* global de direitos humanos resplandecia apenas em declarações oficiais e comentários eruditos. Na realidade, "sua violação sistemática em praticamente todos os países do mundo (talvez possamos dizer *em todos* os países, sem medo de errar), em relações entre poderosos e fracos, ricos e pobres, instruídos e não instruídos"[25].

O direito, por sua vez, não poderia ser visto da maneira idealizada de Habermas ou Rawls. Guerras e revoluções – o exercício da violência interna e externa – foram muitas vezes fontes de códigos legais. A legitimidade era conferida tipicamente pela vitória, e não o contrário. Uma vez estabelecidas, as leis poderiam ser comparadas ao represamento ou à canalização dos poderes dos grupos sociais existentes. Quando os diques se rompem, um extraordinário poder legislador se precipita, criando uma nova legitimidade: *ex facto oritur jus*. "A lei não pode dispensar o uso da força e, em última instância, funda-se sempre no direito dos mais fortes, o que apenas ocasionalmente, e contingentemente, coincide com o direito dos mais justos"[26]. Estamos muito distantes das premissas de uma jurisprudência habermasiana. Bobbio, ainda que variasse a ênfase,

---

[24] *PGVP* (1. ed., Bolonha, 1970), p. 119-57.
[25] *Autobiografia* (Bari, Laterza, 1999), p. 261. [Ed. bras.: *Diário de um século: autobiografia*, Rio de Janeiro, Campus, 1997.]
[26] *PGVP*, cit., p. 111; *TA*, cit., p. 135.

nunca se desviou da fidelidade básica à máxima de Hobbes: *auctoritatis sed non veritas facit legem*. A ONU deve ser investida de poderes para fazer valer os direitos humanos que proclamou. Mas ainda é grande o hiato entre suas promessas e seu desempenho. A ONU não garantiu a paz ou a amizade entre as nações que proclamara em sua Carta. Seu maior feito até hoje não fora previsto por seus fundadores – o impulso que a Assembleia Geral deu à descolonização em dezembro de 1960, o maior avanço na emancipação política da segunda metade do século XX[27]. Como Habermas, Bobbio não propôs um programa específico para a redução das desigualdades sociais em escala global, mas distinguiu-se dele pela força de sua sensibilidade por essa questão. O verdadeiro problema na época, do qual as nações ricas eram desviadas pela corrida armamentista nuclear, eram as mortes causadas pela fome nos países pobres do Sul[28].

Se essas eram as principais diferenças de abordagem teórica, o que dizer da resposta política dos três pensadores para a nova paisagem de violência que se estabeleceu após a Guerra Fria? Rawls, coerente com o silêncio de toda uma vida, não teceu comentários sobre as *guerres en châine* [guerras em cadeia] dos anos 1990. Mas uma lógica de ratificação aparece a cada página em *O direito dos povos*. Ali, o filósofo da justiça não apenas assina embaixo das intervenções militares em defesa dos direitos humanos, sem ao menos especificar que autoridade, além dos "povos democráticos" em geral, teria o poder de decidi-las, como até supera o jargão do Departamento de Estado com seus "Estados fora da lei" – termo que convida as nações legalistas a despachá-los ainda mais prontamente que os Estados "vilões". Os pressupostos políticos em ação nesse tipo de linguagem podem ser encontrados nos exemplos históricos que o livro oferece. Apesar de não mencionar eventos políticos contemporâneos, Rawls cita um número suficiente de fatos passados para revelar uma mente desconcertantemente acrítica nesse campo. A mortandade da Primeira Guerra Mundial era inevitável, pois "nenhum povo liberal que se prezasse" podia aceitar as pretensões da Alemanha sobre a França em 1914[29]. O uso de bombas incendiárias em Hamburgo durante a Segunda Guerra Mundial, e até em Dresden, justificava-se. Embora a destruição das cidades japonesas, que culminou com Hiroshima e Nagasaki, tenha sido um grande erro, foi apenas uma "falha de

---

[27] *TA*, cit., p. 108-9.
[28] Ibidem, p. 181.
[29] *LP*, cit., p. 48.

estadista" da parte de Truman, que, de resto – isto é, juramentos de lealdade, intervenção na Grécia, suborno das Nações Unidas presumivelmente diante de testemunhas –, foi, "sob diversos aspectos, um bom presidente, algumas vezes até muito bom"[30]. Um guia excelente das guerras justas é dado por esse livro, que explica por que o ataque de Israel em 1967 foi preventivo[31]. As sociedades fora da lei já incluíram a Espanha dos Habsburgo e a França de Napoleão e dos Bourbon – mas não a Inglaterra hanoveriana ou vitoriana, e muito menos os Estados Unidos dos oligopólios. Esses vilões seriam poderes "não satisfeitos". As armas nucleares seriam essenciais para barrar seus equivalentes modernos[32]. Mesmo o uso que Rawls faz do termo povos "decentes", como distintos dos povos democráticos, apenas repete a geografia do sistema de segurança dos Estados Unidos. A sociedade muçulmana imaginária do "Kazanistão", que Rawls invoca para ilustrar essa noção, pode ser lida como uma versão idealizada do Kuwait ou da Arábia Saudita – clientes confiáveis cujos sistemas políticos tradicionais, ainda que pouco liberais, devem ser respeitados, enquanto os fora da lei ao redor deles devem ser eliminados. Munida de tais credenciais, a operação Tempestade no Deserto poderia ser descrita como o direito dos povos em tempo real.

Habermas foi mais explícito. A campanha aliada para punir a impudente violação iraquiana da lei internacional quando invadiu o Kuwait foi um importante passo adiante na criação de uma esfera pública global. Ainda que não fosse comandada pela ONU e não respondesse ao Conselho de Segurança, a operação evocava a ONU, e isso era melhor do que nada: "Pela primeira vez, os Estados Unidos e seus aliados tiveram a possibilidade objetiva de assumir temporariamente a função (presumivelmente neutra) de força policial das Nações Unidas". É notório que o resultado foi uma ação híbrida, já que havia cálculos políticos em sua execução, mas tornou claro que "a aplicação da lei internacional precisa ocorrer por uma cooperação organizada da comunidade internacional, não por um governo mundial utópico (no pior sentido da palavra)". Ademais, e talvez mais importante, a Guerra do Golfo justificava-se não apenas pela anexação do Kuwait pelo Iraque, mas pela ameaça deste a Israel: "o

---

[30] Ibidem, p. 99-102; *Collected Papers* (Cambridge, Mass., Harvard University Press, 1999), p. 572.
[31] "Sigo aqui *Guerras justas e injustas*, de Michael Walzer [São Paulo, Martins 2003]. É um trabalho impressionante, e o que digo não difere do que ele diz, creio, em nenhum aspecto significativo" (*LP*, cit., p. 95).
[32] Ibidem, p. 48-9.

cenário aterrador de um Israel cercado por todo o mundo árabe e ameaçado pelas armas mais terríveis"[33].

Considerando que até então as violações da lei internacional não haviam perturbado Habermas – não há registro de que tenha feito comentários quando a Turquia invadiu Chipre, a Indonésia anexou o Timor Leste e muito menos quando Israel tomou Jerusalém Oriental e ocupou a Cisjordânia –, parece claro que eram os sentimentos políticos, e não os argumentos legais, que respondiam por boa parte de seu apoio à Tempestade no Deserto. Contou, além disso, sua velha e conhecida lealdade ao Ocidente. Durante quarenta anos, ele defendeu a ideia de que a Alemanha só purgaria seu passado maligno e deixaria para trás a suspeita noção de *Sonderweg* se seguisse uma "orientação incondicional" para o Ocidente. Esse foi o grande feito de Adenauer – ele próprio não conseguiu entendê-lo quando jovem – e deve continuar a ser a estrela polar da República Federal da Alemanha. Depois de 1945, foi essa orientação que fez os alemães assumirem "uma postura de retidão"[34]. Mas não podemos esquecer também que, após a solução final e de modo crucial, a Alemanha assumiu uma responsabilidade especial por Israel, uma democracia vulnerável, "ainda obrigada a agir como posto avançado do mundo ocidental" no Oriente Médio. Desde a fundação da República Federal da Alemanha, Habermas afirma que "a solidariedade a Israel tem sido uma lei não escrita da diplomacia alemã" – apenas antissemitas seriam capazes de questioná-la[35]. Na mistura de motivações que fizeram Habermas apoiar a Guerra do Golfo, essa foi, provavelmente, a mais poderosa.

Não foram poucos os admiradores de Habermas, na Alemanha e fora dela, que se surpreenderam com a sua teorização filosófica a respeito de uma guerra que, segundo o próprio governo dos Estados Unidos, tinha essencialmente o intuito de controlar poços de petróleo. Sinais de consciência pesada foram detectados até no próprio Habermas, que logo emitiu reservas às táticas militares empregadas para vencer a guerra e admitiu que a declaração de legitimidade por parte das Nações Unidas "serviu largamente como pretexto"[36]. Mas tais qualificações, calculadas para desarmar os críticos, apenas ressaltam a brutalidade de sua conclusão subsequente e passam por cima dos princípios em nome dos

---

[33] *VZ*, cit., p. 19, 18 e 23; *PF*, cit., p. 12, 11 e 15.
[34] *VZ*, cit., p. 64; *PF*, cit., p. 48; *NBR*, cit., p. 93-4 e 108; *BR*, cit., p. 88-9 e 102.
[35] *VZ*, cit., p. 28; *PF*, cit., p. 18; "Letter to America", *The Nation*, 16/12/2002.
[36] *VZ*, cit., p. 20; *PF*, cit., p. 12.

atos. Desqualificando a objeção de que as negociações para uma solução pacífica do conflito estavam longe de ter se esgotado, Habermas declarou, no espírito de uma *Realpolitik* de botequim: "Seria um tanto acadêmico submeter um evento de tal brutalidade a uma avaliação normativa pedante realizada após os fatos"[37].

O movimento retórico da resposta de Bobbio à Guerra do Golfo foi extraordinariamente similar. A operação Tempestade no Deserto, explicou Bobbio no momento em que começou, foi apenas uma guerra de legítima defesa contra uma agressão. Saddam Hussein, tentando se tornar o futuro imperador do Islã, era um grande perigo internacional. Ditador sanguinário em seu país e guerreiro expansionista fora dele, ele multiplicaria as agressões até o fim de seus dias, caso não fosse detido imediatamente. Como Hitler, ele estava decidido a expandir o palco de conflitos, como ficou comprovado pela chuva de foguetes sobre Israel[38]. A posição de Bobbio causou ainda mais frenesi do que a de Habermas, em parte porque na Itália ainda havia uma esquerda mais forte do que na Alemanha, mas também porque ele próprio foi uma voz eloquente contra a belicosidade da Guerra Fria. Críticas da parte de amigos e pupilos, chocados com essa aparente meia-volta, surgiram rapidamente e em grande quantidade. Em face disso, também Bobbio, depois de aprovar o princípio da guerra, manteve distância de sua prática.

> Aceito prontamente a ideia de que, no curso da luta, a relação entre o organismo internacional e a condução da guerra se esvaeceu e, em virtude disso, o conflito atual se parece cada vez mais com uma guerra tradicional, exceto pela desproporção de forças entre os dois combatentes. Perdemos uma grande oportunidade histórica?"

Perguntou ele depois de cinco semanas de bombardeios ininterruptos. Olhando ao seu redor, confessou: "nossa consciência está abalada". A guerra era justa, mas – essa era outra questão – era obrigatória? Em caso afirmativo, precisava ser travada daquela forma? A resposta de Bobbio foi taxativa. Assim como ocorreu com Habermas, não havia motivo para escrúpulos depois de consumado o fato.

> Qualquer resposta a essas perguntas viria tarde demais para alterar o curso dos fatos. Não apenas seria irrelevante – "o que está feito está feito" –, como também poderia

---

[37] *VZ*, cit., p. 22; *PF*, cit., p. 14.
[38] *Una guerra giusta?* (Veneza, Marsilio, 1991), p. 39, 22, 48 e 60. Citado daqui em diante como *GG*.

parecer ingenuidade, pois ninguém pode dizer o que teria acontecido se tivéssemos tomado outro caminho para chegar ao mesmo objetivo".[39]

A guerra pode não ter sido necessária nem tão sangrenta, mas era fato consumado. Por que discutir com ela?

Oito anos depois, Habermas saudou a operação Força Aliada com aplausos mais enfáticos. O ataque da Otan à Iugoslávia foi necessário para impedir os crimes do regime de Milošević contra a humanidade – "300 mil pessoas expostas a assassinato, terror e expulsão", até que começasse o resgate pelos bombardeiros norte-americanos. Não havia por que suspeitar dos motivos dessa intervenção, com a qual os Estados Unidos tinham muito pouco a ganhar. Foi uma guerra humanitária que, mesmo sem o aval da ONU, tinha a "autorização tácita da comunidade internacional". A participação do Bundeswehr foi uma decisão da coalizão vermelho-verde, o primeiro governo alemão em todos os tempos a se comprometer com uma ordem legal cosmopolita no espírito de Kant e Kelsen. Expressava um sentimento público na República Federal da Alemanha similar ao do resto da Europa Ocidental – para a tranquilidade de todos. Até podia haver certa controvérsia entre europeus continentais e anglo-saxões sobre a importância de consultar o secretário-geral da ONU ou de se acertar com a Rússia. Mas "depois do fracasso das negociações em Rambouillet", os Estados Unidos e os Estados membros da União Europeia passaram a atuar a partir de uma posição comum[40].

Era óbvio que, uma vez que os direitos humanos eram uma instituição fraca no plano internacional, "a fronteira entre a lei e a moralidade podia se turvar, como no caso presente". Quando a autorização do Conselho de Segurança foi negada, "só restou [à Otan] apelar para a validade moral da lei internacional". Mas isso não queria dizer que a crítica de Carl Schmitt à moralização das relações entre Estados como algo fadado a radicalizar o conflito entre eles aplicava-se ao caso. Ao contrário, intervenções humanitárias como o bombardeio da Iugoslávia estavam obrigadas a antecipar a futura ordem cosmopolita que procuravam criar. Havia uma distinção entre Washington e a maioria das capitais europeias. Para os Estados Unidos, a aplicação global dos direitos humanos dava

---

[39] Ibidem, p. 23 e 90.
[40] "Bestialität und Humanität: Ein Krieg an der Grenze zwischen Recht und Moral", *Die Zeit*, 29/4/1999; em inglês, "Bestiality and Humanity: a War on the Border between Law and Morality", em William Buckley (org.), *Kosovo: Contending Voices on the Balkan Intervention* (Grand Rapids, William B, Eerdmans, 2000), p. 307-8 e 312.

rumo moral aos objetivos nacionais. Essa união frutífera de idealismo com pragmatismo, desde os tempos de Wilson e Roosevelt, levou liberdade aos alemães e continuava a ser tão vital quanto antes. "Os Estados Unidos assumiram a missão de manter a ordem que cabe a uma superpotência num mundo de Estados que é regulado de modo apenas tênue pela ONU". Mas os imperativos morais nos quais se baseavam precisavam ser institucionalizados como normas legais dotadas de força internacional legitimada. Felizmente, a ONU estava prestes a reduzir o hiato entre eles, ainda que a transição da política de força para a ordem cosmopolita emergente envolvesse um processo de aprendizado comum[41].

No caso dos Bálcãs, assim como no do Golfo, Habermas teve o cuidado de temperar seu brado de guerra com ressalvas de consciência. De um lado, os danos colaterais à população civil iugoslava geraram um sentimento de inquietação: os meios militares brutais empregados para resgatar os kosovares foram proporcionais aos fins humanitários? Não havia razão para dúvidas. De outro, o que aconteceria se a operação Força Aliada se tornasse, dali em diante, o modelo para as intervenções humanitárias em geral? O Ocidente foi obrigado a passar ao largo da ONU nesse caso, mas isso deveria ser exceção. "Não se pode permitir que a autoautorização da Otan se torne rotineira"[42]. Com isso, por ironia, num ensaio cujo título foi emprestado da frase lapidar de Schmitt, "humanidade, bestialidade", e cujo objetivo é contestá-la, Habermas acaba ilustrando inocentemente a própria teoria do direito que pretendia refutar. "Soberano é aquele que decide a exceção", diz a frase mais famosa de *Teologia política*. Não as normas, mas as decisões, dizia Schmitt, são a base de qualquer ordem legal. "A regra não prova nada, a exceção prova tudo. Confirma não apenas a regra, mas também sua existência, que deriva apenas da exceção"[43]. Kant ou Kelsen, invocados por Habermas, não assinariam embaixo da guerra norte-americana nos Bálcãs; para justificá-la, ele se viu inadvertidamente compelido a citar Schmitt. Soberana, de fato, foi a superpotência que deu o ultimato de Rambouillet, planejado para fornecer a ocasião para guerra, e que espalhou o mito dos 100 mil mortos para motivá-la; e soberano foi o filósofo que agora explicava que a exceção antecipou a regra futura.

Ao contrário de Habermas, Bobbio admirava Schmitt e correspondia-se com ele. Mas para justificar a Guerra dos Bálcãs, ele tinha em mente uma autorida-

---

[41] "Bestiality and Humanity", cit., p. 313-6.
[42] Ibidem, p. 309 e 316.
[43] Carl Schmitt, *Politische Theologie* (Munique e Leipzig, Duncker und Humblot, 1919), p. 15. [Ed. bras.: *Teologia política*, São Paulo, Del Rey, 2006.]

de maior. Miloševic era um tirano como Saddam, e precisava ser varrido da face da Terra: o ataque da Otan contra ele deve ser considerado não uma guerra internacional, mas uma ação policial, e seus meios, proporcionais aos seus fins. Não fazia mais sentido falar de guerras justas ou injustas; tudo que cabia perguntar era se uma guerra era legal ou ilegal, efetiva ou não. Mas surgiu outro tipo de justificativa. Como superpotência, os Estados Unidos adquiriram uma espécie de "direito absoluto que os coloca acima da ordem internacional constituída". Na prática, os Estados Unidos não precisavam de justificativa legal para suas guerras, porque seu histórico de defesa da democracia nas três guerras decisivas do século XX – a Primeira e a Segunda Guerras Mundiais e a Guerra Fria – deu legitimidade ética à sua primazia *de facto*. Os europeus deviam sua liberdade aos Estados Unidos e, com ela, uma gratidão incondicional. Wilson, Roosevelt e Reagan defenderam a causa do bem, derrotando os poderes centrais, o fascismo e o comunismo e, com isso, tornando possível o mundo democrático normal em que vivemos hoje. Hegel, em *Princípios da filosofia do direito**, compreendeu esse papel. Em cada período da história, há uma nação dominante, e ela possui um "direito absoluto como portadora do estágio presente do desenvolvimento do espírito mundial", deixando as outras nações sem direitos diante disso[44].

Esse elogio de amplo alcance não veio, mais uma vez, sem reconsiderações atormentadas que, mais uma vez, foram apaziguadas por uma reflexão reconfortante. Depois de sete semanas de bombardeios, Bobbio percebeu que a operação Força Aliada fora executada de maneira incompetente e causara uma bagunça. Agora expressando dúvidas de que a limpeza étnica em Kosovo tivesse começado antes da guerra, ou tivesse sido provocada por ela, ele temia que uma campanha para defender os direitos humanos estivesse prestes a violá-los. No entanto, isso não alterou o caráter geral da guerra como exercício de força lícita contra força ilícita. Habermas tinha razão em sustentar que o direito internacional estava se institucionalizando – ainda que de modo imperfeito – na forma de um conjunto de regras executáveis, num dos processos mais extraordinários e inovadores de sua história. A humanidade estava ultrapassando a fronteira entre a moral e o jurídico, como seu colega alemão havia notado[45].

---

*   São Paulo, Martins Fontes, 1997. (N. E.)
[44] "Perchè questa guerra ricorda una crociata", *L'Unità*, 25/4/1999.
[45] "La guerra dei diritti umani sta fallendo", *L'Unità*, 16/5/1999.

Na época da expedição militar subsequente, Bobbio já se abstinha de comentar assuntos públicos. Mas Habermas viu na Guerra do Afeganistão a comprovação de seu julgamento a respeito das tendências da época. Apesar de o novo governo republicano ser de um unilateralismo deplorável – e os governos europeus foram de certo modo responsáveis por isso, porque não conseguiram sustentar estratégias mais sagazes em Washington –, ele fez uma coalizão inteligente contra o terrorismo e agiu certo quando derrubou o regime talibã. É verdade que a espantosa diferença de poder de fogo entre o esquadrão norte-americano no ar e os homens barbados no solo, num país que desde muito antes era vítima de ambições coloniais rivais, foi uma "cena moralmente obscena". Mas isso estava acabado e não havia mais por que lamentar. "De qualquer modo, o regime talibã já faz parte do passado." Como a ONU estava fraca demais para cumprir suas obrigações, os Estados Unidos tomaram a iniciativa, como haviam feito nos Bálcãs. No entanto, com a conferência em Bonn, patrocinada pelas Nações Unidas para instituir um novo governo na Cabul libertada, o resultado foi um alegre passo adiante na transição – iniciada com o estabelecimento de zonas de interdição aérea no Iraque – da lei internacional para a lei cosmopolita[46].

Um ano depois, Habermas estava menos sereno. A nova estratégia de segurança nacional do governo republicano havia se revelado provocadoramente unilateralista. Os Estados Unidos não podiam invadir o Iraque sem a autorização das Nações Unidas – apesar de o governo alemão também estar errado ao rejeitar a invasão com antecedência, em vez de declarar seu respeito irrestrito pelo que o Conselho de Segurança decidisse. Pode até ter acontecido algo que Habermas nunca havia cogitado: "uma comunicação sistematicamente distorcida entre os Estados Unidos e a Europa", colocando o nacionalismo liberal de uns contra o cosmopolitismo da outra[47]. Uma vez lançada, a operação Liberdade do Iraque confirmou esse pressentimento. De um lado, a libertação de uma população brutalizada por um regime bárbaro foi "o maior de todos os bens políticos". De outro, ao agir sem um mandato das Nações Unidas, os Estados Unidos violaram uma lei internacional, arruinando sua autoridade moral e criando um precedente calamitoso. Por meio século, os Estados Unidos ditaram

---

[46] "Fundamentalism and Terror", em Giovana Borradori, *Philosophy in a Time of Terror: Dialogues with Jürgen Habermas and Jacques Derrida* (Chicago, University of Chicago Press, 2003), p. 27-8.
[47] "Letter to America", cit.

o compasso do progresso em direção a uma ordem cosmopolita investida de poderes legais, capaz de se sobrepor à soberania nacional para evitar agressões e defender os direitos humanos. Aqui, no entanto, ideólogos neoconservadores de Washington rompiam com o reformismo das políticas de direitos humanos da ONU, em favor de um programa revolucionário para impor esses direitos mundo afora. Esse unilateralismo hegemônico corria o risco não só de comprometer os recursos dos Estados Unidos e afastar seus aliados, mas também de gerar efeitos colaterais que "ameaçavam a missão de melhorar o mundo em conformidade com uma visão liberal". Felizmente, a ONU não sofreu danos significativos com o episódio. Sua reputação só teria a perder "caso tentasse, por meio de acordos, 'redimir' o irredimível"[48].

Tais pensamentos não duraram muito. Seis meses depois, quando o Conselho de Segurança da ONU aprovou por unanimidade uma resolução que endossava a ocupação do Iraque e o regime submisso que os Estados Unidos haviam plantado em Bagdá, Habermas não fez nem uma crítica sequer. Apesar de triste com a mudança na cena política nos Estados Unidos – "Eu nunca imaginei que um país tão liberal quanto os Estados Unidos pudesse ser tão doutrinado por seu governo" –, ele já não duvidava mais que a autoridade provisória tinha de ser apoiada. "Não temos outra opção a não ser torcer para que os Estados Unidos tenham sucesso no Iraque"[49].

As reações dos dois filósofos às sucessivas guerras travadas no Ocidente depois do colapso do bloco soviético têm, portanto, um padrão consistente. Em primeiro lugar, as ações militares de Washington e seus aliados são justificadas em termos normativos, ou pela lei internacional (no caso do Golfo), ou pelos direitos humanos (Kosovo, Afeganistão), ou pela libertação da tirania (Iraque). Em seguida, são feitas objeções sobre o modo como a violência é desencadeada pelo lado que tem razão (Golfo, Kosovo, Afeganistão, Iraque), num gesto de preciosismo humanitário. Por fim, essas objeções são, por sua vez, minimizadas ou esquecidas em nome do fato consumado. A expressão "em todo caso", ratificando peremptoriamente o ato realizado, diz tudo. O caráter político de tais posições é bastante claro. O que mais chama a atenção, porém, é a coerência intelectual. Ninguém diria que Bobbio ou Habermas têm uma formação ina-

---

[48] "Verschliessen wir nicht die Augen vor der Revolution der Weltordnung: Die normative Autorität Amerikas liegt in Trümmern", *Frankfurter Allgemeine Zeitung*, 17/4/2003; em inglês, "Interpreting the Fall of a Monument", *Constellations*, v. 10, n. 3, 2003, p. 364-70.

[49] "Ojalá Estados Unidos tenga éxito en Iraq", *La Vanguardia*, 4/11/2003.

dequada em lógica ou são incapazes de raciocinar com rigor. No entanto, a filosofia abre caminho aqui para uma miscelânea pouco convincente de afirmações e desculpas mutuamente inconsistentes que parecem só poder ser explicadas por consciência pesada ou má-fé.

Por trás dos passos de dança desse ocasionalismo – balançando para lá e para cá entre princípios imparciais, frágeis escrúpulos e a dura realidade dos fatos –, podemos detectar uma motivação mais simples para as construções teóricas desses pensadores. Rawls descreve seu direito dos povos como "uma utopia realista", ou seja, um modelo ideal que emerge e reflete o mundo como ele é. A democracia cosmopolita de Habermas, projeção global de sua teoria processual das leis, tem a mesma estrutura. Mesmo Bobbio, que antes resistia a qualquer confusão entre fatos e valores, com o tempo sucumbiu, na forma de um novo *signum rememorativum* do desenvolvimento histórico como avanço da humanidade. Em cada caso, o desejo subjacente é uma versão filosófica de uma inclinação cotidiana banal: poder fazer uma omelete sem quebrar os ovos. Contra as críticas que apontam a realidade vergonhosa das relações entre os Estados, o ideal pode ser defendido como um padrão normativo à salvo das limitações empíricas. Contra acusações de que se trata de uma utopia vazia, o curso dos eventos pode ser representado como uma peregrinação cada vez mais promissora nessa direção. Nesse *va-et-vient* entre justificativas ostensivas fundadas na moralidade universal e apelos sub-reptícios a uma história providencial, o objetivo torna-se claro: uma autorização para que o império norte-americano seja o lugar-tenente do progresso humano.

Está claro também que este não foi o impulso original de nenhum desses pensadores, e há algo de trágico na queda que os levou a essa passagem. Como explicá-la? Parte da resposta pode estar numa *déphasage* entre pensadores cuja perspectiva foi forjada pela Segunda Guerra Mundial e suas sequelas no novo cenário de poder após o fim da Guerra Fria. A idade avançada abranda o julgamento das concepções finais de Rawls ou Bobbio. Quando publicou *O direito dos povos*, Rawls já havia sofrido um derrame e escrevia contra o tempo. Quando se manifestou a respeito da Guerra dos Bálcãs, Bobbio tinha mais de noventa anos, e nenhum de seus contemporâneos escreveu de maneira tão tocante sobre as enfermidades de uma idade tão avançada como ele em *De senectute**, um de seus melhores textos.

---

* Rio de Janeiro, Campus, 1997. (N. E.)

Mas certamente havia uma cegueira antiga em relação ao poder hegemônico global. No caso de Rawls, a veneração supersticiosa de totens como Washington e Lincoln descartava qualquer visão lúcida do papel desempenhado por seu país, seja na própria América do Norte, seja no mundo como um todo. Ao lamentar o papel dos Estados Unidos na queda de Allende, Arbenz e Mossadegh – "e, diriam alguns, os sandanistas [*sic*] na Nicarágua" (aqui, é presumível que não tenha sido capaz de formar opinião própria) –, a melhor explicação que oferece é que, apesar de "os povos democráticos não serem expansionistas", dispõem-se a "defender seus interesses de segurança" e, ao fazê-lo, podem ser levados na direção errada pelos governos[50]. Não diz nada sobre as guerras mexicana ou hispano-americana, as incontáveis intervenções no Caribe, os conflitos em série no Extremo Oriente e as bases militares que hoje se distribuem em cem países. "Muitas nações europeias se engajaram na construção de impérios nos séculos XVIII e XIX", mas – ao que parece – os Estados Unidos nunca se juntaram a elas[51].

A visão de Habermas a respeito dos Estados Unidos é quase tão cor-de-rosa quanto a de Bobbio. Apesar de não haver dúvida de que cometeram lapsos no Vietnã ou no Panamá, o legado de Washington como paladino da liberdade e da lei é ímpar – meio século abrindo caminho para uma ordem cosmopolita desinteressada. Nenhuma exortação é tão insistentemente recorrente nos escritos políticos de Habermas quanto seu apelo aos seus compatriotas para que demonstrem lealdade incondicional ao Ocidente. O fato de que a própria Alemanha normalmente seja considerada parte do Ocidente indica uma identificação mais específica e tácita na mente de Habermas: refere-se aos aliados anglófonos que arquitetaram a República Federal da Alemanha. Se os Estados Unidos têm mais destaque do que o Reino Unido no livro-caixa da gratidão e da lealdade, não se trata simplesmente do reflexo da desproporção de poder entre os dois. Para Habermas, os Estados Unidos são também a terra de um despertar intelectual que a Grã-Bretanha nunca alcançou. À dívida política para com o general Clay e o comissário McCloy somaram-se a educação filosófica vinda de Peirce e Dewey e a luz sociológica de Mead e Parsons. Foi esse o Ocidente que possibilitou que os alemães da geração de Habermas reerguessem a cabeça.

---

[50] *LP*, cit., p. 53.
[51] Ibidem, p. 53-4.

Contra tal pano de fundo, o apoio às intervenções dos Estados Unidos no Golfo, nos Bálcãs e no Afeganistão ocorreu naturalmente. Na invasão do Iraque, contudo, Habermas refugou. O motivo que alegou é revelador: ao marchar sobre Bagdá, os Estados Unidos agiram sem autorização do Conselho de Segurança. Acontece que exatamente a mesma coisa aplicava-se ao ataque a Belgrado. Como as violações aos direitos humanos foram, com o consentimento comum, bem piores no Iraque do que na Iugoslávia, por que seria inteiramente justificável uma expedição punitiva a um e não a outro? A diferença, explica Habermas, é que a Guerra dos Bálcãs foi legitimada "após os fatos", não apenas pela necessidade de deter a limpeza étnica e fornecer ajuda emergencial, mas, acima de tudo, pelo "inquestionável caráter democrático e legalista de todos os membros da coalizão militar em operação" – ainda que Estados Unidos e Reino Unido tenham se dedicado à tarefa necessária com um espírito menos puro do que Alemanha, França, Itália e outros membros europeus da Otan. Em relação ao Iraque, no entanto, a "comunidade internacional", antes unida, estava dividida. O termo, um eufemismo mentiroso usado em todas as emissões e comunicados oficiais das chancelarias do Atlântico, fala por si só. O território político da comunidade que representa o mundo nunca está acima de qualquer suspeita: "Hoje, dissensões normativas dividem o próprio Ocidente"[52].

No entanto, se, nas palavras do próprio Habermas, não há bem maior do que libertar um povo de uma tirania brutal, por que prevenir limpezas étnicas ou prestar ajuda – claramente objetivos menores – deveriam conferir ao general Clark as credenciais filosóficas que foram negadas ao general Franks? Fica claro que o *distinguo* é outro: as respostas europeias às iniciativas norte-americanas. Enquanto ambos os lados do Atlântico estão de acordo, a comunidade internacional permanece íntegra e a ONU pode ser ignorada. Mas se a Europa é contra, a ONU torna-se sacrossanta. Uma premissa tão inocentemente útil a quem a profere merece, em certo sentido, apenas um sorriso. O que ela indica, no entanto, é a desintegração de uma premissa mais ampla. O Ocidente defendido pelo credo de Habermas sempre foi uma figura ideológica, um *topos* não examinado da Guerra Fria, cuja premissa era que, para todos os fins práticos, a América e a Europa podiam ser tratadas como um único ecúmeno, sob a liderança benevolente dos Estados Unidos. A má vontade de Berlim e de Paris para apoiar Washington no ataque ao Iraque desfez essa construção havia muito estabelecida, esvaziando todo o significado dessa orientação incondicional

---

[52] "Interpreting the Fall of a Monument", cit., p. 366.

ao Ocidente. Na emergência, Habermas recorreu aos valores europeus, agora distintos dos norte-americanos – um pouco menos louváveis –, como estrela polar dos assuntos internacionais. Mas, deixando de lado o lustro necessário para produzir um animador *ethos* comum a partir do passado sangrento da Europa, ou mesmo de seu presente complacente, a nova construção é tão incoerente quanto a antiga. A Europa, tal como entendida hoje por Habermas, não só deve excluir a Grã-Bretanha, pela semelhança indevida de seus pontos de vista com os Estados Unidos, como não pode incluir os Estados continentais da própria União Europeia, cuja maioria apoiou as liberdades que os Estados Unidos tomaram em relação à Carta da ONU, em vez de se opor a elas. Assim, em mais uma contração geopolítica, Habermas foi levado a defender um "núcleo" franco-alemão como refúgio final a partir do qual uma futura e melhor União Europeia, mais consciente de suas responsabilidades sociais e internacionais, poderia um dia emergir como arauto de uma ordem cosmopolita mais ampla[53].

Mas isso é um *reculer pour mieux sauter* [adiamento até uma oportunidade melhor] destituído de autocrítica. Habermas parecia ainda acreditar que o ataque da Otan à Iugoslávia – para ele, um último e precioso momento de união euro-americana – foi justificado pela recusa de Belgrado de buscar um acordo e pela determinação de exterminar, mas não levou em conta as evidências em contrário amplamente divulgadas. Detalhes como o ultimato de Rambouillet ter sido deliberadamente construído para ser inaceitável, fornecendo um pretexto para a guerra, como a nota da Áustria para a Sérvia em 1914; a operação Ferradura, o plano de limpeza étnica maciça invocado pelo ministro do Exterior para justificar a guerra em Kosovo, ter sido apontada como uma invenção dos serviços secretos búlgaros; e o número de albaneses mortos na região pelas forças sérvias estar mais para cinco do que para as centenas de milhares alegadas pelos porta-vozes ocidentais – todos podem ir para debaixo do tapete ético tão facilmente quanto antes, porque a Iugoslávia também "já pertence ao passado". Mesmo no caso do Iraque, Habermas – como a maioria de seus concidadãos na Alemanha ou na França – opôs-se apenas à invasão norte-americana, não à ocupação do país. Uma vez consumado, o ato torna-se mais um fato realizado, ao qual ele quer bem, embora esperando que não se repita.

---

[53] "Unsere Erneuerung – Nach dem Krieg: Die Wiedergeburt Europas" (coautoria de Jacques Derrida), *Frankfurter Allgemeine Zeitung*, 31/5/2003; em inglês, "February 15, or What Binds Europeans Together: A Plea for a Common Foreign Policy, Beginning in the Core of Europe", *Constellations*, set. 2003, p. 291-7.

Já Bobbio ter aceito a hegemonia norte-americana tem uma origem bastante distinta. Ao contrário de Habermas, ele nunca se mostrou particularmente ligado aos Estados Unidos depois de 1945, ou muito interessado no país. Chegou a visitá-lo? Nenhuma referência de relevância intelectual para ele parece ter saído dos Estados Unidos. Suas simpatias no pós-guerra iam para a Grã-Bretanha, onde presenciou a experiência do Partido Trabalhista e escreveu afetiva, quiçá acriticamente, a respeito dela. No auge da Guerra Fria, tentou resistir bravamente à polarização entre Leste e Oeste e, quando entrou para os movimentos pacifistas dos anos 1970-1980, nunca pôs os Estados Unidos num plano moral ou político superior à URSS como potência nuclear, considerando-os corresponsáveis pelos perigos de uma corrida armamentista para a humanidade. Os Estados Unidos, contudo, eram "o mais poderoso dos dois senhores de nossa vida e morte", e, por isso, era desencorajador ouvir de Reagan máximas comparáveis apenas à divisa que Luís XIV gravara em seu canhão: *Extrema ratio regis*[54].

Mas quando o inesperado aconteceu e Gorbachov arriou a bandeira soviética, encerrando a Guerra Fria com a vitória total dos Estados Unidos, havia na visão de Bobbio uma ideia tenaz que lhe permitiu fazer um ajuste radical na nova ordem mundial. Ele sempre defendeu que a solução mais viável para o problema da violência endêmica entre Estados seria a criação de um superestado que tivesse o monopólio da coerção sobre os demais e agisse como guardião da paz universal. Durante a Guerra Fria, ele via esse terceiro antes ausente materializando-se na forma de um governo mundial, e representando uma união *de jure* baseada numa multiplicidade de Estados. Contudo, quando um Estado já existente conquistou ascendência *de facto* sobre os demais, de uma maneira nunca vista antes, Bobbio pôde explicar o fato – sem incorrer em inconsistência – como a forma imprevisível na qual a história concretizou sua ideia. Os Estados Unidos haviam se tornado o Leviatã planetário pelo qual clamara. Assim seja. Ironicamente, o realismo hobbesiano que sempre o distinguiu de Rawls ou Habermas tornou esse pensador – que durante a Guerra Fria foi muito mais crítico à ordem internacional – capaz de uma apologia muito mais coerente do império norte-americano depois que a guerra terminou. Hobbes poderia explicar, como nenhum outro, por que a *pax Americana* exigia com tanta frequência que se recorresse às armas para que finalmente pudesse ser criada uma ordem jurídica protegida por um monopólio global da força. "Lei sem espada não passa de papel."

---

[54] *TA*, cit., p. 208; escrito em 28/8/1983.

O realismo de Bobbio, que pode ser visto como a vertente conservadora de seu pensamento, sempre coexistiu com as vertentes liberal e socialista que o tornaram conhecido e eram objeto de sua aliança moral primária. O equilíbrio entre elas nunca foi estável e estava muito longe de uma síntese. Mas, já extremamente idoso, ele não podia mais controlar essas tensões. Por isso, em vez de apenas registrar, ou saudar, os fatos hobbesianos do poder imperial norte-americano, ele tentou enfeitá-los como realizações dos valores democráticos, de uma maneira que – talvez pela primeira vez em sua carreira – pareceu falsa e inconsistente com tudo que ele havia escrito antes. O tríptico de libertação invocado como justificativa histórico-mundial para a Guerra dos Bálcãs está tão desgastado que praticamente refuta a si mesmo. A vitória de um grupo de poderes imperialistas contra outro, em 1918, e a contribuição norte-americana para o massacre mútuo que alterou o equilíbrio estabelecido são um capítulo glorioso da história da liberdade? O desembarque do Dia D, em 1944, em que o exército aliado enfrentou menos de um sexto do exército de Hitler, já combalido no Leste, foi "responsável pela salvação da Europa"[55]? Quem poderia imaginar, a partir das descrições de *O terceiro ausente*, a apoteose de Reagan por seu triunfo na Guerra Fria? Havia algo de desesperado nesse refrão de última hora, como se Bobbio estivesse tentando silenciar sua própria inteligência.

Seria um erro deduzir, de maneira simples, as conclusões tardias dos três pensadores a partir do corpo principal de seu trabalho. Isso pode ser comprovado pela tristeza de seus pupilos e seguidores, constantes em sua admiração por esses homens, mas também por aquilo que lhes parecia a inspiração original de uma grande *œuvre*. A decepção de Pogge com *O direito dos povos*, o desconforto de Matuštík com *Direito e democracia*, e o espanto com os aplausos à Guerra dos Bálcãs, as críticas dos alunos de Bobbio às afirmações de *Una guerra giusta?* constituem uma família de reações similares entre uma geração menos desorientada em relação à nova conjuntura internacional[56]. Também não seria correto pensar que a involução foi completa nessas mentes filosóficas. Lampejos de um temperamento mais radical podem ser encontrados nelas, como lem-

---

[55] "Perchè questa guerra ricorda una crociata", cit.
[56] Ver Thomas Pogge, *"Priorities of Global Justice"*, cit., p. 15-7; Martin Beck Matuštík, *Jürgen Habermas: A Philosophical-Political Profile* (Lanham, MD, Rowman & Littlefield, 2001), p. 247-51 e 269-74; Eleonora Missana, Massimo Novarino, Enrico Passini, Stefano Roggero, Daniela Steila, Maria Grazia Terzi e Stefania Terzi, "Guerra giusta, guerra ingiusta. Un gruppo di studenti torinesi risponde a Norberto Bobbio", *Il Manifesto*, 29/1/1991.

branças de um eu passado. Apesar de toda a aparente aceitação do capital como condição inapelável da modernidade, ratificada pela experiência irresponsável do comunismo, Habermas ainda era capaz de escrever – de maneira não muito reconfortante para seus governantes – sobre um sistema que reproduz o desemprego, a falta de moradia e a desigualdade: "Ainda está escrito nas estrelas o dia que pode vir a ser o marco do naufrágio de outro regime, exercido anonimamente por meio do mercado global"[57]. Apesar de ter aprovado as guerras do Golfo e dos Bálcãs, entre uma e outra Bobbio foi capaz de acusar de "moralmente iníquo" os "bombardeios odiosos de Bagdá" ordenados por Clinton e a conivência "vil e servil" de outros governos ocidentais. Poucos intelectuais usaram palavras tão fortes à época[58]. Rawls é talvez o caso mais impressionante e estranho de todos. Em seu último ano de vida, quando já não podia mais trabalhar nelas, ele publicou com o título de *Justiça como equidade* palestras que havia realizado mais de uma década antes. Por trás do pleonasmo pouco inspirador havia uma série de proposições em profundo desacordo com o tom de *Liberalismo político*, para não falar de *O direito dos povos*.

Foi um erro de *Uma teoria da justiça*, explicou ele, sugerir que um Estado de bem-estar capitalista pudesse constituir uma ordem social justa. O princípio da diferença era compatível apenas com dois modelos gerais de sociedade: uma democracia de proprietários ou um socialismo liberal. Nenhum dos dois incluía o direito à propriedade privada dos meios de produção (ao contrário da propriedade privada). Ambos tinham de ser concebidos como "uma alternativa ao capitalismo". Dos dois, a democracia de proprietários – Rawls deu a entender que essa seria a forma mais congenial nos Estados Unidos, assim como o socialismo liberal na Europa – estava aberta à crítica de Marx de que, com o passar do tempo, ela recriaria desigualdades inaceitáveis e pouco contribuiria para a democracia no ambiente de trabalho. Se suas objeções seriam refutadas, ou se o socialismo liberal produziria melhores resultados, apenas a experiência poderia demonstrar. Da solução dessas questões dependeria nada menos do que "o futuro de um regime constitucional justo"[59]. Tais pensamento são estranhos a *Liberalismo político*. Eles desenham, obviamente, apenas o conjunto de formas ideais que uma sociedade justa poderia assumir. O que dizer das que

---

[57] *NBR*, cit., p. 17; *BR*, cit., p. 12-3.
[58] "Questa volta dico no", *La Stampa*, 1/7/1993.
[59] *Justice as Fairness* (Cambridge, Mass., Harvard University Press, 2001), p. 178-9 [ed. bras.: *Justiça como equidade*, São Paulo, Martins, 2003]. Citado daqui em diante como *JF*.

já existem? A resposta de Rawls é alarmante. Depois de observar que circunstâncias materiais favoráveis não são suficientes para assegurar a existência de um regime constitucional, que requer vontade política para ser mantido, de repente – em claro contraste com tudo que havia escrito antes –, ele observa:

> A Alemanha entre 1870 e 1945 é um exemplo de país onde existiam condições razoavelmente favoráveis – em termos de economia, tecnologia, recursos naturais, educação dos cidadãos e tudo mais –, mas faltou vontade política para estabelecer um regime democrático. Podemos dizer o mesmo dos Estados Unidos hoje, se chegarmos à conclusão que o nosso regime constitucional é largamente democrático apenas na forma.[60]

Essa condicional desgastada – como se a natureza do sistema político norte-americano fosse uma questão não de verdade, mas de decisão – mal consegue esconder o azedume do julgamento. Essa é a sociedade que Rawls declarou um dia quase justa, e cujas instituições ele descreveu como o "orgulho de um povo democrático". Numa sucinta nota de rodapé, todo o agradável universo de consenso por sobreposição afunda.

É improvável que tais lampejos de franqueza tenham sido um momento de desgosto passageiro. O que sugerem é, antes, uma tensão aguda sob a superfície serena da teoria de justiça de Rawls. Talvez a prova mais eloquente disso seja a entrada inesperada de Hegel em seus últimos escritos publicados. Em *História da filosofia moral*, Rawls apresenta um retrato respeitoso, até admirativo, de Hegel como filósofo liberal. O que teria atraído Rawls, contra a aparente probabilidade de temperamento, para o filósofo do espírito absoluto? A reconstrução que faz de *A filosofia do direito* presta homenagem ao *insight* institucional de Hegel de que "a estrutura básica da sociedade" não é o indivíduo singular, mas "o *primeiro* sujeito da justiça", e expõe sua teoria da sociedade civil e do Estado com uma simpatia histórica[61]. Aqui também um parêntese incisivo diz mais do que todas as páginas de fracas explicações de *Liberalismo político*. O esquema constitucional de Hegel, observa Rawls, pode muito bem nos parecer um anacronismo estranho, com seus três estamentos e nenhum sufrágio universal. "Mas uma sociedade constitucional moderna consegue ser melhor? Certamente não os Estados Unidos, onde todos os dias a legislação é comprada por 'inte-

---

[60] Ibidem, p. 101.
[61] *Lectures on the History of Moral Philosophy* (Cambridge, Mass., Harvard University Press, 2000), p. 366 [ed. bras.: *História da filosofia moral*, São Paulo, Martins, 2005]. Citado daqui em diante como *LHMP*.

resses especiais'"[62]. Os Estados Unidos de Clinton não são melhores que a Prússia de Frederico Guilherme – é difícil imaginar um veredito mais condenatório.

O principal interesse de Hegel, no entanto, era outro. Para Rawls, sua contribuição mais importante ao pensamento político, assinalada no começo da relevante *História da filosofia moral* e reiterada em *Justiça como equidade*, foi a afirmação de que a missão da filosofia seria nos reconciliar com nosso mundo social. Rawls enfatiza que reconciliação não é resignação. Ao contrário, *Versöhnung*, para Hegel, seria uma maneira de aceitar nossas instituições políticas e sociais de modo positivo, como um desdobramento racional de seu desenvolvimento ao longo do tempo[63]. A ideia de justiça como equidade refere-se a essa concepção de filosofia política enquanto reconciliação, explicou ele. Pois, "por mais que nos encontremos numa sociedade corrupta", à luz dessa razão pública ainda podemos refletir que "o mundo não é em si inóspito à justiça política e ao bem. Nosso mundo social poderia ter sido diferente e há esperança de tal em outra época e em outro lugar"[64].

Com essas frases de uma incoerência tocante, a filosofia de Rawls colapsa. Nossa sociedade pode ser corrupta, mas o mundo não. Que mundo? Não o nosso, que nos resta torcer para que seja diferente, mas um outro mundo, ainda invisível, distante gerações, talvez continentes, de nós. A nota melancólica está muito longe de Hegel. O que Rawls expressa com seu tema de reconciliação é algo diferente: não a revelação de que o real seja racional, mas a necessidade de vencer o profundo abismo entre o ideal de uma sociedade justa e a realidade da outra – não marginal, mas radicalmente – injusta. Percebe-se numa frase que o próprio Rawls nem sempre é capaz de suportar essa distância. Para cumprir a tarefa da reconciliação, "a filosofia política pode tentar aplacar a frustração e a raiva contra a nossa sociedade e a sua história"[65]. Raiva: quem imaginaria que Rawls fosse capaz de sentir raiva – contra a sociedade e a sua história? Mas por que ela deveria ser aplacada?

Rawls recorre a Hegel em suas reflexões íntimas sobre o Estado constitucional. No plano das relações entre Estados, Kant ainda é sua referência como teórico das condições para uma paz perpétua. Do mesmo modo que para Habermas. Mas como Kant não previu o arcabouço legal necessário para uma ordem cosmopolita, quando esta começou a se formar nas instituições perma-

---

[62] Ibidem, p. 357.
[63] Ibidem, p. 331-2.
[64] *JF*, cit., p. 37-8.
[65] Ibidem, p. 3.

nentes das Nações Unidas, Habermas, analisando o progresso feito desde 1945, também recorreu ao filósofo do idealismo objetivo. Comparando-o com o legado sombrio deixado pelos desastres da primeira metade do século XX, decidiu que "o Espírito do Mundo, como teria dito Hegel, deu um salto adiante"[66]. Como vimos, Bobbio foi responsável pelo mais determinado de todos os apelos a Hegel. Em certo sentido, tinha mais do que o direito de fazê-lo. Ao celebrar a ideia hegeliana de reconciliação como algo equivalente a seu próprio programa de razão pública, Rawls traçou sua visão a respeito da esfera internacional como um domínio de violência e anarquia, no qual disputas entre Estados soberanos estão fadadas a se resolver pela guerra. Já o gesto de Habermas incluiu Hegel na lista dos patronos da paz cosmopolita. O primeiro não foi capaz de enquadrar seu direito dos povos na ilegalidade dos Estados de Hegel, e o segundo só conseguiu aliciar Hegel para o progresso pacífico virando-o filosoficamente do avesso. Bobbio, por contraste, tomou a medida da concepção hegeliana de história mundial como marcha implacável das grandes potências em que o poder sucessivo funda o direito pleno, e invocou-a com toda a lógica para justificar sua aprovação à violência imperial norte-americana. A lei nasceu da força, e a divisa do conquistador – *prior in tempore, potior in jure* – ainda valia. "Por mais difícil que seja para mim aceitar o princípio hegeliano de que 'o que é real é racional', não se pode negar que algumas vezes a história deu razão a Hegel"[67]. No fim do século XX, a razão uma vez mais deu provas de ser a rosa na cruz do presente.

No entanto, seria difícil imaginar três pensadores menos hegelianos do que esses. A luz que guiava suas esperanças em relação às questões internacionais ainda era Kant. Buscando por sua antítese no fim, cada um à sua maneira engajou-se num paradoxo que destruiu suas próprias concepções do que seria uma ordem justa. Bobbio, que foi o que mais se utilizou de Hegel, tinha essa consciência e tentou se corrigir – pretendia não justificar, mas apenas interpretar o curso do mundo no registro da *Rechtsphilosophie*. Há construções hegelianas coerentes dessa época, mas vêm de mentes com as quais esses pensadores têm pouco em comum. Talvez tivessem feito melhor se evitassem projetar suas aspirações sobre a realidade, inspirando-se no próprio Kant, mais realista que seus sucessores quando imagina uma história universal para uma raça de demônios.

2004

---

[66] *EA*, cit., p. 207; *IO*, cit., p. 178.
[67] "Perchè questa guerra ricorda una crociata", cit.

III
História

8
In memoriam: Edward Thompson

Voltando para casa numa noite das últimas semanas de 1962, encontrei no quarto vazio uma garrafa de vinho com um bilhete embaixo. Edward Thompson estava terminando *A formação da classe operária inglesa*. Ele morava em Halifax e precisava de mais duas semanas no Museu Britânico. Naquela época, eu morava em Talbot Road e estava recém-casado com Juliet Mitchell. Ela lecionava em Leeds e eu trabalhava para a *New Left Review*, em Londres. No fim do dia, Edward e eu trocávamos observações sobre o trabalho e conversávamos sobre história e sociologia. "Você *realmente* acha que Weber é mais importante do que Bloch?", perguntava-me com um ar de perplexidade maliciosa. Se éramos mais circunspectos em relação à política, era em parte por uma questão de tato – ele não queria pesar muito sobre mim, sendo eu um editor principiante e ansioso por minha independência numa revista que ele havia fundado. Mas havia também uma percepção ilusória a qual eu estava condicionado.

Edward parecia ser não apenas uma, mas quase duas gerações mais velho, visto que entre nós havia a geração daqueles que, como Stuart Hall e Raphael Samuel, ajudaram a fundar a nova esquerda, começando em torno de 1950, em vez de 1940. Sua aparência – de belos traços melodramaticamente variáveis e ao mesmo tempo geologicamente profundos, criando uma paisagem de vales e escarpas selvagens – favorecia a ilusão. É claro que foi o momento que fixou essa impressão – as diferenças de idade, por pequenas que fossem, nunca tiveram tanta importância quanto naqueles anos em particular. Larkin acertou mais ou menos a data, mesmo passando por cima dos Stones. Mas naquela época o bibliotecário de Hull provavelmente não era mais sábio que o historiador de Halifax, que via com impaciência as conversas sobre divisões geracionais como uma maneira de evitar discussões difíceis. O resultado era o mesmo, ainda que me parecesse mais por inibição do que por evasão. Tivemos poucas discussões políticas. Eu estava no trem vindo de Leeds quando ele voltou de Londres, o trabalho já pronto, deixando para trás algo semelhante a uma natureza-morta de boa vontade desconcertada. Só nos anos 1970 é que me dei conta, para meu espanto, que ele tinha, na época, 37 anos.

No ano seguinte, a conexão entre os fundadores da *New Left Review* e os novos editores se rompeu. A revista encalhou com o declínio da campanha pelo desarmamento nuclear e buscava, sem muito sucesso, um novo rumo. Durante algum tempo, houve divergências sobre a melhor maneira de lhe dar bases sólidas, depois das primeiras renúncias apaixonadas – *sine qua non* visível na vida dessa pequena revista – que testemunhei. Disputas práticas e diferenças intelectuais fizeram com que a equipe de Carlisle Street tivesse cada vez menos simpatia por Edward. Ele sentia, com toda a razão, que a revista se desviava amorficamente de seu passado sem ter feito o devido balanço, e não tinha confiança política em seu futuro. Ele explodiu em algumas ocasiões, mas sua atitude em relação aos jovens era fundamentalmente generosa e, no momento certo, garantiu uma transmissão clara de poder entre a diretoria antiga e eles, sem rancor. Apesar dos maus presságios, ele não era possessivo.

Quando a revista se reencontrou, mais ou menos sob a forma que conserva até hoje, a posição de Edward mudou. No fim de 1964, a *New Left Review* já tinha desenvolvido uma perspectiva política que ele nos acusou de não ter, além de uma série de teses históricas sobre a relação entre o passado nacional e a crise britânica, a partir de nosso ponto de vista. Edward não gostava nem de um nem de outro. Mas agora, finalmente, era possível um confronto real. Ele me escreveu, perguntando se a revista estaria preparada para publicar uma crítica completa – "presumivelmente escrita à minha maneira polêmica e rabugenta". Receberíamos de bom grado suas críticas, respondi nervoso, mas não gostaríamos de entrar em bate-boca. De maneira sensata, Edward disparou contra o *Socialist Register*. O resultado foi um de seus ensaios mais celebrados, "As peculiaridades dos ingleses"[1]. Picado por sua ferocidade, respondi na mesma moeda. A discussão foi marcada por uma espécie de simetria cáustica. Edward nos atacava pela leitura incorreta que fazíamos das evidências his-

---

[1] Posteriormente incluído, sem correções, em *The Poverty of Theory and Other Essays* (Londres, Merlin, 1978), p. 35-91. [Ed. bras.: *A miséria da teoria*, Rio de Janeiro, Zahar, 1981; também disponível em *As peculiaridades dos ingleses e outros artigos*, Campinas, Editora da Unicamp, 2001.]

tóricas, e eu o atacava pelo tratamento incorreto que dava às evidências textuais[2]. O que me espantou foram os atalhos que ele tomou para reproduzir os argumentos que desejava refutar, os quais eu não era capaz de igualar com nada à sua altura como historiador. Esse foi um erro genérico de minha parte. Eu não entendia as regras da polêmica. Trata-se de um gênero literário cuja história ainda não foi escrita. Um dia, os críticos perceberão isso e lerão Jerome e seus sucessores com outros olhos. A polêmica é um discurso de conflito, cujo efeito depende de um equilíbrio delicado entre as exigências da verdade e os incitamentos da raiva, o dever de argumentar e o apetite de inflamar. Sua retórica permite – e até exige – certa licença figurativa. Como os epitáfios no adágio de Johnson, ele não estava sob juramento.

Eu não era o único a ignorar esse fato. Alguns anos antes, Edward havia publicado uma crítica a *Long Revolution* [Longa revolução], de Raymond Williams, na *New Left Review*, num tom mais comedido do que aquele com que tratou a Tom Nairn e a mim, porém – e aqui ele errou a mão – de efeito mais contundente. Uma de suas acusações foi Raymond ter assimilado parcialmente, tanto em estilo quanto em interesse, o universo acadêmico da classe dominante. "Oh, o pátio interno banhado de sol, o tilintar dos cálices de vinho do Porto, as conversas a meia-voz dos homens esclarecidos!"[3] Não nos surpreende que o filho de um sinaleiro tenha se ofendido. Mas, talvez sem se dar conta, Edward explicou o discurso de Raymond de modo admirável. Quando tratou da "comunicação genuína", Raymond afirmou: "Podemos notar a pausa e o esforço: a abertura e a honestidade necessárias a um homem que, de boa-fé, ouve o outro antes de responder". Invocando a linhagem de *Cultura e sociedade** contra ele, Edward retrucou:

> Burke abusava, Cobbett fustigava, Arnold fazia insinuações maliciosas, Carlyle, Ruskin e Lawrence não ouviam ninguém quando chegaram à meia-idade. Isso talvez seja lamentável, mas não consigo ver como a comunicação da raiva, da indignação ou mesmo da malícia possa ser menos *genuína*.[4]

Aqui está, *en toutes lettres*, o atestado do polemista. A própria indignação de Edward nesse período eram carmanholas literárias, sem animosidade pessoal. Alguns meses depois de contra-atacá-lo, eu o encontrei num *pub* em Tottenham

---

[2] "Socialism and Pseudo-Empiricism", *New Left Review*, v. I, n. 35, jan.-fev. 1966, p. 2-42.
[3] "The Long Revolution", *New Left Review*, v. I, n. 9, maio-jun. 1961, p. 27.
* São Paulo, Companhia Editora Nacional, 1969. (N. E.)
[4] "The Long Revolution", cit., p. 25.

Court Road. Como fui parar lá – detesto *pubs* – é algo que não consigo lembrar; talvez quisesse usar a única função cívica desses lugares. Era minha última noite na Inglaterra; na manhã seguinte, eu partiria para o Brasil, onde passaria seis meses. Edward, que eu passara três anos sem ver, foi a própria simpatia.

Passou-se uma década até voltarmos a nos ver. No inverno de 1979, numa igreja gelada de Oxford, ele se levantou como a ira divina para, mais uma vez, alertar a congregação contra os perigos do dogma gálico. Àquela altura, seus ataques a Althusser em *A miséria da teoria*, publicado no ano anterior, haviam provocado muita controvérsia. Seguiu-se uma discussão, diante de uma plateia extasiada e arrepiada. Um dos contestadores da tese era Stuart Hall. Eu assistia sentado num banco. Minha reação a *A miséria da teoria* havia sido um pouco diferente. Parecia mais importante formar um juízo sobre Thompson do que sobre Althusser. Uma tentativa nesse sentido foi publicada alguns meses mais tarde[5].

Naquele exato momento, o foco das energias de Edward mudou de repente. A segunda onda intensa da Guerra Fria irrompera e ele se atirou sem reservas a uma campanha de mobilização contra ela. Eu havia concluído meu texto sobre ele dizendo que seria melhor deixar as velhas discussões de lado e, juntos, explorarmos novas questões. Ele respondeu com um manifesto a respeito de seus temores, publicado na primavera de 1980 pela *New Left Review*: "Notes on the Exterminism, the Last Stage of Civilization?" [Notas sobre o exterminismo, último estágio da civilização?] – na verdade, o texto fundador do movimento pacifista da época[6]. A revista organizou um debate internacional, com contribuições dos Estados Unidos, da URSS, do Japão, da Alemanha, da França e da Itália, bem como dos seus próprios editores. Foi lançado um livro, com uma conclusão de Edward[7]. A rixa terminou.

Em 1986, nós nos encontramos em Nova York. Christopher Hill, Eric Hobsbawm, ele e eu nos reunimos para discutir programas para uma história radical na New School. Àquela altura, sua fama já era de outro nível – uma "pessoa pública" para boa parte do mundo, como ele às vezes reclamava. Explicando o tributo que a nova função cobrava sobre o trabalho de historiador, citou os livros que aguardavam uma conclusão e a desconfiança que todo radical precisa manter em relação à "assimilação pela sociedade

---

[5] *Arguments within English Marxism* (Londres, Verso, 1980).
[6] *New Left Review*, v. I, n. 121, maio-jun. 1980, p. 3-31.
[7] *Exterminism and Cold War* (Londres, Verso/ New Left Review, 1982).

anfitriã"⁸. No auditório superlotado, atento a cada palavra dele, Edward era a própria imagem do orador romântico: os arroubos do discurso apaixonado eram pontilhados por um gesto típico, um movimento brusco da mão em direção à cabeça – batendo na testa alta ou acariciando a vasta cabeleira grisalha? – cujo efeito sempre oscilava entre o histriônico e o brincalhão. Quando nos dirigimos em seguida a um jantar oficial, um quarteto um tanto incongruente, ocorreu algo semelhante à percepção ilusória que tive quando o conheci. Embora fosse o mais jovem dos três decanos, ele parecia misteriosamente mais velho – e eu me perguntava se isso se devia simplesmente ao fato de ele ser mais alto. Seu aspecto, em todos os eventos, havia mudado. Notei pela primeira vez um certo dandismo, o colete justo e o charuto boêmio, sugerindo um perfil mais clássico. Nossa conversa se desviou para os agostinianos. Ele brincou comigo por meu despudor em relação a Swift e disse que estava escrevendo um romance concebido como uma versão moderna de *As viagens de Gulliver**, crítica suprema às "razões do poder".

Levará algum tempo até que tenhamos um sentido mais sólido da distinção entre Thompson como historiador e escritor. Seu trabalho abrange formas demais para fazermos julgamentos fáceis, e sua aura pode ser uma tentação para tomarmos atalhos. No entanto, certamente existe uma tensão entre o que podemos chamar de sensibilidades do século XIX e do século XVIII no centro criativo de sua obra. Ainda que a introdução de *A formação da classe operária inglesa* faça a ponte entre as duas épocas, nunca se duvidou de onde residia o peso desse trabalho. Para onde apontava a obra de Thompson? A resposta era óbvia: para a frente, para o que se tornou a classe trabalhadora inglesa, uma vez concretizada, na era vitoriana. Mas ele foi na direção oposta: recuou um século, até a década de 1720. O que motivou essa mudança de campo, esse salto incomum – ele o chamava de "salto de paraquedas" – para qualquer historiador? Ele dizia que o cartismo, no século XIX, era domínio de sua companheira, Dorothy. Mas, além disso, suspeitamos que o mundo comportado do sindicalismo da primeira metade da era vitoriana, bem como o trabalhismo subsequente, não o atraíam; seria uma recaída, após Morris. Se houve um elemento político em sua escolha, certa relutância em buscar algo que lembrasse o epílogo de *Guerra e paz***, os elementos pessoais devem ter sido muito mais importantes.

---

[8] "Agendas", *Radical History Review*, n. 36, set. 1986, p. 42. Republicado como texto final da coletânea *Persons and Polemics* (Londres, Merlin, 1994), cuja edição ele terminou pouco antes de morrer.
* São Paulo, Penguin/Companhia das Letras, 2010. (N. E.)
** Liev Tolstói, *Guerra e Paz* (São Paulo, Companhia das Letras, 2008). (N. E.)

Concomitante com a mudança de período, houve uma mudança considerável de cenário. Em Yorkshire, ele morava numa casa paroquial cheia de correntes de ar, empoleirada acima das desoladas ruas vermelho-enegrecidas de Halifax, entre a escória mais deprimente da Revolução Industrial. Em Worcestershire, ele vivia no meio do campo, numa mansão georgiana que um dia serviu de residência para um bispo. A mudança permitiu que Williams, que se recordava das referências de Thompson, fizesse piada com seu "marxismo de casa de campo". Na verdade, essa casa foi o centro do trabalho político mais difícil de toda a sua vida. No entanto, sua escrita sofreu uma modulação. *Senhores e caçadores** é um livro diferente de *A formação da classe operária inglesa*, não apenas em escopo, mas também em estilo. Num gesto de mimese, a abundância romântica dá lugar a uma elegância mais econômica, cuja expressão de paixão é mais frequentemente irônica do que filípica. Dali em diante, a distribuição variou. Em arranjos distintos, as cadências dos dois períodos se contrapõem até o fim em sua prosa. A combinação de expressões era o segredo de sua classe. Ele foi o maior retórico de sua época. Essa era uma arte estranha naqueles tempos, e a resistência é visível na tensão da própria relação de Thompson com a forma. O toque é menos seguro nos trechos em que sua dicção é mais contemporânea. Em geral, os lapsos em sua escrita vêm de tentativas de empregar um demótico do século XX que acaba confundindo. O resultado pode ser desconcertante. Os obituários quase não mencionam a poesia e a ficção de Thompson. Ele, acertadamente, não as considerava marginais. Seus dois longos poemas, *The Place Called Choice* [O local chamado escolha] (1950) e *Powers and Names* [Poderes e nomes] (1986) – semelhantes na forma e no tema, ou seja, a guerra atômica e o despotismo –, são casos vívidos dessa inconstância: trechos da mais concisa beleza ao lado de outros de um *pop* arrastado. O romance *The Sykaos Papers* [Os documentos sykaos] é a mais completa expressão de seu pensamento, dando forma criativa a ideias que não encontram expressão comparável em nenhuma outra passagem de sua obra. Desnecessário dizer que, dado o estado de coisas, esse é seu único grande livro fora de catálogo. Nele, o olhar alienígena de uma razão incorpórea volta-se – tarde demais – para o mundo da propriedade, da autoridade e da guerra, enquanto se move na direção da destruição nuclear. O argumento metafísico está inserido numa das mais animadas narrativas terrestres, observando cada máxima para comover, instruir e deleitar. Mas ainda há um contraste impressionante entre as partes

---

* Rio de Janeiro, Paz e Terra, 1997. (N. E.)

menores que abrem o romance, o burlesco pesado da imprensa popular e da cena urbana dos anos 1980, cujo humor chega a assustar, e a narrativa principal, que brilha com sua energia e perspicácia. O clímax antes da destruição da Terra é um idílio em que a razão se torna sexualmente encarnada, quando a heroína prende a estrela em seus braços – num parque arcádico "criado nos anos 1740" e "reformado no começo do século XIX".

O livro de Thompson a respeito de Blake, *Witness against the Beast* [Testemunha contra a besta], pode ser lido de certo modo como um livro de consulta sobre seu romance. Os mesmos temas reaparecem sob uma roupagem crítica. Sua inspiração original deve-se em larga medida à sua ligação com Christopher Hill. Na New School, ele contava à plateia que havia descoberto a história marxista lendo Hill, no fim do curso secundário, e, quando foi publicada *A formação da classe operária inglesa*, ele dizia que tinha esperança de um dia encontrar o túnel que ligava as ideias de Blake ao mundo da Guerra Civil, estabelecendo relação direta entre as duas épocas revolucionárias de que ele e Hill haviam se apropriado. *Witness against the Beast* tem filiação com uma seita fundada em 1652 por John Reeve e Ludowick Muggleton. Thompson sugere que a mãe de Blake pode ter sido uma muggletoniana, e muitas de suas ideias teriam derivado de sua versão do antinomianismo. O respeito e a afeição que demonstra por esse bando moderado e diminuto – duzentas almas em meados do século XVIII – são cativantes. Não negligencia nenhuma sutileza teológica quando se aprofunda em sua complicada doutrina; no entanto, os leitores que se recordam de suas imprecações contra a obscuridade do marxismo parisiense têm o direito de sorrir enquanto enfrentam os mistérios do influxo divino e as duas sementes*, a dispersão e a unidade da divindade, minuciosamente expostos ali.

O propósito mais amplo do livro, no entanto, não depende da exatidão da ressurreição muggletoniana. Seu papel é sugerir uma nova interpretação de Blake. Para Thompson, o poeta é herdeiro de uma longa tradição "anti-hegemônica", que estava enraizada entre os artesãos e rejeitava o racionalismo polido de seu século em nome de uma religião de amor igualitário, hostil tanto à nova ciência materialista quanto à lei moral da Igreja e do Estado estabelecidos. Mas Blake transformou essa visão antinômica em uma constelação muito mais radical e original, sob o impacto do jacobinismo e do deísmo. A partir do meio painita, ele desenvolveu uma visão política dos males da propriedade e da po-

---

* Gênesis 3:15: os filhos de Deus e os filhos do diabo. (N. T.)

breza, do clero e do exército, da monarquia e do casamento; a partir de Volney, chegou a uma nova crítica da fé alienada e dos poderes mundanos a que esta servia. Em cada caso, porém, ele enxergou mais fundo que seus contemporâneos do Iluminismo – não reduzindo a miséria humana apenas à opressão social ou à exploração, tampouco reduzindo o sentimento religioso à mistificação clerical. Não seria a razão da ciência ou o interesse próprio que curaria a maldição de Caim, mas o chamado do amor. Uma natureza humana alternativa, coerente com o Evangelho Eterno, esperava por sua concretização. "A intensidade dessa visão", escreveu Thompson, "tornou impossível para Blake juntar-se às hostes da apostasia" quando o fogo revolucionário arrefeceu depois de 1801 – quando "os perfeccionistas atarefados e os racionalistas benevolentes" da época "acabaram quase todos se transformando em homens desencantados"[9].

Witness against the Beast é um *envoi* luminoso para o trabalho de uma vida excepcional. Há maneira melhor de honrar seu impulso antinômico? Não, seguramente, por uma nova espécie qualquer de piedade. Ao ler os obituários sobre Edward – de direita, esquerda e centro –, não sei quantas vezes contei citações de sua vontade de salvar "até mesmo um iludido seguidor de Joanna Southcott da enorme condescendência da posteridade". Essa é claramente uma de suas frases mais mordazes e programáticas. Mas, por excesso de repetição, corre o risco de se transformar numa frase feita politicamente correta. Edward, que foi a pessoa mais politicamente incorreta do mundo, não teria admitido isso. Ele se regozijava na irreverência, e seria melhor que o imitássemos, na medida de nossas possibilidades. Um bom começo seria observar que o próprio Blake foi o primeiro a expressar condescendência com Joanna Southcott, sobre cuja virgindade escreveu uma quadrinha desdenhosa: "O que quer que com ela se faça, ela não saberá,/ E se lhe perguntarmos, ela jurará,/ Se for bom ou mau, não há quem culpar;/ Ninguém pode se orgulhar, ninguém pode se culpar".

Há um argumento mais amplo aqui, que concerne ao tema de seu último livro. Um escritor do século XVIII que nunca atraiu a atenção de Thompson foi seu maior historiador. Mas, em *Witness against the Beast*, Gibbon aparece. Aparece ali como alguém que serve apenas para ressaltar as qualidades de outrem – o deísta, cuja representação de Constantino pode ter sido atraente para um antinomiano, mas cuja visão cética do cristianismo compreensivelmente despertou a ira poética de Blake ("Gibbon veio com seu chicote de aço,/ e

---

[9] *Witness against the Beast: William Blake and the Moral Law* (Cambridge, Cambridge University Press, 1993), p. 228-9.

Voltaire com a roda do suplício" etc.). Thompson vê sua reação, que inicia o terceiro capítulo de *Jerusalém**, com simpatia. Mas o poema é, na verdade, uma síntese dos pontos fracos de Blake – e justamente nos dois pontos que *Witness against the Beast* apresenta como fortes. Nele, um monge piedoso é torturado por Gibbon e Voltaire por não ter brindado a guerra, como se este fosse o ônus da crítica de ambos à fé. A acusação é maluca o suficiente para indicar uma mente incapaz de enfrentar aquilo que a perturba. *History* [História], de Gibbon, era de fato perturbador, e não apenas para Blake. Mas se perguntarmos por que o remédio foi tão forte, a frase de Thompson poderia ser invertida. A emancipação intelectual forjada por *The Decline and Fall* [A ascensão e queda] deveu-se àquilo que pode ser descrito como uma "enorme condescendência" – em que mais consiste o tom inimitável desses seis famosos volumes? – com o passado cristão, ou mesmo com o passado clássico. Thompson elogia as anotações indignadas de Blake a respeito de *Apology for the Bible* [Apologia à Bíblia], do bispo Watson, dirigidas a Paine. Mas Blake não se manifestou publicamente. Foi Paine que respondeu a Watson, como havia feito Gibbon antes dele.

A origem do poema de Blake é o processo que sofreu em Chichester por causa de uma briga obscura com um soldado em seu jardim, e no qual foi absolvido[10]. Assustado com o episódio, imaginou-se como um dos Monges Cinzas em cujo coro se realizou o julgamento (o duque de Richmond, que o presidiu, ficou surpreso quando soube que ele foi o torturador de Voltaire), alquebrado, mas triunfal: "O gemido doloroso da aflição de um mártir é/ uma flecha do arco do Todo-Poderoso!". Dois anos após o julgamento, ainda meditando sobre "a história completa dos meus pesares espirituais", dedicou algumas gravuras à rainha. Na versão manuscrita de *Jerusalém*, o frei é "sedicioso", mas ele reconsiderou o termo e alterou-o para "preguiçoso" quando da publicação. Não há motivos para crítica em nada disso. Blake tinha um lado tímido, sofria de mania de perseguição e estava muito mal financeiramente. Era uma época perigosa para qualquer radical. Não obstante, é um erro apresentar Blake como alguém politicamente mais intransigente que os oponentes menos místicos do regime de guerra *tory*. Ele perseguiu John e Leigh Hunt com seu veneno porque atacaram as pinturas que fez de Nelson e Pitt como ícones da reação (um erro, se tanto – o próprio Blake nunca afirmou isso –, cometido por mais de um historiador da

---

* São Paulo, Hedra, 2010. (N. E.)
[10] Ver David Erdman, *Blake: Prophet against Empire* (Princeton, Princeton University Press, 1969), p. 403-15.

arte), representando-os como encarnações do mal, responsáveis por uma guerra sobre a qual falaram mais do que ele. Processado três vezes, os irmãos chegaram a ser presos por insultar o Regente, para escárnio de Blake: "Não consigo conceber que um monge possa ser hipócrita", admoestou os deístas. Ele ainda tinha alguma coisa a aprender com o Iluminismo, afinal de contas.

Fazer tais afirmações não significa diminuir a força do argumento afirmativo de Thompson a respeito de Blake como um iconoclasta quase genial. Significa, sim, situá-lo mais criticamente dentro da tradição para a qual Thompson chama nossa atenção. Os muggletonianos eram uma companhia atraente, como mostra ele. Mas eram também reservados e retraídos: evitavam cultos públicos e proselitismo; sua fé tornou-se quietista. A ausência de Blake em qualquer forma de política radical, numa época de efervescência, é impressionante. Sua única experiência com multidões parece ter sido o mergulho nos tumultos de Gordon, quando criança. Sua relutância em assumir riscos que outros aceitavam assumir provavelmente se deve ao seu temperamento – o nervosismo dos artistas. Mas não seria também reflexo da mentalidade discreta do ambiente em que provavelmente cresceu? A ideia de um Evangelho Eterno oferecia uma via de retiro de qualquer tumulto. Mas descender da Terceira Comissão, por mais transfigurado que fosse, tinha seus custos. Estes não eram apenas os limites da experiência política, mas da arte literária também. Os fracassos gnômicos dos trabalhos mais tardios de Blake resultaram de seu isolamento. Mais significativa que sua distância dos círculos jacobinos é a falta de qualquer resposta romântica a ele, apesar de todos os valentes esforços de Crabb Robinson para atrair o interesse de Wordsworth, Hazlitt e outros. É um bom antídoto aos rugidos patrióticos que vieram depois – "Terras verdes e agradáveis da Inglaterra" – lembrar que o único relato importante sobre o trabalho de Blake, quando era vivo, foi publicado em alemão.

O último artigo de Thompson tratou do patriotismo naquela época. Numa resenha amistosa, porém crítica, do trabalho de Linda Colley, *Britons: Forging the Nation* [Britânicos: forjando uma nação], questionou a consistência da lealdade popular durante as guerras contra a França, embora não negasse sua existência. Ele não tinha paciência para tratamentos que fossem excessivamente respeitosos com o assunto e ignorassem a torrente de "imposturas chauvinistas" das baladas e paradas dos Voluntários[11]. Quando suficientemente irritado, era

---

[11] "The Making of a Ruling Class", *Dissent*, 1993, p. 377-82; incluído em *Persons and Polemics*, cit., com o título "Which Britons?".

capaz de gestos de anglofilia, porém seu compromisso mais profundo era inequivocamente internacionalista. O desarmamento nuclear europeu foi a causa a que se dedicou durante toda uma década. Sua resposta criativa como escritor estendeu-se à China, à Índia, à América Latina e aos Estados Unidos. A unidade desse compromisso fundava-se em seu desejo de acabar com a Guerra Fria.

No evento, ele se revelou o profeta do fim da guerra. Só isso já é digno de nota. Quanto o movimento pela paz contribuiu para esse fim é uma discussão à parte, um debate que ele deixou para trás. Nós discordávamos a respeito desse ponto. Entre os ideais da END* e a realidade da desintegração soviética há um grande hiato. Não é diminuir os que lutaram pelo fim da Guerra Fria distingui-los de seus agentes. A Primeira Guerra Mundial não terminou por causa da esquerda de Zimmerwald ou do Apelo de Estocolmo, apesar do efeito histórico que tiveram, mas pela vitória da Entente. Nós não os honramos menos por causa disso. A conclusão da Guerra Fria teria sido diferente? Edward acreditava apaixonadamente que sim. Com certeza, ninguém tinha mais direito de pensar assim do que ele. Seu julgamento interino, "Ends and Histories" [Fins e histórias], concluído na primavera de 1990 e publicado em *Europe from Below* [Europa a partir de baixo][12], de Mary Kaldor, é em parte uma resposta a Francis Fukuyama, sobre quem tínhamos opiniões opostas. Trata-se de um de seus textos mais atraentes, ao mesmo tempo autobiográfico e visionário. As pessoas voltarão a ele quando os vereditos mais convencionais forem esquecidos.

Segundo ele, a primeira versão foi escrita pouco antes de a antiga ordem ter sido varrida de Praga, e ele quase morrer num hospital em Nova York. Seus últimos anos foram atormentados por repetidas doenças. Leitores da *London Review of Books* talvez se lembrem de um texto seu sobre o sistema nacional de saúde[13]. Ele morreu jovem, pelos padrões atuais. Perdemos muito. Christopher Hill, nos doze anos depois de completar a mesma idade, publicou sete livros. O que Edward ainda tinha para escrever? No auge do movimento pacifista, ele tendia a deixar de lado outras políticas porque considerava que dividiam uma causa comum. Encerrada a Guerra Fria, ele poderia ter ajudado mais uma vez na renovação da esquerda. Há indicações disso em "Ends and Histories". Mas qualquer que fosse a forma que suas ideias tomassem, o livro a respeito de Blake

---

* Sigla, em inglês, para European Nuclear Disarmament (Desarmamento Nuclear Europeu). (N. E.)
[12] Mary Kaldor (org.), *Europe from Below* (Londres, Verso, 1991), p. 7-25.
[13] "Diary", *London Review of Books*, 7/5/1987.

torna uma coisa provável: elas não seriam convencionais. Ele não estava disposto a acordos. *A Life of Dissent* [Uma vida de dissidência] é um filme comovente de Tariq Ali sobre Edward e Dorothy Thompson, rodado no começo de 2005 e reexibido recentemente. Quando ainda estava sendo filmado, eles conversaram sobre amigos em comum. "O que Perry tem feito ultimamente?", perguntou ele. Tariq citou um artigo que eu havia escrito sobre o conservadorismo. "É, eu sei", respondeu Edward. "Oakeshott era um canalha. Diga a ele para endurecer o tom."

1993

9
FILOLOGISTA EXTRAORDINÁRIO: SEBASTIANO TIMPANARO

A filologia tem má fama – pior que a da ciência cinzenta, que no mínimo se justifica por sua influência na produção – como disciplina que incentiva um pedantismo estéril. Em associação pública, a sombra de Casaubon*, de Eliot, permanece. Mesmo suas eminências não escaparam: a aridez dos trabalhos de Housman em relação a Manilius regularmente contrastada (ou injustamente ligada) com a exuberância de sua poesia, ridicularizada a autoridade de Wilamowitz pelo triunfo póstumo de Nietzsche. Hoje, poucos seriam capazes de citar um praticante contemporâneo. Mas, contrariando todos os preconceitos contra si, a disciplina teve pelo menos um renascimento notável na carreira de Sebastiano Timpanaro, o intelectual e pensador italiano que morreu em novembro de 2000, uma das mentes mais puras e originais da segunda metade do século.

Ele nasceu em Parma, em 1923, filho de um intelectual siciliano de mesmo nome que, em grande parte de sua infância, foi professor de ciências numa escola florentina de segundo grau, antes de se tornar diretor do Domus Galileana, em Pisa. Seu pai, que se filiou ao Partido Socialista Italiano depois da guerra, colecionava desenhos e defendia uma ciência humanística na tradição de Leonardo da Vinci e de Galileu. Sua mãe editou Proclus e Pitágoras. Quando o pai morreu, depois de longa enfermidade, em 1949, o jovem Timpanaro reuniu uma coleção póstuma de seus ensaios sobre a história da ciência[1]. A semelhança física entre os dois deve ter sido impressionante. No escuro salão do apartamento da família em Florença durante os anos 1980, havia um retrato magro e notável que, à primeira vista – apesar das características de período –, parecia

---

* Personagem do livro de George Eliot, *Middlemarch: um estado da vida provinciana* (Rio de Janeiro, Record, 1998). (N. E.).
[1] *Scritti di storia e critica della scienza* (Florença, 1952).

ser seu: um engano que sua esposa, uma especialista na história do século XVIII, teve de corrigir mais de uma vez. Apesar de atuarem em campos distintos, a filiação era claramente tão espiritual quanto visual.

Sebastiano Timpanaro Jr., como assinou seu primeiro prefácio, estudou filologia clássica durante a guerra na Universidade de Florença, onde foi aluno do mestre da disciplina na Itália, Giorgio Pasquali. Mais tarde, tornou-se o interlocutor favorito do famoso exilado alemão Eduard Fraenkel, que com frequência dava seminários na Itália durante suas férias em Oxford. Já durante a sua segunda década, publicou reconstruções do antigo poeta latino Ennius, e Fraenkel lhe pediu para produzir uma nova edição crítica de Virgílio. Mas foi um desapontamento. A Timpanaro faltava a paciência, como ele mesmo dizia, para tarefa tão grandiosa. Seus notáveis dons de crítica textual assumiam a forma de *adversária*, anotações minuciosas que chegavam a mais de mil páginas de dissecação meticulosa de trechos de Lucrécio, Marcial, Virgílio, Fronto, Ovídio, Sêneca, Lucano, Servius, Sallust, a Historia Augusta – "escritos menores de um filólogo que não tem obras maiores a seu crédito", como dizia ele[2]. Certa vez, descreveu essa prática tradicional como a de um micro-historiador da sua disciplina. Seu primeiro livro, escrito quando completou 30 anos, foi uma redescoberta dos achados textuais de Leopardi, cuja fama como poeta havia obscurecido a seriedade de sua filologia clássica[3]. O segundo foi um estudo, imediatamente reconhecido como uma revisão fundamental, da emergência, durante a Restauração, dos procedimentos tradicionais associados ao intelectual alemão Karl Lachmann, considerado como o principal originador das técnicas modernas de recensão – por oposição à revisão – de textos antigos, que ele aplicou notavelmente a Lucrécio, a *Nibelungenlied* e a São Lucas[4]. *The Genesis of the Lachmann Method* [A gênese do método Lachmann] assegurou para Timpanaro renome internacional em seu campo, amplificado pela série contínua de correções e conjeturas que se seguiram. No tempo devido, ele foi eleito para a Accademia dei Lincei e para a British Academy.

Entretanto, sempre houve uma anomalia. Esse distinguido especialista num campo altamente técnico, um espaço por excelência da erudição acadêmica, nunca teve cargo em universidade nem em qualquer outra instituição de ensino. Também não era rico. Para viver, Timpanaro trabalhou como revisor – uma

---

[2] *Contributi di filologia e di storia della lingua latina* (Roma, 1978), p. 7.
[3] *La filologia di Giacomo Leopardi* (Florença, 1955).
[4] *La genesi del metodo del Lachmann* (Florença, 1963).

atividade pouco respeitada e mal remunerada que sempre o colocou em dificuldades financeiras – para uma pequena editora de Florença, La Nuova Italia, de propriedade da família Codignola. Um relato das suas dificuldades chegou a George Steiner, de cuja novela, *Proofs* [*and Three Parables* – Provas e três parábolas], o personagem central é geralmente identificado pelos italianos com Timpanaro. Essa associação baseia-se num quiproquó que diz mais de seus criadores do que de seu objeto. O revisor de Steiner é um comunista obscuro que luta contra a destruição de suas ilusões em diálogos melodramáticos com um padre-companheiro católico igualmente hostil ao consumismo do capitalismo, apesar de mais esclarecido sobre o stalinismo, em cujo clímax o infeliz protagonista exclama: "somos todos filhos de Hagar" – "não existe um verdadeiro comunista que não seja, no fundo, um judeu"[5] –, antes de recair numa penosa rendição ao partido agora completamente adaptado ao capitalismo e que já não o aceita mais. Independentemente do que se possa dizer dessa referência ficcional, seu autor não pode ser acusado de imprecisão por uma fábula que trata de suas próprias preocupações.

Timpanaro pertencia a outro mundo. Assim como seu pai, filiou-se ao Partido Socialista Italiano em 1945 e atuou na sua ala esquerda por quase vinte anos. Nas eleições de 1948 – o ponto de inflexão na história do país no pós-guerra –, o PSI optou por uma coligação com o PCI contra o Partido Democrata Cristão apoiado pelo Vaticano e pela CIA. Timpanaro foi um dos jovens socialistas que se opuseram acidamente a essa proposta por ver na liderança do PCI uma versão leiga do Santo Ofício, e desesperado escreveu uma paródia selvagem, na forma de tragédia grega, do Congresso do PSI que chegou a essa decisão[6]. Mas a hostilidade ao stalinismo nunca o levou a ser tolerante com a social-democracia em qualquer uma de suas faces. Enquanto o PSI manteve a oposição à democracia cristã, ele continuou sendo membro, mas quando o partido formou uma coalizão com a democracia cristã em 1964 – o primeiro governo de centro-esquerda do pós-guerra –, sua ala mais radical previu corretamente que a experiência iria transformar o PSI sem reformar a sociedade italiana, e abandonou o partido para criar sua própria formação. Timpanaro continuou a militar nessa organização e na que se seguiu até meados da década de 1970. Seu compromisso com o socialismo revolucionário não era apenas uma ligação sentimental. Mais tarde, ao recusar o rótulo de intelectual isolado, escreveu:

---

[5] *Proofs and Three Parables* (Londres, 1992), p. 35.
[6] "Il Congresso del partito. Scherzo filologico-politico", *Il Ponte*, jan. 1981, p. 65-80; o texto foi escrito, como explica Timpanaro, em 1949.

Passei mais horas participando de discussões e demonstrações políticas, realizando as tarefas do chamado "quadro intermediário" (mais próximo da base do que da cúpula) do que estudando: ao dizer isto, estou fazendo uma computação real do tempo, sem exibicionismo populista, talvez esteja incluindo aí um pouco de autoironia.[7]

Sua orientação política era marxista e antisstalinista; era também crítico do maoismo – o que era muito mais raro na extrema esquerda italiana.

Em certos temperamentos, as qualidades intelectuais e as simpatias políticas têm pouco em comum. O antissemitismo de Frege ou o filo-stalinismo de Wittgenstein careciam de ligações significativas com a filosofia de cada um. Isso é comum. Timpanaro não era um deles. Seus compromissos políticos não eram uma opção pessoal nem um *point d'honneur* do filólogo. Eles informaram e transformaram sua obra. O ponto de partida altamente técnico com Leopardi mostrou não ter sido um acidente. Formalmente, o que aconteceu é que Timpanaro ampliou seu campo de ação da crítica textual para a história intelectual. Substantivamente, o que o levou à ampliação de foco foi o engajamento político. Leopardi foi a ponte entre os dois: o filólogo clássico que era também o adversário mais implacável da cultura da Restauração, o poeta que era também um visionário materialista. As duas obras centrais da carreira intermediária de Timpanaro foram construídas em torno desse legado. *Classissimo e illuminismo nell'Ottocento italiano* [Classicismo e Iluminismo no século XIX italiano] (1965) e *Sul materialismo* (1970) oferecem paisagens intelectuais dos séculos XIX e XX – a primeira numa escala italiana, a segunda em escala ocidental – vistas sob o prisma de figuras e movimentos escolhidos, de cujas trajetórias se poderia dizer que definiram o seu tempo.

O primeiro livro gira em torno da posição peculiar ocupada por Leopardi, ladeado a alguma distância por seu amigo Pietro Giordani, na cultura italiana do período pós-napoleônico, e termina com uma consideração sobre a linha que vai do patriota liberal Carlo Cattaneo – herói do levante contra o domínio austríaco em Milão, em 1848 – até o linguista comparativo Graziadio Ascoli após o Risorgimento. O segundo desenvolve uma crítica sistemática do marxismo ocidental, por ter abandonado o legado materialista de Engels, e ao mesmo tempo do estruturalismo, por distorcer a herança linguística de Saussure. Timpanaro podia intervir nos dois terrenos com particular autoridade. Poucos intelectuais dominaram como ele o *corpus* de Leopardi ou de Ascoli; e, de toda a vasta literatura dedicada ao estruturalismo, nenhuma rivalizou com sua compreensão da história

---

[7] *Antileopardiani e neomoderati nela sinistra italiana* (Pisa, 1982), p. 12.

comparativa da linguística ocidental. A facilidade com que ele manipulou as intenções edificantes de Manzoni ou as teses de venerandos notáveis como Lévi-Strauss ou Chomsky foi o resultado de um conhecimento profissional.

Três temas dominaram a produção de Timpanaro durante esse período. O primeiro era especificamente cultural. Se o romantismo europeu foi dominante como ideologia e como estética sob a Restauração, ele argumentou que seu sucesso se deveu a uma combinação característica de traços. De um lado, como visão pós-revolucionária, beneficiou-se do rompimento do lado aristocrático do Iluminismo – substituindo sua etiqueta de galanteria superficial por um novo sentido de seriedade e de paixão interior. Ele também se valia de elementos válidos da luta continental contra o expansionismo napoleônico – o direito dos povos à independência, à busca da paz, à recusa do culto da glória militar. Finalmente, é claro, o romantismo afirmava ter libertado a arte da tirania da imitação clássica – unidades convencionais aristotélicas, dicção excessivamente marmórea. Por outro lado, o romantismo atendia, ao mesmo tempo, às necessidades das novas classes burguesas de se afirmarem como força social emergente da época sem correr o risco de uma radicalização plebeia da batalha contra o absolutismo do tipo da que marcou o jacobinismo. Para tanto, a ideologia mais vantajosa era um cristianismo flexível pós-revolucionário, que misturava doses opostas de tradição e de progresso. Politicamente, o romantismo desse período não foi de forma alguma conservador – para cada Chateaubriand ou Novalis, havia um Hugo ou Mazzini. Entretanto, dois limites característicos definiram praticamente todas as suas variedades: uma religiosidade difusa exalada de várias formas idiossincráticas e um populismo lacrimoso de tendência mais nativista que democrática.

Foi contra esse padrão dominante, afirmou Timpanaro, que se organizou uma contracultura – a tradição classicista, cuja expressão maior foi Leopardi. Nesse classicismo havia correntes pura ou majoritariamente nostálgicas, fixadas em formas mortas. Mas sua expressão mais intransigente e coerente desafiava as verdades sentimentais da época. Rejeitando o culto romântico da Idade Média, ele buscava as virtudes republicanas de Atenas e de Roma e, zombando de todos os tipos de espiritualismo, reivindicava os pensadores materialistas mais radicais do Iluminismo: La Mettrie, Helvetius, Holbach. Isolado do sentimento popular num tempo de estagnação contrarrevolucionária, esse era um classicismo cujas formas estéticas eram deliberadamente arcaizantes, veículos de desdém polêmico pelo clima adulador à sua volta, como o foi antes o de Lucrécio. Mas sua visão intelectual e política – a recusa de todo compromisso com o mundo domesticado característico – era muito adiantada em relação às posturas tipicamente românticas então na moda nas monarquias restauradas.

Na obra de Leopardi, esse classicismo *post-mortem* destacou de forma excepcional uma tensão ainda latente no próprio Iluminismo. Era este o segundo tema fundamental de Timpanaro. Pois, uma vez libertado de sua formação, Leopardi combinou os impulsos sociais e políticos progressistas do Iluminismo radical com um pessimismo indestrutível acerca da felicidade humana, ainda que numa sociedade perfeita, que distinguiu claramente a sua obra da linha principal da Idade da Razão. Para ele, a natureza, a quem tantos pensadores do século XVIII haviam apelado como a força benfazeja encarregada de julgar a tirania do preconceito e do artifício do costume, mudou gradualmente de forma, tornando-se a madrasta malvada cujas crueldades – doenças, enfermidades, velhice e morte – condenaram todos os seres humanos à miséria sem remédio. Um materialismo consistente não oferecia conforto intelectual. Mas a têmpera do pessimismo de Leopardi não era estoica: ele não recomendava nenhuma renúncia às paixões, mantendo-se leal a todos os prazeres que pudesse encontrar no mundo. Suas conclusões também nada tinham em comum com a metafísica tardia de Schopenhauer de resignação misantrópica. A resposta de Leopardi à fraqueza e insignificância da vida humana no cosmos foi o oposto – um "titanismo" que invocava a solidariedade universal na batalha contra a natureza, que sempre será perdida pela vida.

Timpanaro, uma das grandes autoridades em Leopardi – cujos descendentes lhe negaram o direito de editar os primeiros textos filosóficos do poeta por razões políticas, embora já fossem de domínio público –, não estava sozinho na admiração de seu gênio. Nem foi ele o primeiro a sugerir sua importância para a esquerda moderna. Outros já haviam discutido essa questão, geralmente com boas doses de exagero e anacronismo. As apropriações mais comuns de Leopardi enfatizavam sua hostilidade ao clericalismo, ou ao republicanismo igualitarista – sua protopolítica –, ou ao seu materialismo. Timpanaro, entretanto, isolou o pessimismo como sua contribuição mais original e importante para a cultura contemporânea da esquerda. Foi uma escolha muito mais perturbadora. Gramsci, outro corcunda, havia recomendado – a fórmula era de Romain Rolland – "otimismo da vontade, pessimismo da inteligência". Mas esse era um pessimismo de cálculo tático, o cuidado de todo estrategista lúcido de não subestimar o inimigo. Na prisão, Gramsci não via Leopardi como uma alma gêmea; criticou-o por sua concepção da natureza como fundamentalmente hostil ao homem. De fato, num erro revelador, Gramsci tomou-a como expressão de "romantismo turvo", cego para o progresso histórico[8]. Ao reverter o julgamento

---

[8] *Quaderni del carcere*, II (Turim, 1974), p. 1187.

de Gramsci, Timpanaro argumentou que essa ideia era não apenas compatível com um marxismo revolucionário, mas seu complemento necessário.

Foi uma mensagem inoportuna na Itália, onde as insurreições do fim da década de 1960 duraram até meados dos anos 1970. Timpanaro estava avisando à extrema esquerda, a que pertencia, que toda exaltação unilateral da *praxis* ignorava, em seu próprio prejuízo, o elemento inerradicável de passividade da experiência humana, tudo aquilo que não é feito, mas que, pelo contrário, é sofrido. Reconhecê--lo, insistiu ele, era responsabilidade de todo verdadeiro materialismo. Numa época de ativismo jubiloso, não se poderia imaginar mensagem mais desconcertante ou impopular. Timpanaro tentava mostrar que as desqualificações psicológicas do pessimismo de Leopardi, como o desespero de um inválido deformado – o material usual de seus críticos –, eram sem valor. A escoliose do poeta certamente dirigiu sua atenção para a relação entre os seres humanos e a natureza, mas

> a experiência da deformação e da doença foi sempre registrada na obra de Leopardi em nível que transcende o lamento individual por um fato puramente privado e biográfico; nem mesmo pode ser explicada em termos de introspecção puramente poética, mas torna-se um instrumento formidável de cognição.[9]

De fato, Timpanaro lembrou aos seus leitores contrariados que o pessimismo cósmico maior de Leopardi, sua convicção absoluta da aniquilação iminente do mundo – "uma refutação de todos os mitos da imortalidade das obras humanas" – era um traço comum do mais otimista dos marxistas, Friedrich Engels, fisicamente e por temperamento o seu oposto. Foi o coautor do *Manifesto Comunista** quem escreveu:

> Milhões de anos podem se passar, centenas de milhares de gerações nascerem e morrerem, mas inexoravelmente chegará o tempo em que o calor declinante do sol não será suficiente para fundir o gelo que vem dos polos; em que a raça humana, juntando-se cada vez mais nas proximidades do Equador, já não há de encontrar nem ali o calor necessário à vida; em que desaparecerá gradualmente até o menor traço de vida orgânica; e a Terra, um globo congelado e extinto igual à lua, continuará a girar na escuridão mais profunda em órbitas cada vez menores em torno de um sol também extinto, e finalmente cairá nele.[10]

Era esse o destino último – o fim da raça humana, para cuja fuga sucessivos militantes, de Blanqui a Lyotard, sonharam com voos interplanetários – que reduziu todo voluntarismo à sua devida proporção.

---

[9] *Classicismo e illuminismo nell'Ottocento italiano* (Pisa, 1965), p. 158.
* São Paulo, Boitempo, 1998. (N. E.)
[10] *Dialects of Nature* (Nova York, 1942), p. 20.

Culturalmente, entretanto, a última época de Engels estava separada da de Leopardi por uma mutação significativa. No último quarto do século XIX, o romantismo era uma força esgotada e a reação clássica contra ele já havia desaparecido – Leopardi foi o último dos grandes escritores europeus a ser um interlocutor direto da Antiguidade. Então, no rastro de avanços científicos ampliadores, a visão dominante passou a ser positivista. Um século depois, nenhuma outra ideologia era tão malfalada na esquerda. Todas as correntes ocidentais do marxismo se uniram para condenar seu legado maléfico. Aqui, mais uma vez Timpanaro se opôs ao consenso de seu próprio partido (no sentido em que Marx teria usado o termo). Segundo ele, quaisquer que fossem seus limites e simplificações, a cultura positivista do fim do século XIX representou um rompimento com o mito religioso e com a superstição folclórica, numa época em que a verdade científica ainda poderia parecer uma condição de progresso burguês e a alta cultura ainda não tinha cortado todas as ligações com as aspirações populares[11]. Talvez tenha sido filosoficamente medíocre, mas suas realizações em outros campos – das ciências naturais até a história, da linguística até a ficção – foram consideráveis. O próprio Clausius, que previu o esfriamento do sol, para não falar de Darwin, Bernard, Helmholtz, Delbrück e Zola, estava entre os luminares dessa cultura.

Entretanto, já na virada do século – evidentemente, Timpanaro não foi o primeiro a observar esse fenômeno – houve uma alteração significativa. A partir da era do imperialismo, passou a prevalecer outra visão, cuja forma era, em graus variáveis, idealista, subjetivista, vitalista. O avanço científico e tecnológico continuou sem esmorecimento – foi até acelerado. Mas passou a ser crescentemente limitado por epistemologias e demarcações antiobjetivistas – convencionalismo, empirocriticismo, contingencialismo: Poincaré, Mach, Boutroux – cujo alvo era uma visão consistentemente materialista do mundo, que agora podia ser desprezada como as ilusões de um vulgar "senso comum" refutado pelo desenvolvimento das ciências. Nas artes, a descrição naturalista deu lugar ao experimento simbolista, cargas de profundidade de interioridade caprichosa, sonhos místicos, sugestões de epifania. O resultado foi uma cultura de grande brilho, mas muito mais isolada da vida popular do que a sua predecessora. A partir daí, haveria uma divisão nítida entre as formas altas de uma elite educada e uma cultura de segunda classe destinada às massas – uma semicultura populista que caracteristicamente "instilava ideais pequeno-burgueses de moralismo

---

[11] *Classicismo e illuminismo*, p. 2-5.

e de sentimentalismo lacrimoso"[12]. As tarefas de unificação cultural que o positivismo havia reservado para si foram abandonadas. Essa estrutura em dois níveis, segundo Timpanaro, persistiu ao longo do novo século e ainda estava basicamente intacta. O estilo da cultura de massa poderia ter sido alterado, mas não a disposição da cultura da elite. Nessas atitudes, o idealismo, sob uma ou outra forma – a maioria delas subjetivista –, continuou sendo a norma.

Um episódio famoso da virada do século atraiu particularmente a atenção de Timpanaro. Freud havia começado como um produto típico da cultura positivista da profissão médica vitoriana. Suas premissas originais eram fortemente materialistas, mas, com o desenvolvimento da sua teoria da psicanálise, elas se afastaram cada vez mais das hipóteses neurofisiológicas que foram seu sustentáculo inicial, e terminaram como um sistema especulativo que abandonara definitivamente os controles científicos. "Doutrinas iniciadas como metafísicas mais ou menos imaginativas e que mais tarde se transformaram em ciências sérias são bastante comuns (basta lembrar a teoria da evolução na biologia)", escreveu Timpanaro. "A psicanálise seguiu o caminho oposto: embora suas aspirações fossem seriamente científicas ao nascer, desde o início ela continha uma mistura de tendências especulativas, e então regrediu crescentemente para o mito." Em compensação, se era verdade que "a psicanálise como terapia registra cada dia mais fracassos, enquanto a psicanálise como teoria tem seus defensores mais ardentes entre os críticos literários e filósofos"[13], isso não significou que ela fosse intelectualmente inválida. Não havia dúvida de que Freud enriqueceu muito o conhecimento de nós mesmos. Mas isso fora feito no sentido de Musil ou de Joyce, e não no de Darwin ou Einstein.

Para demonstrar a diferença, Timpanaro tomou como objeto um texto que o próprio Freud considerava ser não apenas parte indispensável de sua teoria, mas que afirmava ter tido aceitação mais generalizada do que qualquer outro, *Psicopatologia da vida cotidiana**. A obra de Timpanaro dedicada a essa pedra de toque é um *tour de force* técnico e também um de seus escritos mais interessantes. *The Freudian Slip* [O lapso freudiano] aplica a habilidade do filólogo às alegações do psicanalista, usando processos de crítica textual para analisar o maquinário da explicação de Freud das parapraxias. Examinando um por um os exemplos de Freud na *Psicopatologia*, Timpanaro mostrou com que frequên-

---

[12] *Sul materialismo* (Pisa, 1970); *On materialism* (Londres, 1975), p. 122-7.
[13] *Il lapsus freudiano* (Florença, 1974), p. 201; *The Freudian Slip* (Londres, 1976), p. 223-4.
* Rio de Janeiro, Imago, 1987. (N. E.)

cia os erros de memória ou lapsos de linguagem que Freud atribuía a materiais sexuais reprimidos poderiam ser mais persuasivamente explicados por um conjunto-padrão de desvios da norma léxica, "corrupções" de que os filólogos haviam desenvolvido sua própria classificação detalhada. As explicações de Freud, pelo contrário, eram capciosas e arbitrárias, baseando-se em cadeias de associação que podiam ser alteradas ou refinadas mais ou menos à vontade – Timpanaro se divertia gerando suas próprias variantes dos mesmos materiais e com a mesma lógica, chegando a conclusões cada vez mais absurdas. Existem casos de lapsos freudianos verdadeiros, dizia ele, mas a grande maioria dos que foram discutidos por Freud – *a fortiori* na vida diária – estava mais próxima dos erros dos antigos copistas medievais: diptografia, *lectio facilior*, haplografia, *saut du même au même*, metátese, *faute critique*, lapso polar etc. O material psiquicamente reprimido poderia chegar à superfície através de parapraxias, mas a insistência de Freud em que estas tivessem origem sexual era uma fraqueza adicional de sua explicação, pois a origem poderia igualmente ser social ou existencial, apreensão das ordens inferiores ou medo da morte que houvesse escapado ao censor.

The Freudian Slip é uma exibição luminosa de erudição – alternando entre a erudição divertida e a polêmica a cruzar o plano analítico. Aqui, a combinação das habilidades recônditas e a ocupação anômala de Timpanaro encontrou o objeto perfeito. Ele leu os exemplos da *Psicopatologia* com o olho do revisor e a mente de um erudito clássico. A escolha feita por Freud da falsa lembrança do apelo de Dido agonizante por um vingador na *Eneida**, que ocorreu a "um jovem judeu austríaco" – *Exoriare aliquis nostris ex ossibus ultor* [Que algum vingador nasça de nossos ossos] –, para ser o mais extenso de todos os seus exercícios de interpretação de parapraxia não poderia ter sido objeto de mais cortante castigo póstumo. Não é necessário grande conhecimento do latim para apreciar a explicação de Timpanaro da estranheza da construção de Virgílio e das razões pelas quais alguém poderia esquecer o *aliquis*, sem fazer menção a ansiedades eróticas. "Que alguém se erga de meus ossos como um vingador": poderia ter sido o próprio poeta, apelando durante os séculos ao filólogo contra o uso indevido.

Por trás da inteligência e da energia de *The Freudian Slip*, havia o segredo da ocupação de Timpanaro. Ele era um revisor não por escolha ou circunstância, mas sob a pressão de intensa angústia neurótica. Numa conversa, ele disse certa vez: "meu rancor contra Freud vem da incapacidade da psicanálise de me curar". Dois medos o paralisavam. O primeiro era o de falar em público. Era

---

* Brasília, Editora UnB, 1981. (N. E.)

esse medo que lhe tornava impossível assumir um cargo acadêmico. A ideia de ensinar numa universidade o enchia do terror de ficar mudo diante da tribuna. A única vez na vida, disse-me ele, em que perdeu completamente o medo e descobriu que podia dirigir-se fluentemente à assembleia foi no fim dos anos 1960. "Naquela atmosfera, minhas inibições desapareceram e, para minha surpresa, não tive dificuldade em tomar a palavra em assembleias de massa." Ele narrou a exceção criada pela agitação política sem qualquer sinal de complacência pentecostal, com leve ironia. Nesses momentos, seu rosto expressivo desenhava uma careta. Quando jovem, Timpanaro deve ter sido um belo homem: um rosto forte e delicado, com um leve toque de aquilinidade, a boca firme e reta e os olhos escuros penetrantes. Quando o conheci, seus problemas eram perceptíveis, pois ele não os escondia. Mais baixo que a média, tinha a voz áspera e um passo levemente rígido e mecânico, e os pés ligeiramente abertos. Os olhos, de luminosa beleza e inteligência, dominavam o seu rosto.

A rigidez do passo talvez tivesse algo a ver com seu outro medo. Ele sofria de uma severa agorafobia: qualquer viagem era, para ele, um terror. Se a lembrança de uma observação triste de sua mulher não me trai, somente uma vez ele saiu da Itália para uma curta viagem à Iugoslávia. Tenho a impressão de que, com o passar do tempo, ele se tornou um prisioneiro de Florença, uma cidade que ele mencionava sem admiração, estragada por uma infestação de turistas. Um texto que publicou alguns anos depois de *The Freudian Slip* dá uma ideia do que teria significado para ele andar por Florença.

> Qualquer pessoa que tenha conhecimento do que é neurose, não necessariamente o conhecimento do psiquiatra, apenas o da "vítima", sabe que é possível "vencer" de várias formas a agorafobia. É possível atravessar uma praça pública, mas à custa de palpitações, tremores, desorientação, o terror de ser incapaz de aguentar até o outro lado.

Ainda assim, nesses casos,

> a "vitória" é, na verdade, uma derrota, pois o preço pago é muito alto e desencoraja novas tentativas: a fobia poderia ter levado a consequências piores (uma sensação de vertigem que derruba a vítima no meio do caminho, um impulso irresistível de voltar depois dos primeiros passos hesitantes), mas foi exacerbada.[14]

Essas palavras aparecem num ensaio maravilhoso sobre "Freud's Roman Phobia" [A fobia romana de Freud], escrito em 1984. Tratava do forte desejo de Freud e da sua incapacidade interior de, durante muitos anos, viajar a Roma.

---

[14] "Freud's 'Roman Phobia'", *New Left Review*, v. I, n. 147, set.-out. 1984, p. 25.

Qual a origem desse medo da Cidade Eterna? Timpanaro pesquisou as explicações oferecidas por analistas ou psico-historiadores subsequentes – Ernest Jones, Marthe Robert, Carl Schorske, Cesare Musatti – que interpretaram essa fobia ou como expressão de uma ambivalência com relação à Roma cristã, a destruidora da Roma Antiga que ele amava, ou como a máscara de um desejo incestuoso de possuir a mãe, e descartou as duas. Paradoxalmente, segundo ele, todos deixaram de levar em conta a explicação do próprio Freud de sua aversão, que era muito mais forte: o fato de ele identificar Roma com a Igreja Católica, cuja hipocrisia e antissemitismo ele havia sentido nos seus primeiros anos, levando-o a identificar-se apaixonadamente com Aníbal, o herói semita dos triunfos militares sobre Roma, mas que nunca chegou até ela. Se, de início, o culto de Aníbal por Freud foi, como queria Timpanaro, nada mais que a "afeição típica do menino pelos heróis derrotados, como a que nos fez preferir sempre Heitor a Aquiles (eu próprio fui levado por um anibalismo desse tipo, que durou até a minha adolescência, a consumir quantidades indigeríveis de literatura variada relativa à Segunda Guerra Púnica)"[15], transformou-se num sentimento muito mais forte. Nas palavras de Freud: "Para minha mente jovem, Aníbal e Roma simbolizavam a tenacidade dos judeus e a organização da Igreja Católica" – onde o próprio eufemismo "organização" é testemunha do poder e da ameaça intimidantes do Vaticano.

A defesa da explicação política da fobia de Freud foi característica da atitude mental de Timpanaro, de tratar imparcialmente uma figura que sempre criticou de maneira ácida e no sentido do contexto histórico. Mas aquele ensaio tinha também um objetivo contemporâneo. Nele, estava expresso nos termos mais fortes o seu ódio pela perseguição católica aos judeus e sua simpatia pela identificação de Freud com seu povo.

> Durante toda a sua vida, Freud foi convicto de que a descoberta de uma teoria tão anticonformista e "revolucionária" como a psicanálise havia sido facilitada pelo fato de ele ser judeu, o que o envolveu em uma luta contra uma "maioria compacta" conformista, profundamente preconceituosa e hostil contra qualquer um que discordasse dela. Ao se filiar ao B'nai B'rith em 1926, ele declarou abertamente que, mesmo não sendo judeu praticante nem "judeu nacionalista", ele se sentia preso à comunidade judaica e orgulhoso de ser judeu somente porque isso o deixava livre "de muitos preconceitos que tolhiam outros no uso do próprio intelecto".[16]

---

[15] Ibidem, p. 8.
[16] Ibidem, p. 9.

É evidente a admiração de Timpanaro por esse espírito livre de leal independência. Entretanto, ele concluiu esse ensaio com o aviso de que as coisas haviam mudado:

> Aceitar a psicanálise ou ser judeu já não é ser merecedor de distinção como um não conformista solitário e corajoso em luta contra a notória "maioria compacta". Ainda existem as novas manifestações de antissemitismo nazista ou clerical, ocorrem ataques "da direita" contra a "imoralidade" da psicanálise e sempre será necessário nos acautelarmos contra essas tendências. Mas a psicanálise integrou-se à cultura burguesa conformista, para quem ela se tornou um substituto mais sofisticado das religiões tradicionais. Hoje, os não conformistas solitários são geralmente os que estão preparados (sem recusá-la liminarmente) para submetê-la à discussão crítica.

E isso não era tudo.

Ademais, existe hoje uma "maioria compacta" judaica, o Estado de Israel, que não só reivindica (com absoluta justiça) seu próprio direito à existência, mas nega o mesmo direito a outro povo dono de reivindicação igualmente justa, submetendo-o a um abuso de poder assassino digno do colonialismo europeu que o ajudou a se estabelecer. Esse Estado não teria capacidade de adotar essas políticas cruéis se não tivesse o apoio de uma "maioria compacta" muito maior – o mundo ocidental, também chamado democrático. Hoje, o próprio termo antissemita perdeu o significado, pois as vítimas da arrogância de Israel são também de origem semita, ao passo que os israelenses são apoiados em seus crimes, financiados e abastecidos com armas por cristãos devotos.

Os que na diáspora mantiveram as tradições de tolerância do judaísmo cosmopolita e que repudiaram o que Tel-Aviv fazia em seu nome eram ainda muito poucos. Hoje, os israelenses e os apologistas judeus de Israel já não podem mais se identificar com Aníbal, o herói semita isolado, somente os "palestinos que defendem as reivindicações do povo palestino"[17].

A política de Timpanaro não perdeu o vigor com o passar dos anos. Encontra completa expressão num livro singular do mesmo período, *Il socialismo di Edmondo De Amicis* [O socialismo de Edmondo De Amicis] (1983), uma obra de penetrante capacidade de convencimento que tem lugar especial entre seus escritos. Focaliza uma das mais estranhas carreiras literárias na Europa do século XIX. Na história da literatura italiana, Edmondo De Amicis (1846-1908) é lembrado principalmente por dois livros díspares que fizeram sua fama. O primeiro, *Vita militare* [Vida militar] (1868), foi um livro de edificação patriótica baseado na experiência de De Amicis como oficial piemontês durante a última

---

[17] Ibidem, p. 30-1.

fase do Risorgimento, quando serviu contra os austríacos em Custoza. O segundo, *Cuore* [Coração] (1886), é uma enjoativa história infantil que se tornou um grande *best-seller* – mais de duzentas edições até a época em que foi traduzido para o inglês e outras línguas europeias, uma década depois – e ainda hoje é texto-padrão das escolas elementares italianas. Franco Moretti o destrinchou num brilhante ensaio sobre as funções lacrimogêneas (tomando *Misunderstood* [Incompreendido] como o correspondente na língua inglesa). Por essa época, De Amicis havia se tornado um nome alternativo para as lições de civismo bem-pensante e de enfático moralismo.

No início da década de 1970, entretanto, Italo Calvino "redescobriu" um de seus últimos romances, *Amore e ginnastica* [Amor e ginástica], e elogiou sua mordacidade erótica. Então, em 1980, foi publicado um manuscrito de um romance redigido por De Amicis cerca de cem anos antes e esquecido numa gaveta. O título era *Primo Maggio* [Primeiro de maio] – um romance sobre o socialismo. É fato bem conhecido que nos seus últimos anos De Amicis pregou o que se considerou geralmente ser uma doutrina sentimental de comiseração social e harmonia entre as classes. A reação praticamente unânime dos críticos a *Primo Maggio* – na verdade, dos próprios editores do texto – foi considerá-lo um produto desastrado desses rompantes emocionais de parco interesse político e nenhum interesse estético. O livro de Timpanaro foi uma inflamada polêmica contra a recepção dada à obra. Numa leitura atenta, ele mostrou que, longe de ser um tratado reformista sem força, arrastando figuras de cartolina em movimentos previsíveis, *Primo Maggio* não somente mostrava grande habilidade e nuance de caracterização, mas também incorporava uma crítica revolucionária da ordem social burguesa de tamanha intransigência que De Amicis pode bem ter deixado de publicá-lo por medo da perseguição caso o livro chegasse a ver a luz do dia. Passando em revista os principais temas do livro – o tratamento dado por De Amicis ao exército, à escola, à religião e à família; seu retrato das relações entre capital e trabalho; suas imagens da mulher e sua visão da liberdade sexual; sua concepção de revolução e do que não deveria ser um Estado socialista; sua simpatia pelo anarquismo em sua oposição ao socialismo –, o comentário de Timpanaro tem uma incisividade de ataque intelectual que sugere uma composição rápida e apaixonada. *Primo Maggio* não foi um panfleto de ficção; nele, De Amicis deu voz convincente aos críticos de toda ideia de uma revolução da classe operária e uma representação gráfica dos custos de uma demonstração mal calculada contra a ordem estabelecida. O romance tinha certamente suas fraquezas: mais ambicioso, ele realizava menos que *Amore e*

Ginnastica. Ninguém poderia considerá-lo uma obra-prima, mas, e daí? Timpanaro terminou o livro com essas palavras de alegre censura:

> E agora vocês me dizem que Alberto Bianchini [o personagem central de *Primo Maggio*] não é um Julien Sorel, nem Giulia [sua mulher] uma Madame de Renal ou uma Anna Karenina? Que mesmo um socialista tem mais a aprender em *La recherche* ou em *The Conscience of Zeno**, ou até mesmo em *Germinal***, de que vocês não gostam, do que em *Primo Maggio*? Que um grande escritor reacionário é, contra suas próprias intenções, mais revolucionário do que um socialista menor? Tudo isso é tão óbvio que até eu sei. Mas são poucas as alegrias da vida; e se me ensinar tudo isso dá a vocês algum prazer, por que eu iria reclamar?[18]

Se a figura transformada de De Amicis que emerge das páginas de Timpanaro parece uma brincadeira de cultura, uma espécie de cruzamento entre William Morris e Erich Kästner, essas eram possibilidades características da época. *Primo Maggio* é contemporâneo de *Notícias de lugar nenhum****, ao qual ele melhor se compara. Estamos no início confiante dos cem anos de socialismo de Donald Sassoon. Timpanaro escreveu no fim desses cem anos, e, em retrospecto, *Il socialismo di Edmondo De Amicis* parece um final comovente de uma tradição clássica, trazendo de volta à vida, pela última vez em todo o seu frescor, um mundo de pensamentos e movimentos revolucionários à beira da extinção. Ele tinha consciência do que, com toda certeza, nos esperava mais adiante. Localmente, ele havia previsto a completa destruição do socialismo italiano no qual ele se criou, numa época em que alguns de seus antigos companheiros ainda apostavam suas esperanças em Craxi. Pouco tempo depois – em 1982, ele fez a observação mais geral de que talvez "*homo sapiens* fosse uma excelente espécie zoológica capaz de linguagem, pensamento, arte e tantas outras coisas excelentes, mas incapaz de igualdade e de autogoverno coletivo"[19]. Em meados da década de 1990, ele escrevia que *On Materialism* [Sobre o materialismo] era agora "igual a um fóssil, e continuará a sê-lo ainda durante muito tempo ou para sempre"[20]. Mas a derrota de suas esperanças políticas não significou recuo filosófico. Nos seus últimos anos, ele produziu novas traduções de *Bon sens*, de Holbach, e de *De divinatione*, de Cícero, cada uma precedida de um longo ensaio introdutório,

---

* Ítalo Svevo, *A consciência de Zeno* (2ª ed. Rio de Janeiro, Nova Fronteira, 2001). (N. E.)
** Émile Zola, *Germinal* (São Paulo, Abril Cultural, 1979). (N. E.)
[18] *Il socialismo di Edmondo De Amicis. Lettura del* "*Primo Maggio*" (Verona, 1983), p. 192.
*** William Morris, *Notícias de lugar nenhum* (São Paulo, Perseu Abramo, 2002). (N. E.)
[19] *Antileopardiani e neomoderati*, cit., p. 327.
[20] *Nuovi studi sul nostro Ottocento* (Pisa, 1995), p. xi.

de marcada erudição e intenção. Ainda que a batalha contra a superstição religiosa não tivesse ainda triunfado, havia mais oportunidades para lançar contra ela esses velhos aríetes para desestabilizar a dominação do capital.

Com tudo isso, ele não abandonou seu trabalho de filólogo altamente técnico. Um de seus últimos livros foi dedicado à tradição da erudição virgiliana na Antiguidade. Sua preocupação foi resgatar uma linha de comentário textual no mundo romano, geralmente descartada como não merecedora da atenção moderna. A figura central da obra de Timpanaro é um hoje obscuro gramático do primeiro século d. C., Valerius Probus, de Beirute – um filólogo merecedor de todo o respeito contemporâneo: seus méritos não devem ser superestimados, como o foram por seus discípulos, nem minimizados, como o foram pela posteridade subsequente[21]. Este é um dos temas mais profundos em todo o trabalho de Timpanaro, que pode ser visto como indissolúvel dos próprios impulsos filológicos que constituíam a sua vocação. A atividade de recuperar a reputação de talentos e escritores esquecidos pertencia à mesma categoria que a de restaurar a integridade de textos antigos. Timpanaro iniciou sua carreira com uma reavaliação da erudição clássica de Leopardi, relegada às sombras por sua poesia. Quando escreveu seu livro sobre a gênese do método de Lachmann, foi necessário cercar o texto de citações, pois sua descoberta foi o fato de a classificação genealógica das versões manuscritas não ter se originado com Lachmann, mas com intelectuais menos conhecidos da época – Madvig, Zumpt, Bernays – cuja obra mais polimática não teve canonização igual à de Lachmann, "um grande simplificador, com os consequentes defeitos e virtudes"[22]. Ao escrever sobre o classicismo italiano, ele colocou Pietro Giordani em relevo pouco usual ao lado de Leopardi; sobre o materialismo, desafiou a opinião aceita na esquerda ao dar o lugar de honra a Engels, não a Marx.

Depois de escrever seu livro sobre Freud, um amigo lhe falou de um ensaio publicado em 1923 por Rudolf Meringer, linguista alemão, que criticava a *Psicopatologia da vida cotidiana* segundo critérios que antecipavam os seus próprios. Ele imediatamente o traduziu e editou, com um longo pós-escrito, para se assegurar de que o pioneiro receberia o crédito que merecia, e insistiu em fazer com que todas as reimpressões de *The Freudian Slip* contivessem o reconhecimento da precedência[23]. De todos os seus atos de justiça retrospectiva, o

---

[21] *Per la storia della filologia virgiliana antica* (Roma, 1986), p. 18 e 127.
[22] *La genesi del metodo del Lachmann*, cit., p. 69-72.
[23] Rudolf Meringer, "Die täglichen Fehler im Sprechen, Lesen und Handeln", e Sebastiano Timpanaro, "Postscriptum a Meringer", *Critica Storica*, n. 3, 1982, p. 393-485.

mais longo foi a recuperação de *Primo Maggio*, duplamente condenado, o trabalho censurado de um autor depreciado por outras razões. Mas talvez o mais comovente tenha sido o retrato do livre-pensador Carlo Bini, de Livorno, um *carbonaro* menor que traduziu Byron e ajudou Mazzini, autor de textos esplendidamente corrosivos escritos na prisão em Elba, antes de cair no silêncio, na doença e numa prematura morte boêmia, para escândalo de seus companheiros bem-pensantes[24]. O longo ensaio de Timpanaro sobre Bini é um de seus mais pessoais. Sendo ele mesmo um homem modesto, que acentuava as próprias limitações, é possível que tenha havido um elemento de camaradagem na simpatia por quem fora imerecidamente obscuro ou derrotado. Mas por trás disso havia algo mais – um estilo incomumente forte, um igualitarismo instintivo. Quando conversava, raramente empregava o *lei*, mais formal, com quem quer que fosse. Nas questões de estilo, depreciava qualquer sinal de exibicionismo ou pretensão, detestando, acima de tudo, o que ele chamava de "vaidade" intelectual (*civveteria*). Quanto às questões de caráter, suas categorias tinham um sabor setecentista: o termo que usava com mais frequência era *mascalzone* – patife.

E o que dizer de suas preocupações? O contraste filosófico-político que ele estabeleceu entre o romantismo e o classicismo durante a época da Restauração é reconhecido como um fenômeno continental. Mas sua demonstração permanece nacional, testada na Itália. Lá, as evidências são impressionantes, mas Timpanaro não aprofundou muito a exploração de suas condições de possibilidade. Historicamente, contudo, é bastante claro que foi o atraso da Itália – sua atrofia política e cultural, sob domínio estrangeiro e censura clerical – que produziu o paradoxo de um classicismo de vanguarda/retaguarda tão tardio. Lá, o Iluminismo, mais que em outros lugares, tinha ainda uma grande energia acumulada, capaz de levá-lo para além dos mais intrépidos postos avançados do naturalismo dos *philosophes*, apesar de, ao mesmo tempo, confiná-lo ao isolamento. Observando que a única grande figura da Europa da Restauração a dever lealdade ao romantismo, e ainda assim continuar fiel ao legado de Helvetius e Destutt de Tracy, foi Stendhal, Timpanaro deixou passar despercebido o paradoxo oposto: que foi na Itália que Beyle encontrou uma vida das emoções e sentidos que ele identificou com tudo que era romântico, ao contrário das áridas convenções de sua pátria racionalista. Esse tipo de questão não preocupou

---

[24] "Alcuni chiarimenti su Carlo Bini", *Antileopardiani e neomoderati*, cit., p. 199-285; ver também "Due cospiratori che negarano di aver cospirato", em *Nuovi studi sull nostro Ottocento*, cit., p. 103-25.

Timpanaro. Hostil a qualquer espécie de nacionalismo – um crítico cáustico dos usos contemporâneos do conceito gramsciano de "nacional-popular" –, ele não gostava de comparar países. Também não havia historicismo na sua formação. Mais que a maioria dos intelectuais da esquerda, tinha aversão à influência de Croce. Mas o que ele mais censurava neste foi ter ajudado a "fechar portas e janelas" contra a cultura não italiana sob o fascismo, impondo, dessa forma, um duplo dano. Como ele disse num ensaio sobre Giorgio Pasquali, que havia resistido ao exemplo de Croce, "no início, tivemos o isolamento provinciano; agora, como reação, temos um entusiasmo igualmente provinciano – acrítico – pela cultura europeia, especialmente a francesa"[25].

Qual a posição de Timpanaro em sua própria cultura? Existe um sentido em que sua existência desgarrada não foi tão atípica. O sistema universitário italiano – sob muitos aspectos, arcaico e burocrático – levou muitas das melhores inteligências a buscar, exasperadas, refúgio no exterior. Arnaldo Momigliano, originalmente exilado na Inglaterra, decidiu não voltar para a Itália depois da guerra, embora, no seu caso, as razões tivessem mais a ver com a lembrança de sua emigração forçada. Luigi Cavalli-Sforza, Carlo Cipolla, Franco Modigliani e Giovanni Sartori assumiram cátedras nos Estados Unidos. Na leva seguinte, Carlo Ginzburg, Franco Moretti e Giovanni Arrighi abandonaram cargos no país, mais ou menos em desespero, para atravessar o Atlântico. Não se tratou realmente de uma emigração intelectual, pois figuras como essas geralmente continuaram a participar ativamente da vida cultural da Itália, ou durante visitas à pátria, ou então do exterior. Mas esse movimento reduziu a significância das instituições acadêmicas do país para a circulação das ideias. Se Timpanaro ficou isolado em seu próprio país, não foi por causa de sua profissão de revisor, mas do pouco apreço da cultura vigente pelos seus temas pouco palatáveis. Não se deve exagerar o seu grau de solidão. Ele se correspondia, e não apenas com outros filólogos. Em Florença, contribuiu regularmente por mais de trinta anos para o mais prestigiado e não conformista "jornal de humanidades várias" *Belfagor* – fundado por Luigi Russo, diretor, no pós-guerra, da Scuola Normale, que lhe deu esse nome em homenagem ao demônio devasso de Maquiavel, contrariando expressamente as admoestações de Croce (*un titolo troppo chiassoso*), que o instruiu a não misturar literatura e política. É difícil imaginar a produtividade de Timpanaro sem seu apoio. No estrangeiro, as repercussões mais sérias

---

[25] "Pasquali, la metrica, e la cultura di Roma arcaica", introdução a Giorgio Pasquali, *Preistoria della poesia romana* (reedição) (Florença, 1971), p. 48-9.

de suas obras vieram da Inglaterra, onde Raymond Williams escreveu uma crítica admirativa de sua concepção da natureza, propondo uma sensibilidade materialista alternativa, e Charles Rycroft, falando do interior da psicanálise, endossou suas explicações das parapraxias. A *New Left Review*, que publicou textos dele e sobre ele, foi um ponto de referência externa, embora fosse a publicação onde ele sofreu as piores indignidades tipográficas já sofridas por alguém com o seu temperamento e formação, uma corrente de erros tipográficos que escorria em meio aos diagnósticos que ele fazia desse tipo de erro ("Judeu australiano", na primeira página da desmontagem da *Psicopatologia*, entre outros). Esses descuidos o incomodavam.

Apesar de a relação de Timpanaro com o mundo acadêmico da Itália nunca ter sido igual à de seus companheiros no exterior – sua segurança econômica era muito menor, e ele não tinha relações acadêmicas no exterior para compensar a má vontade no país –, existe um elemento comum no estilo desse distanciamento dos pensadores, que é o inverso da atmosfera de intriga e mofo que ainda se observa em tantas universidades. Como a educação superior não se modernizou efetivamente na Itália – a maior parte dela ainda permanece como que em estado de dilapidação suspensa –, e a profissionalização acadêmica, no sentido que assumiu no pós-guerra, nunca se fixou com segurança. Os prejuízos resultantes já foram denunciados. Mas esse estado também levou a um relativo subdesenvolvimento dos efeitos danosos já identificados em outros lugares: obsessão com os grupos de colegas, preocupação com o índice de citações, aparelhos gratuitos, jargão pretensioso, a vaidade da corporação – tudo o que se coloca entre mente e pensamento na nossa cultura. Muitas dessas coisas estando ausentes, as condições italianas permitem a criação de uma relação com as ideias não mediada por protocolos institucionais, de uma pureza e imediaticidade *sui generis*. Este efeito – que se poderia considerar uma vantagem do quase atraso – não se confina a qualquer ponto de vista ou local em particular. Direita, centro e esquerda estão igualmente representados entre os intelectuais no estrangeiro; ao passo que Norberto Bobbio, que sempre trabalhou na universidade italiana, representa tão bem esse afastamento quanto Giovanni Arrighi, que abandonou o sistema. Ao mesmo tempo, a apavorante qualidade da cultura de massa italiana – programas de TV que desanimam até o mais dedicado seguidor da moda popular – foi uma salvaguarda contra afetações populistas que em outros lugares passaram a ser a compensação típica pela involução profissional.

Sem a MLA ou a BBC, digamos assim, restou um espaço disponível para uma espécie mais antiga de imaginação, que é marcado por duas características.

A primeira é a capacidade de se envolver com ideias do passado – próximo ou remoto – como se fossem tão imediatas quanto as do presente, sem qualquer sinal de exibição de erudição ou referência a ela. Rousseau ou Mill em Sartori, Bodin ou Vico nas páginas de Bobbio, Agostinho ou Voltaire em Ginzburg, Hegel ou Rilke em Moretti, Weber ou Hicks em Arrighi falam diretamente a nós, como que por uma desintermediação intelectual mágica. Esse é, em parte, o efeito da segunda dádiva desse modo italiano, sua clareza distintiva e economia de expressão. Sartre observou certa vez que a língua italiana do pós-guerra era *trop pompeuse pour être maniable* [pomposa demais para ser maneável], como um palácio decadente em que os escritores circulavam perdidos, sem saber mais como fixar residência. Uma sintaxe muito ampla, que permite praticamente qualquer forma, ou falta de forma, de sentença, tem sido parte desses *décombres* [escombros] suntuosos. Qualquer um que tenha ouvido um discurso político, ou examinado um documento administrativo, ou passado os olhos por um jornal diário na Itália há de ter sentido isso. Esse estilo de escrever, que poderia ser chamado – com alguma, mas não total variação de significado – a contracultura iluminada desse período, foi formado por uma reação contra a frouxidão estilística de tantos discursos políticos na Itália. O que os diferentes praticantes têm em comum é uma discreta concisão e transparência. De forma mais óbvia que qualquer variante do francês, ele poderia ser descrito como prosa clássica.

Timpanaro pertenceu a esse conjunto nacional, apesar dos traços que o deixavam algo deslocado em seu interior. Suspeitoso de todo efeito literário deliberado, ele escrevia direta e vigorosamente, um texto em que a necessidade tinha prioridade sobre o acabamento formal. Lucano ou Bopp aparecem com maior distância contextual, de acordo com a formação de Timpanaro, mas com força suficiente para sacudir as expectativas convencionais. Eram nuances. Onde ele era realmente diferente era na completa indiferença para com a moda intelectual – a rejeição ponderada de toda escola consagrada de pensamento de seu tempo. Ao julgar a propensão da esmagadora maioria da *inteligentsia* ocidental a ser antimaterialista, sob um ou outro disfarce especioso, ele ocupou um terreno fora do consenso, fosse este conservador ou progressista. A afirmação de que a alta cultura, desde a *belle époque*, teve tendência predominantemente idealista é muito abrangente. Estaria ele enganado? Ele chegou a essa conclusão muito antes da maré do pós-estruturalismo nas artes e do convencionalismo nas ciências: nem Kuhn nem Derrida, muito menos Geertz ou Rorty, merecem menção no seu veredito sobre o deslize epistemológico da época. Poder-se-ia pensar que, como ele o denunciou, tudo o que ele descreveu ainda não tinha chegado ao paroxismo.

Mas o equilíbrio geral das forças intelectuais é outra questão. Com a aproximação do fim do século, houve muitos sinais de que as mesas estavam sendo viradas. De forma conspícua, a nova genética começou a ter o mesmo impacto cultural que teve a antiga na era de Darwin. Modelos evolutivos emprestados da biologia mais recente espalham-se por toda parte: na economia, na psicologia, na literatura, na sociologia, nas relações internacionais – só se fala de adaptação, exaptação, mutação e replicação. Popularizadores, como Gould ou Dawkins, rivalizam com a fama de Spencer ou Huxley em seu tempo, naturalmente num nível mais alto. Mesmo na filosofia, nascedouro de todo refinamento do idealismo, a neurofisiologia tem defensores beligerantes. Cheio de confiança pelos espetaculares sucessos das ciências naturais ao longo dos últimos vinte e cinco anos, que se estenderam desde a astrofísica até o genoma, o positivismo – não o nome, ainda levemente ingrato, mas a coisa – voltou com toda força. O quanto a sua volta nessas formas teria sido fonte de satisfação para Timpanaro, é imponderável. Ele não veio acompanhado de nenhum desvio para a esquerda no mundo político; aconteceu o oposto. Mas ele não havia identificado progresso social com intelectual.

Historicamente, mesmo nas maiores inteligências do Iluminismo, os dois estavam por vezes em desacordo. Rousseau, o mais avançado dos pensadores políticos de sua geração, era emocionalmente um pietista; Voltaire, politicamente de acordo com o absolutismo benevolente, zombava das consolações do cristianismo dos savoiardos. Para Timpanaro, Leopardi havia representado a possibilidade de uma síntese além dos dois: republicanismo firme, ateísmo inabalável. Uma geração mais tarde, Georg Büchner – é estranho Timpanaro nunca ter se interessado por ele – criaria sua própria tendência. Os dois morreram antes que a lógica política de suas convicções materialistas pessimistas pudesse ser realmente testada. No caso de Leopardi, Timpanaro admitiu que suas convicções republicanas haviam recuado à medida que se aprofundava seu desespero cósmico – "a existência é uma marca de nascença desfigurante diante do nada" –, inspirando expressões esporádicas de indiferença política. Mas no fim, segundo ele, Leopardi conquistou uma espécie de equilíbrio precário entre os dois. Entretanto, a verdade é que seu conhecimento da sociedade sempre foi limitado – era um absurdo apresentá-lo como um proto-socialista. Ainda mais absurda foi a tentativa de fazer dele um ecologista *ante diem*. Uma das últimas grandes polêmicas de Timpanaro foi contra seu amigo Adriano Sofri, antigo líder de *Lotta Continua*, então preso em Pisa, condenado com base em evidências forjadas por um *pentito*. Sofri era, naquele tempo, o teórico da política verde, que havia tentado anexar Leopardi ao que Timpanaro considerava ser um ambientalismo emoliente, que pairava acima dos conflitos de classe com a missão de salvar a mãe natureza, à qual todos poderiam aderir imparcialmente[26]. A visão de Leopardi da natureza como uma madrasta, que impunha sobre a humanidade males "infinitos e incuráveis", era a antítese dessa concepção. Seu pessimismo não poderia ser posto a serviço de Gaia.

O que dizer do pessimismo de Timpanaro? Ele não fazia segredo de suas fontes biográficas. Não era uma expressão de alheamento político nem de influência livresca; era, pelo contrário, o produto de "reflexão pessoal direta sobre toda aquela grande parte da infelicidade humana que não se relacionava com o ser social do homem, mas com seu ser biológico"[27]. Por uma série de passagens dispersas, fica claro que a longa e dolorosa doença e morte de seu pai foram profundamente traumáticas para Timpanaro, aproximando-o de um colapso. Suas próprias dificuldades psíquicas, ainda que relacionadas com essa experiência, devem ter reforçado seus efeitos intelectuais e, de uma forma ou de outra, o teriam atraído para Leopardi. Sofrendo de outra espécie de deformidade, ele chegou a um pessimismo paralelo, igualmente impessoal, igualmente racional. Não era o mesmo porque Timpanaro tinha um senso muito mais forte de opressão e de injustiça, acima e além de nossa natural caducidade. Às vezes, na balança da miséria, a sociedade parecia não ser importante para Leopardi – imperador e mendigo lançados juntos no túmulo. Assim concebido, o pessimismo filosófico sempre correu o risco de se transformar em derrotismo político. Timpanaro não se deixou atrair por essa tentação. Ele era intensamente – chegando mesmo a se dizer veementemente demais – político. Mas era também bastante livre da monomania de qualquer "panpoliticismo", como ele a chamava. As ideias de progresso histórico e de catástrofe natural não lhe eram estranhas. Ainda assim, o tempo talvez lhe tenha pregado uma peça. De início, ele havia acreditado na possibilidade de uma revolução igualitária e na impossibilidade de correção da nossa condição natural. Ironicamente, hoje prevalece a visão oposta: o capitalismo não pode ser derrotado, mas suas enfermidades podem. No século XVII, Descartes tinha a certeza de que a ciência logo faria as pessoas viverem para sempre. Há sinais da volta dessa certeza. Quando morreu, Timpanaro foi chamado por outro filólogo de inimigo do século XX. Em tais condições, como poderia ele permanecer atual no novo século? Ele não se deixaria embaraçar por essa pergunta. "Atualidade é um critério redutivo, anti-histórico e filisteu de julgamento"[28].

2001

---

[26] "Il 'Leopardi verde'", *Belfagor*, nov. 1987, p. 613-37.
[27] *Antileopardiani e neomoderati*, cit., p. 11.
[28] "Pasquali, la metrica e la cultura di Roma antica", cit., p. 76.

10

Lembranças tropicais:
Gabriel García Márquez

Como formas de escrever sobre o passado, memórias e autobiografias são empreitadas diferentes, apesar de se sobreporem na prática. No limite, um livro de memórias pode recriar um mundo ricamente povoado por pessoas, sem, contudo, falar muito sobre o próprio autor. Uma autobiografia, em compensação, pode assumir a forma de um retrato puro de si, no qual o mundo e os outros aparecem apenas como uma *mise-en-scène* para a aventura íntima do narrador. Ao recontar sua vida, romancistas já produziram atos de bravura em ambos os gêneros. Entre as obras modernas, *To Keep the Ball Rolling* [Para manter a bola rolando]*, de Anthony Powell – quatro volumes agradáveis, embora lacônicos –, é uma obra-prima do primeiro gênero. O breve *Palavras***, de Sartre, é talvez o maior exemplo do segundo. *Viver para contar*[1], de Gabriel García Márquez, é classificado como livro de memórias por seus editores, mas há certa dúvida de que, no conjunto, ele se enquadre nessa categoria. Márquez é, obviamente, um lendário contador de histórias. Mas, além disso, possui uma aguda inteligência autorreflexiva, como podemos observar em *Cheiro de goiaba*[2], em que reproduz suas conversas biográficas com Plinio Apuleyo Mendoza, vinte anos atrás.

Em *Viver para contar*, Márquez exerce com comedimento esse outro lado de seus dons. Por opção artística, construiu um livro de memórias mais próximo

---

* Chicago, Chicago University Press, 2001. (N. E.)
** Rio de Janeiro, Nova Fronteira, 1984. (N. E.)
[1] *Vivir para contarla* (Barcelona, Mondadori, 2002); *Living to Tell the Tale* (Nova York, Knopf, 2003) [ed. bras.: *Viver para contar*, Rio de Janeiro, Record, 2003]. Citados daqui em diante como *VC* e *LTT*.
[2] *El olor de la guayaba* (Bogotá, La Oveja Negra, 1982); *The Fragrance of Guava* (Londres, Verso, 1984) [ed. bras.: *Cheiro de goiaba*, Rio de Janeiro, Record, 1982].

de um romance, na forma, do que jamais se tenha escrito. Começa com a chegada de sua mãe a Barranquilla, a fim de levar o filho – então com 23 anos – para vender a casa da família em Aracataca, viagem que fez com que se tornasse o escritor que é hoje; e termina com o ultimato escrito por ele durante um voo para Genebra, cinco anos depois, e que transformou uma paixão esquiva de adolescência em sua futura esposa. Entre esses dois *coups de théâtre* paralelos, o autor rememora sua vida até o momento em que deixou a Colômbia, em 1955, numa narrativa que obedece não aos padrões desordenados da experiência ou da memória, com toda a sua irregularidade, mas às regras de uma composição perfeitamente simétrica. O livro é dividido em oito capítulos de tamanhos praticamente idênticos – um arranjo que corresponde menos ainda à maneira como qualquer vida poderia ser de fato vivida, como que para sublinhar o fato de estarmos diante de outro artifício supremo.

Desde o início de sua carreira, Márquez vem praticando dois estilos de escrita relativamente distintos: a prosa figurativamente carregada, já visível de maneira brilhante em seu primeiro livro de ficção, *A revoada: o enterro do diabo**, que teve sua publicação rejeitada na época, com a concessão de que era "poético"; e a concisão objetiva de histórias como *Ninguém escreve ao coronel*** ou reportagens como *Notícias de um sequestro****. Se, tecnicamente, o registro de *Viver para contar* fica entre os dois, o tom e o efeito do conjunto – e isto decorre da concepção das memórias – têm a grandeza viva e suntuosa de seus grandes romances. Ali, estamos no mundo de *Cem anos de solidão***** ou de *O general em seu labirinto******, com sua densidade metafórica e seus diálogos típicos: sentenças curtas e sublimes, que funcionam quase como epigramas, de pungência inimitável e ironia bem-humorada.

Formalmente, o que o livro conta é a história da juventude de Márquez na Colômbia. Retratos vívidos de seus pais e avós criam um ambiente familiar dos mais estranhos. Então é mostrada sua infância, até os oito anos, com o avô na zona bananeira da costa do Caribe; os primeiros dias de escola e a pobreza em Barranquilla, e as férias num interior paradisíaco; a subida do rio Magdalena até um liceu nos Andes; o ingresso na universidade em Bogotá; uma descrição em primeira mão dos tumultos apocalípticos na capital após o assassinato do prin-

---

*   Rio de Janeiro, Record, 2003. (N. E.)
**   Rio de Janeiro, Record, 1996. (N. E.)
***   Rio de Janeiro, Record, 1996. (N. E.)
****   Rio de Janeiro, Record, 2009. (N. E.)
***** Rio de Janeiro, Record, 1997. (N. E.)

cipal político populista do país, Eliécer Gaitán; o retorno à costa para fugir dos distúrbios; os primeiros anos como jornalista em Cartagena; o entusiasmo literário e a dissipação boêmia em Barranquilla; e, por fim, o trabalho regular como repórter em Bogotá e a ida ao exterior para cobrir a conferência de Genebra, em 1955. Tudo isso com uma grande variedade de incidentes impressionantes, detalhes intrigantes e acasos extravagantes que poucas obras de ficção seriam capazes de igualar.

No entanto, o resultado não é um *Bildungsroman* [romance de formação] do autor, cuja personalidade raramente está em foco, mas a recriação de um universo assombroso, a costa caribenha da Colômbia na primeira metade do século XX. Quem acha que a contraparte factual da ficção de Márquez é, na melhor das hipóteses, uma pálida cópia dela pode ficar tranquilo. Uma cena impressionante atrás da outra, um personagem inesquecível atrás do outro, cascatas de gestos que vão além da lógica e coincidências que vão além da razão fazem de *Viver para contar* um primo dos grandes romances. Esse primeiro volume do último esforço de Márquez é um grande e bem planejado edifício de imaginação literária. É tentador, assim, lê-lo apenas como uma obra de arte, independentemente de seu *status* de documento biográfico.

Isso, contudo, seria diminuir seu interesse. Para entender o porquê, pode-se compará-lo com as memórias do escritor latino-americano ao qual é mais comumente associado, e que perde somente para ele em fama. *Peixe na água*, de Mario Vargas Llosa[3], publicado há mais de uma década, tem uma estrutura menos convencional. Escrito após a derrota de sua candidatura à Presidência do Peru, em 1991, alterna capítulos sobre a infância e a adolescência do autor em seu país de origem e a campanha para governá-lo quando tinha mais de cinquenta anos – um recurso de contraponto que ele usou mais de uma vez em seus livros de ficção, de *Tia Júlia e o escrevinhador** até o mais recente, *O paraíso na outra esquina***. Nesse formato, os três anos de campanha presidencial ocupam mais espaço do que os 22 anos até a idade adulta. Só isso já faz desse um livro de memórias muito diferente do de Márquez. Ainda mais impressionantes, então, são as semelhanças entre suas primeiras experiências, misteriosamente próximas em muitos aspectos.

---

[3] *El pez en el agua* (Barcelona, Seix Barral, 1993); *A Fish in Water* (Nova York, Farrar, Straus & Giroux, 1994) [ed. bras.: *Peixe na água*, São Paulo, Companhia das Letras, 1994]. Citados daqui em diante como *PA* e *FW*.
* Rio de Janeiro, Alfaguara, 2007. (N. E.)
** São Paulo, Arx, 2006. (N. E.)

Ambos os escritores passaram os primeiros anos cruciais de sua meninice sob o teto de um avô que os adorava, o patriarca da família – um deles um veterano da guerra civil na Colômbia, o outro, um fazendeiro e prefeito na Bolívia e no Peru. Os pais, que tinham empregos semelhantes (um era operador de telégrafo, o outro era operador de rádio) e fizeram casamentos semelhantes (contra a vontade da família da noiva, de classe social superior), eram pais ausentes: um vazio na estrutura emocional da infância, em que mesmo as mães desempenhavam um papel secundário. A iniciação sexual veio cedo, em bordéis, sobre os quais escrevem com afeição maliciosa. Mais tarde, casaram-se ambos com moças de sua cidade natal. Quando adolescentes, foram enviados contra a vontade para colégios internos pelos pais. Formaram-se com alegria nas províncias e experimentaram a chegada à capital como um infortúnio.

Na universidade, mergulharam numa vida paralela de jornalismo e farras noturnas. Os dois mostraram habilidade para novelas de rádio, inspirados pelo mesmo dramalhão – *El derecho de nacer**, de Félix B. Caignet (sem conotações anacrônicas antiaborto). Em ambos os casos, a grande descoberta literária da juventude foi Faulkner, cujos romances eles dizem que os marcaram mais fundo do que qualquer outro. Cada um encerra suas memórias no mesmo ponto decisivo, quando o escritor – logo depois de descobrir alguma coisa sobre o interior desconhecido de sua terra (El Chocó e Amazonas) – deixa o país natal em direção à Europa, para nunca mais voltar a fixar residência ali.

Uma série de paralelos desse tipo é um convite para algum futuro Plutarco das letras latino-americanas. Mas o que ela evidencia, afinal, são os contrastes dos dois romancistas e de suas memórias. Apesar de todas as semelhanças entre as constelações familiares, Vargas Llosa tem – pelo lado materno – uma herança social mais privilegiada, um clã da elite de Arequipa que produziu o primeiro presidente peruano do pós-guerra, Bustamante y Rivero. Classe e cor o situavam mais alto na escala social, naquela que era uma sociedade rigidamente racista, do que um menino mestiço da Colômbia poderia chegar. A educação formal também os separou. Márquez explica quão desafeiçoado era dos estudos na universidade, onde seu pai insistira que cursasse direito e a qual acabou por abandonar. Vargas Llosa, ao contrário, teve um brilhante *cursus* estudantil e tornou-se assistente do maior historiador de Lima antes mesmo de se formar. A universidade foi uma experiência central para ele, enquanto para Márquez não

---

* No Brasil, exibida no formato de radionovela e telenovela, em diferentes versões, com o título *O direito de nascer* (na TV, em 1964-1965 e 1978, pela Tupi e, em 2001, pelo SBT). (N. E.)

significou nada. Essa diferença explica por que ele foi para a Europa muito mais cedo, com uma bolsa de estudos em Madri. E também por que, uma vez na Europa, nunca mais a deixou, tendo vivido essencialmente em Paris, Londres e Madri, viajando a passeio para Lima. Márquez, enquanto jornalista, logo retornou à América Latina, terminando por se estabelecer no México.

Essas trajetórias divergentes têm seus correlatos atmosféricos no trabalho de cada um. Na vida dos autores, a história de seu país – medida em termos de matança, repressão, frustração, corrupção – dificilmente poderia ser mais sinistra, e isso, é claro, encontra expressão em seus romances. Mas os retratos que Márquez faz de sua terra natal, mesmo em seus piores momentos, são repletos de um afeto lírico, um amor imutável, que não têm equivalentes no mundo de Vargas Llosa, no qual a relação do escritor com sua terra de origem é sempre tensa e ambígua.

A razão dessa diferença pode ser encontrada, em parte, em suas situações individuais. Se, por um lado, a configuração das famílias de origem era de uma similaridade impressionante, a voltagem emocional era oposta. A mãe de Márquez, retratada de forma adorável por ele, era claramente uma mulher de grande força de caráter, capaz de administrar um marido determinado, ainda que inconstante, e onze crianças tanto na prosperidade como na penúria. O pai de Vargas Llosa, que, sem uma palavra, abandonou a esposa no quinto mês de gestação e, dez anos depois, apareceu inesperadamente para retomá-la e cooptá-lo, foi, em contraste, um pesadelo traumático: temido pela esposa e odiado pelo filho. Sem nenhum apego por sua terra natal, acabou por emigrar para os Estados Unidos e morreu como faxineiro em Pasadena.

Mesmo o melodrama da primeira experiência sexual dos dois escritores, roteiros conhecidos de honra e ultraje latinos, reflete esse contraste. Quando Vargas Llosa se casou com a tia – naquela família semidesenraizada, não por coincidência uma boliviana –, seu pai sacou um revólver, denunciou-o à polícia em Lima e ameaçou matá-lo com cinco tiros, como um cão raivoso. García Márquez, apanhado *in flagrante* com a esposa negra de um policial do interior, também teve de encarar uma pistola, assim como as palavras: "Traição na cama se resolve na bala"[4]. Mas o sargento que sofreu a afronta deixou o menino apavorado escapar com a humilhação – em gratidão a um serviço médico prestado por seu pai, e, quando visto pela última vez, estava bebendo com ele. As duas cenas, ambas composições de um machismo teatral, ilustram à sua maneira duas sociedades diferentes. A poesia e a humanidade do episódio colombiano

---

[4] *PA*, cit., p. 333-4; *FW*, cit., p. 329; *VC*, cit., p. 255; *LTT*, cit., p. 217.

capturam o espírito geral de *Viver para contar*, assim como os laços de seu autor com a comunidade em que cresceu; já o título de *Peixe na água* inverte a história que na verdade conta. Isso é expresso de maneira mais precisa na primeira edição, intitulada "Um peixe fora d'água" – uma inversão que não é a menos importante das estranhezas das memórias de Vargas Llosa como um todo[5]. Embora escrito num momento de aguda decepção política, e, inevitavelmente, um tanto descolorido por ela, o livro é atravessado pelo horror a boa parte da vida peruana – social e cultural, bem como política –, que expressa de modo claro sentimentos havia muito existentes.

As consequências literárias dessa diferença não são as que se esperam. O rótulo de "realismo fantástico" – hoje desgastado pelo uso – é habitualmente atribuído aos romances de Márquez. Nunca se ajustou bem a Vargas Llosa, que não reconhece o adjetivo. "Tenho uma fraqueza invencível pelo assim chamado realismo", observa em *Peixe na água*[6]. Um dos contrastes mais significativos da ficção de ambos decorre dessas opções distintas – ou talvez as dite. O grosso do trabalho de Vargas Llosa situa-se no presente peruano, contemporâneo à sua própria experiência. A principal exceção são os deslocamentos, não apenas no tempo, como também no espaço – o Brasil de *A guerra do fim do mundo** ou a França e os mares do sul de *O paraíso na outra esquina*. Dentro de seu próprio país, ele estava decididamente *à la page*. Em compensação, nenhum dos grandes romances de García Márquez representa a época em que ele próprio se tornou escritor. Macondo desaparece na Grande Depressão. O patriarca pertence ao mundo rústico de Juan Vicente Gómez**. Os tempos do cólera são vitorianos***. O general expira com o fim da Restauração. A modernidade é alérgica à mágica. Os poderes de Márquez sempre necessitaram de uma volta ao passado para ser exercidos com plena liberdade.

É claro que, na mente do público, o que provavelmente distingue os dois escritores é a imagem convencional de suas posições políticas – García Márquez

---

[5] Ver "A Fish Out of Water", *Granta*, n. 36, jun. 1991, p. 15-75, edição que traz também um relato de sua campanha presidencial escrito pelo consultor britânico Mark Malloch Brown, ex-assessor de Gonzalo Sánchez de Lozada – presidente boliviano mais tarde obrigado a fugir da população para Miami – e depois braço direito de Kofi Annan no Secretariado das Nações Unidas.

[6] *PA*, cit., p. 469; *FW*, cit., p. 462.

* Rio de Janeiro, Alfaguara Brasil, 2008. (N. E.)

** Militar que governou a Venezuela de 1908 a 1935. (N. E.)

*** *O amor nos tempos do cólera* (Rio de Janeiro, Record, 1985). (N. E.)

como amigo de Fidel, Vargas Llosa como devoto de Thatcher, figuras respectivamente da esquerda ecumênica e da direita liberal. Tal polaridade existe, é claro. Mas, ao olhar para a escrita em vez de para as filiações, percebemos um contraste mais impressionante. Vargas Llosa foi desde cedo, e assim permanece, um animal político. Como estudante em Lima durante a ditadura de Odría, foi um ativo militante comunista, levado para o partido por Héctor Béjar, que mais tarde, nos anos 1960, comandaria a primeira guerrilha peruana; ao chegar à Europa, mergulhou na teoria marxista na qualidade de entusiasta da Revolução Cubana. No começo dos anos 1970, quando rompeu com a esquerda por causa de Cuba, não se recolheu à literatura simplesmente, como outros fizeram, mas tornou-se um admirador apaixonado de Hayek e Friedman e um dos principais defensores do capitalismo de livre mercado na América Latina. Sua candidatura à presidência do Peru, com o apoio da direita tradicional, não foi um capricho repentino, mas consequência de uma década de atividade pública consistente. Logicamente, sua ficção – desde o primeiro retrato da academia militar em *A cidade e os cachorros**, passando pelas conspirações revolucionárias em *Conversa na catedral*** e *História de Mayta****, até *A festa do bode***** – usa os conflitos políticos contemporâneos diretamente como tema organizador.

Esse nunca foi o caso de García Márquez, e *Viver para contar* ajuda a explicar o porquê, apesar de permanecer algum mistério. Ele retrata um jovem vindo da costa para o altiplano durante a adolescência, tão absorvido pelos temas literários – primeiro e acima de tudo, pela poesia – a ponto de não ter praticamente nenhum interesse pelos assuntos públicos. A Colômbia já se encontrava num estado de grande tensão política em seus últimos anos de escola e, assim que chegou à universidade, o país sucumbiu à guerra civil. Em seu capítulo mais poderoso, *Viver para contar* pinta um panorama ao estilo de Goya do terremoto social que engolfou Bogotá quando Gaitán, seu político mais popular, foi assassinado, em 1948. De sua *pensión* a três quarteirões de distância, García Márquez correu para a cena, chegando a tempo de presenciar o linchamento do assassino e a irrupção de uma maré de tumultos e saques que varreu a cidade. Mas sua reação, tal como se recorda, foi simplesmente voltar à pensão para terminar o almoço. Encontrando-o na rua, um parente mais velho – o qual se tor-

---

*   Rio de Janeiro, Alfaguara Brasil, 2007. (N. E.)
**   São Paulo, Arx, 2009. (N. E.)
***   Rio de Janeiro, Francisco Alves, 1984. (N. E.)
**** São Paulo, Arx, 2001. (N. E.)

nou um dos líderes da junta revolucionária que tentou direcionar os tumultos para um levante contra o governo conservador – instigou-o a participar dos protestos estudantis contra o assassinato. Em vão. Aterrorizado com a destruição e as mortes em massa nos dias seguintes, quando o exército entrou na cidade para restaurar a ordem, seu único desejo era fugir.

A violência que devastou a Colômbia na década seguinte, opondo os liberais aos conservadores que se mantinham no poder, ceifou 200 mil vidas – uma catástrofe pior do que qualquer outra que o Peru tenha sofrido. Esse foi o pano de fundo histórico do início da carreira de Márquez como jornalista e escritor. Mas ele parece ter continuado misteriosamente intacto. Apesar de ser colunista regular de um diário de Cartagena, escreve que, "no meu ofuscamento político da época, eu nem sabia que a lei marcial havia sido imposta de novo no país"[7]. Em Barranquilla, pouco depois, "a verdade de minha alma era que o drama da Colômbia me atingia como um eco remoto, e me comoveu apenas quando transbordou em rios de sangue"[8]. Essa confissão nos desarma, mas a distinção não se sustenta: o drama da Colômbia *era* o derramamento de sangue. Parece que a realidade foi que o jovem literato, inteiramente envolvido em descobertas e experimentos da imaginação, de fato ignorava o destino de seu país naqueles anos.

Era mais fácil agir assim nas cidades costeiras, já que o litoral do Caribe, embora não estivesse imune às chacinas sectárias, foi poupado do pior da violência que grassava nas fronteiras cafeeiras das terras altas. A identificação de Márquez com sua região – "o único lugar em que realmente me sinto em casa" – conferiu à sua escrita uma intensidade luminosa, mas parece também tê-lo protegido, ou cegado, dos padrões e forças mais amplos da nação. "A Colômbia", escreve, "sempre foi um país com uma identidade caribenha que se abria para o mundo pelo cordão umbilical do Panamá. Sua amputação forçada nos condenou ao que somos hoje: uma nação com uma mentalidade andina, cujas circunstâncias favorecem que o canal entre os dois oceanos pertença não a nós, mas aos Estados Unidos"[9].

O lamento é palpável e significativo. Não é exagero dizer que as terras elevadas dos Andes, que formam o cerne da sociedade colombiana, permanecem uma espécie de livro fechado para Márquez. Não há dúvida de que vem daí, em

---

[7] *VC*, cit., p. 405; *LTT*, cit., p. 343.
[8] *VC*, cit., p. 431; *LTT*, cit., p. 364-5.
[9] *VC*, cit., p. 532; *LTT*, cit., p. 449-50.

parte, o silêncio em *Viver para contar* a respeito da guerra civil sob a qual se passa boa parte da história. A única aventura do romancista na história contemporânea, *Notícias de um sequestro*, humana e cativante enquanto relato do episódio final da carreira de Pablo Escobar, confirma certo mal de altitude intelectual. Falta-lhe a compreensão do contexto social da guerra da droga na Colômbia ou mesmo uma visão crítica da oligarquia que a comandava. Lendo o livro, ficamos tentados a achar que, no fundo, Márquez permanece tão apolítico quanto era no início.

Isso é um erro, como mostra a sequência de *Viver para contar*. Mas tanto suas memórias quanto sua ficção sugerem uma mente com uma maravilhosa sensibilidade intuitiva para o temperamento, as cores e os detalhes do mundo em que cresceu, sem muita consideração pela definição de suas relações ou estruturas. Por esse relato, é difícil situar com precisão a família de Márquez na escala social. Seu avô, apesar de ser representado como um patriarca com alguma substância, parece não ter sido originalmente mais do que um artesão, ainda que ourives; a base econômica da lendária casa de Aracataca – o pai é descrito como alguém que pediu a mão de uma "filha de família rica" – é obscura. Os altos e baixos das venturas do pai, da extrema pobreza ao conforto modesto – aparentemente sem relação com a proliferação dos onze filhos –, são apenas um pouco menos incompreensíveis. Com o passar do tempo, as conexões entre o clã se revelam: um tio na polícia de Cartagena, capaz de arranjar empregos; um professor em Bogotá, dono de uma grande livraria. Cabe a nós tentar adivinhar como se encaixava o jovem Gabito nessa hierarquia complicada de classe e cor.

O que dizer, finalmente, do autorretrato que emerge dessas memórias? Ele é curiosamente oblíquo. Márquez oferece um relato abrangente do desenvolvimento de sua vocação literária, do tempo de escola até mais ou menos seus vinte anos, e muitos incidentes cativantes ou encontros arrebatadores em sua jornada rumo à maturidade. Mas como ele era enquanto menino ou jovem não está tão claro. A autoconfiança que seu avô lhe deu na infância parece nunca tê-lo abandonado, salvo nas brevíssimas turbulências da adolescência. Mas há poucos sinais de ambição deliberada. Ele se fecha em sua timidez, mas obviamente era companhia animada, já que nunca lhe faltaram amigos. Mas não revela quanto se empenhou em procurá-los ou até que ponto era visto apenas como um boêmio inconsequente. Nas transações com o sexo oposto, as iniciativas de sedução partem, na maioria das vezes, das mulheres. Apesar de dizer que, quando voltou a Barranquilla, "tinha a timidez de uma codorna, que eu tentei contrabalançar com arrogância insuportável e franqueza brutal"[10], ele parece ter se dado bem, em geral, com parentes mais velhos e amigos, em todos os lugares por que passou. Com exceção de um conflito com o pai sobre a escolha de sua carreira, nenhuma grande discussão marca esse progresso. Ele cita apenas ocasionalmente os lados mais vulcânicos de sua personalidade – "acessos de raiva sem nenhum motivo", "birras pueris"[11] –, mas não oferece mais detalhes.

Em vez de fazer uma autoanálise detida, Márquez oferece um espelho generoso aos seus contemporâneos. *Viver para contar* contém uma abundante galeria de parentes, amantes, colegas, mentores e aliados, capturados num parágrafo ou em uma ou duas páginas. Isso basta para deixar impacientes os leitores anglo-saxões, mas é uma lealdade atraente, que distingue suas memórias das de Vargas Llosa. *Um peixe na água*, pensado desde o início para um público internacional, é mais tênue nesse sentido. As memórias de Márquez são destinadas aos leitores colombianos, antes de tudo.

Elas anunciam seu princípio de construção no início, num manifesto gravado como epígrafe na abertura do livro: "A vida não é o que se viveu, mas o que se lembra, e como isso é lembrado para ser contado". Tomado literalmente, é um convite à memória seletiva, com todas as facilidades de uma amnésia conveniente. Não há motivo para supor que Márquez tenha abusado de sua máxima. Mas é sempre legítimo perguntar em que medida as memórias correspondem aos fatos. Independentemente de quanta licença concedamos a um artista em sua reconstrução do passado, não valorizaríamos do mesmo modo o resultado se tudo se revelasse imaginário.

Nesse caso, a narrativa dá ensejo a alguns pontos de interrogação na margem. Sexo, política, literatura: cada um deixa uma penumbra de incerteza em seu entorno. Comentando "os modos de caçador furtivo" de seu pai, Márquez diz que houve um período em que ficou tentado a imitá-lo, mas logo descobriu que se tratava da "mais árida forma de solidão"[12]. Nada em seu relato corresponde a essa breve afirmação. Em *Cheiro de goiaba*, ele diz que, quando estava na universidade, pertenceu a uma célula do Partido Comunista Colombiano[13].

---

[10] *VC*, cit., p. 430; *LTT*, cit., p. 363.
[11] *VC*, cit., p. 404 e 459; *LTT*, cit., p. 342 e 388. A mesma palavra, *berrinche* [birra], é usada todas as vezes.
[12] *VC*, cit., p. 60; *LTT*, cit., p. 51-2.
[13] *El olor de la guayaba*, cit., p. 102.

Não há vestígio disso em *Viver para contar*. Entre os autores que o formaram, enfatiza Faulkner. Mas a afirmação de que "cada sentença deve ser responsável pela estrutura toda"[14] e o uso celestial do adjetivo (ele diz ter aversão a advérbios), que é a marca de sua prosa, derivam de Borges, o qual ele pouco menciona. A saída do grupo de Barranquilla que produzia a revista literária *Crónica*, cadinho de seu primeiro florescimento como escritor, é apresentada como uma partida amigável, sem dificuldades ou ressentimentos. No entanto, entrega que renunciou ao cargo de editor num acesso de raiva algum tempo antes, por razões não especificadas. A ruptura pode ter sido mais dolorosa do que ele sugere. Tais discrepâncias têm importância? A epígrafe as absolve. Mas uma vida e uma história nunca são a mesma coisa, e os interstícios entre elas – mais largos ou mais estreitos – são inevitavelmente parte do interesse de cada uma. Na luz resplandecente dessas memórias, há um brilho tênue à distância, próprio da latitude.

2005

---

[14] *VC*, cit., p. 436 e 310; *LTT*, cit., p. 369 e 264.

11

Atlas da família:
Göran Therborn

Poucos temas de importância fundamental geraram, à primeira vista, tanta literatura atordoante quanto a família. A aparência é injusta, mas não incompreensível. A discrepância entre o vívido drama existencial em que cada ser humano mergulha ao nascer e a mortalha estatística generalizada das pesquisas demográficas e dos estudos domiciliares muitas vezes parece irremediável: como se a experiência subjetiva e a calibragem objetiva não tivessem um ponto de intersecção. Estudos antropológicos de parentesco ainda são a área mais técnica da disciplina. Imagens de uma aridez esmagadora foram abrandadas, mas não muito alteradas, pela popularização do passado: obras como *The World We Have Lost* [O mundo que nós perdemos], de autoria do decano da reconstrução da família em Cambridge, Peter Laslett, álbuns queridos de uma época em que "o todo da vida avançava no interior da família, de um círculo de rostos amados e familiares", numa "sociedade de uma classe só"[1]. A única síntese contemporânea de destaque, *Revolução mundial e padrões de família**, de William Goode, que no início dos anos 1960 afirmava que o modelo de família, conjugal do Ocidente provavelmente se tornaria universal, por ser o que melhor atendia às necessidades da industrialização, nunca chegou ao nível de reconhecimento que sua generosidade de escopo e espírito merecia[2]. Estudos sobre a família certamente não são um deserto. Contudo, mesmo sendo densamente

---

[1] *The World We Have Lost* (Londres, Methuen, 1965), p. 22-3 e ss. Trabalho que foi objeto de uma das mais devastadoras resenhas de Edward Thompson, "The Book of Numbers", *Times Literary Supplement*, 9/12/1965.

* São Paulo, Companhia das Letras/Edusp, 1969. (N. E.)

[2] A partir do funcionalismo pouco promissor da teoria da modernização, Goode realizou uma pesquisa equilibrada e inteligente dos sistemas familiares do mundo que trata a URSS – em 1963 – como parte de um padrão ocidental e omite apenas a América Latina e o Caribe.

povoado, boa parte do terreno é uma planície monótona de funções e números que se estende até o horizonte, interrompida apenas por moitas de sentimento.

Sexo e poder, de Göran Therborn, assoma nessa paisagem como um majestoso vulcão. Expelindo uma coluna avassaladora de ideias e argumentos, enquanto uma lava de evidências escorre por suas encostas, essa é uma grande obra de intelecto e imaginação históricos, efeito de uma rara combinação de dons. Sociólogo de formação, Therborn é um pensador altamente conceitual, que alia o rigor formal de sua disciplina em seus melhores momentos ao domínio de uma ampla variedade de dados empíricos[3]. O resultado é uma poderosa estrutura teórica, apoiada num fascinante conjunto de evidências. Mas é também um conjunto de macronarrativas que, juntas, compõem talvez o primeiro exemplo verdadeiro que temos de um trabalho de história global. A maioria dos textos que reivindica esse termo, quaisquer que sejam seus outros méritos, aventura-se de maneira seletiva e localizada além de certas zonas centrais de atenção. No caso das histórias gerais do mundo, que não são poucas, os problemas de grande escala é que acabam por ditar limites estreitos, até mesmo nas melhores tentativas.

Therborn, em contraste, focaliza apenas uma dimensão da existência e, com isso, desenvolve um mapa das mudanças humanas ao longo do tempo totalmente novo e fiel à complexidade e à diversidade do mundo, não omitindo nenhum ponto do planeta. Não só todos os continentes foram incluídos nessa história, como as diferenças entre as nações ou regiões dentro deles – de China e Japão a Uruguai e Colômbia, de Índia setentrional a meridional, de Gabão a Burkina Fasso, de Turquia a Pérsia, de Noruega a Portugal – são examinadas com um olhar preciso. Tal curiosidade ecumênica, antítese da convicção de Barrington Moore de que apenas os grandes países são importantes para a história comparativa, é um produto atraente de um país pequeno. A sensibilidade de Therborn está vinculada a sua nacionalidade. Nos tempos modernos, a Suécia, situada nas franjas setentrionais da Europa e com uma população do tamanho da de Nova Jersey, foi durante muito tempo um inconspícuo espectador da política mundial. Mas, em questões de família, mais de uma vez ditou o passo.

---

[3] Seus primeiros trabalhos – *Science, Class and Society* (Londres, NLB, 1976), *What Does the Ruling Class Do When It Rules?* (Londres, NLB, 1978), *The Ideology of Power and the Power of Ideology* (Londres, NLB, 1980) – situam-se mais no lado conceitual; a partir de *Why Some Peoples Are More Unemployed Than Others* (Londres, Verso, 1986), ambos os registros se misturam, resultando em seu maior estudo, *European Modernity and Beyond* (Newbury Park, CA, Sage Publications, 1995), que hoje se tornou uma referência.

É particularmente apropriado, portanto, que o *tour de force* comparativo sobre o tema seja sueco.

Pesquisando o mundo, Therborn distinguiu cinco grandes sistemas familiares: o europeu (que inclui o Novo Mundo e os assentamentos no Pacífico), o asiático oriental, o africano subsaariano, o asiático ocidental/africano do norte e o subcontinental, com dois complementos "intersticiais", o sudeste da Ásia e o crioulo americano. Apesar de cada um dos grandes sistemas ser o centro de um código religioso ou ético específico – cristão, confucionista, animista, muçulmano, hindu – e os intersticiais serem zonas de códigos sobrepostos, os sistemas em si formam tantas "geoculturas" que sedimentos de histórias comuns podem anular contrastes de crenças dentro deles. Esse pano de fundo cultural dá cor e textura a *Sexo e poder*. O tom do livro lembra alguns aspectos de Eric Hobsbawm, com seus juízos claros e sua ironia seca. Embora o estilo de Therborn seja necessariamente mais estatístico, a mesma vivacidade literária e anedótica está presente. Em meio a uma abundância aritmética fascinante, há lugar também para romances, peças de teatro, memórias e anúncios de casamento. Mais impressionante que tudo, porém, num campo tão dominado por registros sociais ou apenas técnicos, é a construção política que Therborn dá à história da família no século XX.

Quais são as proposições centrais do livro? Therborn afirma que os sistemas familiares tradicionais englobam três regimes: patriarcado, casamento e fertilidade. Resumindo de modo grosseiro: quem dá as ordens, como as pessoas se unem, que crianças resultam disso. *Sexo e poder* traça a história moderna de cada um deles. Para Therborn, o patriarcado é o poder familiar masculino, tipicamente a cargo de pais e maridos, e não a subordinação ou a discriminação das mulheres em geral – a desigualdade de gênero é um fenômeno mais amplo. Por volta de 1900, no começo de sua história, o patriarcado nesse sentido clássico era um padrão universal, ainda que com gradações variáveis. Na Europa, a Revolução Francesa não conseguiu desafiá-lo, levando às ferozes cláusulas familiares do Código Napoleônico; já o capitalismo industrial que surgiu em seguida na América do Norte e na Europa fiava-se nas normas patriarcais como esteio de estabilidade moral. Os códigos confucionista e muçulmano eram bem mais draconianos, ainda que os "regulamentos minuciosos" do primeiro pusessem limites no "cheque em branco" que o segundo dava ao poder masculino[4].

---

[4] *Between Sex and Power: Family in the World, 1900-2000* (Londres, Routledge, 2004), p. 63 [ed. bras.: *Sexo e poder*, São Paulo, Contexto, 2006]. Citado daqui em diante como *BSP*.

Os arranjos eram mais frouxos em boa parte da África subsaariana, da América crioula e do sudeste asiático. O mais rigoroso de todos era o sistema hindu vigente na Índia setentrional, único no mundo em termos de repressão. Como observa Therborn, essa é uma das pouquíssimas regiões do mundo onde os homens ainda vivem mais do que as mulheres.

Por volta de 2000, contudo, o patriarcado tornou-se "o grande derrotado do século XX", como diz Therborn, perdendo mais terreno que a religião ou a tirania. "Provavelmente, nenhuma outra instituição social foi obrigada a recuar tanto"[5]. Esse retrocesso não foi apenas resultado de processos graduais de modernização, no esquema neutro da sociologia estrutural-funcionalista. Foi principalmente o produto de três marretadas políticas. A primeira, como mostra Therborn, veio com as dores do parto da Primeira Guerra Mundial, quando a paridade legal plena entre marido e mulher foi estabelecida pela primeira vez na Suécia, e depois, numa série mais radical de medidas, a Revolução de Outubro desmantelou todo o aparato jurídico do patriarcado na Rússia, com ênfase declarada na igualdade sexual em si. É claro que conduta nunca foi o mesmo que codificação. "A revolução legal dos bolcheviques estava muito à frente do tempo societal russo, e as práticas familiares soviéticas não passaram a dançar imediatamente conforme a música da política, por mais alta e poderosa que fosse"[6]. Mas a onda de choque causada pelo exemplo russo no mundo todo foi enorme, como enfatiza corretamente Therborn.

A Segunda Guerra Mundial deu o próximo grande golpe no outro lado do mundo, mais uma vez de forma próxima e contrastante. No Japão ocupado, o *staff* de MacArthur impôs uma constituição em que se proclamava "a igualdade essencial dos sexos" – uma ideia, é claro, que ainda não havia sido incorporada à Constituição dos Estados Unidos – e um código civil baseado na simetria conjugal. Na China libertada, a vitória do comunismo "significou um ataque de grande escala ao mais antigo e elaborado patriarcado do mundo" e eliminou qualquer vestígio legal da ordem confucionista[7]. Finalmente, uma terceira onda de emancipação foi desencadeada pelas rebeliões juvenis do fim dos anos 1960 – quando as revoltas de Maio de 1968 irromperam na França, a Suprema Corte do país ainda garantia ao marido o direito de proibir a esposa de sair de casa, mesmo que mantivesse publicamente uma amante – e desaguou no feminismo

---

[5] Ibidem, p. 73.
[6] Ibidem, p. 85.
[7] Ibidem, p. 93.

moderno. Para Therborn, a virada do descrédito global do patriarcado ocorreu quando a ONU decretou a Década Internacional da Mulher em 1975 (resultado final de uma iniciativa comunista, personificada na filha finlandesa de um veterano do politburo de Kruchov). O último reduto legal do patriarcado nos Estados Unidos – a Luisiana – só foi derrubado pela Suprema Corte em 1981.

O império do pai não desapareceu. No mundo como um todo, a Ásia ocidental, a África e a Ásia meridional são seus principais redutos. O próprio Islã, sugere Therborn, pode ser menos culpado pela resistência do patriarcado árabe do que a corrupção das forças seculares que se opunham a ele com o apoio dos Estados Unidos e de Israel. Na Índia, em compensação, não há como não notar o alto grau de misoginia nas castas e na religião, mesmo que a mediação da autoridade patriarcal pelos mecanismos de mercado tenha suas ambiguidades pós-modernas. Investigando o "instrumentalismo flagrante" do caderno matrimonial de um jornal indiano de classe média, em que "mais de 99% dos anúncios ostentam ofertas e desejos socioeconômicos", ele pondera: "Em que medida os pais são 'agentes' dos jovens, do mesmo modo como qualquer atleta, músico ou escritor que queira ganhar dinheiro dispõe de um agente?"[8] No extremo oposto está o pós-patriarcado euro-americano, em que homens e mulheres têm direitos iguais, mas estão ainda longe de possuir recursos iguais – as mulheres desfrutam de pouco mais da metade (de 55% a 60%) da renda e da riqueza dos homens.

Entre esses dois polos encontram-se as terras natais das revoluções comunistas, que tanto contribuíram para transformar a paisagem do patriarcado no último século. O colapso do bloco soviético não provocou uma restauração patriarcal, independentemente de quaisquer outros retrocessos que tenham envolvido ("o poder dos pais e dos maridos não parece ter aumentado", embora "o dos cafetões certamente o tenha")[9]. Therborn arrisca o palpite de que, tanto na Rússia quanto na Europa Oriental, o revolucionário original nessa questão pode ser o legado mais duradouro do comunismo. Na China, em compensação, entre sinais crescentes de anseios reincidentes na sociedade civil, ainda há muito que avançar. Ainda assim, destaca ele, a desigualdade de salário e remuneração entre os gêneros é menor na China do que em Taiwan – na proporção de 1 para 3 –, e o próprio patriarcado, medido pela residência conjugal e pela divisão do trabalho, é fraco.

---

[8] Ibidem, p. 109.
[9] Ibidem, p. 127.

A primeira parte da história de Therborn é eminentemente política, portanto. Como observa ele, isso é lógico, já que o patriarcado é um fato do poder. A segunda parte trata de sexo. Em relação às questões conjugais, a Europa divergiu do resto do mundo muito mais cedo do que em relação ao patriarcado – ou, mais precisamente, a Europa Ocidental e as fronteiras afetadas pela colonização alemã na Idade Média. Nessa região, desenvolveu-se já na era pré-industrial um regime marital único, que combinava monogamia tardia, números significativos de não casados e regras cristãs de dever conjugal, contraditoriamente cercadas por certa penumbra a respeito do sexo informal. O resultado principal foi a "neolocalidade", ou a saída dos pares casados do lar paterno. Em todos os outros lugares do mundo, Therborn afirma que a regra era o casamento universal, em idade jovem, como entrada necessária na vida adulta. (Ele não esclarece se pensa que isso se aplica a todas as sociedades pré-classes, nas quais se pode duvidar que essa regra se aplicasse.)

Paradoxalmente, contudo, embora possamos considerar que os padrões de casamento variaram pelo mundo de modo mais amplo que as formas de patriarcado, Therborn é mais lacônico a respeito deles. Não menciona a poliandria, não explora o mapa da monogamia, tampouco oferece uma taxonomia da poligamia, além da distinção tácita entre variantes de elite e de massa (esta última é típica da região subsaariana). A base para sua história do casamento reside num contraste entre duas áreas de exceção e todos os outros arranjos. A primeira é a anomalia europeia-ocidental e suas projeções subsequentes na América do Norte e no Pacífico. A segunda é a crioula, nascida nas zonas de monocultura e mineração do Caribe e da América Latina, cuja população era formada substancialmente por negros, mulatos ou mestiços e onde se desenvolveu um sistema sexual singularmente desregulado.

Alguns números espantosos emergem da comparação de Therborn. Se a moral sexual na Europa se afrouxou amplamente primeiro nos círculos aristocráticos do século XVIII, o desprezo pelas normas convencionais atingiu dimensões epidêmicas entre as classes inferiores de muitas cidades no século XIX, até em razão do custo do casamento. Em vários momentos da segunda metade do século, um terço de todos os nascimentos em Paris, metade dos de Viena e mais de dois terços dos de Klagenfurt ocorreram em famílias de pais solteiros. Em 1900, esses números caíram e as médias nacionais de ilegitimidade tornaram-se mais modestas (mas os austríacos ainda superavam os afro-americanos). A coisa era bem mais desorganizada no sistema crioulo – os leitores de García Márquez não se surpreenderão com isso. "A América ibérica do período colonial e as ilhas do Caribe foram palco do maior ataque ao casamento da história"[10]. Em meados do século XIX, entre um terço e metade da população da Bahia nunca havia celebrado um casamento; na região do rio da Prata, nascimentos fora do casamento eram de quatro a cinco vezes mais frequentes do que na Espanha ou na Itália; em torno de 1900, até quatro quintos das uniões na Cidade do México ocorreram sem auxílio do clero.

Essas são as exceções pitorescas. Na Ásia, na África, na Rússia e na maior parte da Europa Oriental, de uma forma ou de outra, o casamento era inescapável. Um século mais tarde, como sugere o relato de Therborn, houve muito menos mudanças do que na ordem patriarcal. A América crioula rendeu-se ao casamento, ao menos em períodos de relativa prosperidade, mas continua bastante casual em relação à instituição. Na Ásia, hoje em dia na maior parte monogâmica, e na África subsaariana, ainda de maioria poligâmica, o casamento continua a ser uma norma universal – com exceção apenas nas grandes cidades do Japão, do sudeste da Ásia e da África do Sul –, mas a idade com que se realiza o casamento aumentou. Se hoje o divórcio em suas muitas formas é quase universal como possibilidade legal, sua prática é muito mais restrita – no cinturão vacum da Índia é quase zero. No topo da lista, qualquer convidado tem o direito de zombar dos casamentos evangélicos dos Estados Unidos e na Rússia pós-comunista: metade se desfaz. Mas as tentativas sucessivas de alcançar a felicidade conjugal não deixaram cair a taxa bruta de matrimônios nos Estados Unidos. No mundo, aparentemente, a nota predominante é a estabilidade.

Em uma região, contudo, Therborn registra uma grande mudança. Depois de casar como nunca nas décadas intermediárias do século, os europeus ocidentais se afastaram do altar e dos cartórios em quantidade cada vez maior. A Suécia foi de novo o país da vanguarda e continua à frente, até mesmo de seus vizinhos escandinavos, para não falar dos países do sul. A inovação que introduziu, a partir do fim dos anos 1960, foi a coabitação informal em massa. Trinta anos depois, a grande maioria das mulheres suecas que dava à luz pela primeira vez – quase 70% – era de mães solteiras ou "coabitantes". O casamento pode ou não vir depois da coabitação. O que agora tornou-se opção minoritária em vários países – Reino Unido, França, Alemanha – é casar antes disso. Tanto na França católica como na Inglaterra protestante, os nascimentos fora do casamento saltaram de 6-8% para 40-42% no intervalo de quatro décadas.

Manifestamente, a revolução sexual dos anos 1960 e 1970 está por trás dessa transformação espetacular. Therborn registra o advento da pílula e do DIU

---

[10] Ibidem, p. 157.

como condição facilitadora, mas está mais interessado em suas consequências. Qual foi o resultado disso tudo? Na verdade, uma dupla libertação: mais parceiros e – para as mulheres, em especial – mais prazer. Na Finlândia, as mulheres iam para a cama com três homens em média no começo dos anos 1970, passando a seis no começo dos anos 1990. A essa altura, o hiato de satisfação sexual entre os sexos desapareceu. Na Suécia, a mediana do número de amantes mais que triplicou, um aumento muito maior do que entre os homens. "Mais do que qualquer outra coisa", conclui Therborn, "o que a revolução sexual ocasionou foi: um longo período de sexo antes do casamento e uma pluralidade de parceiros sexuais ao longo da vida como fenômeno 'normal' tanto no sentido estatístico quanto no sentido moral"[11].

Até que ponto os Estados Unidos se enquadram no padrão europeu emergente? Em parte apenas, como dá a entender sua compleição política e religiosa distinta. Os europeus ficariam chocados se soubessem que, em 2000, mais ou menos um quinto dos americanos entre 18 e 24 anos alegava ter se casado virgem. Apenas 6% dos casais norte-americanos viviam juntos. Mais de 70% das mães eram casadas quando tiveram seu primeiro filho. Por outro lado, os Estados Unidos realizavam quase o dobro de partos de mães com menos de vinte anos, por geração, que o país campeão da União Europeia e tinham uma taxa de natalidade fora do casamento maior que a dos Países Baixos. Sem se aprofundar muito em raça ou região, Therborn descreve o sistema americano como "dualista". Mas, a partir das evidências que ele oferece, podemos concluir que a divisão eleitoral se reflete nos contrastes sexuais: as alcovas também se dividem entre vermelhos e azuis.

Na última parte de seu livro, Therborn trata da fertilidade. Aqui, o enigma é a "transição demográfica", termo usual para indicar a mudança de um regime de baixo crescimento (em que há uma combinação de muitos nascimentos com muitas mortes prematuras) para um regime de alto crescimento (em que há muitos nascimentos e poucas mortes), seguido de um regime de baixo crescimento (dessa vez com muito menos mortes e menos nascimentos). Não há mistério no fato de que os avanços da medicina e a melhoria da dieta alimentar levaram à queda das taxas de mortalidade na Europa do século XIX e, com o tempo, atingiram a maior parte do mundo, com efeito similar, na segunda metade do século XX. A grande questão é por que as taxas de natalidade caíram primeiro na Europa e na América do Norte, entre os anos 1880 e 1930, e depois

---

[11] Ibidem, p. 210.

em boa parte do mundo, de meados dos anos 1970 em diante, em duas ondas estranhamente semelhantes. Em ambos os casos, "um processo que atravessou rapidamente fronteiras entre Estados, níveis de industrialização, renda e urbanização, religiões, ideologias e sistemas familiares"[12] fez as taxas de fertilidade caírem de 30% a 40% em três décadas. Hoje, a família média não tem mais do que duas ou três crianças na maior parte daquilo que era o Terceiro Mundo.

O que explica essa mudança gigantesca? As primeiras nações a experimentar uma queda significativa de fertilidade foram a França e os Estados Unidos, já em 1830 – gerações antes de todas as outras nações. O que esses países tinham em comum, sugere Therborn, eram as revoluções populares, que deram às pessoas comuns o senso do controle. Quando os benefícios de uma família menor se tornaram claros nessas sociedades, a "neolocalidade" permitiu aos casais tomar decisões próprias para melhorar de vida antes que qualquer meio moderno de contracepção estivesse disponível. Cinquenta anos depois, talvez em função do início de uma recessão mundial, o controle de natalidade em massa começou a se espalhar pela Europa, logo se estendendo de Portugal à Rússia. Dessa vez, segundo a hipótese de Therborn, foi uma combinação de movimentos socialistas radicais e seculares que popularizou a ideia de planejamento familiar, além da disseminação da alfabetização, que trouxe a baixa fertilidade como parte de uma cultura de modernidade cada vez mais consciente. Houve um controle de natalidade de baixo para cima.

No Terceiro Mundo, em compensação, a contracepção – hoje, uma tecnologia fácil – foi propagada ou imposta, em geral, de cima para baixo, por decreto do Estado. A política da China de permitir apenas uma criança por casal é o exemplo mais dramático, se não extremo, disso. Quando a baixa taxa de natalidade se tornou o objetivo geral dos governos engajados na modernização, foram os sistemas familiares que determinaram a ordem em que as novas sociedades entrariam no novo regime: a Ásia oriental na liderança, a Índia setentrional e a África negra na retaguarda. Aqui também um senso de controle, de habilidade humana no comando da natureza – nem sempre burocrática em sua origem, já que as sociedades mais ricas da América Latina se moveram espontaneamente na mesma direção –, deu força à mudança. Suas consequências, das quais vemos apenas a ponta, são enormes. Sem elas, a Terra teria hoje 2 bilhões de habitantes a mais.

Enquanto isso, na Europa e no Japão, a fertilidade caminhou de modo não menos dramático na direção oposta, caindo abaixo da taxa de reprodução líquida.

---

[12] Ibidem, p. 236.

Esse colapso – do qual os Estados Unidos se salvaram fundamentalmente pela imigração – promete um envelhecimento rápido dessas nações no curto prazo e, se não for contido, sua virtual extinção no longo prazo. Há hoje cada vez mais literatura de alerta público contra essa perspectiva, que o historiador francês Pierre Chaunu chama de "morte branca" do Velho Mundo. Therborn descarta essa possibilidade. Segundo ele, taxas de reprodução negativas em sociedades ricas e avançadas socialmente não significam uma greve de fertilidade, mas o desejo das mulheres de ter de duas a três crianças e carreiras semelhantes às dos homens, o que a atual ordem social ainda não lhes permite. Ao negar a si mesmos a prole que desejam, pais e mães europeus "movem-se contra eles mesmos"[13], e não na direção de uma mudança cultural mais profunda.

Sexo e poder termina a narrativa com quatro conclusões principais. Os diferentes sistemas familiares do mundo revelam pouca dinâmica interna de mudança. Foram forjados de fora, e a história de suas transformações não foi nem unilinear nem evolutiva, mas determinada por uma série de conjunturas internacionais extemporâneas, de caráter marcadamente político. O resultado não foi de convergência, com exceção do declínio geral do patriarcado, que se deveu mais às guerras e às revoluções do que a um "espírito feminista mundial". No Sul, o ritmo diferencial das mudanças na fertilidade continua a deslocar a distribuição da população global para o Subcontinente e a África, e para longe da Europa, do Japão e da Rússia. No Norte, o casamento europeu mudou de forma, mas mostrou-se maleável e criativo, adaptando-se à nova variedade de desejos; apesar das queixas de costume, ele vai bem. Prognósticos? Recusados com serenidade. "A melhor aposta para o futuro está na inesgotável capacidade de inovação da espécie humana, que, com o tempo, supera qualquer ciência social"[14].

No devido tempo, um exército de especialistas se reunirá em torno de *Sexo e poder*, como tantos fãs de esportes, para destrinchar seus múltiplos argumentos. O que um leigo pode dizer, além da magnitude desse feito? Talvez arriscasse apenas isso. Na arquitetura do livro, há como um hiato entre a noção de sistema familiar e a tríade patriarcado, casamento e fertilidade. De fato, no tratamento isolado que se reserva a cada um deles, não se discute a maneira como o trio se interliga para formar a *estrutura* do sistema familiar. Mas se o considerarmos um combinatório abstrato, deveríamos pensar que, logicamente –

---

[13] Ibidem, p. 284 e ss.
[14] Ibidem, p. 315.

como sugere a ordem em que Therborn os aborda –, o patriarcado rege os outros dois, como o "dominante", já que, em geral, determina as regras do casamento e dita as normas de reprodução. Há, em outras palavras, uma hierarquia de determinações no interior de qualquer sistema familiar.

Isso tem relação direta com as conclusões de Therborn. A ênfase final recai, resolutamente, sobre a divergência entre os grandes sistemas familiares de hoje. Depois de enfatizar as contínuas dessemelhanças mundiais entre os regimes de fertilidade e de casamento, ele admite que "o resultado patriarcal é um pouco diferente"[15]. As próprias evidências dadas por Therborn sugerem que se trata de um eufemismo. Elas revelam um processo de convergência poderoso, ainda longe de atingir toda a sua extensão, mas inequívoco em termos de direção. Mas se as formas variadas de patriarcado determinaram historicamente os principais parâmetros do casamento e da reprodução, qualquer declínio recorrente destes últimos nos sistemas familiares em direção a um ponto-zero jurídico não implica que as taxas de natalidade e os costumes maritais provavelmente também convergirão, em larga medida, em seu próprio ritmo? Seja como for, essa parece ser uma conclusão que Therborn evita tirar, mas que sua história sobre a fertilidade parece sustentar. O que está claro em seu relato é que a impressionante queda da taxa de natalidade na maior parte do mundo subdesenvolvido foi produto precisamente de um colapso da autoridade patriarcal, quando seu poder de vida e morte foi transferido para o Estado, que agora determinava quantos nascem e quantos sobrevivem.

O que dizer do casamento? Aqui, os contrastes certamente são grandes. Ao falar do "núcleo de liberdade e de comprometimento românticos no sistema familiar moderno da Europa (e do Novo Mundo)", Therborn dá a entender que isso ainda é específico do Ocidente. Mas enquanto o sistema de castas e a charia vetam claramente o amor extemporâneo, este não dá sinais de estar se espalhando como ideal ou realização pelas grandes cidades da Ásia Oriental e da América Latina? Therborn mostra que o imaginário do Japão urbano já está meio tomado por ele. É claro que isso não significa que a renovação do casamento na Europa Ocidental, com o advento da coabitação em massa, tenha se repetido em outros lugares. Mas, aqui, podemos fazer outro tipo de pergunta. É realmente o caso de as taxas negativas de reprodução que acompanham esse padrão serem tão indesejadas quanto sugere Therborn? Ele se apoia na discrepância entre pesquisas sobre quantos filhos as mulheres desejam ter e quantos

---

[15] Ibidem, p. 306.

elas têm de fato. Mas isso poderia apenas significar que, na prática, o desejo de ter filhos se mostrou mais débil que o desejo de ter um bom emprego, uma carreira satisfatória ou mais de um amante por vez. Eleitores ocidentais dizem com frequência que querem melhores escolas e hospitais, e que, em princípio, sabem que pagarão por isso, o que muitas vezes deixa esperançosos os comentaristas de esquerda. Mas quando vão às urnas, esses cidadãos tendem a apoiar candidatos que prometem menos impostos. O mesmo tipo de ilusão pode ser aplicado aos filhos. Nesse caso, é difícil dizer se o casamento europeu vai realmente bem, já que não há limite visível para o abismo atuarial em que a sociedade se afundou.

Therborn evita pensar desse modo. Apesar de tecer grandes loas ao papel do comunismo no desmantelamento do patriarcado no século XX, *Sexo e poder* não exibe uma postura especialmente marxista em relação à família. Engels não teria compartilhado a satisfação do autor com o florescimento do casamento, por mais dúcteis que sejam as formas que vem adotando. No entanto, ao expressar seu apreço por elas, Therborn dá voz a um reformismo sueco equilibrado, que ele admira, é claro, ainda que não sejam totalmente coincidentes. Considerando o lado positivo do regime marital da União Europeia, ele é coerente também com a defesa que fez, no passado, de seus Estados de bem-estar social, que estão em condições muito melhores do que acredita quem os critica ou lamenta[16]. Podemos dizer que é nesse mesmo espírito que ele insiste na divergência persistente entre os sistemas familiares do mundo. A uniformidade é uma das condições que todas as partes do espectro político deploram. Os neoliberais mais empedernidos invariavelmente explicam que os mercados livres universais são os melhores guardiães da diversidade. Sociais-democratas tranquilizam seus seguidores, dizendo-lhes que o capitalismo a que devem se adequar está se tornando cada vez mais variado. Conservadores tradicionais discorrem sobre a multiplicidade irredutível da fé e das civilizações. A homogeneidade não tem amigos, pelo menos desde Alexandre Kojève. Mas quando muitas vozes afirmam a mesma coisa, a centelha da dúvida se instala. Ela pouco afeta o esplendor desse livro. Nele, você encontrará as maiores mudanças que ocorreram nas relações humanas em tempos modernos.

2005

---

[16] "The Prospects of Labour and the Transformation of Advanced Capitalism", *New Left Review*, v. I, n. 45, maio-jun. 1984, p. 5-38, é ainda um texto básico; para uma visão política impressionante do mundo duas décadas depois, ver "Into the Twenty-First Century", *New Left Review*, n. 10, jul.-ago. 2001, p. 87-110.

12

Guerra civil, inquietação global: Robert Brenner

I.

A Guerra Civil Inglesa ocupa um estranho nicho na memória contemporânea. Segundo as aparências oficiais, nenhum outro episódio do passado moderno do país é tão parentético. Como não deixou nenhum traço respeitável nas tradições populares ou nas instituições públicas, parece retrospectivamente um apagão no desenvolvimento da psique coletiva. Nossa única república permanece no exílio como uma aberração histórica. Rosebery conseguiu erguer uma estátua para Cromwell do lado de fora do Parlamento; oito anos depois, Benn não pôde nem mesmo estampá-lo num selo, numa época em que Rosa Luxemburgo adornava o serviço postal da Alemanha Ocidental.

Podemos argumentar que tal tratamento não é de todo injusto. Comparativamente, a Guerra Civil Inglesa – por mais traumática que tenha sido na época – não teria se revelado afinal a menos significativa das revoltas políticas que acompanharam o nascimento dos principais Estados nacionais do mundo capitalista? Comparada com a Revolta Holandesa, a Guerra de Independência dos Estados Unidos, a Revolução Francesa, o Risorgimento italiano e a unificação da Alemanha, sem mencionar a Restauração Meiji no Japão, a derrubada da monarquia inglesa parece ser de outra ordem: não o início do desenvolvimento institucional moderno, mas um exótico intervalo. Se isso é verdade, resta o paradoxo: a mais árida das convulsões produziu a mais fértil das literaturas. O volume de textos modernos sobre a Revolução Francesa – única rival à altura – é maior do que o dos que tratam da Guerra Civil Inglesa. Mas, intelectualmente, é menos robusto. Essa diferença tem muito a ver com a situação do revisionismo que dominou os dois lados do Canal da Mancha em anos recentes. Se a variante francesa, personificada por François Furet, foi talhada como uma polêmica contra aquilo que identificou como única tradição historiográfica – o *continuum* jacobino-leninista que vai de Mathiez a Soboul, passando por Lefebvre –, a escola inglesa desenvolveu-se na forma de um debate entre duas tradições conflitantes – a visão *whig* que descende de Notestein via Hexter e a interpretação social herdada de Tawney por intermédio de Hill. Ideologicamente, as consequências podem ser marcantes. O revisionismo inglês muitas vezes se parece de forma mais inequívoca com uma direita historiográfica, em luta com um centro liberal e uma esquerda socialista, enquanto o revisionismo francês tende a ocupar posições tanto de direita quanto de centro em sua polêmica contra a esquerda local, oscilando entre acentos liberais-conservadores e conservadores-liberais, dependendo da ocasião. Essa postura pode parecer mais cômoda politicamente. Intelectualmente, porém, o contraste topográfico entre os dois países beneficiou os historiadores ingleses. Para deslocar não apenas um, mas dois paradigmas explicativos preexistentes, eles foram obrigados a ser mais engenhosos. O resultado revelou-se mais vigoroso e original.

Também foi mais variado, como podemos notar prontamente pela *summa* recém-publicada por três grandes historiadores cujo trabalho determinou os temas em debate sobre a Revolução Inglesa desde os anos 1970: *The Personal Rule of Charles I* [O governo pessoal de Carlos I], de Kevin Sharpe, *The Fall of the British Monarchies* [A queda das monarquias britânicas], de Conrad Russell, e *The Nature of the English Revolution* [A natureza da Revolução Inglesa], de John Morrill, representam pontos de vista distintos – o último, e até então menos notado, é o mais interessante[1]. Mas, apesar de todas as divergências, algumas características comuns se destacam. Rejeitando tanto as explicações constitucionais da crise carlina quanto as interpretações de classe da guerra civil, os três focalizam a política das finanças reais e as facções da corte, a administração clerical e as manobras diplomáticas no auge do Estado, os *lobbies* paroquiais e as discussões de credo nas pequenas localidades. Se os novos custos da guerra impuseram tensões inabituais no pacto tradicional entre a monarquia e a pequena nobreza em meados do século XVII, o colapso do corpo político fundamentalmente consensual foi fortuito – resultado de uma sequência de percalços derivados do manejo do patrimônio dos Stuart na Escócia e na Irlanda, e não de uma divisão irremediável dentro da própria Inglaterra. Os alvos da crítica são ainda as concepções *whig* e marxista da guerra civil como uma luta fundada em oposições de longa data entre princípios jurídicos ou interesses sociais.

---

[1] Respectivamente, Londres, Yale University Press, 1992; Nova York, Oxford University Press, 1991; Londres, Longman, 1993.

Taxando tais relatos de anacrônicos, os revisionistas insistem na primazia dos imbróglios palacianos e das disputas teológicas, e dos choques atrapalhados que os seguiram, como essência da política na época de Buckingham e Pym. Não que a nova ortodoxia se abstenha de misturar passado e presente para atingir seus propósitos. O fato é que os revisionistas se deleitam com gestos espalhafatosos de contemporaneidade. Sharpe retrata Henriqueta Maria como uma irmã animada da princesa Diana e transforma Carlos I numa Margaret Thatcher barroca, concluindo setecentas páginas sobre o rei com as seguintes palavras: "Ele acreditava que alguns princípios devem ser adotados sejam quais forem as repercussões – e é possível que estivesse certo"[2]. Russell compara o *ship money* à *poll tax**, e descreve a chegada de Jaime I a Londres como uma antecipação do Ato Único Europeu. São floreios lúdicos de ascendência acadêmica. Blair Worden até se arriscou a afirmar que a "hegemonia" de Russell no estudo sobre a guerra civil "marginalizou a controvérsia"[3]. Ali, sem dúvida, ainda persistem bolsões de resistência *whig* – os leitores da correspondência entre Lawrence Stone e Russell no *Times Literary Supplement* podem se surpreender ao saber que o campo se tornou tão pacífico. Contudo, até mesmo Stone reconheceu a segunda parte da vitória reivindicada pelos revisionistas. Também era da opinião que a interpretação marxista da Guerra Civil estava morta[4].

Compreensivelmente, *Merchants and Revolution* [Mercadores e revolução], dedicado a Stone, derruba esse julgamento. O autor, Robert Brenner, pertence a um raro grupo de historiadores que assina toda uma literatura – o "debate Brenner" sobre as origens do capitalismo agrário na Europa lembra a "tese de Pirenne" de antigamente. Seu novo livro, no qual o nome de Marx nunca é mencionado, mas seu espírito é onipresente, transforma a paisagem da Revolução Inglesa. *Merchants and Revolution* destaca-se por três feitos que, sozinhos, já seriam impressionantes o suficiente. Juntos, realizam uma façanha extraordinária. O primeiro é simplesmente a magnitude da pesquisa incorporada no livro. A pesquisa arquivística de Brenner sobre as atividades das principais redes de comerciantes da Inglaterra stuartiana – uma busca que, em muitos momentos,

---

[2] *The Personal Rule of Charles I*, cit., p. 934.
* O *ship money* era originalmente um imposto cobrado das cidades costeiras para equipar as tropas em caso de guerra; a tentativa de Carlos I de generalizá-lo foi uma das causas que levaram à primeira revolução na Inglaterra. A *poll tax*, como dito anteriormente, é um imposto sobre a propriedade criado por Thatcher para custear os governos locais. (N. T.)
[3] "Conrad Russell's Civil War", *London Review of Books*, 29/8/1991.
[4] "The Century of Revolution", *New York Review of Books*, 26/2/1987.

pode ser lida como uma vasta e intrincada história de detetive – não tem rival entre os estudos recentes. Indo além do nível da elite agrária, Brenner fez mais descobertas importantes sobre o período do que qualquer um de seus contemporâneos. Ler *Merchants and Revolution* é perceber como as histórias revisionistas – a despeito de toda a acuidade de sua intuição negativa – tenderam a se ocupar sem sucesso das bordas do corpo de conhecimento positivo existente, aprofundando-se mais em documentos oficiais ou esquadrinhando os arquivos dos condados. O livro de Brenner inaugura um mundo novo.

Não menos impressionante é a segunda característica dessa obra. *Merchants and Revolution* reconstrói a narrativa da crise do século XVII numa escala grandiosa. Aqui também o contraste com o corpo revisionista é marcante, e novamente tem um lado irônico. Em princípio, os revisionistas seguem uma variante da visão inglesa do passado do tipo "uma desgraça atrás da outra" que enfatiza a aceitação da contingência dos eventos históricos como condição para entendê-los, e que deveria ter levado a uma escola narrativa. A bem da verdade, é mais provável que tenha ocorrido o oposto. *The Fall of the British Monarchies*, de Russell, como observou Worden, é uma colcha de retalhos seletiva, que não se esforça para reconstruir o processo real do colapso a que o título alude. Ironicamente, Russell apresentou, por sua vez, a mesma objeção a Sharpe, dizendo que seu estudo *The Personal Rule of Charles I*, apesar do tamanho, carece de uma narrativa coerente[5]. De sua parte, *The Nature of the English Revolution*, de Morrill, é uma esplêndida coleção de ensaios com os quais tomamos consciência de que o autor desistiu temporariamente da história das guerras religiosas inglesas que planejava escrever. Um trabalho anterior, *Outbreak of the Civil War* [Eclosão da guerra civil], de Anthony Fletcher, oferece uma cronologia genuína, mas tão obscura e sucinta que chega a invalidar a intenção inicial – árvores impenetráveis e bosques esparsos. Para encontrar narrativas mais verdadeiras, devemos avançar no tempo até historiadores mais simpáticos à própria experiência revolucionária – Underdown, Woolrych, Worden, Gentles. Foram eles que escreveram os relatos modernos sobre o golpe de Pride, os debates Putney, o Parlamento Remanescente ou o Novo Exército Modelo. Mas, com a exceção deste último, tratam de episódios relativamente breves. O trabalho de Brenner é de um alcance inteiramente diferente. O subtítulo indica o período de um século, mas, apesar de fazer um preâmbulo necessário que começa nos tempos elisabetanos, o que o livro oferece na verdade é um relato de fôlego que abran-

---

[5] "Draining the Whig Bathwater", *London Review of Books*, 10/6/1993.

ge desde a ascensão de Jaime I até o surgimento de Cromwell como Protetor – efetuando um salto crucial para discutir a destituição de Jaime II. Essa escala de tempo coloca a Revolução Inglesa numa dinâmica mais longa do que a oferecida por qualquer outro estudo com grau de detalhamento comparável.

A narrativa aqui é analítica. Em vez de traçar os movimentos dos atores individuais ou a evolução das facções políticas, o relato de Brenner reconstrói a trajetória das forças sociais que levaram à guerra civil e suas consequências. Faz isso pelo prisma de um ator crucial, porém até então praticamente despercebido nesse drama: aquele setor da comunidade mercante londrina que na época dos Stuart fez fortuna nas Américas, e não no comércio com a Europa ou a Ásia. Ao concentrar-se nesse grupo-chave e em seu desenvolvimento dentro da constelação mais ampla de poder e propriedade na primeira metade do século, Brenner reorganiza toda a aparência da época. O resultado é a mais poderosa explicação social do colapso da monarquia carlina disponível hoje. *Merchants and Revolution* une estrutura e evento numa narrativa contínua de agudo significado histórico.

Qual a essência desse relato? Brenner mostra que, ao contrário do que se pensa, a expansão do comércio inglês depois da grave crise comercial de meados do século XVI foi impulsionada não pela busca de novos mercados para manter as exportações de algodão, mas essencialmente pelas importações. Os mercadores aventureiros que monopolizavam o comércio de algodão com a Europa setentrional continuaram a dominar o *establishment* de Londres na era jacobina, mas passaram a competir cada vez mais com companhias do Levante e da Índia oriental controladas por um grupo bem distinto de mercadores, engajados na importação de iguarias e bens de luxo do Mediterrâneo e do Oriente – vinhos, groselhas, sedas, especiarias. Por volta do fim da década de 1630, os líderes dessa associação já eram em geral mais ricos que os comerciantes de tecidos e haviam tomado seu lugar no poder municipal de Londres. Os dois grupos, contudo, ainda tinham interesse comum na regulação política estrita de suas respectivas atividades – a exclusão legal dos *outsiders* e a fixação monopolista de preços. Em contraste, nas Américas surgiu um tipo muito diferente de comerciante, que acumulava capital numa zona de livre concorrência aberta a novos participantes. Ali, as *commodities* mais valiosas eram o fumo, o açúcar e as peles. O crescimento desse fluxo de comércio a oeste gerou um terceiro interesse comercial, cuja ascensão interessa particularmente a Brenner. Formando uma rede intrincada, unida por laços cruzados de parentesco e parceria, os mercadores do Novo Mundo eram uma raça particular de oportunistas e inovadores. Brenner identifica como a figura central um certo Maurice Thomson. Sua carreira é impressionante.

Nascido perto de Londres por volta de 1600, mais velho de cinco irmãos, Thomson imigrou na adolescência para a Virgínia, onde logo se tornou capitão de um navio, comprou terras e entrou para o comércio de fumo. Quando regressou a Londres, com vinte e poucos anos, introduziu as monoculturas escravocratas no Caribe e, uma década depois, já era o maior comerciante de tabaco do Atlântico. Também tinha negócios nos setores de pesca e suprimentos na Nova Inglaterra. Seguiram-se contratos de fornecimento para empreendimentos coloniais ao largo de Honduras, prospecção de prata no Panamá e ataques à Venezuela. Nos anos 1640, Thomson e seus associados plantavam cana-de-açúcar em Barbados e ali estocavam escravos vindos da África ocidental. Com isso, entraram em outro amplo arco de operações, invadindo *chasses gardées* [terrenos de caça] do Velho Mundo: fizeram excursões à costa da Guiné e projetaram bases em Madagascar e no mar de Celebes. Às vésperas da guerra civil, os intrusos só perdiam em riqueza para as companhias do Levante e das Índias orientais[6].

Onde se situam esses complexos rivais de capital comercial no tabuleiro político da época? Em condições normais, havia entre a monarquia e as companhias autorizadas uma simbiose natural: os mercadores aventureiros e os negociantes que faziam comércio com o leste precisavam do poder monárquico para fazer valer seus monopólios, e o rei precisava dos impostos sobre o comércio além-mar e dos empréstimos das associações de mercadores para cobrir os gastos do Estado. A lógica da barganha – uma espécie de troca de salvos-condutos – era tão forte que mesmo quando as exações de guerra de Carlos I, entre 1627 e 1629, levaram a elite de Londres a uma aliança indigna com a oposição parlamentar, desencadeando uma greve de armadores contra o governo, o conflito foi rapidamente absorvido. Os anos do governo pessoal, que ignorava inteiramente o Parlamento, logo restauraram as relações de trabalho baseadas na dependência mútua. Em contraste, argumenta Brenner, não havia uma conexão comparável entre a pequena nobreza inglesa e a monarquia dos Stuart. Isso porque os proprietários de terras agora tiravam sua renda de uma agricultura capitalista que não exigia formas de coerção extraeconômicas e, portanto, não havia razão para aceitar imposições arbitrárias, que ameaçavam o princípio do direito incondicional à propriedade mesmo quando diziam respeito ao comér-

---

[6] *Merchants and Revolution* (Princeton, Princeton University Press, 1993), p. 118-84. Citado daqui em diante como *MR*.

cio, e não à terra. Daí o paradoxo de taxas alfandegárias aceitas em geral pelos comerciantes serem fortemente rejeitadas pelos membros do Parlamento, que não eram diretamente afetados por elas[7].

Por trás da discórdia econômica básica entre a monarquia e a pequena nobreza havia ainda divergências ideológicas. O Estado Tudor, argumenta Brenner, havia prestado serviços inestimáveis aos proprietários de terra, dominando os magnatas rebeldes e reprimindo a insatisfação camponesa que grassava no fim do feudalismo. Alcançadas essas condições de ordem interna, contudo, o interesse da pequena nobreza no Estado voltou-se cada vez mais para seu papel externo. Formalmente, a Igreja elizabetana havia resolvido a questão religiosa. Mas a variante nacional de reforma que ela representava em casa ainda deixava relativamente indeterminada a posição diplomática da Inglaterra. Surgiu aqui um campo de conflito potencial. Um senso dinástico de dignidade puxava para um lado, impulsos de solidariedade doutrinária puxavam para o outro. As únicas monarquias ocidentais de posição adequada para uma aliança matrimonial eram católicas, e a única república com poder estratégico era protestante. O custo das guerras crescia, e a Inglaterra carecia de um exército permanente. Por razões tanto de prestígio como de prudência, o trono temia deixar que o sentimento religioso tomasse conta de suas manobras diplomáticas – enquanto o Parlamento, menos preocupado com questões de precedência ou cálculos de risco, tendia a ver a política externa por uma lente mais teológica. Disputas eram praticamente inevitáveis. Brenner não compartilha a opinião infeliz de Russell a respeito da oposição parlamentar à postura europeia da monarquia, que a considerava mal-informada e irresponsável. Ele enfatiza, ao contrário, a coerência de uma política avançada contra a Espanha, que seria travada em campanhas navais de baixo custo no Caribe e se tornou o assunto predileto dos puritanos na Câmara[8].

Essa não era a convicção geral dos proprietários de terra. Era o objetivo fixo de um grupo em particular, os "aristocratas colonizadores", que se organizou em torno do conde de Warwick e de seus clientes, dos quais o mais proeminente era Pym, e financiou e organizou uma série de assentamentos puritanos no Novo Mundo. No decurso de tal empreitada, o grupo começou a usar discretamente os recursos da rede de aventureiros. Nesse ponto, no polo oposto do espectro comercial, eles encontraram aliados cuja posição objetiva – ao contrá-

---

[7] Ibidem, p. 670-3.
[8] Ibidem, p. 244, 318 e 676.

rio do comércio regulamentado – não lhes dava razões econômicas para serem leais à monarquia, menos ainda para manter vínculos políticos com ela, do tipo que a representação parlamentar concedia mesmo aos mais ranzinzas dos proprietários de terra. Em compensação, o que os novos mercadores possuíam eram vínculos fortes com as camadas populares de Londres – comerciantes internos, capitães, pequenos lojistas –, de cujas hostes eles muitas vezes haviam saído e com quem tinham em comum a exclusão do poder municipal. Portanto, a colaboração informal entre nobres colonizadores e mercadores aventureiros representava uma corrente potencialmente mais ampla. Sob a carapaça do poder pessoal, uma mistura de grandes consequências estava em curso.

Brenner mostra que, quando a paz do rei foi rompida pela rebelião escocesa, foi essa aliança que tomou a iniciativa de desafiar o regime de Carlos I e forçou o ritmo para a derrocada em direção à guerra civil. Em setembro de 1640, o grupo de Warwick lançou a primeira reivindicação da elite pela revogação do Parlamento – em sincronia com uma petição da população de Londres, levada por Thomson ao rei, em York. Em novembro, três dos quatro parlamentares londrinos eleitos para o Longo Parlamento tinham ligações com a associação dos invasores. Em dezembro, os radicais de Londres lançaram uma campanha para afastar os bispos. Enquanto os escoceses ocupavam a fronteira e o Longo Parlamento enfrentava um rei recalcitrante, os novos mercadores passaram a ocupar posições cada vez mais estratégicas. Regulando o fluxo de empréstimos que a cidade concedia ao Parlamento para ser repassado aos escoceses e orquestrando a onda de protestos populares contra a corte, eles pressionavam o curso da política da pequena nobreza na Câmara dos Comuns. Dois fatos foram decisivos. Na primavera de 1641, a condenação de Strafford foi aprovada, apesar da hesitação de Pym e da resistência da Câmara dos Lordes, e Carlos I foi privado do poder de dissolver o Parlamento sem o seu consentimento, uma medida graciosamente motivada para a segurança de seus credores.

No verão de 1641, o aparato do governo pessoal foi desmantelado, para satisfação quase unânime dos proprietários de terra. Por que então a guerra civil estourou um ano depois? A resposta revisionista destaca a religião como razão principal. Os donos de terras – segundo esse argumento – eram bastante unidos no que dizia respeito à Constituição, mas estavam separados por concepções próprias sobre a Igreja. Enquanto a grande maioria queria retornar ao que eles imaginavam como um feliz *intermezzo* elizabetano, uma minoria veemente pressionava por uma reforma mais radical, com uma intransigência que dividiu a pequena nobreza. Para Russell, foi o poder de pressão escocês que forçou a inclusão do zelo puritano na agenda de um Parlamento inglês dependente do seguro militar presbiteriano* contra Carlos, apesar de ele próprio conter poucos membros praticantes dessa denominação[9]. Para Morrill, a dinâmica de um novo fanatismo calvinista na própria Inglaterra seria suficiente para isso. De qualquer modo, foi a questão religiosa – condensada primeiro na disputa em torno dos bispos e depois precipitada na rebelião na Irlanda, sob a ameaça de um protestantismo ainda mais punitivo – que lançou os proprietários de terra no abismo, num conflito fratricida que, no devido tempo, derrubou a própria monarquia[10].

A análise de Brenner desafia esse relato ortodoxo. O que ela sugere é que a força polarizadora que dividia a pequena nobreza não era a disputa em torno da Igreja, mas os distúrbios que estavam ocorrendo na capital. A oposição do Parlamento ao rei, defende ele, sempre esteve entrelaçada com a insurgência municipal em Londres. O que encurralou a monarquia na primeira sessão do Longo Parlamento foi a coordenação entre a liderança de Pym na Câmara dos Comuns e os novos comerciantes radicais de Londres, que controlavam a oferta de dinheiro e mobilizavam a ameaça das ruas. No entanto, enquanto a Câmara dos Comuns permaneceu desarmada e Carlos I se manteve decidido a se vingar, a vitória era precária. O único contrapeso efetivo às reservas coercitivas da monarquia eram os cidadãos da capital – turba ou milícia. Para muitos parlamentares, porém, o crescimento do ativismo popular em Londres era cada vez mais alarmante. No relato de Brenner, foi a escolha inescapável entre dois males políticos que dividiu os governantes do país. O que era mais temível: um rei vingativo ou um povo turbulento, a ordem tradicional ser ameaçada de cima ou de baixo?

Brenner defende que a nova preeminência da religião no outono de 1641 foi efeito desse dilema. À medida que a agitação espiritual em Londres se misturava à insubordinação popular, num clima de crescente hostilidade à Igreja estabelecida, o episcopado, que antes era visto pela pequena nobreza como um viveiro de clericalismo arrogante, passou a ser considerado por muitos donos de

---

* No original, *covenanter* [contratante], movimento presbiteriano escocês do século XVII que resistiu às tentativas do rei Carlos I de impor o culto anglicano no país. Seu nome deriva do National Covenant, declaração de 1638 pela qual a igreja escocesa se comprometia a manter o culto presbiteriano e a apoiar o governo nacional. (N. T.)

[9] *The Causes of the English Civil War* (Oxford, Oxford University Press, 1990), p. 15-6; *The Fall of the British Monarchies 1637-1642*, cit., p. 203-5; 523-4.

[10] *The Nature of the English Revolution*, cit., p. 42-4 e ss.

terras como o cimento necessário à hierarquia social. Nessa mudança de opinião estava o caminho para o monarquismo subsequente. Se Pym e seu bando foram na direção oposta, rumo a um puritanismo total, não foi apenas porque estavam mais expostos à vingança no caso de a monarquia ser restabelecida; foi também, e acima de tudo, porque confiavam em sua capacidade de manobrar o movimento de massas em Londres, já que tinham vínculos de longa data com os novos mercadores que os apoiavam.

Quando a rebelião católica na Irlanda levou a situação política da Inglaterra a um ponto crítico no inverno de 1641, o comitê de Pym exigiu controle dos ministros e do exército do rei, e o rei tentou recuperar seu poder na capital ocupando a Torre, o que determinou o resultado foi o movimento radical de Londres. Houve petições em massa contra as atitudes do rei, aprendizes ameaçaram um contragolpe, empresas fecharam, a cidade deu abrigo aos líderes da oposição na Câmara dos Comuns e as ruas arrepiaram-se em armas. No comando da resistência, surgiu um Comitê de Segurança, visivelmente dominado por interesses comerciais na América. Diante dessa demonstração de força, Carlos I abandonou a capital. Uma revolução municipal se seguiu. As companhias do Levante e das Índias orientais, que permaneceram leais à monarquia durante a crise, deixaram o governo quando a Constituição oligárquica da cidade foi aberta e o prefeito, deposto. Londres salvou o Parlamento, e o Parlamento que restou – metade de seus membros juntou-se ao rei – aceitou a reformulação de Londres.

Os mercadores aventureiros não demoraram a mostrar sua nova posição de força, realizando duas investidas espetaculares em agosto de 1642, antes do início da guerra civil: uma grande expedição por terra e mar para saquear a Irlanda, sob o comando de Maurice Thomson e companheiros de fama tardia, como Thomas Rainsborough e Hugh Peter, e uma carnificina naval pelas possessões espanholas no Caribe, de Maracaibo à Jamaica e à Guatemala, em conluio com Warwick. Quando os conflitos na Inglaterra foram deflagrados, o mesmo grupo se apossou da máquina financeira e naval do Parlamento e tomou a alfândega de passagem. À medida que as forças monarquistas ganhavam vantagem, os novos mercadores e seus aliados radicais da cidade passavam a exigir mais empenho e a formação de um exército voluntário. No verão de 1643, com a sorte do Parlamento em seu nadir, a Câmara dos Comuns foi pressionada a aceitar uma petição de massa que exigia a criação de um comitê para o levante geral – ou um novo exército popular sob comando de um militante, planejado para afastar as forças estabelecidas do conde de Essex. Brenner descreve esse movimento, calculado para tirar o poder militar da liderança de Pym, como o clímax de uma investida radical contra Londres. Mas, fazendo isso, a frente política organizada em torno da associação americana deu um passo maior do que as pernas. O levante geral não chegou a se concretizar, o Parlamento reuniu o Novo Exército Modelo e, à medida que a maré virava contra o rei, os moderados reconquistavam sua ascendência sobre a cidade.

Numa análise cuidadosa, Brenner mostra que o poder londrino passou dos grandes mercadores de além-mar para o pequeno comércio interno, com certa representação dos exportadores mais antigos de tecidos. O resultado foi uma inversão de responsabilidades entre a liderança do Parlamento e a cidade. Se, por um lado, os oligarcas municipais dos anos 1640 partilhavam com os principais parlamentares a prioridade política de vencer a guerra, seu objetivo religioso – um assentamento presbiteriano à escocesa – era mais conservador do que o centro de gravidade do Parlamento. Brenner explica essa opção como um sintoma de insegurança social. Os proprietários de terra, que desfrutavam de uma autoridade tradicional em suas regiões, não precisavam de xeretas do clero para policiar suas paróquias; já os varejistas *parvenus* [novos-ricos] da cidade grande, assistindo consternados à agitação religiosa à sua volta, buscaram a disciplina dos mais velhos para controlar os riscos de uma anarquia popular. Com esse tipo de mentalidade, os presbiterianos de Londres naturalmente passaram a ver o Novo Exército Modelo, com sua inigualável liberdade de expressão religiosa, com ainda mais apreensão do que os parlamentares moderados depois de assegurada a vitória no campo de batalha. O resultado foram esforços repetidos do bloco formado pela maioria da Câmara dos Comuns e os patriarcas da cidade para estabelecer um acordo de paz com o rei à custa do exército entre 1646 e 1648 – enquanto isso, ocorreu uma mudança de posição mais rápida em Londres do que em Westminster na direção do monarquismo.

Com a deflagração da Segunda Guerra Civil, o foco da narrativa de Brenner volta-se para os novos mercadores. A radicalização do Novo Exército Modelo abriu uma oportunidade. No início de 1647, as forças monarquistas estavam às portas de Londres; Maurice Thomson controlava o Tâmisa e tomava os navios da Holanda, e seu irmão George – então coronel do Exército e parlamentar por Southwark – comandava o perímetro de South Bank; um de seus parceiros instalou-se no cargo de secretário particular de Cromwell; um ano depois, outro figurava no plano idealizado em conjunto com os *levellers* [niveladores] para pôr fim a um Parlamento corrompido. Após o golpe de Pride, os mercadores aventureiros reingressaram imediatamente ao poder de

Londres e, com a execução do rei, tornaram-se os pilares centrais do novo regime republicano.

O *Commonwealth*, defende Brenner, mostrou-se um arcabouço quase perfeito para a concretização dos objetivos dos novos mercadores. Thomson e seus amigos encarregaram-se da Marinha e da alfândega, das licenças de importação e da fixação de valores para fins tarifários, das milícias da City e dos subúrbios. As colônias norte-americanas e caribenhas foram rapidamente retomadas dos colonos monarquistas; a Companhia das Índias orientais foi escancarada; o comércio com o Levante recebeu proteção armada do governo. Fatidicamente, a Inglaterra declarou guerra aos holandeses quando estes se recusaram a abrir mão da competição comercial em favor de uma união política. A própria estreiteza da base social do *Commonwealth* favorecia os mercadores aventureiros. A essa altura, a pequena nobreza estava descontente, os soldados encontravam-se em campanha na Irlanda e na Escócia e os *levellers* haviam se dispersado. Com isso, o poder central caiu nas mãos de um grupo de republicanos dedicados que permanecia no que restou da Câmara dos Comuns e cujos propósitos imperialistas os tornavam interlocutores ideais dos novos mercadores. Tão íntima era a coabitação entre eles que, quando os oficiais regressaram à capital e, descontentes com a falta de reforma eleitoral, dissolveram o Parlamento Remanescente, a conexão americana imediatamente expressou sua solidariedade – embora não tivesse interesse particular no conservadorismo interno do Parlamento como tinha contra a atitude mais radical do Exército em questões constitucionais, algo que Brenner não discute. O protesto coletivo, contudo, garantiu a exclusão dos conselhos do protetorado. O governo pessoal de Cromwell assistiu ao recuo a um governo mais favorável à pequena nobreza, em que os *lobbies* dos comerciantes tinham menos influência. Mas isso não estava em questão em 1653. Brenner encerra o caso com a queda do *Commonwealth*.

Ele não diz o que foi feito de seus principais atores nos anos seguintes – com exceção da aparição tentadora de Maurice Thomson e um de seus irmãos sob a Restauração, talvez na condição de agentes secretos dos holandeses. Mas se o fim da história de Brenner é de uma brusquidão frustrante, o epílogo é arrebatador. A narrativa inevitavelmente pergunta: em última análise, a ligação entre "mercadores e revolução" é estéril – um beco sem saída para o desenvolvimento da nação no longo prazo, largamente distante da atenção moderna por seus poucos desdobramentos? A resposta de Brenner é bastante precisa. As consequências da aliança de 1640-1642 acham-se na Crise de Exclusão de 1679-1681 e na Revolução Gloriosa de 1688-1689. O projeto de um absolutismo inglês não desapareceu com Carlos I e, quando seus filhos o trouxeram à baila novamente, encontraram a mesma frente de oposição que o pai encontrara. Em ambas as ocasiões, os proprietários de terras do Parlamento juntaram-se aos comerciantes clandestinos de Londres. A campanha *whig* fracassou durante o reinado de Carlos II porque a pequena nobreza ainda se recordava das lições da Guerra Civil – o verde era a cor dos *levellers* também. Mas Jaime II poderia ter sido banido sem nenhum prejuízo, se o Exército holandês tivesse realizado – nas palavras de Brenner – "o verdadeiro milagre" de frear a monarquia em favor da pequena nobreza, sem lhe dar tempo de apelar para o povo[11]. O regime de notáveis e mercadores que comandou a Revolução Financeira e a guerra contra a França nos anos 1690 descendia do pacto dos colonizadores dos anos 1630. O livro de Brenner termina com estas palavras:

> A Revolução de 1688 e suas consequências não só concretizaram o projeto de 1640-1641 da aristocracia capitalista parlamentar, como, ao fazê-lo, concretizaram também, de maneira politicamente subordinada, o projeto de 1649-1653 daqueles seus aliados que não pertenciam à classe dos proprietários de terra: os líderes dos mercadores aventureiros da América colonial e das Índias orientais.[12]

Formidável tanto pelo volume de evidências quanto pela síntese do argumento, *Merchants and Revolution* mudará os parâmetros das futuras discussões sobre a Guerra Civil. Para termos ideia de quão radicalmente novo é o cenário que Brenner nos oferece, basta dizer que a figura central e recorrente de sua narrativa é citada apenas uma vez tanto em *The Fall of the British Monarchies*, de Russell, como em *Rump Parliament* [Os restos do Parlamento], de Worden, e nenhuma em *The Nature of the English Revolution*, de Morrill. Parece, de fato, que não restou nenhuma imagem dos irmãos Thomson, embora o olhar penetrante de seu parceiro Thomas Andrewes, primeiro prefeito de Londres sob a *Commonwealth*, e cujo belo retrato adorna a capa do livro de Brenner, projete o sentido apropriado de poder coletivo. Levará tempo até que as implicações do relato de Brenner para aspectos da Guerra Civil que ele não discute sejam assimiladas. Contudo, ele levanta uma série de questões óbvias.

A Revolução Inglesa, ao contrário da Francesa, foi um conflito que se travou, em última análise, no campo. Foi decidido não em *journées* insurrecionais nas praças, mas em batalhas campais. No entanto, a capital tinha muito mais peso estrutural na Inglaterra do que na França. Em 1640, Londres tinha talvez

---

[11] *MR*, cit., p. 713.
[12] Ibidem, p. 716.

450 mil habitantes de uma população de 4,5 milhões e era 10 vezes maior que qualquer outra cidade, ao passo que Paris, em 1789, não tinha mais que 650 mil de uma população de 25 milhões, uma magnitude qualitativamente menor. A disparidade econômica entre os dois centros era ainda maior, já que Londres funcionava como um porto importante e era um centro manufatureiro. Apesar de os historiadores conhecerem a importância da cidade na Guerra Civil em suas linhas gerais desde a obra pioneira de Valerie Pearl, o efeito do trabalho de Brenner é mostrar que a extensão de sua contribuição para a Revolução Inglesa não foi registrada. É claro que a problemática revisionista, com sua tendência nobiliária, deixou escapar as operações comerciais quase que inteiramente.

Ao mesmo tempo, a luz intensa sob a qual essas operações emergem da abordagem de Brenner apenas aumenta a escuridão em que permanecem outros níveis da vida londrina. A trajetória da política popular na capital, em particular, torna-se um enigma ainda maior. Se, como defende Brenner, os mercadores estabelecidos na América dispunham de uma vantagem especial – por causa da ligação com pequenos lojistas e comerciantes que lhes permitiu mobilizar a massa em favor de causas radicais, em 1640-1642 –, como é que seus opositores presbiterianos conseguiram reverter a situação com tanta facilidade após 1643 e dominar as ruas durante o restante da Guerra Civil, e mesmo no decorrer da ascensão dos *levellers*, em 1647? Ian Gentles sugere que a força dos presbiterianos estava na combinação dos comerciantes ricos com as camadas mais pobres, como carregadores, barqueiros e marinheiros, na qual os aprendizes das guildas mais importantes funcionavam como tropa de choque contra um elemento independente – mais tarde, os *levellers* –, formado por artesãos e pequenos negociantes[13].

Sendo essa a correlação de forças, qual era sua lógica social e quanto tempo durou? Mudanças repentinas de humor e bruscas reviravoltas ideológicas marcam a história das multidões londrinas no século XVII. As duas últimas crises da era Stuart a que Brenner recorre para seu argumento geral exemplificam essa ideia. O fervor maciço causado por Shaftesbury a favor da exclusão superou qualquer mobilização testemunhada por Pym, levando a uma atmosfera virtualmente insurrecional em Londres por volta de 1681. Mas quando Jaime fugiu, em 1688, deixando o poder vago na capital, o populacho quase não se mexeu. De fato, por volta de 1690, a geografia da política londrina nos

---

[13] "The Struggle for London in the Second Civil War", *Historical Journal*, v. 26, n. 2, jun. 1983, p. 282-3.

anos 1640 já havia sofrido uma reversão quase total. Durante a Guerra Civil, uma City relativamente moderada era cercada de subúrbios radicais. Na época da Revolução Financeira, o centro de Londres havia se transformado num bastião *whig*, enquanto os distritos periféricos eram redutos *tory*[14]. O padrão de tal volatilidade entre o *menu peuple* requer um exame detido, por setor e por conjuntura, como fez Brenner no caso das elites municipais, embora as evidências talvez não sejam tão claras.

Uma segunda área de investigação é a religião. Brenner apresenta a monarquia e a aristocracia como potencialmente em divergência a respeito da Igreja, a partir do acordo elizabetano – o grosso dos proprietários de terra se sentia atraído por um calvinismo de consciência mais rígido, enquanto os governantes monarquistas preferiam formas hieráticas de veneração, com mais ênfase no cerimonial. A tensão entre doutrina e disciplina era, de fato, uma zona de atrito original na Igreja Anglicana. Mas durante muito tempo foi controlável. Por que se ampliou de modo tão dramático a partir dos anos 1620? A causa mais imediata foi a orientação arminiana da monarquia, que provocou furor no Parlamento desde o início. Pelo esquema de Brenner e sua ênfase na lógica estrutural de longo prazo dos conflitos sociais, ficamos tentados a concluir que essa opção religiosa – suspeita de criptocatolicismo por muitos cavalheiros – foi a armadilha clerical apropriada para as ambições absolutistas de Carlos I, assim como se poderia esperar um calvinismo radicalizado, gravitando em torno de uma segunda Reforma, entre os mais determinados opositores parlamentares da vontade do rei, simpáticos ao puritanismo urbano.

Tais associações teológicas, entretanto, careciam de necessidade inequívoca. O absolutismo poderia harmonizar-se perfeitamente bem com o calvinismo, como demonstrava o Grande Eleitor na Prússia – bem mais autocrático que Carlos I. Além disso, o arminianismo foi, em seu país de origem, o credo do patriciado mercantil holandês, que estava em conflito com a dinastia Orange e patrocinava a ortodoxia calvinista – exatamente o oposto da configuração inglesa. Tais extravagâncias não constituem dificuldade para o nominalismo dos revisionistas, que, em princípio, só se interessam pelas histórias literais. Mas são um problema para Brenner, na condição de crítico deles. De uma perspectiva europeia, as políticas religiosas de Carlos I parecem pouco determinadas. É mais plausível ver a Igreja laudiana como sinal de desordem na razão de Estado – uma

---

[14] Gary De Krey, *A Fractured Society: The Politics of London in the First Age of Party* (Oxford, Clarendon Press, 1985), p. 171-6.

monarquia que estava perdendo o rumo funcional na sociedade de proprietários de terras, tornando-se contingente – do que como exemplo de afinidade eletiva entre as cerimônias real e clerical. O autoritarismo político não necessitava de provocação teológica.

Depois de desencadeada a dinâmica das paixões religiosas, como devemos avaliar sua contribuição para a Guerra Civil? O argumento brenneriano de que, findo o poder pessoal, o responsável pela divisão entre os proprietários de terra foi o despertar da população para a política, e não a campanha puritana contra os bispos, deixa uma série de questões não respondidas. A versão mais forte do argumento teria exigido um número significativo de parlamentares para superar a parcialidade em relação aos bispos a fim de unir novamente o povo, e de monarquistas para conter a aversão a estes por um medo maior ainda do povo. Mas se é possível encontrar uns poucos destes, havia algum daqueles? Tacitamente, o argumento de Brenner precisa recorrer a uma operação de "coincidência" entre militância política e zelo religioso na ala Pym da Câmara dos Comuns que não é explicada por seus termos. Além disso, segundo ele próprio, a confiança numa capacidade de controlar as agitações da massa na capital só poderia ter sido compartilhada por um círculo relativamente restrito de colegas e parlamentares ligados aos novos líderes mercantis: praticamente pela metade da classe proprietária de terras, cuja maioria esmagadora não tinha a menor influência na política londrina.

O processo que converteu uma pequena maioria na Câmara dos Comuns na metade dos condados representados no Parlamento deve ter tido outros determinantes. Morrill foi persuasivo em seu argumento a favor do efeito assimétrico da religião na gênese da Guerra Civil, alegando que o puritanismo mobilizou um zelo que o anglicanismo não foi capaz de mobilizar. Para a maioria dos proprietários de terra presentes no Parlamento, a confiança em Deus foi provavelmente mais importante que a confiança no povo, ainda que a fé compartilhada pudesse ter permitido que um tivesse alguma ideia do outro. Além disso, em sentido mais amplo, não há dúvida de que a religião foi decisiva para a deflagração da Guerra Civil, já que a rebelião escocesa contra o Livro de Orações Carlino pôs o rei à mercê do Parlamento e a revolta católica na Irlanda que fez com que os dois desembainhassem as espadas na Inglaterra. A matriz britânica da Guerra Civil não é tratada por Brenner; é uma questão intrigante quão longe sua linha de análise chegaria para dar conta dela.

Dentro desse esquema inglês, entretanto, a divisão do país levanta um problema adicional. O que determinou a configuração territorial dos dois campos, quando a luta começou? Por que a maior parte da zona rural no Norte e no Oeste apoiou o rei e o Sul e o Leste ficaram do lado do Parlamento? Podemos considerar tanto a convicção religiosa quanto a confiança política marcadores plausíveis dessa distribuição? Mesmo que fossem, ainda precisaríamos saber por que assumiram esse padrão geográfico. Não encontramos resposta nem nos textos revisionistas nem na réplica de Brenner. Tradicionalmente, há duas explicações alternativas disponíveis. A primeira sugere que a divisão diagonal do país no verão de 1642 deveu-se essencialmente ao controle original que o Parlamento exercia sobre Londres e à presença física do rei em York: cada um deles agiu como um ímã fortuito nas áreas circunvizinhas, que em seguida se consolidaram em linhas não sociais ou ideológicas, mas estratégicas. Quão plausível é essa explicação?

Não há dúvida de que a maioria das guerras civis envolve certa distribuição aleatória das cartas, em que o controle militar pode corresponder menos à força política do que aos acasos territoriais ou logísticos. O mapa das regiões republicana e nacionalista na Guerra Civil Espanhola pode ser sobreposto à atual geografia eleitoral dos partidos socialista e popular com alto grau de coincidência – com exceção da Andaluzia e da Estremadura, hoje bastiões da esquerda, mas cuja proximidade com Marrocos as pôs nas mãos da direita em 1936, quando a Legião Mourisca foi levada de avião para o outro lado do estreito. Na China, Yan'an não era um lar adequado para o Partido Comunista Chinês, cujas principais áreas de força estavam localizadas no Sudeste, até que foi para lá em busca de um refúgio inacessível ao Kuomintang. Mesmo na guerra civil nos Estados Unidos, onde, em princípio, havia uma maior coincidência entre as fronteiras regionais e políticas, Maryland e Kentucky acabaram do lado errado da linha Mason-Dixon. No entanto, é raro que os acidentes de guerra extingam completamente a ecologia de classe ou de crença quando um país é tomado por um conflito civil. Mesmo as leituras mais aleatórias da divisão da Inglaterra em 1642 aceitam a lógica de uma Londres parlamentarista.

Um segundo tipo de explicação procura diferenças sistemáticas por trás da separação territorial. Numa análise mais rica, David Underdown argumenta que existiam duas culturas rurais antagônicas – muito próximas da imagem popular de *cavalier* versus *roundhead** – nos campos cobertos de milho e ovelhas

---

* Os termos *roundhead* e *cavalier* referem-se a facções opostas da guerra civil, sendo os primeiros defensores do parlamento e os segundos monarquistas. O autor critica aqui Underdown por simplificar sua análise, reduzindo-a a uma oposição entre facções. (N. T.)

e nas montanhas de pastos e florestas, que se baseavam em padrões distintos de vilarejo e feudo e teriam determinado a geografia da escolha política na Guerra Civil. Mas sua preocupação é com as alianças populares, não com as alianças de elite, e suas evidências, obtidas nos três condados ocidentais, é intra e não inter-regional[15]. No nível nacional, o forte contraste entre Gales e a Ânglia oriental não confirma, mas inverte a dicotomia de Underdown. A hipótese mais antiga, proposta por Christopher Hill, era menos detalhada. Apenas apontava para o fato de que a agricultura capitalista havia se desenvolvido mais no sul e no leste da Inglaterra do que nos mais atrasados Norte e Oeste, e sugeria que essa era a situação das opiniões dominantes da pequena nobreza em cada uma das zonas. O argumento de Hill foi essencial para uma interpretação social da Guerra Civil que via a monarquia dos Stuart como um absolutismo nascente, capaz de recorrer à reserva dos costumes feudais das regiões mais distantes do país.

Qual é a posição de Brenner? Coerente com a famosa abordagem em *The Brenner debate* [O debate de Brenner] do desenvolvimento econômico precoce na Inglaterra, baseado em arrendamentos competitivos e posses precárias, *Merchants and Revolution* insiste que, na época da Guerra Civil, a classe proprietária de terras era capitalista – não "dividida entre setores avançados e atrasados", mas "extraordinariamente homogênea" em suas formas de exploração[16]. A polarização entre monarquistas e parlamentaristas, portanto, não tinha nenhuma base socioeconômica. "De onde poderiam ter surgido tais diferenças, numa classe tão homogênea quanto a dos proprietários de terra da Inglaterra dos anos 1640?"[17] Ele parece bastante categórico. Examinadas mais de perto, porém, as formulações de Brenner às vezes oscilam. Assim, a classe proprietária rural era capitalista apenas "em larga medida", "em sua maioria", "não uniformemente, é claro", e seria necessária uma "maior consolidação" no fim do século[18]. A hesitação sugere que a questão básica ainda não foi completamente resolvida? Sem dúvida, o mundo agrário das cortes senhoriais e de aforamentos, tutelas e barreiras de entrada, padroados e beneplácitos, ainda estava longe do de Charles Townshend.

---

[15] *Revel, Riot and Rebellion: Popular Politics and Culture in England, 1603-1660* (Oxford, Clarendon Press, 1985). Os condados estudados por Underdown foram Dorset, Somerset e Wiltshire.

[16] *MR*, cit., p. 642.

[17] Ibidem, p. 643.

[18] Ibidem, p. 641-2 e 711.

O argumento central de Brenner sobre o caráter capitalista da agricultura inglesa no começo da era Stuart é o de que a propriedade agrária não era mais "constituída politicamente", ou seja, os proprietários de terra não dependiam mais de poderes de coerção extraeconômicos para extrair o excedente dos lavradores, à maneira medieval[19]. A partir desse contraste, focalizar apenas o "exercício direto da força", como diz Brenner, talvez seja subestimar quão "ideologicamente constituída" ainda era a propriedade rural, isto é, quão presa ainda estava às relações pré-capitalistas de justificação. O poder de tal "legitimação extraeconômica", como podemos chamá-la, estava sujeito à erosão da lógica do mercado. Mas, se olharmos para o padrão da divisão regional dentro da classe proprietária rural na década de 1640, podemos encontrar parte da resposta. Está claro que os monarquistas e os *roundheads* não podem ser simplesmente depurados em duas categorias diferentes de gerenciamento de propriedade, já que muitos dos senhores de terra que apoiavam o rei estavam bastante atualizados. Mas para que haja uma lógica social nessa divisão, tal simetria não é necessária.

Assim como a religião trabalhava de maneira assimétrica dentro de uma perspectiva protestante largamente comum para polarizar o lado parlamentarista, podemos supor que a tradição operava de maneira assimétrica dentro de uma classe agrária largamente aprimorada para polarizar o lado monarquista. Em outras palavras, o apego de muitos senhores "progressistas" ao rei não significa que um número igual de senhores "conservadores" apoiava o Parlamento. A atração magnética de Londres garantia que as forças do mercado permeassem o Sudeste de maneira mais ampla que o Norte ou o Oeste; e quanto menos moderna a região, mais efetivos eram os laços de lealdade e dependência que uniam propriedade e autoridade numa hierarquia tradicional. Podemos perceber esse contraste mesmo dentro das regiões mais *roundhead*, como a Associação Oriental – Norfolk, Cambridge e Huntington ficavam muito atrás de Essex, Suffolk e Herts em seu ardor pela causa parlamentarista[20].

A habilidade do rei para garantir as exações feudais enquanto durou o poder pessoal é uma espécie de testemunho da força continuada das formas de propriedade constituídas ideologicamente. As promessas de lealdade recebidas pelo rei quando a guerra se mostrou inevitável foram um testemunho ainda mais

---

[19] Ibidem, p. 650-2.
[20] Ver Clive Holmes, *The Eastern Association in the English Civil War* (Cambridge, Cambridge University Press, 1974), p. 25-68.

decisivo: a noção feudal de ordem e honra não havia morrido nas terras interioranas do reino, nem mesmo nas regiões mais próximas do centro. Tempos depois, no segundo *round* da Guerra Civil, até Kent e Surrey assistiram a revoltas monarquistas. Em compensação, em Denbigh e Cumberland, não cintilou nem uma centelha parlamentarista. O espetáculo da desordem popular em Londres, apesar de divisor, não é suficiente para explicar o racha de 1642 – se bem que poderíamos imaginar que a pequena nobreza das regiões mais próximas do epicentro tenha se alarmado, enquanto a das mais distantes nem se abalou. É provável que, na maior parte do país, o temor da turba urbana tenha sido um aliciador menos competente para o monarquismo do que os códigos de vassalagem rural ao rei.

A função ideológica da monarquia enquanto pedra angular de uma ordem aristocrática, sustentando o arco dos súditos, foi enfatizada por outros historiadores marxistas do período, em particular Brian Manning[21]. Brenner tende a negligenciá-la. Sua descrição da monarquia inglesa como "patrimonial" é uma ilha weberiana no oceano de suas categorias, cuja consistência com estas não é explicada[22]. O patrimonialismo era uma das noções mais vagas e polimorfas de Weber, e seu uso desde então tem sido muitas vezes indiscriminado. No contexto da análise de Brenner, entretanto, a intenção do termo "patrimonial" é bastante clara: presta-se a indicar a distância entre a monarquia Stuart, concebida como uma casa autossuficiente, e a classe proprietária rural do lado de fora – em outras palavras, sua falta de raízes no solo social como um todo. O antônimo não dito é feudal. Esse retrato do Estado não é uma idiossincrasia. Trata-se de uma exigência lógica da afirmação de que a aristocracia era homogeneamente capitalista. Assim, onde ficaria a monarquia, a não ser isolada estruturalmente?

O retrato dos proprietários de terra ingleses apresentado em *Merchants and Revolution* é coerente com o relato de sua evolução em *The Brenner Debate*, que situa no fim da Idade Média o começo da modernização da pequena nobreza, dada agora como praticamente concluída. Não obstante, há um paradoxo profundo na sequência brenneriana como um todo. O grande tema iconoclástico de sua teoria original a respeito do desenvolvimento econômico europeu foi a relativa pouca importância das cidades e do comércio na transição do feudalismo para o capitalismo. Em sua visão, tudo se voltava para a agricultura e, ape-

---

[21] *The English People and the English Revolution* (Londres, Bookmarks, 1991), p. 319-25.
[22] *MR*, cit., p. 653-7.

nas na Inglaterra, afirmava ele, a agricultura se transformou. Historicamente, foi a transformação singular dos proprietários rurais ingleses no campo que abriu as portas para o capital – e apenas ela.

Se um lado da polêmica de Brenner visava as ortodoxias neomaltusianas, que enfatizavam a primazia da demografia no começo da história econômica moderna, o outro mirava as abordagens neosmithianas, que priorizavam as cidades e o comércio – adotadas irrefletidamente por muitos marxistas, segundo Brenner. Em trabalho subsequente, ele concluiu que a ideia de uma "revolução burguesa", abrigada na tradição marxista, estava mal colocada – não era necessária uma burguesia para destituir uma aristocracia feudal, já que esta se transformara e chegara primeiro ao capitalismo. O rompimento com o feudalismo não veio a partir de uma acumulação no comércio ou de um assalto à monarquia absolutista, mas por uma catarse agrária. Comparada à conversão dos senhores de terras ingleses, qualquer outra corrente no processo de ascensão do capitalismo seria marginal.

Em que pese o poder dessa explicação, sempre houve dificuldades em seu contexto mais amplo. A ideia de capitalismo num só país, tomada literalmente, não é mais plausível que seu equivalente socialista. Para Marx, os diferentes momentos da biografia moderna do capital distribuíram-se numa sequência cumulativa: das cidades italianas para as de Flandres e Holanda, para os impérios português e espanhol e os portos franceses, até "se combinarem sistematicamente na Inglaterra, no fim do século XVII"[23]. Historicamente, faz mais sentido enxergar a ascensão do capitalismo assim: como um processo de agregação de valor que ganhou complexidade à medida que se deslocava por uma cadeia de lugares relacionados entre si. Nessa história, o papel das cidades sempre foi central. Os donos de terra ingleses jamais poderiam iniciar sua mudança para a agricultura comercial se não contassem com um mercado para sua lã nas cidades flamengas – assim como a agricultura holandesa estava à frente da inglesa na era Stuart, porque estava ligada a uma sociedade urbana mais rica. Podemos argumentar ainda que, mesmo que se admita a contribuição "burguesa" à gênese econômica do capitalismo, isso não quer dizer que era necessária uma "revolução" política para pavimentar seu caminho. Essa seria uma leitura possível do raciocínio de Brenner, com sua ênfase no dinamismo imanente da produção competitiva para o mercado. Em que ponto fica essa questão em seu novo trabalho?

---

[23] Karl Marx, *Capital* (Londres, Penguin Books, 1976), v. I, p. 915. [Ed. bras.: *O capital*, Rio de Janeiro, Civilização Brasileira, 1991.]

Merchants and Revolution não defende que a Guerra Civil era inevitável, mas sim que uma coalizão política entre a monarquia e a classe proprietária de terras era inerentemente provável. O que converteu uma revolta parlamentar em revolução armada foi, como mostra Brenner, o papel catalisador dos novos mercadores em Londres. Se houve revolucionários burgueses, foram eles. A espécie considerada uma ficção na França era, *bel et bien*, uma realidade na Inglaterra, 150 anos antes da Convenção. Há uma agradável ironia no fato de que evidências abundantes, indo não ao encontro de, mas de encontro às convicções teóricas, tenham levado um acadêmico marxista a essa conclusão. Em princípio, o detrator da importância do capital mercantil foi o primeiro a determinar, com fascinante riqueza de detalhes, sua função demiúrgica na prática. Enquanto os revisionistas aplicam ao Reino Unido de hoje as lições que tiraram da Guerra Civil, lorde Russell – lembrando a necessidade de dirigir com prudência as questões escocesas e reprimir as paixões idealistas – atêm-se aos perigos de um ambiente de desunião. O relato de Brenner sobre o período do Comitê de Segurança chama nossa atenção para outra questão: as condições de uma república durável.

A inteligência histórica que gerou tanto a lógica comparativa de *The Brenner Debate* quanto a profundidade narrativa de *Merchants and Revolution* não tem equivalente próximo. Trata-se de um corpo de textos centrado no mundo do medievo e do começo dos tempos modernos. É impressionante saber que o autor está trabalhando no quebra-cabeça central de nossa época, aquele que até hoje derrotou todos os seus analistas. Por que a economia mundial mergulhou na desaceleração intratável dos últimos vinte anos, cujas consequências sociais se espalharam por toda a nossa volta? Vale a pena esperar pela resposta.

II.

A incursão de Brenner na história contemporânea agora é um fato, com a publicação de dois trabalhos sobre a economia mundial, *The Economics of Global Turbulence* [A economia da turbulência global] e *O boom e a bolha*, que, juntos, perfazem um volume de textos comparável a *Merchants and Revolution*[24]. Seu lançamento é uma ocasião para considerarmos a relação entre os três grandes blo-

---

[24] Respectivamente, Londres, Verso, 2006, e Nova York, Verso, 2002 [ed. bras.: *O boom e a bolha*, Rio de Janeiro, Record, 2003]. O primeiro foi originalmente publicado como edição especial da *New Left Review*, v. I, n. 229, maio-jun. 1998, mas foi reeditado com uma nova introdução.

cos da obra de Brenner – seu estudo sobre as economias feudais da Europa medieval, as raízes da revolução na Inglaterra do começo da era moderna e a dinâmica do capitalismo global entre as eras moderna e pós-moderna. A riqueza empírica de cada um desses conjuntos de textos e sua relativa descontinuidade – *grosso modo*, focam os séculos XIII a XV, meados do século XVII e fins do século XX – encorajam de maneira apropriada discussões especializadas, por período ou tópico, para as quais não há substituto. Mas para termos uma ideia da empreitada de Brenner como um todo, é necessário refletir também sobre a estrutura geral de seu pensamento histórico. Seus escritos recentes oferecem um ponto de partida localizado.

Desde pelo menos os anos 1970, está claro que, do ponto de vista causal, o poder da economia mundial de determinar o destino da população da Terra tem sido bem maior do que qualquer outra força. No entanto, do ponto de vista analítico, permaneceu intratável. Há anos a economia como disciplina acadêmica vem se distanciando cada vez mais das explicações do mundo real rumo a axiomas formalizados e modelos matemáticos com relação apenas precária com a realidade. Kenneth Arrow, arquiteto da teoria do equilíbrio geral, fez a famosa afirmação de que a profissão "tendeu a se afastar das grandes questões. As questões fundamentais da mudança econômica, tema do trabalho de Schumpeter, não são discutidas"[25]. Comentaristas de jornais preenchem como podem esse hiato, porém, na ausência de uma produção acadêmica real, o jornalismo – mesmo em seus momentos de intuição mais aguçada – é vulnerável às miopias do imediatismo ou da moda. Os enigmas mais profundos do desenvolvimento pós-guerra permanecem, em ambos os casos, intocados.

É nesse pano de fundo que o trabalho atual de Brenner se destaca. Nele, o "grande tema" de Arrow – os fundamentos da mudança econômica no pós-guerra – é abordado diretamente, e o resultado é de apropriada grande escala. *The Economics of Global Turbulence* e *O boom e a bolha* apresentam uma narrativa detalhada da trajetória das três principais economias capitalistas – os Estados Unidos, o Japão e a Alemanha – nos últimos cinquenta anos, para a qual não há equivalente publicado. Brenner escreve uma história na tradição de Marx, e nenhum outro trabalho recente faz uso tão convincente de seu legado para enfrentar os grandes problemas que frustraram outras abordagens. Mas esse é um marxismo original, que tem pouco em comum com o que muitas vezes

---

[25] "Economistas", insinuou ele, demonstram "forte aversão ao risco na própria escolha de tópicos para pesquisa", em K. Arrow e S. Honkapohja (orgs.), *Frontiers of Economics* (Oxford, Blackwell, 1985), p. 19.

passou por deduções ortodoxas de *O capital*. Não se encontram ali axiomas de crise baseados numa crescente composição orgânica do capital, com retornos decrescentes sobre o investimento. Brenner rejeita tais equações apriorísticas da esquerda como falácias lógicas, assim como critica muitas ideias convencionais do centro e da direita por lhes faltar respaldo empírico. O que distingue seu relato da trajetória de longo prazo da economia mundial é uma habilidade ímpar para manter juntos os dois lados de qualquer explicação satisfatória: um modelo analítico claro de como o desenvolvimento capitalista pode gerar crises e uma narrativa histórica detalhada de suas ocorrências empíricas, sempre testando e controlando o ponto de partida teórico. A mente do economista e a do historiador trabalham em geral de maneira tão antitética que uma combinação verdadeira de suas forças – rigor formal articulado e cuidado factual meticuloso – é muito incomum. Mas nesses dois livros elas se unem de maneira excepcional.

Brenner inicia *The Economics of Global Turbulence* com uma pergunta central: por que a economia capitalista mundial, depois de uma virada de dinamismo extraordinário a partir de 1945, caiu num declínio igualmente prolongado no começo dos anos 1970, à medida que o desempenho macroeconômico combinado das economias piorava, década após década? Durante trinta anos, esse problema frustrou uma legião de analistas e comentaristas. Por muito tempo, a explicação mais aceita – desenvolvida de diversas formas pela direita e pela esquerda – era que os mecanismos de crescimento capitalista foram prejudicados pelo sucesso do pleno emprego no pós-guerra, permitindo que os sindicatos se beneficiassem de mercados de trabalho restritos para forçar a alta dos salários e frear a inovação. O resultado, de acordo com essa interpretação, foi uma pressão cumulativa nos lucros que tirou o ímpeto do investimento e empurrou o mundo para uma longa recessão. Brenner argumenta com muita força que pode não ter sido esse o caso. Teoricamente, diz ele, não existe nenhuma pressão sistêmica do trabalho sobre o capital que seja capaz de forçar uma redução universal de longo prazo nas taxas de lucro no mundo todo. A mobilidade internacional de fatores de produção é simplesmente assimétrica demais para isso, já que o capital sempre pode driblar o trabalho deslocando-se para outro lugar[26]. Além disso, empiricamente, as evidências estatísticas confirmam o que os princípios iniciais indicavam: a pressão dos salários não poderia determinar o início do desaquecimento.

---

[26] *The Economics of Global Turbulence*, cit., p. 19-24. Citado daqui em diante como *EGT*.

O que explica, portanto, a imensa transformação que as economias avançadas sofreram nos anos 1970? A resposta de Brenner testemunha sua largueza de espírito como historiador. Contra todas as opiniões preconcebidas da época, seu trabalho sobre a transição do feudalismo para o capitalismo identificou seus mecanismos principais no equilíbrio de forças entre produtores camponeses e proprietários senhoriais. Foram os resultados variáveis do conflito entre classes que determinaram, em essência, o rumo do desenvolvimento agrário. Entretanto, no mundo atual, em que o capitalismo industrial está inteiramente consolidado, Brenner chega à conclusão oposta. Aqui, não é a relação vertical entre capital e trabalho que decide, em última análise, o destino das economias modernas, mas a relação horizontal entre capital e capital. É a lógica da competição, não a luta de classes, que governa o ritmo profundo do crescimento ou da recessão.

Para seus defensores, é claro, a competição sempre foi a virtude central do capitalismo – a disciplina que o torna inerentemente inovador e que lhe garantiu uma vitória fácil sobre as economias centralizadas da Guerra Fria. Brenner toma o sistema à risca e mostra como seu mecanismo mais forte de aumento de produtividade também leva fatalmente à perda de ímpeto e às crises recorrentes. Em geral, diz ele, a competição bem-sucedida na indústria requer a imobilização de grandes quantidades de investimento em complexos de capital fixo. Estes, no entanto, tendem a ser superados por complexos mais novos tecnologicamente, erguidos, a princípio, em espaços que não podem ser imediatamente conquistados pelas empresas originais. A pressão competitiva imposta pelos recém-chegados inevitavelmente comprime a taxa de retorno das empresas mais antigas. Mas estas não podem liquidar imediatamente o capital que aplicaram em instalações fixas, ainda em plena vida útil, e escapar com facilidade para outras linhas de produção. Ao contrário, a resposta racional é reduzir as margens de lucro para competir com os recém-chegados, que são mais eficientes[27]. O resultado é um padrão de supercompetição que força para baixo a

---

[27] Ibidem, p. 27-37. A lógica perversa desse processo foi apontada pela primeira vez por Alexandre Lamfalussy, posteriormente nomeado diretor do Banco Internacional de Compensações na Basileia, em sua análise sobre o "investimento defensivo" praticado pela indústria belga na década de 1950 (*Investment and Growth in Mature Economies: The Case of Belgium*, Londres, Macmillan, 1961, p. 79-94). Em seu trabalho pioneiro, *The Limits of Capital* (Oxford, Blackwell, 1982), David Harvey tratou-o como uma "crise de comutação", em que a inércia do capital irrecuperável obstrui a saída de linhas cada vez menos rentáveis (p. 428-9). A reconstrução de uma teoria marxista da crise, realizada por Harvey antes de Brenner, pode ser considerada a principal alternativa ao trabalho deste, uma alternativa conceitualmente muito mais sistemática, mas expressa como uma estrutura categórica, sem instanciação histórica.

taxa de lucro em todo o setor. Quando essa competição se generaliza, as oportunidades de lucro diminuem, o investimento cai e, num determinado estágio, é inevitável que haja um forte desaquecimento – que durará até que uma quantidade suficiente de capital ocioso seja escoado do sistema e os mecanismos de acumulação sejam reiniciados.

Se essa foi a lógica geral do longo desaquecimento que se instalou em torno de 1973, foi precipitada – e esse é o segundo tema tratado por Brenner – por um padrão específico de desenvolvimento desigual entre blocos de capital concorrentes. Historicamente, uma das condições que levaram ao *boom* do pós-guerra foram as economias nacionais relativamente segmentadas da época; isso permitiu à Alemanha e ao Japão construir complexos tecnológicos que viriam a se tornar iguais ou superiores aos do líder mundial, os Estados Unidos. Num espaço econômico ainda bastante protegido pelas fronteiras nacionais, podiam ser reunidas condições que desafiavam pioneiros em qualquer ramo de produção, sem risco de que seu surgimento fosse sufocado. Além disso, o capitalismo japonês e alemão desfrutavam não apenas das vantagens técnicas de uma modernização desonerada de capital fixo, mas também de vantagens institucionais essenciais para competir com o capitalismo norte-americano. Entre elas, não apenas a disponibilidade de mão de obra barata, mas também uma capacidade maior de manter altos níveis de investimento e controlar os custos, baseada numa coordenação mais estrita entre bancos, empresas e sindicatos e numa intervenção estatal mais efetiva.

Brenner argumenta que foi quando os produtos japoneses e alemães começaram a entrar em maior escala no mercado norte-americano, com o rápido crescimento do comércio internacional nos anos 1960, que se prepararam as condições para o longo desaquecimento. Quando complexos rivais de capital fixo travaram um confronto no plano nacional, sem saída fácil para linhas de produção alternativas, os lucros caíram de forma dramática e sincronizada em todo o mundo capitalista avançado, na virada dos anos 1970. Três décadas depois, eles ainda não haviam se recuperado. Brenner traça as tentativas sucessivas de implantação de políticas feitas pelos governos dos três maiores países para animar o crescimento: primeiro, expansão da dívida para sustentar a demanda, ao estilo keynesiano (aberta ou veladamente); em seguida, esforços para aumentar a oferta através da desregulação e da deflação, à maneira monetarista; e, tempos depois, operações improvisadas de ajuste fino do crédito ou alteração das taxas de câmbio. Nenhuma delas, registra ele, foi capaz de recuperar a lucratividade sistêmica em patamares próximos do *boom* pós-guerra. Mas, à medida que o fim do século se aproximava, o desenvolvimento desigual retornou ao centro do palco.

Dessa vez, foram os Estados Unidos que passaram a perna no Japão e na Alemanha, explorando duas vantagens que seus rivais não tinham. A recuperação competitiva dos Estados Unidos, mostra Brenner, baseou-se largamente numa bem-sucedida contenção dos salários que manteve o crescimento do custo da mão de obra no setor industrial muito abaixo do alemão ou japonês. Essa inversão completa do padrão dos anos 1950 foi possível pela mesma razão por que os Estados Unidos nunca incluíram o contrato de trabalho no tipo de arranjo social que tanto auxiliou a Alemanha e o Japão, mas depois se tornou uma limitação. A luta de classes, em outras palavras, apesar de ter efeito limitado no plano do sistema internacional, em que a lógica da competição intercapitalista requer uma desvalorização radical para que então se inicie um ciclo de forte alta, pode afetar significativamente o destino das economias nacionais dentro do sistema geral – ou seja, no plano do desenvolvimento desigual. Mesmo ali, porém, Brenner sugere que, entre o Acordo de Plaza, em 1985, e sua inversão, em 1995, à medida que o Tesouro Nacional impunha desvalorizações sucessivas à moeda, a arma mais importante da competitividade norte-americana não foi vertical, mas horizontal. Durante uma década, a combinação de menor crescimento de salários com um dólar de menor valor permitiu aos Estados Unidos recuperar terreno a partir de um esforço renovado de exportação e um forte aumento da lucratividade industrial.

Em 1995, contudo, os altos valores a que o iene se alçou sob esse regime ameaçavam o Japão com uma contração econômica que arriscava afetar os próprios Estados Unidos, caso os investidores japoneses fossem forçados a liquidar seus ativos norte-americanos. Alarmados com a crise mexicana recente e a perspectiva de uma instabilidade financeira sistêmica, a administração Clinton inverteu o curso, valorizando o dólar em troca de um aumento significativo da compra de títulos do governo por japoneses e outros. *O boom e a bolha* narra o que se seguiu. Com a inversão do regime Plaza, o iene desvalorizado prejudicou as exportações dos centros rivais do Japão cujas moedas estavam atreladas ao dólar, desencadeando a crise financeira do Leste Asiático, no verão de 1997. Nos Estados Unidos, os lucros da indústria manufatureira paravam de crescer à medida que o dólar se valorizava, enquanto o mercado acionário disparava graças ao influxo de dinheiro estrangeiro e às taxas de juros descendentes – até que, no outono de 1998, a moratória russa levou um dos maiores fundos de *hedge* de Wall Street à beira da ruína de um dia para o outro. Nesse momento, diante do risco de falência mundial, o Federal Reserve entrou em cena com um pacote de ajuda e sucessivas reduções na taxa de juros, injetando uma enorme quantidade de crédito na economia dos Estados Unidos a fim de manter o preço das ações[28].

Com uma segunda chance nas mãos, a bolha de Clinton, que começara em 1996, elevou o valor dos ativos acionários – e não só porque as empresas compravam de si mesmas – a múltiplos dos lucros das companhias acima de todos os recordes já registrados. Durante um breve período, a indústria manufatureira, inundada com uma liquidez derivada de empréstimos recordes e emissões supervalorizadas de ações, acompanhou de perto essa euforia especulativa com um *boom* de investimentos, a maioria dos quais – em especial, no setor de telecomunicações – foi desastrosamente mal aplicada. Mas, em meados do ano 2000, a bolha se tornou insustentável; seis meses depois, o mercado acionário despencou e, com ele, a lucratividade da indústria manufatureira, o que levou a economia dos Estados Unidos à recessão no momento em que Clinton se despedia. Desde então, houve uma ressurreição precária alicerçada em mais duas injeções de liquidez no sistema: a prática de baixas taxas de juros pelo Federal Reserve, o que permitiu que o gasto imobiliário generalizado desempenhasse o papel da valorização das ações no estímulo ao consumo, e os cortes de impostos da administração Bush[29]. Nessas condições, a rentabilidade da economia norte-americana conseguiu se reerguer razoavelmente bem, embora ainda longe dos níveis do longo *boom*, sobretudo às custas dos salários. Também houve um alto crescimento da produtividade, mais por pressão intensa – aceleração e expansão – do que por investimento. O resultado foi uma recuperação, em larga medida, sem geração de emprego e com altos níveis de desemprego oculto em consequência do declínio da participação na força de trabalho. A fragilidade estrutural da mão de obra norte-americana – que permitiu às empresas realizar repetidas reorganizações em seus setores, desmantelando fábricas obsoletas e redistribuindo a força de trabalho a cada uma das agudas recessões periódicas do longo período de desaquecimento – continua. Brenner não subestima esses feitos. A possibilidade de que ocorra uma desvalorização suficiente do capital fixo para reacelerar a economia norte-americana, reerguendo a

---

[28] *The Boom and the Bubble* (Londres, W. W. Norton & Company, 2002), p. 134-76.
[29] Sobre a parte espantosa do crescimento sustentado que dependia da dívida imobiliária, ver "New Boom or New Bubble", *New Left Review*, n. 25, jan.-fev. 2004, p. 78-82.

economia global com ela, não pode ser descartada. Mas, no momento, os sinais apontam para a direção oposta. Apesar da desvalorização parcial do dólar, as exportações dos Estados Unidos continuam aquém da demanda dos consumidores internos por produtos importados. O déficit comercial crescente dos Estados Unidos é coberto apenas por um enorme influxo de capital dos bancos centrais asiáticos, enquanto a Europa e o Japão permanecem estagnados. Para Brenner, a causa subjacente desse impasse triangular é a persistência da capacidade ociosa nos principais setores da produção industrial nos países desenvolvidos. O sistema ainda precisa ser purgado de seu excesso de capital irrecuperável, o que ainda desencoraja o investimento e o emprego e encontra sua contrapartida em montanhas de dívidas e bolhas financeiras. O espectro da supercompetição ainda não foi banido.

Qualquer julgamento particular que se faça sobre as diferentes partes desse argumento, está claro que, nele, como em nenhum outro trabalho contemporâneo, a obra de Marx encontrou um sucessor. Tentar entender de maneira tão coerente, detalhada e profunda a história do mercado mundial – ponto em que Marx parou em *O capital* – desde a Segunda Guerra Mundial é para ser considerado, sob qualquer critério, um feito extraordinário. Ao mesmo tempo, porém, ele deixa aberta uma série de problemas teóricos e empíricos. O primeiro é a função da mão de obra na narrativa. É fundamental para o argumento de Brenner que seja verdadeiro que "a mão de obra não pode, via de regra, provocar uma desaceleração sistêmica de longa duração", já que "o que pode ser chamada de esfera potencial de investimento do capital em qualquer linha de produção estende-se em geral para além do mercado de trabalho que é afetado pelos sindicatos e/ou partidos políticos, ou é regulado por normas, valores e instituições apoiados pelo Estado"[30]. Em princípio, esse argumento, posto muito antes da atual onda de terceirização, parece irrefutável. Entretanto, ele deixa duas questões sem resposta. Empiricamente, o próprio relato de Brenner indica que, se a pressão salarial não pode ter determinado o início e muito menos a persistência da longa desaceleração, a contenção dos salários foi essencial para a recuperação competitiva do capitalismo norte-americano entre 1980 e 1985.

Há uma contradição nisso? Não, se o que estivesse em jogo fosse apenas uma mudança no padrão do desenvolvimento desigual do mercado mundial, em que a posição dos competidores está sujeita a contínuas mudanças – Alemanha e

---

[30] *EGT*, cit., p. 22-3.

Japão se favoreceram de um custo salarial menor do que nos Estados Unidos durante o longo período de crescimento, e Coreia e Taiwan, de custos ainda menores no longo período de desaceleração. Contudo, Brenner sugere algumas vezes que uma recuperação completa da lucratividade nos Estados Unidos poderia desencadear um círculo virtuoso de investimento e crescimento fora dali, dada a centralidade da sua economia dentro do sistema como um todo[31]. Mas se a contenção local dos salários pode ajudar a iniciar um reaquecimento global, podemos pensar que, em consequência, as pressões salariais poderiam prolongar ou aprofundar a desaceleração, tornando a mão de obra uma variável mais independente do que é à primeira vista. Brenner parece estar mais disposto a introduzir os salários como uma variável relevante quando baixos do que quando altos, da mesma maneira como os militantes relutam, em geral, em admitir que as demandas dos trabalhadores podem contribuir para uma crise econômica, mas estão prontos a aceitar que as derrotas dos trabalhadores aumentam os lucros dos capitalistas. Talvez não se deva dar muita importância às eventuais conjecturas de Brenner a respeito de uma saída liderada pelos Estados Unidos – baseada, em grande parte, na contenção dos salários – da depressão sistêmica dos últimos trinta anos. No entanto, elas põem em dúvida se a narrativa implica uma teoria geral da determinação dos salários. Qual é o peso relativo que se deve dar à luta entre trabalhadores e empregadores da indústria, em oposição à rigidez dos mercados de trabalho ou das expectativas herdadas? Se "as forças de trabalho em regiões com longas histórias de desenvolvimento econômico tendem a receber salários muito mais altos do que se pode explicar simplesmente por seu nível relativo de produtividade"[32], o que explica esse desenvolvimento desigual de custos salariais?

Uma pergunta menos empírica tem a ver com a lógica da competição entre capitais. Se a esfera potencial de investimento, como defende Brenner, sempre excede a área em que a ação de sindicatos, partidos ou Estados pode afetar os salários, até que ponto esse potencial normalmente se realiza? Se empresas com capital irrecuperável numa determinada linha de produção encontram dificuldades para mudar de maneira decente para outras linhas de produção quando confrontadas com competidores que possuem custos mais baixos, as mesmas limitações não tornariam difícil para elas mudar o local de operação, já que isso significaria desmobilizar ativos fixos existentes e construir novas fábricas

---

[31] Ibidem, p. 259-60.
[32] Ibidem, p. 20.

com novos equipamentos, de um modo muito semelhante? À primeira vista, a diferença entre alterar linha de produto e local de produção não parece decisiva em termos de impacto sobre o capital fixo.

Aqui, porém, surge uma questão mais geral levantada por *The Economics of Global Turbulence*. A narrativa de Brenner aponta repetidamente para destinos contrastantes no setor não manufatureiro das economias norte-americana, japonesa e alemã, nas quais se podiam elevar os preços sem medo da competição externa e, portanto, manter o lucro com mais facilidade, como demonstração das limitações da supercompetição no setor manufatureiro, no qual isso não era possível. Essas demonstrações em si são convincentes. Contudo, levantam a pergunta: se os preços dos não comercializáveis podiam ser elevados impunemente, e se o peso desse setor é cada vez maior no mundo desenvolvido, por que não houve mais pressão inflacionária desde 1980? Em termos mais formais, considerando que a participação dos produtos manufaturados no PIB de todos os países avançados diminuiu de maneira contínua durante o longo desaquecimento – hoje, nos Estados Unidos, não chega a 12% –, por que o futuro não deveria residir no surgimento nessas sociedades de economias de serviços cada vez mais puras, que gerassem superávits externos suficientes em seus setores financeiros para pagar por produtos manufaturados vindos de economias menos desenvolvidas? Isso pode parecer um *reductio ad absurdum* apropriado de teorias sobre a sociedade pós-industrial. Mas o que ele indica é uma falha heurística na exposição de Brenner, que, em vez de explicar, assume as razões por que a produção material deve continuar a ser o centro de qualquer grande economia, e por que as vicissitudes da indústria estão na base dos movimentos tectônicos do sistema como um todo.

Uma consequência dessa falha é um hiato não dito entre a explicação estrutural de superacumulação em *The Economics of Global Turbulence* e o caminho conjuntural de desaceleração do qual ela resultou. A primeira propõe um modelo poderoso das consequências destrutivas que a competição entre empresas de capital fixo e diferentes graus de maturidade pode gerar dentro de um mesmo setor da indústria e de como seu efeito pode se espalhar pelo mundo. Aqui, tudo acontece dentro do mundo da produção material. Quando a análise passa para a história da longa desaceleração, entretanto, tanto os agentes quanto os instrumentos de competição mudam: Estados intervêm para defender interesses de empresas e alterações nas taxas de câmbio são capazes – ao menos temporariamente – de interromper ou reverter os resultados no campo de batalha empresarial. A virada nessa história são os acordos de Plaza e Plaza

Reverso. O que está claro é em que medida, durante o período como um todo, os ajustes cambiais foram essencialmente um processo automático inerente ao desenvolvimento desigual do sistema, independentemente da distribuição particular de suas partes, e em que medida refletiam uma assimetria contingente entre o peso "continental" da economia dos Estados Unidos e seus equivalentes "nacionais" no Japão e na Alemanha – a primazia do dólar como moeda de reserva internacional dava ao Estado norte-americano especial liberdade de manobra no campo monetário, a partir do fim do padrão ouro sob o governo Nixon.

O que a análise de Brenner deixa claro, contudo, é que, desde a virada dos anos 1980 até meados dos anos 1990, a valorização do iene e do marco alemão diante do dólar, permitindo grandes ganhos competitivos para a indústria estadunidense, foi o principal fator de recuperação da lucratividade do setor manufatureiro nos Estados Unidos. Em outras palavras, a economia monetária – o mercado de moedas, não de produtos – operou como "corretor" de resultados na economia material, no desenvolvimento desigual do sistema. Mas apesar de esse resultado ter sido registrado empiricamente, não há explicação teórica para como e por que as taxas de câmbio podem afetar de maneira tão decisiva mecanismos de competição postulados independentemente delas. A narrativa parece precisar de um modelo mais formal do modo como os planos material e monetário interagem. É claro que Brenner não está sozinho. O dinheiro é ignorado não apenas no sistema elaborado por Marx, mas também na teoria neoclássica, cujas versões formalmente aperfeiçoadas – desde as *tâtonnement* [tentativas] de Walras até o equilíbrio geral de Arrow e Debreu – o tornam redundante. Como confessou Hayek, era uma "junção frouxa" também na economia austríaca. Keynes é a exceção, e não se trata de um acidente que haja ecos dele na explicação de Brenner para o fato de a longa desaceleração não ter levado a um *crash* clássico, envolvendo uma desvalorização catártica dos capitais mais velhos e permitindo à acumulação recuperar o ritmo com níveis mais altos de lucro numa reaceleração global. O que estabilizou o sistema até agora foram as injeções maciças de crédito, não apenas por meio de gastos governamentais quando foram necessários, mas também pela multiplicação do dinheiro bancário e pelo crescimento da dívida dos consumidores e das empresas, culminando no frenesi acionário e imobiliário narrado em *O boom e a bolha*.

O fato de não constituírem solução para os dilemas da supercompetição, mas apenas paliativos ou protelações, é parte integrante do argumento de Brenner. No entanto, elas levantam uma questão mais geral para o arcabouço de sua teoria. Nela, a demanda é tratada essencialmente como uma função do crescimento do investimento e, por conseguinte, do emprego e dos salários, que, por sua vez, são governados pela taxa de lucro. Quando a supercompetição entra em cena e a lucratividade cai, esse modelo deve pressupor que o mercado é limitado de antemão. Caso contrário, poderíamos perguntar por que firmas estabelecidas há mais tempo não podem compensar preços mais baixos cortando custos em relação aos competidores, com maior ganho em escala a partir de um volume maior de vendas, num mercado em expansão que desse margem de manobra tanto para os novos quanto para os antigos produtores. De fato, ao longo de *The Economics of Global Turbulence*, certos parâmetros de demanda – "barreiras contínuas ao dinamismo manufatureiro em todo o mundo capitalista avançado"[33] – parecem um pano de fundo relativamente fixo da narrativa.

Mas, como sugere a frase final, em qualquer estrutura de demanda existe uma dimensão espacial. A análise inicial de Brenner a respeito dos mecanismos de supercompetição baseia-se na premissa de um sistema territorial segmentado, organizado em unidades nacionais, por trás de cuja proteção os recém-chegados podem impor desafios às empresas já estabelecidas. Uma narrativa histórica vasta e esclarecedora desenvolve-se daí. Mas o postulado abstrato da divisão territorial nunca é exposto numa descrição suficientemente concreta do espaço geral do sistema. Ao contrário, segundo Brenner, *The Economics of Global Turbulence* focaliza, por razões práticas, os casos dos Estados Unidos, do Japão e da Alemanha, que, afinal de contas, diz ele, respondiam por dois terços da produção dos países da OCDE, em meados dos anos 1990[34]. Um efeito dessa decisão é que a União Europeia se torna quase um fator nulo na história: é como se a Alemanha representasse a Europa como um todo e sua própria trajetória de desenvolvimento estivesse ligada essencialmente às mudanças da economia norte-americana.

No entanto, a Europa sempre foi um mercado muito mais importante para as exportações alemãs que os Estados Unidos, embora o tamanho da União Europeia, com um PIB maior que o dos Estados Unidos, torne difícil tratá-la apenas como uma sombra da economia alemã. No outro lado do mundo, o Japão é analisado num contexto mais regional do que a Alemanha em *The Economics of Global Turbulence* – as economias menores da Ásia Oriental entram na história de forma dramática, invadindo mercados norte-americanos e reo-

---

[33] Ibidem, p. 207.
[34] Ibidem, p. 7-8.

rientando o comércio e o investimento do Japão nos anos 1990. É com a crise de 1997-1998 nessa região que O *boom e a bolha* se inicia, e nenhum leitor de Brenner seria capaz de duvidar de sua importância para a história que ele traça do presente. Mas a escolha de Estados Unidos, Alemanha e Japão como um *abrégé* [resumo] estilizado da economia mundial como um todo permanece substancialmente inalterada. As implicações teóricas de uma grande expansão do espaço do capitalismo industrial *desde* a longa desaceleração não são confrontadas explicitamente. Os novos ocupantes do ringue – Coreia do Sul, Taiwan, Hong Kong, Singapura – aparecem simplesmente como valentes combatentes que acabam de entrar na guerra pelos mercados exportadores, aprofundando ainda mais a supercompetição global. Mas como alcançaram esse *status*, sem um mercado interno substancial e sem o longo *boom* internacional que fortaleceu a expansão alemã e japonesa após a guerra, é uma questão que é deixada de lado.

Hoje, a emergência da China no século XXI como uma das maiores potências industriais do mundo, principal parceiro comercial não apenas dos Estados Unidos, mas também do Japão, propõe à concepção de espaço de supercompetição de Brenner um desafio de magnitude totalmente diferente. Brenner claramente rejeita o teorema marxista tradicional, segundo o qual as taxas de lucro tendem a cair à medida que a composição orgânica do capital cresce[35]. Mas ele nunca abordou diretamente um dos desdobramentos dessa tese, a ideia luxemburguiana de que a abertura de territórios até então não capitalistas poderia ser uma solução, parcial ou provisória, para crises de superacumulação. O imperialismo, a seu ver, pode ser mais bem entendido como um esforço para compensar a queda da demanda interna por meio da tomada da demanda exógena em regiões inacessíveis até então por razões sociopolíticas, e, com isso, dar sobrevida à acumulação. Nesse sentido, o fim do regime comunista no bloco soviético poderia ser visto como uma saída para ramos específicos da indústria ocidental. O que dizer então da vasta massa gravitacional da China pós-maoísta?

O sonho de um mercado sem fronteiras para produtos europeus e norte-americanos na China já era lugar-comum entre comerciantes e estrategistas ocidentais no século XIX. A busca contemporânea da Microsoft ou da News Corp por consumidores chineses tem um passado considerável. Macroeconomicamente, porém, a vantagem, até agora, é do adversário: a China vem acumu-

---

[35] Ibidem, p. 15-6.

lando enormes superávits comerciais e importando basicamente matérias-primas e bens de capital, contra exportações de produtos manufaturados não apenas em setores de mão de obra intensiva, mas também em linhas de média e alta tecnologia. Apesar do tamanho do mercado chinês e da importância do investimento estrangeiro nele, o efeito líquido desse colosso emergente na economia mundial parece ter sido, segundo Brenner, menos a redução da supercompetição nas economias avançadas por meio da abertura de novas rotas de demanda do que seu agravamento em razão da pressão da oferta acumulada sobre os produtores que trabalham com custos mais elevados. De qualquer forma, essa parece ser uma dedução possível da maneira como a China aparece até o momento na narrativa de Brenner.

Mas, se é assim, duas questões se colocam. A premissa básica da teoria de Brenner a respeito da longa desaceleração é que a luta intercapitalista entre empresas norte-americanas, japonesas e alemãs leva à supercompetição porque, em geral, elas brigam por fatias de mercado da mesma linha de produção. Mas, no caso de um recém-chegado como a China, por que não haveria mais complementaridade que competição em suas relações comerciais com os Estados Unidos ou com o Japão, ou ainda com a Europa – a China exportando produtos mais simples e importando produtos mais sofisticados, num círculo virtuoso de crescimento generalizado? Por que as especializações nacionais integrais de linha ricardiana clássica – tecidos ingleses por vinhos portugueses – são um fenômeno tão limitado no mundo contemporâneo? Casos como o antigo semimonopólio dos japoneses no setor de eletrônicos ou dos norte-americanos na produção de grandes jatos para passageiros não são a regra, mas exceções efêmeras? Implícita na noção de supercompetição está uma antítese cujas condições formais e exemplificações são pouco exploradas. A complementaridade aparece no argumento como algo que não se materializou, não como um objeto em si. No caso da China, essa omissão teórica é mais pertinente por causa de um aspecto empírico do crescimento leste-asiático, que Brenner registra no caso do Japão pós-guerra, mas não se detém nele: a taxa muito alta de poupança interna em que sempre se baseou o investimento interno na região. Na China, isso assumiu dimensões extraordinárias – uma poupança equivalente a 40% do PIB, alimentando taxas de investimento de quase 50%. Muito dessa farra com capital fixo – da qual boa parte acaba na infraestrutura, em vez de ir para a instalação de fábricas – não gera taxa de lucro minimamente aceitável na OCDE. Esta responde a uma outra lógica de acumulação. Mas isso não tem implicações no impasse da demanda mundial?

Tais questões nos levam de volta ao espaço do sistema. Lá, pelo menos, uma coisa está clara: passou o tempo em que os Estados Unidos, o Japão e a Alemanha ainda podiam servir de resumo da economia mundial. Como essa mudança poderia afetar a estrutura do argumento de Brenner? Para se ter uma ideia de seus possíveis direcionamentos, pode ser útil examinar como seu trabalho de historiador foi recebido até hoje e o padrão das respostas dadas por ele. Poucos pesquisadores que estudam o passado deixaram, assim cedo, uma marca tão espetacular. Seu primeiro grande ensaio, "Agrarian Class Structure and Economic Development in Pre-Industrial Europe" [Estrutura agrária de classes e desenvolvimento econômico na Europa pré-industrial], publicado em 1976 em *Past and Present*, foi tema de um debate internacional em 1978-1979 entre os principais historiadores econômicos de quatro países, entre os quais eminências como Postan, Le Roy Ladurie, Cooper e Hilton. Três anos depois, veio a ampla tréplica de Brenner com a gama de objeções que foram feitas contra ele e o desenvolvimento de seu argumento inicial, tanto empírica quanto conceitualmente. A discussão toda foi publicada com o título *The Brenner Debate*, em meados dos anos 1980. Durante uma década, desde então, quase não houve discussões a respeito de suas teses. Apenas em meados dos anos 1990 um grupo de jovens historiadores belgas e holandeses debruçou-se com afinco sobre elas num segundo engajamento coletivo que produziu um volume tão substancial quanto o primeiro, intitulado *Peasants into Farmers?* [Camponeses em agricultores?], publicado em 2001[36].

A falha mais significativa da taxonomia das relações agrárias e das origens do capitalismo proposta por Brenner ainda são os Países Baixos. Lá, na região mais densamente urbanizada da Europa, a agricultura comercial no começo do período moderno alcançou níveis mais altos de produtividade do que na Inglaterra, tendo como base donos-operadores e sem uma aristocracia proprietária digna de nota. Como essa aparente emancipação dos camponeses se encaixava em seu esquema? Com sua disposição característica, Brenner construiu sua resposta no longo ensaio final de *Peasants into Farmers?*. Mostrou que a mera

---

[36] Peter Hoppenbrouwers e Jan Luiten van Zanden (orgs.), *Peasants into Farmers? The Transformation of Rural Economy and Society in the Low Countries during the Later Mediaeval and Early Modern Periods in the Light of the Brenner Debate* (Turnhout, Brepols, 2001). Traz nove estudos detalhados, de autoria de historiadores da região, mais favoráveis a Brenner que os entrevistados de *Past and Present* e com muito mais documentação; é acompanhado de um ensaio assinado por Jan de Vries, de Berkeley, decano do início da moderna história econômica holandesa e autor da ideia de uma "revolução industriosa" anterior à Revolução Industrial.

presença de cidades e a ausência de uma exploração senhorial importante eram insuficientes para iniciar a transição para a agricultura capitalista na área mais desenvolvida dos Países Baixos medievais, o interior de Flandres. Ali, os camponeses ainda podiam garantir parte de sua subsistência em pequenas áreas próprias de plantação, mas por pressões demográficas foram obrigados a juntar ao cultivo da família a agricultura intensiva – forragem, legumes, linhaça – para o mercado e depois para a indústria interna, que se generalizou. O resultado, contudo, não foi o desenvolvimento, já que não havia dependência real do mercado e, portanto, exposição aos imperativos de redução de custos, desde que as famílias ainda estivessem presas aos rudimentos da subsistência. Ao contrário, a produtividade caiu, uma vez que os camponeses redobravam os esforços em áreas cada vez mais subdivididas, e a miséria rural se disseminou, gerando um círculo vicioso.

Em compensação, no norte litorâneo dos Países Baixos, região de fidalguia igualmente fraca, mas bem mais pobre e menos urbanizada do que o sul, o empobrecimento do solo – a penetração da água na turfa nas áreas aterradas – tornou a lavoura cada vez menos viável no fim da Idade Média. A consequência disso foi que os camponeses, ainda de posse de suas terras, mas agora impossibilitados de usá-las para sua subsistência, foram obrigados a se especializar na pecuária de leite em terras mais extensas, muitas vezes tendo de apelar para o trabalho assalariado[37]. Dessa contingência ecológica surgiu uma verdadeira agricultura capitalista, embora com padrões de propriedade e produção bastante diferentes dos da Inglaterra, que lançou as bases para os espetaculares crescimento urbano e dinamismo comercial da República Holandesa no começo da era moderna. Contudo, segundo Brenner, esse modelo de desenvolvimento tinha um calcanhar de Aquiles que permitiu que seu rival inglês, muito mais lento na arrancada inicial, o ultrapassasse no fim. A liderança dos holandeses dependia das exportações. Seus laticínios, tecidos e porcelanas eram vendidos em mercados de toda a Europa, e seus navios dominavam o transporte de mercadorias. Quando a economia pré-industrial europeia foi atingida por uma crise malthusiana generalizada no século XVII, os Países Baixos careciam de um mercado interno suficientemente grande para compensar a contração geral no exterior. Apesar de toda a riqueza e modernidade, o território e a população

---

[37] Em relação ao contraste entre o sul interiorano e o norte litorâneo dos Países Baixos, Brenner acrescenta um par diagonal: as relações sociais na faixa costeira de Flandres tendiam a um senhorio comercial e as regiões interioranas do norte, à agricultura feudal.

do país eram pequenos demais para evitar a fatal simbiose com seu ambiente pré-moderno, o que condenou a República à estagnação e ao retrocesso, enquanto a economia inglesa – não menos capitalista, mas com um mercado interno maior e à prova de crises na Europa – ganhou velocidade e, com o tempo, a ultrapassou.

Se os Países Baixos impuseram o principal desafio à análise original de Brenner sobre "as raízes agrárias do capitalismo europeu", o que dizer das economias não europeias? Aqui, obviamente, o caso mais amplo seria o da China, tida universalmente como muito mais próspera e desenvolvida na era Song do que a Europa medieval. Além disso, em anos recentes, afirma-se cada vez mais que, até o fim do século XVIII, a economia da região mais rica da China, o delta do Yang-Tsé, era tão ou mais avançada que a de qualquer região da Europa – uma visão compartilhada por contemporâneos como Montesquieu, que comparou a fertilidade dos campos irrigados de Jiangsu e Zhejiang à holandesa[38]. Em *The Great Divergence* [A grande divergência], o trabalho mais ambicioso nessa linha, Kenneth Pomeranz argumenta que tanto na Inglaterra do começo da era moderna como no delta do Yang-Tsé o rápido desenvolvimento se deveu a um aumento da demanda desencadeado pela combinação de crescimento demográfico e livre mercado, levando – de maneira smithiana clássica – à intensificação da divisão do trabalho, especialização das atividades produtivas e expansão correspondente da oferta. Se a China ficou atrás da Inglaterra – e da Europa em geral – no século XIX, foi essencialmente porque lhe faltaram os dois elementos críticos que possibilitaram a Revolução Industrial no Ocidente: carvão e colônias[39]. Foram esses elementos que garantiram o acesso da Inglaterra e, depois, da maior parte do continente europeu a uma abundância de energia não orgânica e a extensas terras além-mar, sem as quais eles teriam enfrentado as mesmas barreiras malthusianas ao crescimento que paralisaram a economia Qing na época da Guerra do Ópio.

Nesse caso, Brenner não foi objeto de crítica, mas um crítico num debate mais amplo, já que a ideia de que a China do século XVIII estava no mesmo

---

[38] "Os antigos imperadores da China não eram conquistadores. A primeira coisa que fizeram para engrandecer a si mesmos foi o que deu a maior prova de sua sabedoria. Ergueram das profundezas das águas as duas mais belas províncias do império; elas devem sua existência ao trabalho do homem. E foi a fertilidade indizível dessas duas províncias que inspirou à Europa a ideia de felicidade naquele vasto país" (*The Spirit of the Laws*, Nova York, Hafner, 1949, p. 274). [Ed. bras.: *O espírito das leis*, São Paulo, Martins, 2005.]

[39] *The Great Divergence: Europe, China and the Making of the Modern World Economy* (Princeton, Princeton University Press, 2000), p. 66-7, 264-80 e ss.

patamar econômico que a Inglaterra foi rejeitada pela maior autoridade em história agrária do país, Philip Huang, autor de obras importantes sobre as planícies setentrionais e o delta do Yang-tsé. Mais uma vez, a intervenção de Brenner, escrita em conjunto com Christopher Isett, foi tão cortês e decisiva quanto sua resposta a Le Roy Ladurie a respeito da França. O que os dois mostram é quão vasta era a distância entre as trajetórias de desenvolvimento da Inglaterra e de Jiangnan, desde pelo menos o século XVI. Essa diferença culminou, no fim do século XVIII, com propriedades agrícolas na Inglaterra mais de cem vezes maiores que as do delta do Yang-Tsé, e ainda foi marcada por um aumento secular prolongado da produtividade do trabalho na primeira contra uma forte queda no segundo, patamares muito mais elevados de urbanização e de nível de vida das classes populares, bem como uma expectativa de vida maior[40]. Assim como na Europa, tais contrastes tiveram origem na capacidade das famílias camponesas chinesas de garantir sua subsistência em microterrenos, investindo cada vez mais trabalho em troca de um retorno decrescente, ao mesmo tempo que recorriam a atividades comerciais para complementar a renda, num padrão que lembra o desenvolvimento flamengo, não o holandês. Em Jiangnan, mesmo um aumento notável na produção de arroz e um consumo urbano em pleno florescimento – sem mencionar as jazidas abundantes de carvão não utilizadas e de um vasto império na Ásia central –, afinal de contas, foram de pouca utilidade para fazer frente à involução agrária, já que a intensificação do trabalho não tinha mais como crescer e a fronteira territorial havia sido atingida. Como as florestas foram derrubadas e as terras marginais empobreceram, a consequência inevitável foi o excesso populacional, a queda na expectativa de vida e a estagnação econômica. A noção smithiana de que os mecanismos de mercado e um povo esforçado podem, por si sós, gerar o crescimento autossustentado revelou-se, com riqueza de detalhes, uma miragem[41].

Essa lição pode, com efeito, ser considerada a proposição nuclear de tudo o que Brenner escreveu sobre as origens do capitalismo. Seu tópico mais consistente é que apenas a compreensão das relações comparadas de propriedade de acordo com a tradição de Marx, em vez de apelos aos axiomas a-históricos

---

[40] "England's Divergence from China's Yangzi Delta: Property Relations, Microeconomics and Patterns of Development", *Journal of Asian Studies*, v. 61, n. 2, maio 2002, p. 609-62.
[41] Não são mencionados os contrastes culturais – na ciência, na filosofia, no pensamento social e político – entre as duas sociedades na metade da era Qing, suficientes para fazer da tentativa de minimizar as diferenças econômicas entre eles uma empreitada quixotesca.

de Smith ou Malthus, pode dar conta dos resultados variáveis das economias pré-modernas na Europa, assim como na Ásia. Dado o domínio das premissas neoclássicas, tidas como verdades evidentes pelos economistas e por seus aliados historiadores, não é surpresa que essa conclusão seja inaceitável para muitos – para quem o culto político do mercado que marcou as últimas décadas apenas reforçou uma antiga fé intelectual anterior a ela. A resistência a qualquer visão alternativa do desenvolvimento, por mais bem defendida ou documentada que seja, é quase automática entre esses crentes. Mas, se esse é o motivo subjacente na reação dos historiadores econômicos à obra de Brenner sobre a lógica das relações de propriedade para os padrões de desenvolvimento, a recepção que os especialistas da era Stuart reservaram a *Merchants and Revolution* foi bastante distinta. Quando foi lançado, as reações foram, em geral, elogiosas. A identificação da importância dos comerciantes que faziam negócio com a América do Norte durante a Guerra Civil foi – segundo a opinião de Robert Ashton e repetida por outros – um "sinal e uma contribuição incontestável para a historiografia tanto da reorientação comercial quanto da revolução política"[42]. Houve restrições. Os mercadores do Levante e das Índias orientais podem ter sido menos simpáticos à monarquia e os comerciantes internos mais significativos em sua oposição do que indica Brenner. Mas o mapa geral que traça dos diferentes interesses em Londres não foi contestado.

As críticas se concentraram naquilo que foi tomado por insinuação de que as posições econômicas, mais do que as convicções religiosas, teriam determinado a agenda política da conexão dos mercadores aventureiros[43]. De fato, Brenner descartou a tese de que deliberações comerciais poderiam, por si sós,

---

[42] *English Historical Review*, fev. 1994, p. 116. Conrad Russel: "A conclusão central do livro é que o apoio ao Parlamento em Londres, em 1640-1642, veio majoritariamente dos que estavam envolvidos no comércio colonial, em especial do tabaco. Essa conclusão parece substancialmente correta e é claramente da maior importância" (*International History Review*, cit., p. 128).

[43] "*Assumir* que a atividade econômica os conduziu a uma religião radical e a religião radical os levou a uma política radical é ao mesmo tempo ilógico e improvável. É muito mais provável que a maioria dos radicais tenha começado em outras formas de atividade econômica, em seguida tenha sido atraída pela religião radical e então, por meio desta, investiram e/ou participaram do comércio colonial" (John Morrill, "Conflict Probable or Inevitable?", *New Left Review*, v. I, n. 207, set.-out. 1994, p. 118) – objeção compartilhada por Ian Gentles, que considera que falta a Brenner o "entendimento da intimidade da crença puritana" ("A New Social Interpretation", ibidem, p. 110). Essas são as duas considerações mais detalhadas e substanciais de *Merchants and Revolution*, cit.

explicar o papel dos mercadores coloniais na Guerra Civil e enfatizou a importância de uma perspectiva religiosa nessa rede, não exclusiva dela, que mais tarde levaria à independência. *Merchants and Revolution* – descrito corretamente por Ashton como um "exercício monumental de *histoire intégrale*" – nunca contrapôs o que tais críticos separaram. A característica mais marcante da recepção que se deu ao livro, no entanto, foi outra. Apesar de quase todos os historiadores que resenharam o livro terem observado que Brenner propunha uma nova interpretação social da Guerra Civil, nenhum se aprofundou nesse aspecto. A afirmação de Russell de que nem "sabia ao certo o que eram 'feudalismo' e 'capitalismo'", e menos ainda "se algum dia houve 'transição' entre eles", pode ser tomada como mais ou menos representativa[44]. É claro que, em parte, tal profissão de vacuidade, com propósitos condescendentes, foi apenas a senha da aversão ao marxismo, então *de rigueur*, ao contrário do que aconteceu na época em que *The Brenner Debate* foi lançado. Também não há dúvida de que refletia uma dificuldade mais geral dos historiadores para lidar com estruturas teóricas para as quais não foram preparados por seu equipamento intelectual. Contudo, por trás da incapacidade de confrontar o argumento mais amplo de Brenner, talvez houvesse também algo mais específico do período: uma crescente indiferença a qualquer espécie de história econômica.

Seja qual for a razão, o silêncio profundo que cobriu o trabalho de Brenner na década seguinte à publicação de *Merchants and Revolution* sugere a extensão do desconforto e do despreparo da maioria dos historiadores da era Stuart

---

[44] "Como um inglês que vive involuntariamente no exterior, forçado a ajustar o formato de sua boca às ameaçadoras sílabas estrangeiras", observaria de maneira cáustica um jovem historiador, Russell "alega uma delicada inabilidade para discutir a conclusão do livro de Brenner, porque não sabe ao certo o que são 'feudalismo' ou 'capitalismo' – um estratagema perene, como apontou R. H. Tawney em 1926: 'Após mais de meio século de trabalho de estudiosos de meia dúzia de nacionalidades diferentes e de toda a variedade de opiniões políticas, negar que o fenômeno exista, ou sugerir que, se existe, é único entre as instituições humanas porque, como Melquisedec, existe desde sempre, ou deixar implícito que, se tiver uma história, o pudor impede que essa história seja desenterrada é fechar os olhos intencionalmente'" (James Holstun, "Brian Manning and the Dialectics of Revolt", artigo apresentado na conferência *Making Social Movements*, 2002. A única exceção veio de Manning, que criticou a interpretação social da Guerra Civil feita por Brenner, por considerar que ele superestimou a contribuição da pequena nobreza para o desenvolvimento de um capitalismo agrário, em detrimento do papel dos pequenos proprietários rurais e, de maneira mais geral, não deu a devida atenção aos pequenos produtores, da indústria também, na gênese do conflito ("The English Revolution and the Transition from Feudalism to Capitalism", *International Socialism*, 1994, p. 75-86).

diante dele. Se a maré alta do revisionismo recuou, e com ela boa parte da polêmica e da curiosidade a respeito do período, trabalhos sobre a história dos Stuart continuaram a ser produzidos em grande quantidade e frequência. Mas a temperatura da época pode ser medida por três exemplos de estudos recentes que tangem diretamente ao terreno explorado por Brenner: a Guerra Civil, a relação da República da metade do século com a Revolução de 1688-1689 e as interpretações historiográficas do período como um todo. Todos os três evitam qualquer referência a seu trabalho. A principal síntese das guerras civis e do interregno, *Britain in Revolution 1625-1660* [Grã-Bretanha em revolução 1625-1660], de Austin Woolrych, em suas oitocentas páginas de narrativa detalhada, cheia de personagens menores e maiores, ignora inteiramente registros de qualquer traço da associação norte-americana, conseguindo o feito de nem mesmo mencionar *Merchants and Revolution* em sua bibliografia especializada. Ali, o retorno a um estilo mais antigo de imaginação resulta num panegírico de Cromwell que faria corar os vitorianos[45]. A tentativa mais ambiciosa de juntar as crises sucessivas do século XVII num único modelo, *England's Troubles* [Os problemas da Inglaterra], de Jonathan Scott, é programaticamente inocente de quaisquer referências a mudanças econômicas no país. Sua principal premissa é a de que a compreensão da época não pode fugir das crenças dos (distintos) contemporâneos: essencialmente, o temor do papado – que devemos considerar não apenas literalmente, mas a tal ponto introjetado pelo historiador que o arminianismo de Carlos I é descrito, na linguagem de seus inimigos, como uma versão disfarçada do papado[46]. Aqui, imunes à intrusão de desenvolvimentos estruturais na sociedade como um todo, questões militares e fiscais pertinentes à formação do Estado e discursos

---

[45] Para comentários esclarecedores sobre os anacronismos partidários na narrativa como um todo, ver Mark Kishlansky, "The Price of Treason", *Times Literary Supplement*, 8/11/2002. Se o revisionismo foi algumas vezes injustamente associado ao clima político do thatcherismo, o pós-revisionismo lembrou em algumas ocasiões o tom do regime subsequente. Se tivesse ao menos folheado *Britain in Revolution*, o falecido diretor de comunicação de Downing Street poderia ter admirado a apresentação de seu herói e outras *dramatis personae* louváveis – mas certamente não os *levellers* – em momentos delicados de suas carreiras.

[46] "Não é difícil fazer os estudantes modernos verem por que essas políticas provocaram medo do papado. Mais difícil, na história inglesa existente, é fazê-los levar a sério a possibilidade de que era o papado, de que quando os contemporâneos acreditavam que estavam testemunhando a erradicação do protestantismo inglês, eles estavam corretos" (*England's Troubles*, Cambridge, Cambridge University Press, 2000, p. 126). O oximoro "protestantismo da contrarreforma", usado livremente como formulação alternativa para os mesmos fins, dificilmente poderia ser um exemplo mais contundente daquilo que o livro rechaça: uma categoria inconcebível para os contemporâneos.

ideológicos, principalmente religiosos, podem ser coreografados numa suíte rigidamente estilizada, quase um balé, ao gosto do diretor.

Mais incisiva ainda é a recente exposição de Ronald Hutton, *Debates in Stuart History* [Debates na história stuartiana], cujo tópico principal, como poderíamos presumir, deveria infalivelmente levar em conta *Merchants and Revolution*. Mas nesse livro atraente, em geral justo e vigoroso em seus julgamentos a respeito de autores e argumentos, mais uma vez a obra de Brenner está ausente. Nesse caso, o lapso é mais impressionante ainda pelo fato de Hutton propor-se uma abordagem autorreflexiva do assunto – não sem sucesso –, oferecendo, entre outras coisas, a melhor análise das origens e das luzes do revisionismo, situando-as em contextos geracionais, profissionais e sociais como raramente os historiadores se permitiram fazer em sua própria prática[47]. Mas, em meio a tanta franqueza colegial e autobiográfica, assim como ironia autocrítica, Hutton parece não ter ideia das limitações que podem ter levado ao seu esquecimento: não apenas a crença automática de que o marxismo deveria estar tão morto quanto a União Soviética – presunção tão preguiçosa quanto foi seu oposto, trinta anos atrás –, mas uma tendência mais geral a escrever como se a história econômica – aparentemente banida dos "debates sobre a história dos Stuart" – não existisse mais. Foi a combinação dessas duas disposições profissionais que relegou Brenner a um limbo peculiar da imaginação nesses anos. Mas podemos esperar que, com o tempo, assim como aconteceu com o próprio *The Brenner Debate*, ocorra um *rebondissement* [reviravolta]. Quando for lançado finalmente o trabalho do historiador norte-americano Steven Pincus sobre a revolução de 1688-1689[48], em que faz uma abordagem integrada das minas profundas da sociedade inglesa que explodiram a tentativa final de estabelecer um absolutismo Stuart, teremos clareza do absurdo que é continuar a escrever a história política à parte da economia do país. A *longue durée* de *Merchants and Revolution* será vingada, provavelmente, em mais de um sentido.

---

[47] Ronald Hutton, *Debates in Stuart History* (Basingstoke, Palgrave Macmillan, 2004), p. 6-31. Para uma visão detalhada da historiografia dos Stuart desde 1992, ver o prefácio da terceira edição de Barry Coward, *The Stuart Age* (Londres, Addison Wesley, 2003), p. xiv-xxxviii, não menos incapaz de se lembrar de *Merchants and Revolution*, cit.

[48] Perto de ser concluído. Em seu primeiro livro, Pincus divergiu de Brenner sobre as origens da primeira guerra anglo-holandesa – ao seu ver, mais religiosa e política do que comercial –, mas fez de tudo para endossar a crítica que Brenner fez à historiografia dominante sobre o começo do século XVII (*Protestantism and Patriotism*, Cambridge, Cambridge University Press, 1996, p. 13). Pincus foi criticado em seguida por Scott pela visão injustificadamente secular da opinião da Restauração sobre assuntos externos (*England's Troubles*, cit., p. 351-4).

Se o trabalho de Brenner sobre o fim da Idade Média provocou debates repetidos, ainda que bastante espaçados, e o estudo sobre o século XIX foi praticamente censurado pela profissão após certo reconhecimento inicial, o destino de *The Economics of Global Turbulence* foi diferente. Aqui, as reações se bifurcaram. Houve um bombardeio de objeções em pequenas revistas de esquerda contra a sua primeira edição, a maioria das quais sobre questões de doutrina, mas nenhuma sobre a história do desenvolvimento econômico pós-guerra[49]. Revistas de grande divulgação o ignoraram. Essa dualidade pouco se alterou com a publicação de *O boom e a bolha*, recebido de maneira favorável pela imprensa, mas ignorado pela profissão. No entanto, cinco anos depois de entrar em circulação a visão brenneriana da economia mundial, *O boom e a bolha* suscitou uma resposta mais robusta e profunda do que qualquer outra que se tenha dado até hoje ao seu trabalho. O longo ensaio de Giovanni Arrighi, "The Social and Political Economy of Global Turbulence" [A economia social e política da turbulência global], busca reenquadrar a história contada por Brenner numa perspectiva histórica mais longa, retrabalhando seus argumentos numa estrutura teórica e narrativa alternativa, comparável em termos de tese e escala, mas com outras inflexões e conclusões[50].

Embora concorde com Brenner que a longa desaceleração iniciada em 1973 foi um efeito da supercompetição, semelhante nesse aspecto à depressão de 1873-1896, Arrighi argumenta que há tanto diferenças críticas entre os dois longos ciclos de crise – que é necessário compreender para entender a novidade do período atual – quanto uma solução fundamental adotada pelo capital em ambas as épocas para escapar da superacumulação. Quais foram as diferenças? No fim do século XIX, os trabalhadores dos grandes países industrializados do Norte conseguiram resistir à queda dos salários nominais após o início da depressão, enquanto no Sul foram vítimas da penetração e da conquista imperiais. Cem anos depois, os operários do Norte haviam se fortalecido e o próprio desaquecimento havia sido precipitado por suas pressões salariais, enquanto os

---

[49] A saraivada principal, com dezessete artigos e cerca de quatrocentas páginas, pode ser encontrada em dois volumes sucessivos de *Historical Materialism*, v. 4, n. 1 e v. 5, n. 1, 1999.

[50] "The Social and Political Economy of Global Turbulence", *New Left Review*, n. 20, mar.-abr. 2003, p. 5-71. A análise baseia-se nos dois famosos livros de Arrighi: *Long Twentieth Century* (Londres, Verso,1994) e, em coautoria com Beverly Silver, *Chaos and Governance in the Modern World System* (Minneapolis, University of Minnesota Press, 1999). [Ed. bras.: *O longo século XX*, Rio de Janeiro, Contraponto, 2006, e *Caos e governabilidade*, Rio de Janeiro, Contraponto, 2001.]

movimentos de libertação nacional haviam libertado a maior parte do Sul e estavam à beira de vencer os Estados Unidos no Vietnã. Em ambos os períodos, entretanto, a resposta típica das indústrias à queda da lucratividade foi a mesma. Seu objetivo não era defender o capital fixo existente, como argumentava Brenner, mas transferir seus ativos para o mercado financeiro, no qual obtiveram altos níveis de lucro durante toda uma era.

Portanto, a marca distintiva de cada ciclo, segundo a visão de Arrighi, foi a liquidez crescente e o processo geral de "financeirização", caracterizados pela empolgação insalubre tanto da Inglaterra de Asquith como dos Estados Unidos de Reagan. Mas os resultados necessariamente divergiram, já que a deflação que marcou o desaquecimento do século XIX não era mais uma opção política viável para o capital no fim do século XX – os trabalhadores estavam muito mais fortes –, conduzindo à escolha da inflação como maneira de corroer os ganhos salariais. Mas quando o custo da Guerra do Vietnã esfacelou o sistema de Bretton Woods, os Estados Unidos pagaram o preço por essa solução: em vez de atrair, o dólar em queda afastou a massa de capital móvel liberada pela financeirização em escala mundial. Foi apenas na virada dos anos 1980, com a volta do monetarismo estrito, que o processo se inverteu. Com um dólar forte e taxas de juro estratosféricas, os Estados Unidos puderam atrair altos volumes de capital livre, o que lhes permitiu financiar a vitória do Ocidente na Guerra Fria e barrar os movimentos contra o sistema tanto no Norte quanto no Sul. Mas no novo século, o fato de os Estados Unidos dependerem da entrada de capital para cobrir um déficit comercial que não parava de crescer, combinado com os exageros da expansão imperialista no Iraque, fez com que sua posição fosse em muitos aspectos mais fraca do que a da Inglaterra na era edwardiana, uma potência que exportava capital e ainda mantinha um exército indiano sem nenhum custo. Para Arrighi, portanto, a crise de lucratividade em que Brenner se concentrou é um dos aspectos de uma crise de hegemonia mais profunda, que num futuro próximo derrubará os Estados Unidos como principal potência mundial[51].

Ainda não está claro como Brenner responderá a esse desafio. Em termos formais, os dois trabalhos são opostos complementares sob muitos aspectos. Arrighi tem a vantagem da escala temporal contínua, que se estende até a Renascença em sua obra, e uma dimensão geopolítica mais global. Durante mui-

---

[51] Para essa conclusão, ver Arrighi, "Hegemony Unravelling", *New Left Review*, n. 32 e 33, mar.-abr. e maio-jun. 2005, p. 23-80 e 83-116, em que enfatiza a ascensão da China como potência econômica.

to tempo, seu foco principal não foi a produção, mas o comércio e as finanças – muitas vezes identificados com o próprio capitalismo, à maneira de Braudel –, e seu estilo era mais amplamente analítico do que estritamente estatístico. Brenner tem a vantagem de ter um domínio empírico maior e uma estratégia de pesquisa mais aprofundada, o cuidado do historiador no lugar do alcance do sociólogo. Seu foco é a manufatura e seu modelo está mais próximo do de Marx. Quando se debruçar sobre as questões levantadas por Arrighi em seu estudo a respeito da desaceleração – a importância da inflação na primeira fase, o desenvolvimento na periferia do sistema, a financeirização como rota de fuga do lucro em queda, a ideia de competição entre os Estados pelo capital móvel, as funções da hegemonia –, sem dúvida o fará com essas qualidades e predisposições.

O resultado pode ser inferido da estrutura e da sequência geral de seu trabalho como historiador. Isso porque há nele um padrão muito claro. Não totalizadora, mas inquiridora, a estratégia intelectual de Brenner em sua análise tanto do advento do capitalismo, que fez sua fama, quanto da prolongada enfermidade do sistema nas últimas décadas sempre foi a mesma. Em ambos os casos, ele escolheu um setor como chave do desenvolvimento econômico em geral e acompanhou-o em larga medida através de uma sociedade determinante dentro de um conjunto comparativo. Desafiando opinião preestabelecida, a explicação que dá para as origens do capitalismo apoia-se apenas na agricultura – as cidades e o comércio ganham papel de figurantes na dissolução do feudalismo. Da mesma maneira, em sua explicação para a longa desaceleração, tudo gira em torno do destino da indústria, relegando os serviços – que, em geral, abrangem um setor muito maior da economia – a compensações e efeitos posteriores. Na transição para o capitalismo, a Inglaterra domina a cena; na desaceleração do capitalismo, os Estados Unidos. Num sacrifício deliberado de alcance em detrimento da profundidade, o foco é inamovível: um único dominador, uma única arena.

Mas esse estreitamento do foco da pesquisa é o oposto de qualquer limitação provinciana. Em ambos os campos históricos, Brenner constrói seu argumento de maneira comparativa. Em *The Brenner Debate*, a demonstração da trajetória singular da Inglaterra em direção ao capitalismo agrário se dá por meio de um duplo contraste: com a França, de um lado, e a Europa oriental, de outro. Se do outro lado do rio Elba o equilíbrio entre as forças de classe era tão favorável aos lordes que o resultado da crise geral do feudalismo tardio foi a imposição de uma "segunda escravidão" nas regiões recém-colonizadas, onde as comunidades dos vilarejos eram tipicamente fracas, as comunidades camponesas na França continuaram tão fortes que os lordes não puderam revogar os direitos costumeiros dos arrendatários à posse da terra. Em ambos os casos, o resultado foi o impedimento do desenvolvimento de uma produção barata para o mercado. Apenas na Inglaterra, os proprietários de terra conseguiram evitar que os camponeses tomassem posse legal das terras, impondo barreiras sob forma de taxas e arrendamentos variáveis – o que abriu caminho para rendas competitivas, consolidação das propriedades e agricultura comercial baseada no trabalho assalariado, com níveis de produtividade cada vez mais altos. Em *The Economics of Global Turbulence*, Japão e Alemanha é que contrastam com os Estados Unidos, agora no sentido oposto da Europa oriental e da França, como as economias que reuniam as vantagens tecnológicas e institucionais dos recém-chegados, em prejuízo do líder do *boom* pós-guerra, e que, portanto, podiam desafiá-lo na disputa por fatias do mercado.

Em ambos os casos, o modelo comparativo é seletivo: Brenner não tenta fornecer uma tipologia completa das relações agrárias na Europa do fim do período medieval e não dá atenção à OCDE como um todo. Em vez de voltar ao que havia deixado de fora da comparação, Brenner deu passos muito semelhantes em ambos os períodos. Depois de *The Brenner Debate* veio *Merchants and Revolution* – ele passou do estudo comparativo para o estudo "solo", detendo-se com mais detalhes apenas na Inglaterra –, assim como depois de *The Economics of Global Turbulence* veio *O boom e a bolha*, em que foca muito mais de perto os Estados Unidos. Em ambos os casos, um estreitamento formal do âmbito geográfico foi acompanhado de um grande alargamento da análise substantiva, compensando lacunas significativas nos estudos comparativos originais. Em *Merchants and Revolution*, Brenner abordou com muito ímpeto o papel do comércio, das cidades e do Estado na transição do feudalismo para o capitalismo, deixados de lado em *The Brenner Debate*. Em *O boom e a bolha*, deu espaço tanto para a especulação quanto para a produção, tanto para as ações e as hipotecas quanto para a indústria.

Com os ensaios sobre as economias pré-modernas dos Países Baixos e da China, um terceiro movimento é visível em seu trabalho: um retorno dialético aos pontos de partida comparativos originais a fim de completar as partes do quebra-cabeça que foram omitidas. A lógica da ampliação do escopo comparativo de Brenner no começo de seu longo estudo sobre o capitalismo indica uma expansão igual em seu fim. Isso significa, em primeiro lugar, uma explicação completa do padrão de crescimento acelerado da China hoje e um monitoramento do efeito de deslocamento de sua vasta economia à medida que desliza para águas globais. Entre eles, há a própria Revolução Industrial e o modo como ela se espalhou por uma Europa continental que nunca conheceu o capitalismo agrário que levou à industrialização da Inglaterra. Esse território nunca foi explorado por Brenner, embora muitos leões historiográficos – Wrigley, Pollard, Crafts, Landes – estejam à espreita. Será uma surpresa se Brenner não tiver em mente uma hipótese com a qual abordá-lo. Espera-se que seja uma combinação tão enxuta e rigorosa quanto a que empregou para desvendar o fim da autonomia senhorial ou as origens do investimento defensivo. O segredo desse trabalho está em sua própria austeridade, e sua ambição é nada menos do que rastrear através de suas consequências econômicas as essências abstratas – as relações de propriedade e os mecanismos competitivos – que geraram as formas da vida capitalista moderna, com a tenacidade e a densidade de detalhes de outrora associadas ao mais *terre-à-terre* dos historiadores empíricos. Apenas uma mente muito teimosa e original poderia conceber um projeto tão formidável.

1993-2005

13

A ESQUERDA VENCIDA:
ERIC HOBSBAWM

I.

Quem é mais apto a praticar a autobiografia, senão os historiadores? Treinados para observar o passado com olhar imparcial, atentos às excentricidades do contexto e aos artifícios da narrativa, à primeira vista seriam os candidatos ideais à difícil tarefa de descrever a própria vida. Estranhamente, porém, não foram eles, mas os filósofos que se destacaram no gênero – na verdade, praticamente o inventaram. Em princípio, a autobiografia é a mais íntima e particular de todas as formas de escrita, e a filosofia, a mais abstrata e impessoal. Deveriam ser como água e óleo. Mas foram Agostinho e Rousseau que nos legaram a confissão sexual e pessoal e foi Descartes que nos deixou a primeira "história da minha mente". Em tempos modernos, Mill e Nietzsche, Collingwood e Russell, Sartre e Quine deixaram marcas mais memoráveis de si mesmos que qualquer outro texto escrito a seu respeito. Por outro lado, a quantidade de historiadores que produziram autobiografias de alguma distinção é notavelmente pequena. No século XIX, as memórias complacentes de Guizot e Tocqueville, raramente consultadas hoje em dia, são interessantes sobretudo como testemunhos de evasão política. Mais próximo de nós, o *post-mortem* de Marc Bloch, de 1940, com sua mistura de relato pessoal e inquisição geral, é um documento tocante, mas restrito demais aos lampejos de autorrevelação. Mais recentemente, temos os excêntricos retratos de Richard Cobb e as *causeries* de A. J. P. Taylor, as quais ele confessa serem prova de que os sujeitos históricos se esgotaram. No geral, no gênero para o qual parece ter sido tão bem talhado, o trabalho do historiador produziu, talvez, apenas dois clássicos: o gracioso espelho de Gibbon, no fim do século XVIII, e o barroco *Wunderkammer*, de Henry Adams, no começo do século XX.

Nesse campo em geral frustrante, Eric Hobsbawm juntou-se à lista com um trabalho que ele nos convida a ler como o "reverso" da grande história do século XX que escreveu, *Era dos extremos*: "Não a história mundial ilustrada pelas experiências de um indivíduo, mas a história mundial moldando essa experiência" – e as escolhas de vida que ofereceu a ele. *Tempos interessantes*, que foi publicado quando Hobsbawm completou 85 anos, poderia – por sua energia e incisividade – ter sido escrito quando o autor tinha 40 anos[1]. De fato, suas qualidades são tais que é quase impossível lê-lo sem se sentir atraído por seu trabalho como historiador, tantos são os *insights* que oferece, de modo casual ou deliberado, sobre suas conquistas. Temos uma espécie de quinto volume, num registro mais pessoal, de um projeto contínuo. Este poderia se chamar, simplesmente, "A era de E. J. H.".

Trata-se de uma autobiografia composta de três partes bem distintas. A primeira cobre os primeiros anos do autor até a chegada à universidade, e talvez seja o melhor texto que esse estilista notoriamente bem-sucedido produziu em toda a vida. Com delicadeza e recato, mas também com tensa franqueza, Hobsbawm nos conduz de seu nascimento acidental em Alexandria até a infância precária na Viena do pós-guerra; os breves, mas exaltados anos de escola nos últimos dias da Berlim de Weimar; a saída do nazismo para a Inglaterra e a ascensão final até Cambridge, às vésperas da Guerra Civil Espanhola. Retratos tocantes dos pais – desafortunado pai inglês e frágil mãe austríaca, que morreram quando ele tinha catorze anos – esboçam um cenário psicológico; a ascendência judaica na cidade mais antissemita da Europa, outro. Ele explica a lealdade às origens familiares que aprendeu com a mãe e a "ausência de qualquer obrigação emocional ao Estado-nação pequeno, militarista, culturalmente frustrante e politicamente agressivo que pede minha solidariedade em bases raciais"[2].

Em Berlim, onde um tio barulhento (do lado inglês da família) trabalhava com cinema, Hobsbawm descreve como descobriu o comunismo num ginásio prussiano tradicional, aos 15 anos e com Hitler prestes a tomar o poder. Existem poucas evocações tão vívidas do ambiente eletrizante da esquerda revolucionária alemã naquela época. Não nos surpreende que a memória do apagar das luzes do condenado Partido Comunista no lusco-fusco de Berlim o tivesse marcado mais do que os anos de escola na tranquila Londres sob o Governo

---

[1] *Interesting Times* (Londres, Penguin, 2002), p. xiii [ed. bras.: *Tempos interessantes*, São Paulo, Companhia das Letras, 2002]. Citado daqui em diante como *IT*.
[2] Ibidem, p. 24.

Nacional. Ele escreve com humor sobre a experiência subsequente na escola primária de St. Marylebone ("Eu me entregava aos exames como se fossem sorvete")[3]. Na composição dessas cenas contrastantes, a inteligência do historiador está sempre em ação, situando os acidentes de uma vida individual na interseção de um espaço-tempo graficamente delineado. O retrato que surge, com considerável maestria, é o de um menino diferente da imagem consagrada do homem: solitário, de início mais atraído pela natureza que pela política, algo distraído e introspectivo, cada vez mais confiante em suas capacidades. O tom do autorretrato com o qual encerra a adolescência lembra o horóscopo de Kepler para ele:

> Eric John Ernest Hobsbawm, alto, ossudo, desajeitado, feio, de cabelos claros, dezoito anos e meio, rápido para entender as coisas, possui um estoque considerável de conhecimento, ainda que superficial, e muitas ideias originais, gerais e teóricas. Um posador incorrigível, o que é ainda mais perigoso e às vezes eficiente, pois ele se convence a acreditar em suas atitudes... Não tem senso de moralidade, é inteiramente egoísta. Algumas pessoas o consideram extremamente desagradável, outras, agradável e outras, ainda (a maioria), apenas ridículo... É vaidoso e convencido. E covarde. Ama a natureza profundamente. E esqueceu-se da língua alemã.[4]

Assim termina a primeira parte de *Tempos interessantes*. Do ponto de vista literário, poderia muito bem ter parado por aqui. Teríamos desse modo algo próximo daqueles *chefs-d'oeuvre* calmamente truncados que comovem e atormentam em igual medida, como os que Constant ou Sartre nos legaram – jornadas até a idade da razão, ou da paixão, que nos deixam no limiar dela. Se esse pensamento não é incongruente, é porque, em vez de preparar o caminho para o retrato do historiador quando jovem, a passagem citada acima fecha a porta para explorações futuras do ser. Uma recriação profundamente sentida e criativa do jovem que ele foi um dia dá lugar, de repente, a outro tipo de empreitada. Não teremos mais acesso à mesma paisagem interior. Sem avisar da mudança de marcha, o capítulo seguinte nos transporta para a segunda parte de *Tempos interessantes*, que vai da época em que Hobsbawm era membro do Partido Comunista da Grã-Bretanha, a partir do fim dos anos 1930, até a sua dissolução, no começo dos anos 1990. Ele narra a vida em Cambridge, no auge de seu comunismo estudantil; a demissão durante a guerra como suspeito aos olhos das autoridades; os pontos de vista como membro do partido e a semi-

---

[3] Ibidem, p. 93.
[4] Ibidem, p. 98-9.

marginalização como acadêmico durante a Guerra Fria; a reação à crise que tomou conta do movimento comunista após as revelações de Khruchov e a Revolta Húngara, em 1956; as razões por que permaneceu no partido depois de a maioria de seus colegas marxistas ter saído e por que acredita que sua escolha deu mais frutos que a deles; e como ajudou, segundo ele próprio, a salvar o Partido Trabalhista, quando o próprio Partido Comunista da Grã-Bretanha naufragava.

Esses capítulos marcam uma mudança completa de registro. As diferenças aparecem logo na primeira página, quando Hobsbawm – antes mesmo de descrever sua experiência em Cambridge – sente-se na obrigação de explicar quão mínimo era seu convívio com Burgess, Maclean, Philby e Blunt, que o precederam na universidade. De maneira bastante honorável, observa que, se mais tarde tivesse sido solicitado a cumprir o mesmo tipo de missão, ele o teria feito. Mas sentimos certo desconforto, como se outro tipo de leitor surgisse no pano de fundo da narrativa. O retrato de Cambridge que vem a seguir oferece um esboço hábil do arcaísmo dos tutores e das instituições e do motivo e do caráter do radicalismo estudantil. Ao observar que, em seu auge, a esquerda congregava talvez um quinto dos estudantes da graduação, dos quais o contingente comunista representava menos de um décimo, Hobsbawm enfatiza a influência informal que o partido, não obstante, exercia na universidade – fruto de uma campanha enérgica e do compromisso com o sucesso acadêmico, bem como da leveza de seus ativistas em formação. A cena assim apresentada é convincente, mas essencialmente genérica. De sua trajetória pessoal íntima, Hobsbawm pouco fala: nada sobre seu desenvolvimento intelectual, quase nada sobre sua vida emocional, praticamente nenhum traço de suas ideias políticas. O pronome recorrente é o impessoal "nós" geracional. A primeira pessoa do singular é reservada aos momentos menos tensos, como quando menciona um *cursus* mais convencional: "Meu último bimestre, de maio a junho de 1939, foi muito bom. Editei a *Granta*, fui eleito para os Apóstolos* e fiquei em primeiro lugar nos exames finais de Cambridge, o que também me garantiu uma bolsa de estudos no King's College"[5].

Pode-se perceber no curioso deslocamento dos episódios decisivos dessa fase da vida do autor para os capítulos finais do livro, separados do relato da

---

* Sociedade de cunho intelectual formada por alunos e ex-alunos da Universidade de Cambridge. (N. E.)
[5] *IT*, p. 124.

vida estudantil por algumas centenas de páginas, quão enganosa pode ser essa supressão da subjetividade. Perto do fim do capítulo sobre Cambridge, Hobsbawm menciona as férias de verão que passou em Paris, trabalhando com James Klugmann numa organização de fachada do Comintern, e, de passagem, Margot Heinemann. Sobre o primeiro, observa de modo délfico: "O que se sabia sobre ele? Ele não cedia nunca"; sobre a segunda, diz simplesmente: "Ela provavelmente tinha mais influência sobre mim do que qualquer outra pessoa que conheci", e depois desse conciso tributo ela não aparece mais[6]. Apenas quando chega a um conjunto de reminiscências sobre as diferentes partes do mundo que visitou, bem no fim do livro, é que Hobsbawm – sob os títulos objetivos de França e Espanha – dá uma ideia dos sentimentos pessoais que poderiam estar por trás dessas frases sumárias.

Não há nada em seu relato sobre Cambridge que se aproxime da paixão com que descreveu as comemorações pelo aniversário da tomada da Bastilha no primeiro ano da Frente Popular, quando percorreu Paris em festa com uma equipe de jornalistas do Partido Socialista Francês – "Foi um daqueles raros dias em que minha mente ficou no piloto automático. Eu apenas sentia e experienciava" – e depois bebeu e dançou até o amanhecer – um tipo diferente de transe em comparação com a marcha fúnebre em Berlim[7]. Seria estranho que essas estadas em Paris, trabalhando como tradutor no que era então o centro de toda a rede do Comintern na Europa, cercado pela agitação da Frente Popular, tivessem significado menos para ele que as tarefas partidárias que desempenhava no Clube Socialista, em Cambridge. Talvez por alguma associação inconsciente, ele até faz confidências pouco características de sua parte – em memórias de resto rigorosamente discretas nessa matéria – sobre sua iniciação sexual "numa cama cercada de espelhos", num bordel perto da rua Sébastopol. Antes, porém, ele teria pensado em pegar em armas pela República, quando se aventurou a entrar ilegalmente na Espanha, logo após o início da Guerra Civil, mais ou menos na época em que John Cornford se alistou em Barcelona? Mais uma vez, a passagem em que ele se pergunta retrospectivamente sobre esse possível impasse possui uma profundidade e uma beleza enigmáticas que se destacam da apagada história do período inglês[8]. O que falta – ou é deliberadamente evitado – é uma tentativa de reunir esses elementos dispersos do jovem revolu-

---

[6] Ibidem, p. 122-3.
[7] Ibidem, p. 73-4 e 323.
[8] Ibidem, p. 315 e 340-1.

cionário numa síntese interior. À medida que a narrativa avança, o preço pago por essa maior exteriorização é a dispersão.

Cronologicamente, depois de Cambridge veio a Segunda Guerra Mundial – uma experiência relativamente vazia para Hobsbawm e da qual se queixa com um rancor justificado, pois o Ministério da Guerra o confinou num regimento de sapadores até ser enviado para Singapura, e depois em funções de mentira no Corpo de Educadores, provavelmente por ser tanto austríaco quanto comunista. Mas de sua convivência com os engenheiros ele aprendeu a apreciar as qualidades tradicionais dos trabalhadores ingleses, por quem desenvolveu uma "admiração permanente, ainda que exasperada", um começo de simpatia criativa que marcou tudo que escreveu desde então sobre as classes populares[9]. Em todo caso, a aguda insegurança econômica de seu passado em Viena, próxima muitas vezes da penúria, aproximou-o mais da experiência proletária do que a maioria dos intelectuais ingleses de sua geração. Foi também durante a guerra que se casou pela primeira vez, com uma funcionária pública e colega comunista, sobre a qual não diz quase nada. Desmobilizado tardiamente, começou a trabalhar como historiador e logo conseguiu emprego em Birkbeck. Viu então aquilo que deveria ter sido uma carreira brilhante – depois de um começo promissor no King's College – ser desviado de seu curso natural pela Guerra Fria, quando o avanço dos comunistas foi barrado. Ele deixa implícita, de maneira digna, a mágoa por lhe terem recusado os cargos que esperava ocupar em Cambridge.

Nas entrelinhas, porém, notamos certo mistério no relato desse desvio em sua carreira. Hobsbawm revela que depois da guerra não só participou da reconstrução dos Apóstolos – se já houve um grupo que poderia ser chamado de *insiders*, era esse –, como foi responsável por ela, na qualidade de organizador, e continuou a recrutar novos estudantes de graduação até meados dos anos 1950. Existe conexão entre esse cargo e a bolsa que lhe foi concedida no King's College, em 1949, no auge da Guerra Fria, ou a rapidez com que conseguiu acomodações adequadas, como ele próprio comenta, quando seu casamento acabou? Uma indicação de que há mais coisas por trás dessa história do que parece é dada por uma ausência desconcertante: o nome de Noel Annan, amigo íntimo, conselheiro e depois pró-reitor do King's College, não é citado.

Se cabem, em princípio, numa autobiografia, esses assuntos têm pouca importância. O maior ônus do tratamento reservado a esses anos é político. Três

---

[9] Ibidem, p. 159.

capítulos substanciais dedicam-se a explicar o significado de ser comunista nessa época, no poder ou fora dele, os problemas que a evolução do sistema soviético impôs aos comunistas britânicos durante a Guerra Fria e a crise desencadeada pela desestalinização no Partido Comunista da Grã-Bretanha, que levou a maioria dos intelectuais a abandoná-lo. Em meio a tudo isso, ele retorna várias vezes à pergunta: por que permaneceu no partido até seu amargo fim? O efeito dessa extensa reflexão é confuso. Considerando a opção pelo comunismo de modo bastante geral, da Revolução de Outubro até o fim da Segunda Guerra Mundial, Hobsbawm apresenta uma defesa eloquente e ilustra o que ela significou para aqueles que a fizeram, alternando observação social com exemplos individuais, heroicos ou banais. Sua ênfase recai num *ethos* de obediência abnegada e pragmatismo – "eficiência nos negócios", segundo ele – como a verdadeira marca da Terceira Internacional. "Partidos comunistas não eram para românticos". Ao contrário, exigiam organização e rotina... O segredo do Partido Leninista não estava nos sonhos de erguer barricadas ou na teoria marxista. Pode ser resumido em dois motes: "decisões devem ser tomadas" e "disciplina partidária". O atrativo do partido era fazer as coisas quando os outros não conseguiam[10].

É preciso dizer que, historicamente, esse retrato é estranhamente desequilibrado. Um movimento que contava com revolucionários como Serge ou Trotski, Roy ou Mariátegui, Sneevliet ou Sorge, não era para românticos? O que dizer de Mao, então, que, para o bem ou para o mal, foi uma figura muito maior na história do comunismo que qualquer leal funcionário ou militante europeu a quem somos apresentados aqui? De fato, Hobsbawm o condenou em outros trabalhos precisamente por ser "romântico"[11]. A realidade é que contrapor barricadas e teorias à eficiência nos negócios e à capacidade de realizar coisas é uma retórica *post facto* que, na melhor das hipóteses, dá pistas da imagem que o Comintern europeu stalinizado fazia de si mesmo após 1926 – e com a qual o próprio Hobsbawm se formou –, mas que não captura de maneira adequada nem mesmo suas ambiguidades. Muitas vezes, o culto da rotina obstinada e do pragmatismo, tais como expressos ali, era apenas mais uma forma de romantismo, e nem sempre a mais eficiente. Felizmente, o próprio Hobsbawm não o abraçou de modo consistente, como deixa claro no retrato tocante que faz do

---

[10] Ibidem, p. 133.
[11] *Age of Extremes* (Londres, Michael Joseph, 1994), p. 468. [Ed. bras.: *Era dos extremos*, São Paulo, Companhia das Letras, 2008.]

revolucionário austríaco Franz Marek, personagem moral central de suas reflexões em "Ser comunista"*.

Quais foram, então, suas convicções como indivíduo, não mais nos tempos do Comintern, dissolvido em 1943, mas do Cominform, constituído por Zhdanov, em 1948, para atuar no início da Guerra Fria? Não é fácil dizer. Em parte porque, em *Tempos interessantes*, Hobsbawm evita uma cronologia excessivamente meticulosa quando discute seu próprio comunismo. A reflexão geral sobre a experiência comunista, que se estende mais ou menos de Lenin a Gorbachov, é introduzida logo após o relato sobre Cambridge, antes mesmo da guerra. Quando retoma o assunto em sua história pessoal, é para evocar a atitude dos intelectuais do Partido Comunista Britânico diante do que os incomodava nos desdobramentos do Cominform – a excomunhão de Tito, o julgamento de Kostov, Rajk e Slánsky. Aqui também a referência é insistentemente coletiva: "o que deveríamos pensar?", "nenhum de nós acreditava", "nós claramente subestimávamos", "pessoas como eu", "nós também reconhecíamos"[12].

Pouco sabemos das opiniões pessoais de Hobsbawm, além do fato de duvidar que Basil Davidson, seu amigo pessoal, fosse um agente britânico, como foi acusado juntamente com Rajk. Não há pistas de sua opinião sobre os julgamentos de Moscou, que acabaram com os antigos bolcheviques e estabeleceram os parâmetros para os julgamentos em Sófia, Budapeste e Praga, depois da guerra. Ele não menciona nenhuma leitura da considerável literatura que tratava desses acontecimentos. O ponto principal de seu relato é que os comunistas britânicos, ou ao menos os intelectuais do partido, não acreditavam nas versões oficiais que circulavam na época. O que não significa que soubessem que se tratava de um monte de mentiras, já que também existiam versões extraoficiais. Quando Khruchov finalmente revelou as fundações do grotesco edifício de confissões erguido nas salas de tortura de Stalin, Hobsbawm destaca o choque que essas revelações provocaram no movimento comunista internacional – como se boa parte já não fosse conhecida. "A razão", diz ele, "é óbvia. Não nos disseram a verdade a respeito de algo que deveria afetar a própria natureza da crença de um comunista"[13]. Mesmo que, mais uma vez, o pronome dê margem à ambiguidade, o que podemos deduzir é que o próprio Hobsbawm continuou, de certa forma, a acreditar na honra de Stalin. Como? A construção da narrativa

---

*   Capítulo 9 de *Tempos interessantes*, cit. (N. E.)
[12]   *IT*, cit., p. 192, 194 e 195.
[13]   Ibidem, p. 204.

não nos permite adivinhar. O que está claro é que ele esperava que a verdade fosse revelada não por fontes independentes (checadas criticamente), mas por uma autoridade. Aparentemente, o militante e o historiador eram identidades isoladas.

Hobsbawm descreve com emoção agitada a crise que o Partido Comunista da Grã-Bretanha enfrentou após o discurso de Khruchov, em abril de 1956 – seguido meses depois da Revolta Húngara. "Por mais de um ano, os comunistas britânicos estiveram à beira do equivalente político de um ataque de nervos coletivo"[14]. O grupo de historiadores do partido, o qual presidia na época, tornou-se o centro da oposição ao oficialato e praticamente todos os seus membros, com exceção de Hobsbawm, deixaram o partido no verão de 1957. Por que ele ficou? Ele oferece duas respostas e uma observação marginal:

> Não entrei para o comunismo como um jovem britânico na Inglaterra, mas como um centro-europeu na República em colapso de Weimar. E entrei quando ser comunista não significava simplesmente lutar contra o fascismo, mas fazer a revolução mundial. Ainda pertenço à primeira geração de comunistas, para os quais Revolução de Outubro era a referência central do universo político.

Portanto, escreve ele, "para alguém que vinha do lugar e da época que vim [era] simplesmente mais difícil romper com o partido que para aqueles que vieram de outros lugares e depois"[15].

Essa é certamente a verdade biográfica nua e crua. Mas, se tanto a emergência quanto a esperança que o atraíram para o movimento comunista foram mais intensas nele que, em geral, em seus contemporâneos ingleses, não está claro por que o segundo contraste seria mais significativo que o primeiro, como ele sugere. A Revolução de Outubro foi periférica para Christopher Hill, que se filiou ao partido em 1932, aprendeu russo – o que não foi o caso de Hobsbawm, conforme ele próprio revelou – e escreveu um livro sobre Lenin? Em todo caso, ao especificar o que considera a grande diferença – de tempo, mais que de espaço –, Hobsbawm faz uma observação esclarecedora a seu respeito. Diz ele que, "politicamente", tendo se filiado ao partido comunista em 1936, ele pertence à era da Frente Popular, que buscou a aliança entre capital e trabalho que determinou seu pensamento estratégico; "emocionalmente", porém, como um rapaz que se converteu na Berlim de 1932, permaneceu ligado à agenda revo-

---

[14] Ibidem, p. 206.
[15] Ibidem, p. 217-8.

lucionária original do bolchevismo[16]. Essa dicotomia leva a mais de uma posição em seu trabalho como um todo.

Contudo, se essas foram as razões biográficas mais profundas que levaram Hobsbawm a permanecer comunista depois de 1956, deveríamos esperar que houvesse avaliações políticas mais banais também. Afinal de contas, a desestalinização não acabou naquele ano. Com a derrota de Malenkov e Molotov no verão de 1957, Khruchov avançou com mais vigor que antes na URSS. Os campos foram esvaziados, o padrão de vida melhorou, o debate intelectual reviveu e a solidariedade estendeu-se ao último capítulo da revolução mundial, o Caribe. O processo de limpeza das fichas deu um passo a mais no 22º Congresso do Partido, em 1962. Tais iniciativas convenceram muitos comunistas que se sentiram abalados em 1956 de que, ainda que em zigue-zague, o legado da Revolução de Outubro estava sendo pouco a pouco resgatado, ao invés de irrecuperavelmente abandonado. Seria surpreendente se Hobsbawm nunca tivesse pensado nesses termos, perfeitamente compreensíveis. Mas, se pensou, não há traço em seu livro. Assim como no tratamento que dá à sua experiência comunista, ele não discute a história política real do período, *stricto sensu*. Ao contrário, conclui o arrazoado sobre sua permanência no partido acrescentando uma "emoção particular: o orgulho", e explicando que, se tivesse deixado o partido, teria melhores perspectivas de carreira, mas exatamente por isso ficou, para "provar a mim mesmo que poderia ser bem-sucedido sendo comunista – seja lá o que signifique ser 'bem-sucedido' –, apesar dessa limitação"[17].

Hobsbawm chama essa combinação de lealdade com ambição de "uma forma de egoísmo" – e não a defende. A maioria das pessoas veria aí uma mostra de integridade excepcional e força de caráter: a coragem de assumir posições malvistas era mais impressionante ainda por se tratar de alguém para quem o sucesso tinha claramente muita importância. *Tempos interessantes* registra as diferentes formas – podemos fazer um ligeiro parêntese como gesto propiciatório – que o sucesso assumiu: leitores em quatro grandes línguas do mundo, cátedras simultâneas em três países, prêmios e títulos honorários *ad libitum*, entrevistas e plateias aos montes, homenagens do Front Bench e da Viminale. Outras foram omitidas: os leitores ingleses se lembrarão da ordem dos Companheiros de Honra, à qual pertence Hobsbawm, ao lado dos lordes Tebbit, Hurd e Hailsham. No início da biografia, ele explica que "aceitou ao menos alguns

---

[16] Ibidem, p. 218.
[17] Idem.

sinais de reconhecimento público", que o tornaram "membro do *establishment* cultural britânico oficial", porque nada faria sua mãe mais feliz em seus últimos anos – e acrescenta, com um sorriso desconcertante para garantir uma saída, que, dizendo isso, "não estaria sendo mais honesto ou desonesto que sir Isaiah Berlin, que quando foi sagrado cavaleiro usou a desculpa de que aceitou apenas para agradar *sua* mãe"[18].

Grandes homens têm falhas das quais podem ser perdoados, inclusive certa incapacidade ocasional de notar onde reside sua grandeza, ou o que pode diminuí-la. Na Grã-Bretanha, a incapacidade de resistir às glórias é tão comum entre acadêmicos eminentes – com destaque para historiadores de todos os tipos – quanto entre os antigos agentes africanos do tráfico de escravos. No caso de Hobsbawm, seu interesse está não na dissociação, mas na conexão entre a lealdade política e a acomodação social. Justamente porque permaneceu comprometido com uma causa execrável, a entrada no mundo da aceitação parece ter adquirido ainda mais valor. Intimamente, cada avanço de um lado podia ser computado como menos lustro do outro. Psicologicamente, tais engrenagens são bastante normais, mas têm um preço. No centro de *Tempos interessantes* há um esforço permanente para explicar o sentido de uma vida comunista. Mas explicar para quem?

Se há algo doloroso na advertência repetida e nervosa a essa busca, é porque – não de forma consistente, mas frequente demais para ser confortável: desde o primeiro giro pelos espiões de Cambridge até o último aumento de satisfação, quando Heath e Heseltine adornaram *Marxism Today* – o interlocutor silencioso é como uma ordem estabelecida à qual se deve em troca uma prestação de contas do eu. Essa parece ser a lógica por trás da ausência de discussões políticas mais detidas, ou de qualquer engajamento intelectual real com as questões que perturbaram a trajetória do comunismo europeu, característica tão inesperada nessas páginas. "Hoje, parece óbvio", escreve ele sobre a Revolução Russa, que "desde o começo o fracasso já estava inscrito na empreitada"[19]. Ele não oferece explicação para essa conclusão tão contrária à sua insistência no pragmatismo da tradição stalinista. Mas como tal fracasso é evidente para o público que ele tem em mente, por que se dar ao trabalho de explicá-lo? Para isso, teria de adotar outro tipo de orientação e um conjunto distinto de referências, a começar

---

[18] Ibidem, p. 40.
[19] Ibidem, p. 127.

por alguns nomes e ideias clarividentes – Kautsky, Luxemburgo, Trotski –, que ele prefere evitar em suas memórias.

Não obstante, depois de registrar todas as classificações e objeções, a elegia de Hobsbawm à tradição política a que dedicou sua vida tem uma dignidade e uma paixão que merecem o respeito de qualquer um. O tratamento que reserva às tradições dos outros é menos impressionante. Ali, a falta de generosidade desfigura julgamentos e acarreta uma falta de educação rancorosa atrás da outra. O problema começa no momento exato em que tenta explicar por que não deixou o partido em 1956. Antes de passar às razões biográficas válidas para explicar sua decisão, ele se dedica – como se fosse necessário justificar-se – a desqualificar aqueles que fizeram a escolha oposta. O perfil de Raphael Samuel – "essa figura ansiosa e errante, a absoluta negação da eficiência administrativa e executiva" – presta-se principalmente a denunciar seu "projeto sem pé nem cabeça" de montar um café em Londres e a lamentar o fato de ter aceitado participar desse "empreendimento mirabolante", sem nenhum senso de proporção[20]. Lendo isso, ninguém imaginaria que, depois de seis anos no Partido Comunista da Grã-Bretanha, Samuel produziu uma antropologia política do partido: "The Lost World of British Communism" [O mundo perdido do comunismo britânico], cuja riqueza faz com que as lembranças de Hobsbawm, depois de uma filiação oito vezes mais duradoura, pareçam um tanto esquálidas[21].

Sobre Edward Thompson, ele diz que "lhe faltava uma bússola interna" e que, depois de escrever *A formação da classe operária inglesa* – um trabalho de gênio, ainda que agressivamente breve e focado demais –, apenas perdeu tempo num desvio "criminoso" de suas energias para debates teóricos, em vez de se dedicar à pesquisa empírica, como Hobsbawm o advertira. Thompson ficaria surpreso ao se ver descrito como alguém "inseguro"[22]. Isso, sem dúvida, pode ser aplicado de certo modo a todos os seres humanos. Mas podemos ter certeza de que, nesse caso, ele teria se imaginado numa posição mais forte. "Em termos práticos", continua Hobsbawm, as várias novas esquerdas que emergiram da crise de 1956 eram insignificantes. Pior ainda eram os estudantes radicais da

---

[20] Ibidem, p. 212-4.
[21] "The Lost World of British Communism", *New Left Review*, v. I, n. 154, nov.-dez. 1985, p. 3-53; v. I, n. 156, mar.-abr. 1986, p. 63-113; v. I, n. 165, set.-out. 1987, p. 52-91. Agora reunidos em livro com o mesmo título (Londres/Nova York, Verso, 2006).
[22] *IT*, cit., p. 215.

América do Norte e da Europa, nos anos 1960 – para os quais "minha geração permaneceu estranha" –, que não foram responsáveis nem por "uma tentativa atrapalhada de realizar uma espécie de revolução, mas uma ratificação efetiva da outra: a que aboliu a política tradicional e, ao cabo, também a política da esquerda tradicional". Com relação às "ultraesquerdas contemporâneas na América do Sul e fora dela (todas aquelas tentativas guevaristas de insurreição guerrilheira foram fracassos espetaculares)", inspiradas na Revolução Cubana, "elas nem compreenderam nem quiseram compreender o que poderia motivar os camponeses latino-americanos a pegar em armas", ao contrário das Farc, na Colômbia, ou do Sendero Luminoso, no Peru[23].

Poucos itens dessa amarga retrospectiva resistem a um exame mais cuidadoso. A nova esquerda do fim dos anos 1950 foi essencial para a Campanha pelo Desarmamento Nuclear, que não atingiu seus objetivos, mas foi menos insignificante como força de mudança que o Partido Comunista não reconstruído. Os movimentos estudantis da Europa e da América, como o próprio Hobsbawm recorda num momento de descuido, não só ajudaram a enfraquecer os regimes do general De Gaulle e de Nixon, mas também, como ele não se recorda, foram essenciais nos Estados Unidos para precipitar o fim da Guerra do Vietnã e desencadearam as mais poderosas mobilizações de trabalhadores do período pós-guerra na França e na Itália. Na América Latina, a única revolução bem-sucedida, a da Nicarágua, foi não apenas diretamente inspirada, como também ajudada por Cuba. Quanto ao Peru e à Colômbia, Hobsbawm diz que não tinha como não saudar o fim do Sendero sob o governo de Fujimori. Mas por que não o das Farc, sob Uribe?

Em contraponto a esses exercícios de futilidade, Hobsbawm relata outro projeto, a seu ver mais frutífero, que estava em curso no início dos anos 1980. Trata-se da campanha que fez nas páginas de *Marxism Today* para salvar o Partido Trabalhista das desventuras de Bennery. Ali, orgulho legítimo e ilusão fatal entrelaçavam-se de maneira curiosa. Antes da queda do governo Callaghan, Hobsbawm mostrou corretamente que o trade-unionismo dos anos 1970, apesar de todo o êxito que obteve na indústria, não estava sendo levado adiante por qualquer ampliação subjacente da força da classe trabalhadora ou por sua organização; e que, depois que Thatcher assumiu o poder, não seria suficiente a esquerda ocupar uma máquina partidária trabalhista enfraquecida para der-

---

[23] Ibidem, p. 251-2 e 375.

rotar o novo conservadorismo[24]. Mas as conclusões a que chegou a partir dessas observações corretas foram extraordinariamente simplistas: em essência, a tarefa principal era assegurar a qualquer custo uma liderança "moderada", capaz de atrair de volta para o partido os eleitores de classe média – apesar do fato óbvio de que foi justamente o esgotamento desse tipo de trabalhismo, demonstrado à exaustão no fim dos anos 1960 e 1970, que levou à ascensão da esquerda.

Hobsbawm conta com deleite, apesar de superestimar, o papel que desempenhou no bombardeio midiático que derrubou Benn e levou ao cargo a figura deplorável de Kinnock. Como toda a Fleet Street*, desde o *Sun* e o *Mirror* até o *Guardian* e o *Telegraph*, estava pedindo a cabeça de Benn, é duvidoso que seu clamor pessoal tenha feito alguma diferença. Depois que Kinnock conduziu a purgação necessária do partido, assegura ele, "seu futuro estava garantido". Infelizmente, mesmo sem Thatcher, o novo líder revelou-se um fiasco nas eleições de 1992. "Não estou sozinho", escreve Hobsbawm em tom de lamento, "quando me lembro daquela noite de eleição como a mais triste e desesperada de minha experiência política"[25]. Março de 1933 já era. Essa inflação absurda é um indicador da perda de contato com a realidade a que o historiador foi induzido por sua cruzada para "salvar o Partido Trabalhista" – desempoeirando o velho *slogan* de Gaitskell. Isso porque, longe de ser salvo, no sentido que Hobsbawm pretendia, o partido foi virado do avesso e levou ao que ele próprio chama hoje de "Thatcher de calças".

Observando que, desde a operação de resgate do partido, a esquerda trabalhista desapareceu, Hobsbawm parece incapaz de perceber que essa foi justamente uma das condições para a ascensão do blairismo que hoje ele lamenta. É óbvio que, numa escala menor, *Marxism Today* – vivo jornalisticamente, mas sem vigor intelectual ou político (este desapareceu em 1991) – fez o papel do aprendiz de feiticeiro, preparando o culto de Thatcher como um modelo de governo radical que foi adotado com entusiasmo pelo novo trabalhismo. Hobsbawm termina lamentando que o regime de Blair tenha "nos tirado da política 'real'", e cita com tristeza a advertência de um defensor da *Marxism Today*, hoje abrigado em Downing Street, de que a crítica já não é mais suficiente: o novo traba-

---

[24] Ver seus ensaios em Martin Jacques e Francis Mulhern (orgs.), *The Forward March of Labour Halted?* (Londres, NLB, 1981) e *Politics for a Rational Left* (Londres, Verso, 1989) [ed. bras.: *Estratégias para uma esquerda racional,* Rio de Janeiro, Paz e Terra, 1991].

* Rua em Londres, na Inglaterra, que, até os anos 1980, abrigou as sedes dos principais veículos da imprensa britânica. (N. E.)

[25] *IT*, cit., p. 276.

lhismo "tem de atuar numa economia de mercado e se ajustar às suas exigências". E tudo que ele consegue responder é: "É verdade" – apenas acrescentando a tal humilde minimalismo o protesto de que, hoje, a liderança acredita demais na ideologia neoliberal[26]. Esse episódio de modo algum representa Hobsbawm. O que mostra é em que se transformou aquele lado de sua formação que, segundo ele, sempre guiou seu pensamento estratégico. A Frente Popular pode ter despertado as massas para a vida política e mobilizado um entusiasmo genuíno, mas mesmo em seu auge, na França e na Espanha, nos anos 1930, pecou pela falta de um cálculo realista de poder e terminou em desastre. A transferência dessa carga de ilusões para as condições do pós-guerra, quando não havia uma mobilização popular comparável, teve consequências mais corriqueiras: expulsões atrapalhadas de um partido comunista após o outro dos governos da Europa continental entre 1946 e 1947, a procura inútil de um compromisso histórico na Itália dos anos 1970 e, por fim, cinzas frias das esperanças ardentes de 1936, a tentativa desesperada de juntar os cacos do trabalhismo nos anos 1980.

O terço final de *Tempos interessantes* muda o tom novamente: Hobsbawm troca as sequências narrativas por uma visão geral da profissão e das viagens que fez. Ali, o ritmo cai e o livro parece mais convencional, apesar de a mesma inteligência precisa estar presente até nos trechos mais anódinos. Ele faz um excelente relato da ascensão da história social analítica em associação com *Annales* e *Past & Present* – e em detrimento das narrativas anteriores sobre a alta política – e lamenta que tenha regredido com a virada cultural dos anos 1980. Descreve os historiadores pioneiros dessa escola como "modernizadores" – um termo vago e burocrático demais para ter utilidade teórica, sem contar suas outras conotações ("foi construída a principal malha ferroviária por onde os trens da historiografia passariam")[27]. Aqui, ele subestima suas capacidades. Para avaliar a originalidade de seu pensamento sobre o estudo do passado – mais do que o de Braudel, que, segundo ele, o impressionou um pouco demais –, devemos nos voltar para sua coleção *Sobre história*. O que mostra mais uma vez essa parte de *Tempos interessantes* é quão pouco se fala do engajamento de Hobsbawm com o mundo das ideias. Do começo ao fim, ele raramente menciona obras de reflexão que o tenham influenciado de fato. Do marxismo, praticamente tudo que diz é que leu o *Manifesto Comunista* na escola secundária, em Berlim. Notando que a literatura fazia as vezes da filosofia nos últimos dois anos

---

[26] Ibidem, p. 276-7.
[27] Ibidem, p. 293.

de ensino secundário, ele compara a si mesmo com outros historiadores marxistas britânicos que se aproximaram da história por meio de uma paixão inicial pelas artes. Mas, se não fosse por ter dito que a escola primária de St. Marylebone o apresentou às "assombrosas maravilhas da prosa e da poesia inglesas"[28], não saberíamos nada a respeito do conteúdo de suas leituras. Quando trata de política, cita trechos de Brecht e Neruda, mas, conceitualmente, há uma lacuna inteira.

Talvez essa omissão seja apenas consideração por um público desinteressado por essas questões. Já as viagens são outra coisa. O livro termina com as experiências de Hobsbawm na França, na Espanha, na Itália, na América Latina e nos Estados Unidos. Sobre os quatro primeiros, ele escreve com afeição, sem ter a pretensão de compreendê-los. Na verdade, confessa que ficou desconcertado ou decepcionado com o desenvolvimento de cada um – achava que a política e a cultura da Quinta República eram uma continuação inadequada da França do fim dos anos 1930 e 1940; foi pego de surpresa pela velocidade com que o capitalismo transformou a Espanha; espantou-se com o sucesso de Craxi e Berlusconi na Itália e com o encolhimento do movimento comunista, do qual se sentia mais próximo; e resignou-se com a falta de um avanço político real na América Latina, entre tantas mudanças sociais. Contudo, sob outros aspectos, esses últimos capítulos são registros bastante agradáveis dos prazeres e das amizades nas sociedades de sua predileção.

Os Estados Unidos, onde Hobsbawm passou mais tempo que em todos os outros países juntos, são um assunto à parte. Com exceção de Manhattan, segundo seu relato, ele aprendeu mais sobre o país nos poucos meses em que explorou a cena jazzística, em 1960, que nas muitas temporadas em que lecionou no país, nos anos 1980 e 1990. Estes, se tanto, parecem ter reforçado um sentimento de distância – ou antipatia, sem seu quociente habitual de curiosidade. Por mais impressionantes que sejam suas conquistas, escreve ele, a desigualdade social, a paralisia política, a assimilação e megalomania dos Estados Unidos são traços que o fazem ter orgulho de pertencer a outra cultura. Essa observação é um lembrete de que o país que teve mais importância para Hobsbawm não aparece aqui. Depois de descrever as impressões de infância, *Tempos interessantes* – apesar de um breve *intermezzo* sobre as férias passadas no País de Gales – não retorna à Inglaterra. Certamente não é um sinal de indiferença. Seus contemporâneos deixam claro que já em Cambridge ele se sentia mais britânico do

---

[28] Ibidem, p. 95.

que se esperava – sentimentos patrióticos que mais tarde encontraram expressão numa forte defesa da integridade do Reino Unido, e talvez sentimentos ambíguos a respeito da Guerra das Malvinas. A relação com o país legalmente natal, mas culturalmente adotado, é uma zona complexa que ele deixa de lado nesse autorretrato.

Tempos interessantes chega ao fim com um epílogo magnífico sobre o 11 de Setembro e sua exploração política – sobretudo "a clara afronta de apresentar o estabelecimento de um império norte-americano global como reação defensiva de uma civilização prestes a ser assolada pelo horror anônimo bárbaro, caso não ponha fim ao 'terrorismo internacional'"[29]. De uma perspectiva histórica, o novo império norte-americano será mais perigoso que o império britânico, porque será comandado por uma potência muito maior. Mas é improvável que dure mais. Na verdade, como sugere Hobsbawm, o próprio capitalismo é visto novamente com desconfiança pelos jovens, à medida que vastas forças de mudança social se espalham pelo mundo, para além dos horizontes conhecidos. Definindo-se como um historiador que foi favorecido pelo fato de nunca ter pertencido inteiramente a uma comunidade específica, e cujo ideal é o "do pássaro migrante, em casa no ártico e no trópico, voando por metade do globo", ele convoca as gerações mais novas a rejeitar os fetiches da identidade e unir-se à causa dos pobres e dos fracos. "Não vamos nos desarmar, nem em tempos de insatisfação. A injustiça social ainda deve ser denunciada e combatida. O mundo não vai melhorar por conta própria"[30]. Ao encerrar essas páginas, apesar de todas as diferenças de composição e reflexão que sugerem enquanto memória, a impressão que fica é a da vastidão de sua mente e da distinção complexa da vida que elas narram. São um acompanhamento à altura das conquistas do historiador. Uma vitalidade brusca que desafiou o tempo.

II.

Apresentado como par de *Era dos extremos*, retrato pessoal suspenso ao lado de uma paisagem histórica, que luz *Tempos interessantes* lança sobre a visão de Hobsbawm a respeito do século XX e da narrativa da modernidade em geral? Em sentido amplo, *A era das revoluções*, *A era do capital*, *A era dos impérios* e *Era dos extremos* podem ser considerados uma única empreitada – uma tetralogia

---
[29] Ibidem, p. 412.
[30] Ibidem, p. 418.

ímpar enquanto análise sistemática de como o mundo contemporâneo foi criado. Todos exibem a mesma fusão impressionante de dons: economia de síntese; vivacidade nos detalhes; alcance global, mas com um senso agudo das diferenças regionais; fluência erudita, à vontade tanto com produtos agrícolas quanto com mercado de ações, nações e classes, estadistas e camponeses, ciências e artes; amplas simpatias por agentes sociais distintos; poder de narrativa analítica; e, por último, mas não menos importante, um estilo dotado de notável clareza e energia, cuja assinatura é a descarga repentina de eletricidade metafórica por meio da superfície uniforme do argumento frio e pungente. É impressionante a frequência com que esses *flashes* de figuração são retirados do mundo natural ao qual ele diz ter se sentido tão próximo em sua juventude: "A religião, longe de ser como o céu, do qual homem nenhum pode escapar e que possui tudo o que existe sobre a Terra, tornou-se algo como um amontoado de nuvens, um traço amplo, porém limitado e mutante do firmamento humano", ou: "O arado de ferro da industrialização multiplicava as colheitas de sisudos homens de negócios sob as nuvens de chuva do Norte"; ou ainda: "O fascismo dissolveu-se como um torrão jogado num rio"[31].

No entanto, no interior da abrangência épica desses quatro volumes, há uma fratura definitiva entre os três primeiros, concebidos como uma trilogia, e o último, mais autônomo e com características que o distinguem dos anteriores. Cobrindo a época que vai da Revolução Francesa à Primeira Guerra Mundial, a trilogia segue um esquema consistente, de lógica marxista clássica: cada volume começa com o relato das fundações econômicas, passa para a narrativa dos conflitos políticos – nos dois primeiros volumes, intitulados "desenvolvimentos" –, oferece um panorama das classes sociais e, por fim, faz um apanhado geral da cena cultural e intelectual do período – sob o título "resultados". Não há tinir de armaduras teóricas; base e superestrutura não são mencionadas. Dentro das séries, tratamentos individuais distinguem-se repetidas vezes: capítulos maravilhosos sobre as Guerras Napoleônicas, o romantismo, o *boom* mundial dos anos 1850 e quem perdeu com ele, as origens da Primeira Guerra Mundial e muitos outros. Uma década antes de o termo se espalhar, "globalização" já é tema de *A era dos impérios*.

As simpatias políticas da trilogia são expostas com sinceridade. É raro um historiador que escreva – como em *A era do capital* – que "o autor deste livro

---

[31] *The Age of Revolution* (Londres, Weidenfeld & Nicolson, 1962), p. 227-7 [ed. bras.: *A era das revoluções: 1789-1848*, Rio de Janeiro, Paz e Terra, 2009]; *Age of Extremes*, cit., p. 175.

não consegue esconder certa antipatia, talvez até certo desprezo, pela era de que trata, ainda que mitigada pela admiração por suas conquistas materiais titânicas e pelo esforço para entender até mesmo aquilo de que não gosta"[32]. Os vereditos gerais de Hobsbawm são muitas vezes cáusticos: "De maneira geral, a introdução do liberalismo no campo foi como um bombardeio silencioso que destruiu a estrutura social [em que o camponês] sempre esteve inserido e deixou em seu lugar apenas os ricos: uma solidão chamada liberdade"[33]. Mas a acidez de certos julgamentos é sempre individual e raramente previsível. Quem imaginaria que o Congresso de Viena fosse chamado de sensato e realista, ou esperaria que Luís Napoleão recebesse um tratamento mais favorável que Proudhon ou Bakunin?

Apesar de desfrutarem de admiração quase universal, as três *Eras* atraíram menos debates críticos do que mereciam. É claro que isso se deve em parte à sua escala de atuação, que impede de certo modo uma visão abrangente do conjunto. Por falta deles, certos pontos de discórdia ou reflexão estão fadados a ser um tanto arbitrários ou marginais. Mas se o teste de qualquer grande obra são as questões que ela suscita, vale a pena confrontar uns poucos pensamentos soltos com essas páginas soberbamente polidas. O eixo em torno do qual a trilogia organiza a história do "longo século XIX" – que vai de 1776 ou 1789 até 1914 – é, nas palavras de Hobsbawm, "o triunfo e a transformação do capitalismo nas formas historicamente específicas da sociedade burguesa em sua versão liberal"[34]. Temos aqui, *in nuce*, os três objetos de análise – econômico, social e político – que controlam o desenrolar de cada volume.

Descrevendo o objetivo de seu trabalho "não [como] uma narrativa detalhada, mas uma interpretação, ou o que os franceses chamam de *haute vulgarisation*"[35], Hobsbawm deixa aberta a questão de como isso o compromete com a explicação, uma distinção relevante para sua obra. No início da empreitada, ele observa que *A era das revoluções* não tenta explicar as origens do capitalismo, situadas na Europa dos séculos XVI e XVII, mas a irrupção da Revolução Industrial na Inglaterra da década de 1780 em diante. Ele cumpre a promessa com

---

[32] *The Age of Capital* (Londres, Weidenfeld & Nicolson, 1975), p. 17. [Ed. bras.: *A era do capital: 1848-1875*, Rio de Janeiro, Paz e Terra, 2009.]
[33] *The Age of Revolution*, cit., p. 194.
[34] *The Age of Empire* (Londres, Weidenfeld & Nicolson, 1987), p. 8-9. [Ed. bras.: *A era dos impérios: 1875-1914*, Rio de Janeiro, Paz e Terra, 2009.]
[35] *The Age of Revolution*, cit., p. 11.

um relato centrado das fundações imperiais da industrialização britânica. "Lançada como um planador pelo comércio colonial a que estava vinculada", a indústria do algodão – cuja matéria-prima era fornecida essencialmente por escravos e cujos mercados eram assegurados pelo poder naval – representava o triunfo das exportações sobre o consumo interno[36]. Historiadores posteriores enfatizaram a vantagem comparativa da Grã-Bretanha propiciada pelo carvão como condição-chave para a Revolução Industrial, uma ideia que outros tentaram descartar. Mas nenhum atingiu seriamente a tese de Hobsbawm.

Por outro lado, quando chegamos à segunda maior era de expansão industrial, o arranque global dos anos 1850 e ponto de partida de *A era do capital*, percebemos uma diminuição gradual da pressão por explicações. "Por que a expansão econômica se acelerou de maneira tão espetacular em nossa época?", pergunta Hobsbawm, para então responder que "a pergunta, na verdade, deveria ser invertida": o problema é por que não se acelerou antes[37]. Esse *fin de non-recevoir* [indeferimento] parece uma espécie de ofuscamento, mas de qualquer modo não é discutido mais a fundo. Em seu lugar, ele nos oferece um cardápio variado de fatores – ferrovias, melhor comunicação, novas provisões de ouro – que nunca atinge de fato a dimensão da mudança invocada, emendando-se de forma um tanto inconclusiva com a difusão do liberalismo econômico ("em que medida o movimento global de liberalização foi causa, coincidência ou consequência da expansão econômica é uma questão que deve ser deixada em aberto")[38].

Na segunda junção crucial da economia mundial, também não se concedem explicações para a queda na Grande Depressão de 1873 – na verdade, apesar de fazer uma descrição gráfica do caráter desigual da recessão, Hobsbawm não arrisca uma análise causal. Ao contrário, quando a maré muda novamente com a recuperação dos anos 1890, ele nota simplesmente que todo o período de *A era dos impérios* parece ter avançado no ritmo de Kondratiev – vinte anos de recessão seguidos por vinte anos de expansão. Mas "como não podemos explicá-los, os ciclos de Kondratiev não ajudam muito"[39]. Pouco fala das possíveis razões da recuperação, além do aumento do poder aquisitivo nas grandes cidades, após a deflação causada pela desaceleração. Talvez a ausência de investigação mais

---

[36] Ibidem, p. 50-2.
[37] *The Age of Capital*, cit., p. 47.
[38] Ibidem, p. 53.
[39] *The Age of Empire*, cit., p. 48.

profunda seja o preço pela elegância enxuta da trilogia, cujo ritmo vai contra a paciente investigação econômica que Hobsbawm praticou em ensaios como "The Crisis of the Seventeenth Century" [A crise do século XVII][40].

Se nos deslocarmos da primeira para a segunda parte da trilogia, outro conjunto de questões, mais conceitual que empírico, é colocado. Podemos dizer que começa com a famosa ideia da revolução dupla – "crateras gêmeas de um vulcão regional maior"[41]. O problema aqui pode ser formulado de maneira bastante simples. No fim do século XVIII, houve uma revolução industrial na Grã-Bretanha e uma revolução política na França. Mas por que foram dissociadas? De acordo com as premissas marxistas tradicionais, ocorre uma revolução política quando o avanço das novas forças econômicas de produção atravessa a carapaça das relações sociais arcaicas. No entanto, num dos países a explosão da indústria moderna não abalou nem a monarquia nem a oligarquia; no outro, a erupção do povo não trouxe aceleração tecnológica, mas antes, como observa Hobsbawm, uma consolidação da propriedade camponesa tradicional. Para um historiador marxista, essa assimetria recíproca parece exigir mais que o registro empírico. Acusar qualquer obra de envergadura pelo que ela não diz, em vez de aprender com o que ela diz, é correr o risco de ser capcioso. Nesse caso, a graça com que a *histoire raisonnée* de Hobsbawm resvala pelo fino gelo analítico é um presságio de dificuldades futuras. A *finesse* realizada aqui é com a natureza da relação entre "capitalismo" e "sociedade burguesa", da qual a fórmula trinitária das *Eras* diz apenas que uma é a forma historicamente específica da outra, sem mais detalhes.

O ponto nevrálgico aqui é a carreira da burguesia europeia como classe política. No primeiro volume, depois de descrever o acordo da Restauração, em 1815, Hobsbawm trata da onda revolucionária de 1830:

> Com efeito, marcou a derrota definitiva da aristocracia pelo poder burguês na Europa Ocidental. A classe dominante dos cinquenta anos seguintes seria a "grande burguesia" dos banqueiros, dos grandes industriais e, algumas vezes, dos altos funcionários do governo, aceitos por uma aristocracia que se apagou ou concordou em promover políticas fundamentalmente burguesas, incontestadas pelo sufrágio universal, mas pressionadas externamente pela agitação de homens de negócios

---

[40] *Past and Present*, n. 8 e 9, maio e nov. 1954, p. 33-53 e 45-65, publicado em T. Aston (org.), *Crisis in Europe 1560-1660* (Londres, Routledge & Kegan Paul, 1965).
[41] *The Age of Revolution*, cit., p. 14.

pequenos ou insatisfeitos, pela pequena burguesia e pelos primeiros movimentos de trabalhadores.[42]

Isso parece um tanto prematuro. Se a burguesia já governava a Europa Ocidental na época de Lola Montez e do rei Bomba, qual era a necessidade das revoltas de 1848? Por que concluir então, ao final de panorama admirável como esse, que naquele momento "a burguesia deixou de ser uma força revolucionária"[43]? Sendo assim, meio século após 1830, o sufrágio universal masculino chegou à França e à Alemanha, mas Bismarck e MacMahon foram meros burgueses?

O segundo volume sugere uma periodização diferente, mas, em vez de resolver, ela só faz crescer as dúvidas. Os anos de 1850 a 1875 representam, acima de tudo, "a era da burguesia triunfante", quando sua ascendência "parecia estar acima de qualquer dúvida ou questionamento". Mas, ao mesmo tempo, admite Hobsbawm, "na maioria dos países, a burguesia, seja qual for sua definição, não controlava nem exercia o poder político. O que exercia era a hegemonia, e o que determinava cada vez mais eram as políticas governamentais. Não havia alternativa ao capitalismo como método de desenvolvimento econômico"[44]. O que essa descrição sugere, mas não diz, é que entre as esferas econômica e política não havia uma semelhança, mas uma torção. O império do capital não significava necessariamente governantes burgueses. Aqui também há um paradoxo central, que parece exigir explicação. Mas a narrativa passa novamente ao largo. Nesse caso, é, em parte, por dispersão. As grandes rebeliões políticas do período formam um conjunto que concentra todos os elementos dessa mudança decisiva: as unificações da Alemanha e da Itália, a Guerra Civil Americana e a Restauração Meiji, no Japão. *A era do capital* engloba todas elas, mas ao distribuí-las por capítulos distintos ("Conflitos e guerras", "Construindo nações", "Vencedores"), não as relaciona de uma maneira que exponha a questão histórica subjacente.

Se, no auge do poder, a burguesia europeia nunca chegou realmente a estar no poder, desfrutando do controle do Estado, como ela se desenvolveu depois de seu "breve e efêmero"[45] momento de triunfo? *A era dos impérios* muda a ênfase para o terceiro termo da fórmula original. "Este livro examina um momento da história em que se tornou claro que a sociedade e a civilização

---

[42] Ibidem, p. 140.
[43] *The Age of Capital*, cit., p. 33.
[44] Ibidem, p. 293 e 291.
[45] Ibidem, p. 17.

criadas pela e para a burguesia liberal ocidental representavam não a forma permanente do mundo industrial moderno, mas apenas uma fase de seu desenvolvimento inicial."[46] Em outras palavras, aqui, pela primeira vez, Hobsbawm começa a desconectar explicitamente a forma econômica da força social. Depois de uma discussão cuidadosa da composição fluida e das fronteiras da classe, ele observa que "o problema de definir a burguesia *como um grupo de homens e mulheres*, bem como a linha de demarcação entre este e as 'classes médias baixas', não tem relação direta com a análise do desenvolvimento capitalista nesse estágio", pois "as estruturas econômicas que sustentam o mundo no século XX, mesmo quando capitalistas, não são mais as da 'iniciativa privada' no sentido que os homens de negócios teriam aceitado em 1870"[47].

A era dos impérios não discute o controle contínuo das elites aristocráticas e agrárias sobre a cúpula do Estado e da sociedade na *belle époque*, como fez o historiador Arno Mayer, mas relata a "dissolução dos contornos claros da burguesia do século XIX" no advento da corporação moderna, na emancipação das mulheres e, acima de tudo, na crise do liberalismo – uma destruição moral e ideológica que levou a 1914. "À medida que a Europa burguesa se movia em crescente conforto material rumo à sua catástrofe, observamos o fenômeno curioso de uma burguesia, ou ao menos parte significativa de sua juventude e de seus intelectuais, que mergulhou de bom grado, e mesmo com entusiasmo, no abismo."[48] De fato, a conclusão da trilogia é um rompimento das ligações entre os elementos constitutivos que a puseram em marcha. O capitalismo não exige mais – esta ou qualquer? – burguesia. A burguesia não está mais comprometida com – este ou qualquer? – liberalismo. O demonstrativo continua indeterminado, deixando suspensas as diferenças entre o particular e o genérico.

Cronologicamente, *Era dos extremos* retoma a narrativa do ponto em que termina seu predecessor: o início da Primeira Guerra Mundial – uma continuidade que é sublinhada pela antecipação no epílogo que conclui a trilogia de alguns de seus temas principais, já visando a história do século XX. Mas, conceitual e arquitetonicamente, há uma quebra. Embora tenha a metade do tamanho dos anteriores, o quarto volume é construído em escala maior. Encará-lo depois dos outros é como se, depois de escalar com dificuldade o que parecia ser o cimo de uma cadeia de montanhas, encontrássemos de repente um

---

[46] *The Age of Empire*, cit., p. 11.
[47] Ibidem, p. 173 e 11.
[48] Ibidem, p. 188 e 190.

pico de proporções andinas despontando por trás dela. Não há dúvida de que *Era dos extremos* é a obra-prima de Hobsbawm. Sua apresentação e sua construção interna merecem atenção. O título já é um sinal: os artigos definidos da trilogia sumiram, assim como os substantivos penetrantes. Os substitutos pertencem a outro campo semântico: menos categóricos e políticos, mais existenciais. Os atores também mudaram. A mudança mais impressionante no quarto volume é o desaparecimento total da burguesia, que – ao contrário do xadrez, das drogas e do futebol – nem merece figurar no índice. Teria desaparecido historicamente em agosto de 1914? Nenhum historiador é obrigado a voltar a temas anteriores, e o desejo de explorar novos terrenos é sempre louvável. Mas uma cesura tão drástica não pode ser apenas questão de mudança de assunto, sem nenhuma importância para os rumos do que vem a seguir.

Era dos extremos organiza seu argumento fundamental na forma de uma periodização. O "curto século XX", entre 1914 e 1991, pode ser dividido em três fases. A primeira, "a era da catástrofe", vai do massacre da Primeira Guerra Mundial ao cataclismo da Segunda e suas consequências imediatas, como o fim dos impérios europeus, passando pela Grande Depressão e pela ascensão do fascismo. A segunda, "a era de ouro", vai de cerca de 1950 a 1973 e é marcada pelas altas taxas de crescimento e por uma nova prosperidade popular no mundo capitalista avançado, com a disseminação das economias mistas e dos sistemas de previdência social; assistiu à melhora do padrão de vida no bloco soviético e ao "fim da Idade Média" no Terceiro Mundo, quando os camponeses afluíram em massa para as cidades modernas dos Estados pós-coloniais. A terceira fase, "a ruína", começa com a crise do petróleo e o início da recessão, em 1973, e continua até hoje; testemunhou a estagnação econômica e a atrofia política do Ocidente, o colapso da URSS no Leste, a anomia sociocultural em todo o Norte e a disseminação de conflitos étnicos ferozes no Sul. Os sinais dessa era são: menos crescimento, menos ordem, menos segurança. O barômetro do bem-estar humano está em queda.

Essa é uma visão poderosa do século. A distinção entre a primeira e a segunda fase é bastante clara e dá força ao título do livro. E a linha divisória entre a segunda e a terceira? Aqui, o sentido óbvio é que Hobsbawm continuou fiel a suas origens marxistas, já que a demarcação básica entre as duas é econômica. Cada período, observa ele, corresponde a uma longa onda de Kondratiev – um quarto de século de aquecimento dinâmico, seguido de outro quarto de lento desaquecimento. Reitera que os ciclos de Kondratiev parecem existir, mas ainda não foram explicados satisfatoriamente. Uma vez que *Era dos extremos* começa dizendo que "meu objetivo é entender e explicar *por que* as coisas aconteceram como aconteceram" – ênfase mais forte que a "interpretação" prometida na trilogia –, confiar no mesmo mecanismo inescrutável pode ser uma admissão mais séria de limitação, já que a coerência da narrativa se volta de certo modo para esse *deus absconditus*[49].

O fato é que Hobsbawm oferece explicações parciais sobre a Grande Depressão dos anos 1930, o *boom* da Idade de Ouro e mesmo – ainda que obliquamente – o longo desaquecimento. Ele atribui a primeira essencialmente a uma demanda insuficiente (estagnação de salários) nos Estados Unidos da era do jazz, que de qualquer modo eram isolacionistas demais, talvez, para desempenhar um papel equilibrado na economia mundial. Atribui o segundo ao gerenciamento efetivo da demanda nas economias mistas de um capitalismo pós-guerra disciplinado, que garantia aumentos de salário frequentes para absorver a produção e melhor coordenação internacional do comércio e dos investimentos. Sugere que o terceiro se deveu a uma demanda excessiva, no momento em que os salários superaram a produtividade no fim dos anos 1960, desencadeando uma inflação generalizada, e ao mesmo tempo o sistema dólar-ouro de Bretton Woods ruiu. A simetria entre essas sugestões é suficientemente clara. Em linhas gerais, Hobsbawm as enumera sem ênfase, com o ar cético do historiador que desconfia dos dogmas dos economistas, de modo que não se deve atribuir muita importância a eles. No entanto, essas sugestões são convencionais e surpreendentemente insensíveis a indicações contrárias. Robert Brenner mostrou, de maneira bastante conclusiva, que o início da desaceleração nos Estados Unidos não pode ser explicado pela compressão dos salários, assim como o fim do aquecimento no pós-guerra não é explicado pela explosão salarial[50]. Ele também propôs uma explicação teórica genuína, do tipo que faltou a Kondratiev, sobre a longa desaceleração, apoiando-se em evidências empíricas detalhadas. A caixa não é tão preta quanto sugere Hobsbawm.

Seja como for, o fato de que, na segunda metade do século passado, a história econômica do capitalismo avançado tenha se dividido no momento e da maneira como Hobsbawm descreve é algo que não se discute. Com base na grande mudança do começo dos anos 1970, contudo, Hobsbawm desenvolve uma

---

[49] *Age of Extremes*, cit., p. 87, 268, 3.
[50] Ver Robert Brenner e Mark Glick, "The Regulation Approach: Theory and History", *New Life Review*, v. I, n. 188, jul.-ago. 1991, p. 45-117, e *The Economics of Global Turbulence*, cit., discutido no capítulo anterior.

comparação de épocas de grande envergadura, que tende a abrigar todas as dimensões da vida social e todas as partes do globo. Quão sólida é a superestrutura erguida sobre essas fundações? Quase que por definição, suspeita-se que toda a Idade de Ouro seja uma lenda. Nesse caso, Hobsbawm tomou a frase de uma descrição do *boom* na zona da OCDE, após a guerra, de um grupo de economistas de esquerda anglo-americanos – Andrew Glyn, David Gordon e outros – e reuniu sob essa rubrica uma fase da história. A noção, como sempre, e como ele mesmo admite, é retrospectiva: um tesouro descoberto depois do acontecimento. É no meio do entulho que aquilo que precedeu aparece como uma barra de ouro. A validade dessa distinção pode ser abordada de várias maneiras. Mas se nos ativermos às principais questões estudadas por Hobsbawm, três se destacam.

Primeiro, o período que começa em 1973 teria sido responsável substancialmente por menos melhoria material para a maioria da população mundial do que o período anterior? Taxas menores de crescimento, salários reduzidos, mais desemprego e uma desigualdade crescente nas zonas ricas do Atlântico e antípodas não significam por si sós que a resposta seja sim. O período de longo retraimento também foi testemunha de um deslocamento dramático da riqueza relativa das regiões mais densamente povoadas da Terra. A China tem sozinha uma população maior que a América do Norte, a Europa e a Rússia juntas. Suas taxas de crescimento na era da ruína foram muito maiores que na Idade de Ouro. Apesar da aguda crise econômica de 1997-1998, o Sudeste Asiático – com uma população consideravelmente maior que a América do Sul – exibiu um desenvolvimento mais rápido a partir dos anos 1970 do que nas décadas de 1950 e 1960. Até a Índia acelerou seu crescimento nesse mesmo período. Nessa parte do mundo, onde vive cerca de três quintos da humanidade, a miséria total caiu de modo mais significativo do que nos dias tranquilos do *boom* no Atlântico.

Portanto, mesmo se considerarmos o buraco em que caiu a maior parte da antiga União Soviética, o abismo profundo de vastas regiões da África subsaariana e o aumento universal da desigualdade, por qualquer cálculo moderadamente benthamiano que façamos, a balança de bem-estar inclina-se para o lado do período mais recente, não para o mais antigo. A fim de corroboração, podemos usar uma imagem mais impressionante do aperfeiçoamento humano – do próprio Hobsbawm. Os camponeses não foram extintos na Idade de Ouro e estão longe de desaparecer depois de três décadas de ruína. Eles ainda representam cerca de 45% da população mundial. Mas, de longe, a maior redução desse contingente aconteceu nos últimos trinta anos de aceleradíssima urbanização no Terceiro Mundo. A Idade Média, nesse sentido, terminou para a maior parte da humanidade na era Reagan, não na era Eisenhower.

Um segundo tema central em *Era dos extremos* é a violência política do século – os 187 milhões de mortos por guerras, massacres, execuções ou fome que Hobsbawm coloca no início de sua história. Como comparar a Idade de Ouro e a ruína a partir dessa escala? O formato da primeira é indissociável da Guerra Fria, à qual Hobsbawm dedica um capítulo lúcido e atribuiu o ônus essencialmente aos Estados Unidos, e não à União Soviética ou a ambas as potências. Segundo ele, o tom apocalíptico e o zelo cruzadista do conflito se devem apenas a Washington. Contudo, não havia perigo iminente de guerra mundial, ambos os lados aceitaram a divisão do globo depois de 1945 e as armas nucleares, acumuladas de forma irracional e inconsequente do ponto de vista estratégico, nunca foram usadas. O efeito dessa descrição do fim da Guerra Fria é a minimização do risco de destruição mútua que tanto se temia na época, o que poderia ter comprometido a imagem de uma Idade de Ouro. De maneira mais consistente e franca, *Tempos interessantes* fala de uma vida "sob a nuvem negra do apocalipse nuclear"[51].

Ainda assim, mesmo desconsiderando esse lado, o período foi suficientemente homicida. De 1950 a 1972, houve a Guerra da Coreia, as guerras francesas na Indochina e na Argélia, três guerras no Oriente Médio, as guerras portuguesas na África, o conflito em Biafra, os massacres na Indonésia, o Grande Salto Adiante, a Revolução Cultural e a Guerra do Vietnã. Total de mortos: 45 milhões, talvez. Em compensação, a taxa de mortandade no mundo caiu rapidamente durante a era da ruína. De 1973 a 1994, quando *Era dos extremos* foi publicado, os piores episódios foram a Guerra Irã-Iraque, os massacres no Camboja, o genocídio em Ruanda, o terror contrarrevolucionário nas Américas Central e do Sul, a quarta e a quinta guerras do Oriente Médio e a limpeza étnica nos Bálcãs. Número aproximado de mortes: 5 milhões. As barbaridades da era atual estão longe de terminar, mas, nesse sentido, não há por que lamentar o período anterior.

Por que o esquema analítico de *Era dos extremos* divergiria do registro histórico, nas duas principais medidas que utiliza para avaliar o século? Há uma razão em comum. Em ambas, é o peso da Ásia Oriental, sobretudo da China, que faz a diferença – por larga vantagem, com o maior número de vítimas na

---

[51] *IT*, cit., p. 228.

Idade de Ouro e, de longe, as maiores taxas de crescimento durante a ruína. Em sua autobiografia, Hobsbawm escreve: "Ainda hoje me vejo tratando a memória e a tradição da URSS com uma indulgência e um carinho que não sinto em relação à China comunista, porque pertenço à geração para quem a Revolução de Outubro representava a esperança para o mundo, algo que a China nunca representou"[52]. Há uma generalização excessiva nisso: Brecht, de uma geração mais antiga, e Althusser, de sua geração, não pensavam assim. Mas pode ser tratado como um fato pessoal, relevante para o historiador. Dado o extraordinário internacionalismo do pensamento de Hobsbawm, composto de experiência política, erudição profissional e simpatia criativa, seria absurdo censurá-lo por sua formação europeia. Mas *Era dos extremos* mantém a perspectiva das origens vienenses, berlinenses e londrinas do autor, tal como descritas em sua autobiografia. Faltou à China um lugar à sua altura no balanço do século. O Japão também aparece menos do que deveria, e não só na Idade de Ouro, como levaria a crer seu papel em *A era do capital*. O único membro da nação que mereceu ser mencionado foi Kurosawa. Aqui, a distância cultural talvez se tenha feito sentir. Após uma visita, quando perguntado sobre o que tinha achado do país, o historiador olhou para o vazio e simplesmente respondeu: "Marte". Afinidades são sempre seletivas: a condição para se envolver profundamente com uma cultura estrangeira, não importa quantas, é inevitavelmente ter menos contato com outras.

O terceiro grande tema que perpassa a análise que Hobsbawm faz da última metade de século é "a desintegração dos velhos padrões de relações sociais humanas, e com ela, incidentalmente, a quebra de elos entre gerações, ou seja, entre o passado e o presente"[53]. A comparação sociocultural não é tão clara quanto a material ou a letal, mas a ênfase da narrativa é dada às "décadas de crise" dos anos 1970 e 1980, quando os laços morais que davam coesão imemorial à vida humana – família, origem, trabalho, religião, classe social – se romperam. O resultado foi a disseminação de um "individualismo absolutamente a-social", cujos custos psicológicos foram compensados cada vez mais pela excêntrica fixação coletiva nas políticas de identidade. Aqui, é certamente mais plausível assumir um desenvolvimento unidirecional amplo do que no caso de crescimento econômico ou morte violenta. Considerando que Hobsbawm situa razoavelmente nos anos 1960 o começo da revolução cultural

---

[52] Ibidem, p. 56.
[53] *Age of Extremes*, cit., p. 15.

ocidental contra todas as formas conhecidas de tradição, concluímos que o impacto maior dessa transformação deve incidir nas décadas subsequentes.

Uma coisa é a periodização de tais mudanças; outra coisa é sua avaliação. A descrição dos anos 1960 e de seus desdobramentos, tanto em *Era dos extremos* como em *Tempos interessantes*, é, em geral, amarga. Nesse sentido, pode ser comparada às sugestões esboçadas pela primeira vez na esquerda por Régis Debray, e aprofundadas em seguida na direita por Mark Lilla, de que o libertarismo hedonista do período brotou do mesmo solo moral que o neoliberalismo desenfreado de seu sucessor – a rejeição a qualquer tipo de controle, sobretudo do sexo e depois da ganância, na busca do desejo individual nu e cru[54]. Hobsbawm não faz a conexão de modo tão explícito: dá mais importância à autonomização da juventude como um fenômeno sem igual na história, mas o veredito negativo da "revolução cultural" está claro.

Entretanto, há uma resposta óbvia a qualquer lamúria aqui. Houve consequência tão geral e profunda da grande transvaloração quanto o avanço mundial da emancipação das mulheres? Essa é uma consequência cujo impacto se encaixa perfeitamente na era da ruína. O feminismo moderno como movimento e a entrada em massa das mulheres na força de trabalho do mundo industrializado, em condições menos desiguais em relação aos homens, datam essencialmente dos anos 1970. Hobsbawm lhes concede toda a importância sociológica que merecem, naturalmente sem nenhuma censura. Mas quase não aparecem em sua apreciação moral sobre a dissolução dos laços tradicionais. Quase sem nenhuma palavra, a família burguesa e os patriarcas, objetos de uma análise sem viço em *A era dos impérios*, saíram discretamente de cena. Tacitamente, sua derrocada deixou de ser uma libertação total.

Com isso, voltamos aos atores ausentes no curto século XX. A posição cambiante das mulheres é situada na "revolução social", distinta da deletéria revolução cultural, de que trata o capítulo seguinte. Aqui, Hobsbawm lista as grandes forças coletivas do mundo contemporâneo, num apanhado semelhante aos panoramas das classes sociais do século XIX. O que traz? Em ordem: camponeses (em extinção ou extintos); estudantes (em multiplicação); trabalhadores (em declínio); mulheres (em ascensão). Não há nenhuma menção aos burgueses que dominaram o auge da trilogia, ou seu equivalente. Eles não

---

[54] Régis Debray, *Modeste contribution aux discours et cérémonies du dixième anniversaire* (Paris, Maspero, 1978), p. 35-63; Mark Lilla, "A Tale of Two Reactions', *New York Review of Books*, 14/5/1998.

deixaram descendentes? A arquitetura de *Era dos extremos* mascara uma dificuldade por não incluir nenhuma seção transversal a respeito das sociedades ocidentais entre 1914 e 1950. De fato, saltamos da metade da *belle époque*, com a qual *A era dos impérios* termina, passamos pelo período entreguerras e caímos na parte final da Idade de Ouro ou até na era da ruína. Isso esconde, como também aprofunda, o hiato no interior da série como um todo. Claramente, as burguesias ocidentais, sob qualquer ponto de vista, não acabaram em Versalhes, mas continuaram a crescer no decorrer da idade da catástrofe – como Hobsbawm, estando na Inglaterra de Baldwin, deveria saber muito bem. Por que então ele as exclui?

Uma resposta pode estar na anomalia espacial de *Era dos extremos*. Econômica, política e culturalmente, o país que, para o bem ou para o mal, dominou amplamente o período analisado, a ponto de o curto século XX ser batizado com seu nome, são os Estados Unidos. Esperava-se que tivessem destaque comparável no livro. Contudo, não há nenhum tratamento direto. Os Estados Unidos aparecem em momentos relevantes da narrativa – a Primeira e a Segunda Guerra Mundiais, a Grande Depressão, a Guerra Fria, as décadas de crise e assim por diante –, em passagens quase sempre argutas, mas não há uma reflexão consolidada. O contraste com a Rússia é impressionante. O sumário registra o dobro de termos referentes à URSS, mas a disparidade de atenção é ainda mais notável. A União Soviética é objeto de três análises integrais: o momento da fundação do bolchevismo, o fim do sistema stalinista, o declínio brejneviano e a implosão sob Gorbachov e Yeltsin. Ninguém esperaria menos da Revolução de Outubro e suas consequências. Mas essa centralidade do perdedor destaca ainda mais a marginalização relativa do vencedor.

Se *Tempos interessantes* ilumina as fontes de um desconforto subjacente em relação aos Estados Unidos, as razões por que suas menções são esporádicas em *Era dos extremos* – como se na maior parte do tempo seu lugar fosse nos bastidores – provavelmente são mais estruturais: efeito tanto de composição quanto de alienação. Os Estados Unidos participaram apenas no sentido mais brando do tríptico em que Hobsbawm divide o século. Na era da catástrofe, passaram apenas pela depressão – bastante profunda, mas logo sublimada sob a forma de lendas sentimentais sobre o New Deal e o melhor presidente do país, a quem o próprio Hobsbawm não é de todo imune (o regime de Franklin Delano Roosevelt "tornou-se um governo para os pobres e os sindicatos")[55]. As duas guerras

---

[55] *IT*, cit., p. 388.

mundiais ocorrem, relativamente falando, a muitas léguas de distância, e levaram mais prosperidade que insegurança à terra-mãe intocada. A "Idade de Ouro", como registra Hobsbawm em *Tempos interessantes*, continuou a experiência do *boom* ocorrido no pós-guerra. A "ruína" ergueu o país a um pico histórico de poder. Se a China nunca entra completamente num lado do panorama, os Estados Unidos também não se ajustam muito bem ao outro. O desaparecimento, em *Era dos extremos*, da classe de senhores que acompanhamos nos livros anteriores pode ter algo a ver com essa perda de foco.

Sejam quais forem as vicissitudes por que passou na Europa, não há dúvida de que nos Estados Unidos a burguesia, *haute* ou *moyenne*, esteve no comando durante toda a primeira metade do século. Basta pensarmos em figuras tão diferentes quanto Taft e Wilson, Coolidge e Mellon, Stimson e Cordell Hull, Acheson e os irmãos Dulles, para não falar dos próprios Roosevelts. Não que a Europa não tenha tido equivalentes – Adenauer, Pinay ou Scelba – mesmo depois da guerra. Mas é que a América foi *par excellence* a terra da burguesia em sua forma mais robusta. Cinquenta anos depois, podemos falar nesse mesmo sentido sobre as burguesias do Ocidente? Excluindo-as da lista de elenco, Hobsbawm não parece ter sido tocado pelas conotações do termo hoje fora de moda. É mais provável que tenha ficado compreensivelmente perplexo com o que aconteceu com elas. Certamente, entre os efeitos da "revolução social" desencadeada a partir dos anos 1960, estavam as mutações do que Marx chamou de máscaras do capital. Sem dúvida, houve certa mistura plebeia pessoal e de estilos. Mas a mudança mais significativa não foi de tom, mas de escala. Desde a era dos barões norte-americanos, os piratas das finanças e os magnatas das indústrias nunca varreram a Terra a passos tão largos, passando por cima dos trabalhadores e passeando despreocupadamente pela cultura, do alto de um poder e de uma riqueza que Gould ou Morgan mal conseguiriam conceber. Basta ver os jornais ou a televisão para se lembrar da ubiquidade dessa tribo. Ao omiti-la, *Era dos extremos* apresenta um retrato decapitado da sociedade contemporânea.

Qual foi o desfecho político dos tumultos sociais e culturais retratados em *Era dos extremos*? Com certeza, não uma revolução à altura. Se tanto, a abreviação do cenário de riqueza e poder teve como efeito invocar um mundo mais próximo do provérbio cunhado, mas não endossado, por Lutz Niethammer: os governantes deixaram de governar, mas os escravos continuaram escravos[56]. Tal veredito não corresponde à maneira hobsbawmiana de dizer as coisas, mas pro-

---

[56] *Posthistoire* (Hamburgo, Rowohlt, 1989), p. 156.

põe uma questão relevante: qual é a visão de Hobsbawm sobre a democracia do século XX? Aqui, é claro, está o argumento final – e, de qualquer ponto de vista atual, obviamente o mais conclusivo – contra o contraste que estabelece entre a Idade de Ouro e a era da ruína. Como pode ter ignorado o maior de todos os progressos humanos, que se espalhou pelo globo neste último período, e não no primeiro? De acordo com a Freedom House (com sede em Washington, D.C.), o número de democracias certificadas no planeta subiu de 22, em 1950, para apenas 31, em 1972; mas, entre 1973 e 2000, deu um salto e chegou a 85. Hoje não está mais confinada à Europa Ocidental e às suas extensões no Novo Mundo e no Pacífico meridional: a democracia conquistou praticamente toda a América Latina, a África do Sul, a Europa Oriental e a maior parte da antiga União Soviética, a Tailândia e a Indonésia, Taiwan e a Coreia do Sul – e novos candidatos fazem fila todos os anos. Isso não é suficiente para demonstrar que tudo o que vem realmente despencando ladeira abaixo são as tiranias de um tipo ou de outro? De acordo com essa leitura, os últimos 25 anos testemunharam não tanto um período cujos ganhos e perdas podem ser grosseiramente comparados aos de seu predecessor, mas sim um mundo imensuravelmente melhor e mais livre.

Podemos depreender da trilogia, que dá um tratamento bastante frio à emergência da política eleitoral de massa no fim do século XIX, que Hobsbawm provavelmente não é adepto dessa visão. *A era dos impérios* observa que a famosa afirmação de Lenin de que "a república democrática é a melhor carapaça possível para o capitalismo" – o que teria causado espanto numa geração anterior de revolucionários – era uma conclusão plausível nos anos que antecederam a Primeira Guerra Mundial, quando as classes governantes da Europa "descobriram que a democracia parlamentar, a despeito de seus temores, mostrou-se bastante compatível com a estabilidade política e econômica dos regimes capitalistas". Depois da guerra, porém, a conexão entre as duas revelou-se extremamente frágil e, à medida que o fascismo se expandia, os comunistas passaram a defender a ideia de que "o capitalismo deve inevitavelmente abandonar a democracia burguesa". Isso se mostrou igualmente errado, como foi demonstrado pela experiência posterior a 1945[57]. Apesar de ter ressurgido como o sistema favorito das sociedades capitalistas prósperas e coesas, a democracia era realidade em poucos dos mais de 150 Estados do mundo. Tal era a posição de Hobsbawm em 1987, dois anos antes da queda do Muro de Berlim.

---

[57] *The Age of Empire*, cit., p. 110-1.

Como a democracia aparece em *Era dos extremos*? Hobsbawm confina a discussão em dois blocos de reflexão, no começo e no fim do livro. O primeiro faz parte de uma análise mais geral de "A queda do liberalismo" na era da catástrofe, cujo núcleo é uma análise brilhante da ascensão de vários tipos de autoritarismo de direita, dos quais o mais extremo foi o fascismo, no período entreguerras. Defende que as democracias caíram como pinos de boliche porque exigem condições de prosperidade, legitimidade consensual, harmonia social e pouca pressão por políticas sobre o governo, que raramente foram o caso em meio ao deslocamento econômico maciço e à tensão social. Já em 1940, entre 27 Estados europeus, apenas 5 eram democracias. O capítulo inteiro é um *tour de force* em termos de diagnósticos sucintos. Mas quando a narrativa passa para o período pós-guerra, não existe análise equivalente a respeito da reconstrução da democracia na Europa e no Japão, sobre amplas bases sufragistas; ao contrário, Hobsbawm passa diretamente para a Guerra Fria, quase sem mencionar o fato de que o "mundo livre" foi a bandeira sob a qual o Ocidente a travou. Quando a democracia entra na história, é para receber um tratamento brusco. Comentando as superpotências rivais, ele escreve:

> Como a URSS, os Estados Unidos eram uma potência que representava uma ideologia, que a maior parte dos norte-americanos acreditava sinceramente ser um modelo para o mundo. Ao contrário da URSS, os Estados Unidos eram uma democracia. Infelizmente, é preciso dizer que a segunda era provavelmente a mais perigosa.[58]

A ausência de uma atenção especial à disseminação da democracia como ordem política modal durante a era da ruína é coerente, portanto, com o modo como a trata na Idade de Ouro. Mas, no fim de *Era dos extremos*, Hobsbawm volta ao tema com um conjunto de observações memoráveis sobre o presente: "Nenhum observador sério do começo dos anos 1990", diz ele, "poderia ser tão otimista em relação à democracia liberal como em relação ao capitalismo"[59]. A globalização dos mercados financeiros e de produtos, numa economia mundial cada vez menos controlada por qualquer autoridade pública, ou por uma combinação delas, estava enfraquecendo o Estado-nação. As democracias passaram a ser sistemas em que os governos exerciam cada vez menos o poder, mas tinham de tomar mais decisões – típico de uma complexidade técnica que vai além da compreensão dos cidadãos – sob cerco perpétuo da mídia, que se tornou uma

---

[58] *Age of Extremes*, cit., p. 234.
[59] Ibidem, p. 575.

parte mais importante do sistema político do que os partidos ou os sistemas eleitorais. Hoje, os povos não podem governar a si mesmos sob qualquer sentido realista; mas também não podem ser ignorados pelos governos, que não podem eles próprios governar integralmente. É inevitável que o resultado desse impasse seja uma política de evasão oficial, ofuscamento e manipulação plebiscitária. Em boa parte do Ocidente, as eleições não são mais do que "disputas de perjúrio fiscal". Historicamente, é verdade, "a democracia representativa raramente é uma maneira convincente de administrar Estados"[60].

Em meio ao blá-blá-blá incessante do democratês – burocrático, acadêmico, jornalístico –, tal adstringência é um corretivo revigorante. Se fosse necessário um testemunho de quão inassimilável é a obra de Hobsbawm para um consenso confortável, esses vereditos acres bastariam. Descritivamente, eles correspondem à constante perda de substância dos sistemas parlamentares e eleitorais, na época de sua maior difusão, que decerto é uma das marcas do período. Analiticamente, contudo, indicam uma mudança em relação ao modo como a democracia é concebida na trilogia. *A era dos impérios* ligou a função dos sistemas democráticos às estruturas da sociedade de classes e às necessidades do capital na época em que a Europa dominava o mundo. Se a democracia que então existia tivesse de ser criticada, seria em nome da soberania popular e da igualdade que ela frustrou. Esse era o sentido da máxima de Lenin. O propósito de *Era dos extremos* é diferente. Um século depois, o foco da crítica não é a desigualdade das democracias pós-modernas, mas a sua governabilidade. O caráter classista da ordem representativa, como estrutura de um poder sistematicamente distorcido, não está mais em questão. A democracia burguesa saiu de cena com a burguesia. Em seu lugar restou algo parecido com uma versão radical de um discurso normalmente conservador. A "crise da governabilidade" era o termo-chave da própria Comissão Trilateral, criada por David Rockefeller e Zbigniew Brzezinski, em 1973, para reunir "os principais políticos e empresários" dos Estados Unidos, da Europa e do Japão e discutir formas de governar o mundo juntos. De maneira semelhante, a insistência em *Era dos extremos* de que o principal problema da economia mundial não é o crescimento econômico, mas a "incontrolabilidade", faz eco a um tema desse mesmo universo. Brzezinski deu a um de seus trabalhos (citado por Hobsbawm em outro contexto) o título *Out of control* [Fora de controle].

---

[60] Ibidem, p. 578-583 e 138.

Não é que os problemas apontados em *Era dos extremos* sejam ficcionais. A instabilidade endêmica dos mercados financeiros internacionais e a complexidade científica de muitas das questões ambientais impõem aos regimes atuais as dificuldades que Hobsbawm indica. Mas uma análise das disfunções democráticas que permaneça próxima demais de uma crítica tecnocrática deixa escapar a força ideológica da ordem presente. Há pouca compreensão do papel indispensável que a democracia desempenhou como trunfo no desfecho da Guerra Fria: não o ás que o Ocidente tinha na mão, isto é, o apelo ao consumo, mas, mesmo assim, um valete ou uma rainha. Em consonância com a lógica da trilogia, *Era dos extremos* discute em detalhes a queda do liberalismo entre as duas grandes guerras. Mas a história de sua recuperação na Idade de Ouro, sem mencionar a força de sua mutação na era da ruína, não é discutida. O neoliberalismo, cuja disseminação por todos os continentes nas últimas décadas fez dele talvez a ideologia mais universal da história do mundo, é descartado praticamente entre vírgulas, como uma quimera utópica passageira.

Tal minimização remete a um hiato sintomático na trama desse volume final. A trilogia segue um padrão regular – trata primeiro de economias, classes e Estados, depois artes, ciências e ideologias. Nesse esquema, o tamanho da cobertura dada às artes e às ciências é constante nos três volumes, e reaparece de modo apropriado em *Era dos extremos* – que (de maneiras diferentes) tem capítulos interessantes sobre cada um desses temas – na última parte do livro. Por outro lado, se considerarmos as ideologias, a parábola é clara. *A era das revoluções* tem dois capítulos, o primeiro sobre as ideologias religiosas e o segundo sobre as seculares: 42 páginas. *A era do capital*, metade de um capítulo: 22 páginas. *A era dos impérios*, um capítulo: 13 páginas. Quando chegamos a *Era dos extremos*, que muitas pessoas consideram a era *par excellence* das ideologias, não há nada. As ideias perderam seu lugar na história da raça. Como podemos interpretar essa aparente diminuição de interesse por algo que antes tinha tanta importância?

É claro que uma explicação seria um *parti pris* metodológico subjacente: a tendência, por assim dizer, de qualquer materialista histórico ver os sistemas intelectuais como nada mais que acessórios para as relações entre as forças econômicas e sociais mais profundas, que realmente determinam o movimento de um período. Mas muitos marxistas se especializaram na história das ideias para torná-la uma linha de pensamento convincente. A própria ambição original de Hobsbawm, segundo nos conta em *Tempos interessantes*, era estabelecer as conexões entre superestrutura e base, não o desenvolvimento da base em si, e num sentido óbvio ele permaneceu fiel a ela. Uma explicação alternativa poderia ser encontrada no caráter das ideias que os sucessivos volumes de sua história abordam. O primeiro reserva um espaço generoso aos grandes monumentos do Iluminismo e suas consequências: a economia política clássica de Smith e Ricardo, o legado radical de Rousseau, as sínteses filosóficas de Kant e Hegel e a culminação dessas tradições em Marx. O segundo volume faz pouco caso de Comte e Spencer, dedica pouca atenção, porém cuidadosa, ao marginalismo, revela desaprovação ao começo da história acadêmica e ocupa-se longamente das diferentes manifestações de racismo na metade do século. O terceiro discute a expansão do marxismo, a popularidade declinante das teorias evolutivas e, de maneira um pouco superficial, a emergência da psicanálise e da sociologia clássica.

O quarto, que trata de um período duas vezes maior, traz uma página sobre o pós-modernismo, uma frase ou duas sobre o neoliberalismo e só. Obviamente, é tentador concluir que a cobertura é proporcional às afinidades do historiador: diminui de maneira gradual, e depois acelerada, à medida que avançamos na direção de um presente ingrato. Com certeza existe algo nesse sentido, mas um dos méritos de Hobsbawm é não fazer segredo daquilo que desdenha ou não gosta. Mas não pode ser só isso, porque a mesma lógica não se aplica às artes. *Era dos extremos* contém um capítulo substancial sobre o destino das artes no século XX que é um rude ataque às premissas do modernismo e aos projetos fúteis e decadentes da vanguarda, nos quais Hobsbawm detecta "o cheiro da morte iminente" – uma filípica desenvolvida na palestra "The Decline and Fall of the Twentieth-Century Avant-Gardes" [Declínio e queda das vanguardas do século XX][61]. A antipatia não é obstáculo para um engajamento resoluto nesse *front*. A razão por que as ideias saem de cena deve ser buscada, até certo ponto, em outro lugar.

Será que estão em ação certos reflexos nacionais adotados? No descarte impaciente de doutrinas herméticas e figuras de pensamento complicadas demais, nota-se um toque de inglesismo franco – o termo depreciativo "guru" aparece com muita frequência em *Tempos interessantes*, atribuído a pensadores como Raymond Williams ou Antonio Gramsci. Talvez haja também uma tensão anterior de *plumpes Denken* [pensamento simplório]. Isso poderia explicar a curiosa ausência de ideias em seu autorretrato. Ou mais simplesmente, deixando de lado qualquer fator cultural, poderia haver um temperamento no qual uma

---

[61] *Behind the Times* (Londres, Thames & Hudson, 1998).

racionalidade sem floreios, avessa a tudo que resiste à lógica direta, poderia ser um forte elemento. Isso certamente tem seu papel no modo como tantas ideias e episódios centrais do século XX são consignados a uma única categoria, acima da compreensão do historiador. Na Primeira Guerra Mundial, a rendição incondicional foi "absurda e autoaniquiladora". Nos anos 1930, o terror de Stalin foi um "absurdo assassino". Na Segunda Guerra Mundial, "não há explicação adequada" para a loucura que levou Hitler a se engajar militarmente contra os Estados Unidos. Durante a Guerra Fria, a crença do Ocidente na ameaça soviética foi "absurda" e a corrida armamentista nuclear um "absurdo sinistro". Os "absurdos assassinos" do Grande Salto Adiante de Mao foram seguidos dos "absurdos surrealistas" da Revolução Cultural. A Guerra do Vietnã é "quase impossível de entender". O rearmamento de Reagan foi "uma clara insanidade". Hoje, o direito à autodeterminação nacional foi reduzido a um "absurdo selvagem e trágico"[62].

Tais observações estão mais próximas de Voltaire do que de Marx. Seu eco num ponto crucial do argumento de *Era dos extremos* sugere a razão principal para esse evitamento das ideias. Nas primeiras páginas do livro, Hobsbawm declara que a oposição binária entre "capitalismo" ocidental e "socialismo" soviético que dominou o curto século XX foi uma construção arbitrária e artificial, e que o conflito entre eles tem interesse histórico limitado: comparável no longo prazo às guerras religiosas ou às cruzadas[63]. Retomando o tema na conclusão, Hobsbawm escreve que "o debate que opôs capitalismo e socialismo como polos opostos e mutuamente excludentes" pode muito bem "revelar-se tão irrelevante para o terceiro milênio quanto se mostrou, nos séculos XVIII e XIX, o debate entre católicos e reformistas nos séculos XVI e XVII sobre o que constituía o verdadeiro cristianismo"[64].

O tropo não é apenas uma maneira de enquadrar algo. Um capítulo em particular o transforma em característica estrutural da narrativa. "Contra o inimigo comum", substancialmente mais longo que a análise do próprio fascismo, é dedicado às alianças antifascistas de 1933 a 1945: as frentes populares anteriores à guerra, as resistências depois de 1941 e sobretudo o pacto militar entre URSS, Reino Unido e Estados Unidos que derrotou a Wehrmacht. Aqui, defende Hobsbawm, delinearam-se as fronteiras não entre o capitalismo e o

---

[62] *Age of Extremes*, cit., p. 30, 391, 41, 230, 249, 469-70, 244, 247 e 567.
[63] Ibidem, p. 4 e 9.
[64] Ibidem, p. 564.

comunismo, mas entre os descendentes do Iluminismo e seus oponentes. A unidade da luta contra o fascismo, que mobilizou um conjunto extraordinário de forças, "não [foi] negativa, mas positiva e, em certos aspectos, duradoura" – baseada ideologicamente nos valores comuns de progresso, ciência e educação e, na prática, no gerenciamento ativo da economia pelo Estado. Em muitos aspectos, a vitória dessa frente comum forma "o ponto central do século XX"[65].

Está claro o elemento de projeção nessa imagem idealizada dos parceiros de Yalta e Potsdam, com o melhor de si secretamente unificado. Historicamente, enquanto durou a coalizão por necessidade, os regimes capitalistas e comunistas observavam um ao outro com frio distanciamento instrumental. Para Stalin, a aliança com os Estados Unidos não significava mais, ou menos, do que o pacto anterior com a Alemanha (ele cometeu o mesmo erro de cálculo em ambos os casos). Para Truman, que viu com bons olhos o ataque nazista à União Soviética porque achava que ambas as potências sairiam enfraquecidas, os planos de contingência para um bombardeio atômico contra a URSS começaram poucas semanas após o término da guerra. A "unidade duradoura" do antifascismo não durou mais que o próprio fascismo. Capitalismo e comunismo eram sistemas mortalmente antagonistas, como sabiam ambos os lados. A Guerra Fria não foi uma aberração. A mistura de analogias na construção de Hobsbawm, que virou de cabeça para baixo os séculos XVIII e XVII – 5 anos de Iluminismo seguidos de 45 anos de guerras religiosas –, diz o bastante. As ideias em confronto durante a Guerra Fria eram terrenas, não teológicas: esquemas de organização social, testados uns contra os outros neste mundo, e não minúcias de credo sobre um mundo sobrenatural. Não podem ser dispensadas, depois do fato, como irrelevantes.

Era dos extremos mostra isso de modo claro. Longe de levar a um mundo pacificado, livre de paixões sectárias antiquadas – navegando, por assim dizer, nas águas calmas de um acordo contemporâneo em Utrecht –, o fim da Guerra Fria nos empurrou para a violência imprevisível e o desespero social, segundo o relato do próprio Hobsbawm. De fato, essa é a mensagem escandalosa que ocupa o centro do livro. A vitória do Ocidente contra a União Soviética não foi historicamente neutra – apenas uma remoção de enganosos rótulos de diferença – nem benéfica – o advento da liberdade e a promessa de prosperidade em terras sob ditaduras arrepiantes. A dissolução da URSS foi, ao contrário, "uma

---

[65] Ibidem, p. 176; "The Present as History", em *On History* (Nova York, New Press, 2000), p. 238 [ed. bras.: *Sobre história*, São Paulo, Companhia das Letras, 1998].

catástrofe não mitigada", que mergulhou a Rússia numa depressão de proporções comparáveis a um entreguerras e criou uma vasta zona de desordem, conflito e crises mortais em toda a Eurásia. No mundo como um todo, a Revolução de Outubro salvou duas vezes o capitalismo de si próprio – derrotando o nazismo no campo de batalha e forçando as sociedades ocidentais a fazer reformas profiláticas depois da guerra. Esse controle aos seus instintos ferinos acabou, para prejuízo de todos.

Cinco anos após a publicação de *Era dos extremos*, numa entrevista sinóptica que lhe serve de epílogo, Hobsbawm diz que, na verdade, subestimou a gravidade do desastre que o colapso da União Soviética significou: "A escala da catástrofe humana que se abateu sobre a Rússia é algo que nós simplesmente não compreendemos no Ocidente. Eu não acredito que tenha havido algo comparável no século XX"[66]. Segundo ele, o rompimento histórico de 1991 teve mais consequências no longo prazo do que os de 1918 ou 1945. Em suma, seria difícil exagerar o grau de convicção de Hobsbawm com respeito à gravidade do retrocesso que a destruição do socialismo soviético representou.

Aqui, entretanto, está a tensão central de *Era dos extremos*. Há duas visões incompatíveis do curto século XX em conflito na obra. Para a primeira, a confrontação entre dois sistemas sociais que começaram em 1917 e terminaram em 1991 foi, em última análise, uma fraude: as semelhanças benignas sempre foram mais profundas do que as diferenças hostis, inventadas em larga medida por duas metafísicas igualmente anacrônicas. Para a segunda, a luta entre o socialismo revolucionário e o capitalismo foi uma disputa cujo fim desastroso, com a morte de um nas mãos do outro, é a medida de tudo o que perdemos com a eliminação das diferenças entre eles. Não há dúvida de qual dessas duas construções é a mais plausível, ou a que tem mais peso na arquitetura do livro. A calamidade, não a reconciliação, é o tom dominante. É essa visão do modo como o século terminou que governa a estrutura tripartite do livro. Se perguntarmos por que a era da ruína se contrapõe de forma tão integral à Idade de Ouro, a despeito de tantos indicadores que aparentemente qualificam ou invertem os termos de cada um, a resposta é clara: foi a decaída do experimento soviético – de início gradual, mas depois desabalada – que determinou a inclinação da época.

---

[66] *The New Century* (Londres, Little Brown, 2000), p. 45 e 74 [ed. bras.: *O novo século*, São Paulo, Companhia das Letras, 2000]. Esse vasto *postscriptum* não tem recebido a atenção que merece.

Hobsbawm já explicou, com sua franqueza característica, como a organização de *Era dos extremos* mudou à medida que ele a compunha. Originalmente, observou ele numa palestra realizada um ano antes do lançamento, o livro foi concebido como um díptico: primeiro uma era da catástrofe, do início da Primeira Guerra Mundial até as consequências da Segunda, e depois, do fim dos anos 1940 até o momento em que escrevia, "o oposto exato" – a reforma do capitalismo e a persistência do socialismo num "grande salto adiante na economia mundial" sem paralelos, em que os próprios russos viviam melhor sob Brejnev do que as gerações anteriores[67]. Segundo ele, dois processos mudaram essa perspectiva: o colapso do bloco soviético na virada dos anos 1990 e a gravidade das dificuldades econômicas que o Ocidente enfrentava nessa época. Não há muita dúvida de qual delas foi decisiva. O longo desaquecimento da economia capitalista mundial estava claro desde a metade dos anos 1970, pelo menos, como ele próprio observa: o estouro da bolha financeira no Japão e a recessão nos Estados Unidos de 1991 a 1992 foram apenas os episódios finais – de certo modo, levados em conta de antemão no ciclo Kondratiev que estava em curso e que ele já havia presumido no díptico. A queda da URSS mudou tudo.

Estratigraficamente, a prova está na própria composição final. A situação e as premissas de "Contra o inimigo comum" somente fazem sentido do ponto de vista original do díptico. Ali, de fato, atuou como a questão central do século XX, quando a história mudou as provações de Kursk e Bastogne de cabo a rabo – de um desastre coletivo sem igual para um progresso comum antes inimaginável. Feita a mudança para o tríptico, essa camada anterior sobreviveu como afloramento em outra formação. Em outro lugar, houve uma compactação perceptível das placas temáticas que conta basicamente a mesma história. Daí os longos capítulos da Idade de Ouro sobre as revoluções sociais e culturais do mundo pós-guerra não estarem confinados ao período 1950-1973, mas chegarem até o fim do que teria sido o díptico – o primeiro estende-se explicitamente até o ano 2000, além dos confins do livro. Aqui, o contraste de periodização formal que gera o tríptico é claramente uma sobreposição na continuidade dos sedimentos por baixo dele.

Se as duas visões do século coexistem na versão final de *Era dos extremos*, em vez de a segunda suplantar a primeira, é porque correspondem às duas almas políticas do autor, como ele as descreveu. A primeira é pródiga em nostalgia da Frente Popular e no desejo de acreditar que o leão e o cordeiro podem se deitar

---

[67] *On History*, cit., p. 234-5.

em paz. A lealdade da segunda é para com a Revolução de Outubro, cuja espada dividiu o mundo. O modo como dão forma ao livro, porém, tem algo em comum. Em sua palestra, Hobsbawm disse à plateia:

> Boa parte da minha vida, provavelmente a maior parte da minha vida consciente, foi dedicada a uma esperança que nitidamente foi frustrada e a uma causa que claramente fracassou: o comunismo iniciado pela Revolução de Outubro. Mas não há nada que aguce mais a mente de um historiador que a derrota.[68]

Como suporte à sua ideia, cita uma passagem admirável de autoria de outro historiador que viveu a derrota, Reinhart Koselleck, ex-combatente do exército de Paulus, em Stalingrado:

> O historiador do lado vencedor tende facilmente a interpretar o sucesso no curto prazo nos termos de uma teleologia *ex-post* de longo prazo. Já os derrotados não. Sua experiência básica é que tudo aconteceu ao contrário do esperado ou planejado. Sentem mais necessidade de explicar por que aconteceu o oposto [...] No curto prazo, a história pode ser feita pelos vitoriosos. No longo prazo, os ganhos na compreensão histórica vêm dos derrotados.[69]

É claro que, como observa Hobsbawm, a derrota sozinha não garante necessariamente a compreensão, mas desde Tucídides ela tem sido uma espora poderosa. Ele tem o direito de incluir *Era dos extremos* nessa linha. Sem dúvida, é a ilustração contemporânea mais formidável desse fato. Mas, apesar de toda a sua força, o argumento de Koselleck só tem um lado. Ao apontar as vantagens epistemológicas dos derrotados, ele ignora suas tentações. A principal é a sedução do consolo. É aqui que as duas visões alternantes do "curto século XX" se encontram.

A mensagem subjacente em ambos é a maneira de inverter a derrota. O sonho retrospectivo da Frente Popular é que não houve vitória de um partido sobre outro, já que, na realidade, estavam todos do mesmo lado. A afirmação da

---

[68] Ibidem, p. 239.
[69] Ibidem, p. 239-40. A fonte é Reinhart Koselleck, "Erfahrungswandel und Methodenwechsel", em Christian Meier e Jörn Rüssen (orgs.), *Historische Methode* (Munique, DTV, 1998), agora também em Reinhart Koselleck, *Zeitshichten* (Frankfurt, Suhrkamp, 2000), p. 68. Uma das origens intelectuais da concepção de Koselleck é Carl Schmitt, do qual foi pupilo e amigo depois da guerra e do qual cita as reflexões sobre Tocqueville, em *Ex Captivitate Salus*, cit., como figura de derrota. Sua lista de pensadores históricos cuja grandeza nasceu de uma experiência de derrota inclui Tucídides, Políbio, Salústio, Tácito, Comines, Maquiavel e Marx (as jornadas de junho e a Comuna); estranhamente, estende-se aos economistas políticos escoceses, mas omite Clarendon.

era da ruína é de que não houve vitória, porque, na realidade, o outro lado também perdeu. As duas estratégias de consolo, uma eufórica e outra ameaçadora, são distintas. Na linguagem da rua, cada uma tem seu epônimo: Poliana, Cassandra. Mas se o resultado do "ninguém perdeu" e do "eles também perderam" é psicologicamente muito próximo, ambos são bastante diferentes como argumentos históricos. O primeiro não tem pernas; é o segundo que dá forma e direção a *Era dos extremos*. Sejam quais forem as críticas a essa ampliação, a ideia de uma era da ruína pode ser aplicada pelo menos à longa retração econômica na OCDE e à profundidade da crise social na CEI. Atualmente, nem o capitalismo avançado nem o pós-comunismo gozam de boa saúde.

Mas é claro que isso não significa que a hegemonia da ordem criada em Malta e em Paris seja fraca ou instável, contanto que as alternativas continuem a ser pouco mais do que pontos luminosos na escuridão. Pensar de outra forma é ilusão política. Uma consequência sintomática é a subestimação persistente do neoliberalismo como idioma dominante no período. *Era dos extremos* conformou-se com a ideia de que, como nenhum governo até hoje praticou de modo realmente consistente o *laissez-faire*, doutrinas puristas seriam fantasias de curta duração. De fato, "o triunfalismo neoliberal não sobreviveu aos retrocessos econômicos do começo dos anos 1990". Quatro anos depois, após a crise asiática, Hobsbawm proclamou mais uma vez "a morte do neoliberalismo". Hoje, *Tempos interessantes* traz de novo as mesmas informações, mas num registro um pouco mais hesitante. Diz que "talvez" o recente estouro das bolhas especulativas seja sinal da derrocada do fundamentalismo de mercado, dessa vez com um adendo pesaroso: "O fim da hegemonia do neoliberalismo global é anunciado há muito tempo – eu próprio o anunciei mais de uma vez"[70].

Um elemento dessa inabilidade para levar o inimigo a sério é a tendência geral à diminuição intelectual observada anteriormente. Na *Marxism Today* dos anos 1980, sempre houve diferenças entre os dois principais comentaristas. Ambos seguiam certa crítica da esquerda tradicional, mas, para Stuart Hall, "o caminho da renovação" passava pelo reconhecimento da força ideológica do thatcherismo, a cuja construção de um novo senso comum para o povo britânico ele dedicou sua atenção: apenas compreendendo integralmente essa hegemonia, argumentou ele, é que outra melhor pode ser construída. Hobsbawm, por outro lado, enfatizava não a ascendência político-cultural de Thatcher –

---

[70] *Age of Extremes*, cit., p. 412; "The Death of Neo-Liberalism", *Marxism Today*, uma questão rediviva, nov.-dez. 1998; *Interesting Times*, cit., p. 227.

insistia que, eleitoralmente, ela sempre foi bastante fraca –, mas a divisão de seus opositores. Para reconquistar o poder, argumentou ele, era preciso reconquistar as classes médias que se afastaram por causa de Bennery e do Inverno do Descontentamento. A chave para isso era pragmática: um pacto formal ou informal entre liberais e trabalhistas.

A sequência foi o veredito dessas duas visões. Blair reconquistou a classe média e chegou ao poder por um acordo tácito entre liberais e trabalhistas; mas o thatcherismo, longe de ser contra-atacado, foi assimilado como condição ideológica para esse retorno. O caminho pragmático, que fez pouco caso das ideias, gerou apenas um mutante daquilo que seu defensor mais detestava. *Era dos extremos* leva adiante a rejeição das teorias econômicas e afirma que o que dividiu keynesianos e neoliberais foi simplesmente uma "guerra de ideologias incompatíveis", em que cada qual racionalizava uma visão *a priori* da sociedade humana, a partir de posições "quase impossíveis de se discutir"[71] – uma visão da disciplina que teria causado desconfiança na época em que ele lecionava no King's College.

Mas a subestimação da força das teorias neoliberais – basta lembrar o alcance e a coerência do trabalho de Hayek – atende também a um desejo político mais familiar: a necessidade de boas notícias em tempos ruins. É possível que o sistema posto em marcha no auge da era Reagan e Thatcher ceda finalmente sob a pressão de uma recessão global; ainda que seja esse o resultado da retração atual, ele acabaria com qualquer ciclo de Kondratiev – o encolhimento que começou em 1973 completa agora três décadas, superando o quarto de século que deveria durar. Mas sem uma alternativa conceitual que possa ser articulada nesse mesmo universo, do filosófico ao técnico, passando pelo cruamente político, as melhorias desejadas por Hobsbawm provavelmente não se concretizarão. *Tempos interessantes* limita-se a procurar soluções inexistentes em Stiglitz e Sen, como se prêmios Nobel fossem sinal de esperança intelectual.

Era dos extremos trata o sistema interestatal de maneira não muito diferente. Se o neoliberalismo ainda é a ideologia hegemônica do momento, o poder hegemônico – num novo sentido – são os Estados Unidos. Sem a URSS e com o FMI e a ONU à disposição, nenhum Estado na história teve tamanha supremacia global. Essa posição inigualável já estava clara quando Hobsbawm concluiu a tetralogia, mas não aparece ali. Tudo que *Era dos extremos* tem a dizer sobre o assunto é que "o único Estado que teria sido reconhecido como

---

[71] *Age of Extremes*, cit., p. 409-10.

grande potência, no sentido em que a palavra era usada em 1914, seriam os Estados Unidos. O que isso significou na prática é algo um tanto obscuro"[72]. O mundo retratado nas páginas finais da obra é um sistema sem mestre – menos do que nunca sob o controle de qualquer um. *Tempos interessantes* ajustou-se à realidade de uma "única hiperpotência global", mas ainda insiste de forma nada plausível que "o império norte-americano não sabe o que quer fazer com seu poder"[73]. A ideia de que os propósitos norte-americanos são impenetráveis é outra maneira de sugerir que não há um rumo verdadeiro na ordem mundial.

A prova do dia a dia é outra. Todas as hegemonias têm seus limites, e nenhuma política consegue exatamente o que pretende. Mas o aspecto flagrante do presente não é que o mundo está fora de controle, e sim que nunca esteve sob um controle tão amplo da parte de uma única potência, que difunde e impõe um sistema, como vemos hoje. Os propósitos norte-americanos, amplamente discutidos pelos estrategistas do Estado, não poderiam ser mais claros: expansão geral do capitalismo liberal até os confins da terra, organizado, sempre que possível, de acordo com as regras e os interesses nacionais dos Estados Unidos. Não há nada de irracional nesses objetivos, que remontam à época de Cordell Hull e Acheson. É claro que não são imunes a erros de cálculo no passado e no presente. A única diferença é que, hoje, os Estados Unidos têm muito mais liberdade para buscar esses objetivos. Daí a série de expedições militares fáceis no Golfo, nos Bálcãs, no Hindu Kush e, sem dúvida, agora na Mesopotâmia.

Em relação a isso, Hobsbawm tem sido consistente. Na política interna do Ocidente, seus instintos não são nada radicais: é capaz de se desapontar com Clinton, julgar Lafontaine esquerdista demais e surpreender-se com o fato de os mercados financeiros não considerarem o novo trabalhismo perigoso[74]. Seus instintos derivam, como diz ele, da Frente Popular. Mas na arena internacional é, em geral, o outro lado de sua formação que se destaca. Ali, a década passada não mostrou sinais de inclinação browderiana; os reflexos leninistas clássicos permanecem inalterados. Ele rejeitou a Guerra do Golfo, disse sem rodeios a um entrevistador italiano *bien-pensant* que a Guerra dos Bálcãs não era uma intervenção humanitária, comparou a operação no Afeganistão aos bombardeios

---

[72] Ibidem, p. 559.
[73] *IT*, cit., p. 410.
[74] Ver *The New Century*, cit., p. 107 e 109.

do imperialismo britânico em épocas passadas e denunciou a guerra contra o terrorismo e o ataque iminente ao Iraque[75]. É difícil imaginar um intelectual britânico de estatura comparável com um histórico de tanta determinação.

Dada a importância da ressurreição manifesta das pretensões imperialistas – muito maior que a dos simples perjúrios domésticos, como se Brown fosse mais importante que um joão-ninguém como Hoon, num momento em que o novo trabalhismo se prepara novamente para a guerra –, o valor da demarcação de Hobsbawm é muito claro. Mas *Era dos extremos* dá uma lição mais ampla. A derrota política histórica leva quase inevitavelmente à busca de sinais esperançosos. Mundialmente, a maioria da esquerda gastou boa parte de uma década fazendo pouco mais que isso. As duas estratégias mais comuns no repertório de reações são aquelas a que Hobsbawm deu uma expressão excepcional: rebatizar o sistema vitorioso para torná-lo mais palatável e exagerar as fissuras da vitória para imaginá-lo mais vulnerável. De qualquer maneira, o impulso subjacente é o mesmo: o sentimento de que qualquer oposição efetiva à ordem existente exige expectativa imediata de alívio – ter a dimensão de sua identidade e força total deve, de algum modo, levar à sua aceitação. Isso é um erro. Inteligência aguda a respeito do inimigo vale mais que boletins para levantar um moral questionável. A resistência que abre mão do consolo é sempre mais forte do que aquela que depende dele.

Tais reflexões não afetam a grandeza do livro. *Era dos extremos* é como um palácio cujo arquiteto mudou o projeto no decorrer da construção, deixando inconsistências estruturais que o tornam estranho, mas não menos esplêndido do que parece à primeira vista, abrigando salas e mais salas de pinturas de diferentes estilos, cada qual com seus momentos mágicos, muitas com obras-primas. Como em qualquer Hermitage, não há como apreciar tudo de uma vez; são necessárias várias visitas – que devem ser tudo, menos pacíficas. A arte só está viva quando provoca discussão. O enorme patrimônio que Hobsbawm nos deixou deve ser abordado com seu próprio espírito, de modo caloroso, apaixonado e áspero.

2002

---

[75] Ibidem, p. 17-20; *IT*, cit., p. 414.

Dívidas de gratidão

1
LONDON REVIEW OF BOOKS

A *London Review of Books* ocasionalmente faz propaganda de si mesma como "provavelmente a melhor revista literária do mundo". Essa coletânea[1] fornece material para discutirmos tal afirmação – embora nenhuma seleção de artigos de uma revista publicada a cada quinze dias possa ambicionar ser adequadamente representativa. É inevitável que muito do que é relevante para a *LRB* não esteja presente aqui. Não há as cartas, que Alan Bennet considera, com razão, centrais para o caráter da revista. Por solicitação dele, e com apenas uma exceção, não há artigos assinados por membros de sua equipe. Não há poemas e nenhuma das longas peças, de vários gêneros, que aparecem de tempos em tempos. A seleção considerou apenas a última década. Mesmo dentro desses limites, qualquer editor lamentaria mais as omissões que as inclusões. Essas páginas, porém, dão uma ideia do que é a *London Review*.

Generalizações sobre qualquer publicação significativa que produza em torno de um milhão de palavras por ano estão sujeitas a errar o alvo. Para qualquer afirmação (ou especulação) que se faça, muito provavelmente haverá exceções ou contraindicações. Isso é especialmente verdadeiro no caso de um periódico que aprecia o imprevisível. A elegância misteriosa da *LRB* resiste a uma apreensão fácil. Não temos a pretensão de explicá-la aqui. Mas algumas observações comparativas podem nos ajudar a situar a revista – se bem que um colaborador talvez expresse apenas uma visão pessoal, nem sempre melhor que a de um leitor, que, se considerarmos a seção de cartas, tem opiniões igualmente resolutas sobre o tema.

A *London Review* pertence a uma pequena categoria de periódicos, baseada em resenhas críticas de livros para o público em geral, que surgiu na Inglaterra

---

[1] *London Review of Books: An Anthology* (Londres, Verso, 1996).

às vésperas da Grande Guerra. O primeiro número do *Times Literary Supplement* publicado à parte como jornal semanal data de 1914. O formato foi consolidado no período entreguerras, quando o *TLS* – ainda que suspeito de complacência aos olhos de Leavis – era, para os padrões da Europa continental, um periódico de espírito crítico particularmente independente. Depois da guerra, sob uma série de editores talentosos que lhe conferiram ambições mais amplas, o *TLS* passou a ocupar uma posição única como jornal de fortuna crítica, chegando ao auge da influência provavelmente em algum momento dos anos 1960. Foi apenas em 1966 que o formato chegou à França, com a publicação de *La Quinzaine Littéraire*, e, em 1984, à Itália, com o lançamento de *L'Indice*. Apesar de cada vez mais copiado na Europa (há uma versão húngara datada dos anos 1990), continua a ser um fenômeno predominantemente anglófono. As versões continentais tendem a ser menos diretas – sua função às vezes está mais para a publicidade que para o escrutínio – e menos centrais para as culturas locais.

O desenvolvimento para além do modelo clássico inglês veio da América, quando uma longa greve no *New York Times*, em 1963, suspendeu temporariamente a seção literária e abriu espaço para o lançamento da *New York Review of Books*. Três inovações marcaram a *NYRB* desde o começo. Quinzenal, e não mais semanal, permitia artigos substancialmente mais longos do que jamais foram os do *TLS*; apesar de manter o formato ostensivo de jornal de resenhas, trazia ensaios sem conexão com os livros publicados; e exibia um perfil político claro, o que se podia notar pela assinatura de seus autores. O sucesso da fórmula, de identidade muito mais tópica e focada, foi imediato. Nos anos 1970, a *NYRB* já era claramente predominante, ditando os padrões do campo com uma circulação muito maior que o *TLS*, que havia adotado as colaborações assinadas e os artigos autônomos, mas, de resto, ainda era bastante tradicional.

No fim da década, o cenário em Nova York se repetiu em Londres: em 1979, antes de ser comprado por Murdoch, um longo locaute no *Times* tirou o *Literary Supplement* das ruas por vários meses. A oportunidade criada por sua ausência levou à *London Review of Books*, lançada financeiramente como braço da *New York Review of Books* e distribuído de início como suplemento desta. Um ano depois, quando a nova empreitada ainda não havia se mostrado rentável, a *NYRB* deixou de ser responsável pela *London Review*. Mas as origens comuns e a conexão original próxima tornam as comparações entre as revistas mais ou menos inevitáveis para os leitores dos dois lados do Atlântico – apesar da óbvia discrepância de estilo e de escala, como um navio de guerra e uma escuna.

Os contrastes entre os dois periódicos decorrem em parte de suas situações objetivas. O mercado norte-americano, cinco vezes o britânico, comporta um jornal muito maior e mais rico, beneficiado pelos altos lucros de uma indústria editorial acostumada a gastar pesado com propaganda para atingir um universo de leitores de proporções continentais. Cercados de colunas maiores de anúncios, os artigos são, em média, mais longos e as edições mais extensas no periódico londrino que no nova-iorquino. Além dessas diferenças na estrutura do mercado, a relação da cultura com o poder também é bastante distinta nas duas sociedades. Desde a era Kennedy, todo governo norte-americano teve uma sombra substancial de intelectuais servindo ou aspirando servir nos mais altos escalões do Estado – assessores em serviço, ou assessores à espera, dependendo do titular da Casa Branca.

Logo, a relação de jornalistas e acadêmicos com o governo é muito mais próxima do que na Grã-Bretanha, onde o Estado nunca abrigou intelectuais na mesma escala que nos Estados Unidos. Embora a era Thatcher tenha assistido aos primeiros sinais de um *entourage* em Downing Street, o sistema parlamentar dá menos espaço a esse fenômeno que o sistema presidencial. As diferenças de ambiente de trabalho são visíveis entre as duas *Reviews*. Os artigos da *NYRB* tendem a adotar um tom de "política", implicando possíveis conselhos aos funcionários do Estado, algo que, em geral, não existe na *LRB*, muito mais distante dos mundos de Whitehall e Westminster.

É claro que há também uma oposição subjetiva entre os dois jornais. Quando a *New York Review* foi lançada, a Guerra do Vietnã e os distúrbios nos guetos nos Estados Unidos haviam criado uma oposição radical ao *establishment* bipartidário norte-americano que encontrou viva expressão em suas páginas. Mas terminada a guerra no Sudeste Asiático e a política interna retornando à rotina normal, a *NYRB* instalou-se aos poucos no papel de mentor crítico da opinião liberal nos Estados Unidos – agudamente consciente dos problemas sociais do país e hostil aos excessos do reaganismo, apesar de ter apoiado a orientação geral da diplomacia norte-americana nos últimos anos da Guerra Fria. Hoje, sob uma presidência democrata, o resultado é uma fórmula altamente refinada, mas cada vez mais previsível, em que, além dos escritores e acadêmicos ilustres (muitos deste lado do Atlântico) a que o jornal recorre tradicionalmente, colaboradores semiautorizados de todos os tipos – ex-correspondentes, assessores da primeira--dama, chefes de gabinetes e congêneres – ocupam mais espaço que no passado.

Politicamente, a *London Review* partiu de uma posição muito semelhante à de seu progenitor. Nos últimos anos do governo Carter, o equivalente britânico era simpático ao recém-criado Partido Social-Democrata. Mas a *LRB* logo se deslocou na direção oposta – para uma visão mais radical, cujo resultado foi que as posições políticas dos dois periódicos se afastaram. Não seria difícil organizar a lista das questões em que tomaram partidos opostos. Algumas estão refletidas nessa coletânea. Para simplificar, poderíamos dizer que o contraste principal é a aversão não declarada de um pelos legados da Guerra Fria que o outro aceita. Não foi apenas uma questão de luta contra o comunismo, mas do papel dos Estados Unidos em palcos secundários pelo mundo.

A contribuição de Victor Kiernan ao presente volume, no que diz respeito à URSS, é uma indicação da extensão das divergências com relação à primeira questão. Paul Foot e Edward Said, que tratam de dois temas do Oriente Médio (a Guerra do Golfo e a paz na Palestina), sugerem as diferenças de opinião a respeito da segunda. Do mesmo modo, as reflexões de Tom Nairn sobre o nacionalismo não se atêm às opiniões correntes em Washington ou Nova York sobre os Bálcãs. Acima de tudo, talvez, o retrato indelével de Clinton, pintado por Christopher Hitchens, é um comentário sobre a circunspecção da *NYRB*[2]. De vários modos, a revista de Londres se posiciona bem mais à esquerda que sua colega de Nova York, mas seria um erro tomar por sistema o que é instinto. O oposicionismo prezado pela *LRB* pode ir na direção oposta. Devoções progressistas raramente são poupadas, como deixa claro a análise cáustica que R. W. Johnson faz adiante a respeito da nova África do Sul. Ocasionalmente, pode até ocorrer uma troca nos papéis transatlânticos. O talentoso correspondente da *LRB* na Rússia defendeu o governo abrutalhado de Yeltsin muito depois de a *NYRB* desenvolver sérias restrições contra ele: a cobertura da Chechênia deve ser creditada inteiramente à revista norte-americana, e não à inglesa.

Ainda que esse caso seja incomum, serve para lembrar que a *London Review* nunca é previsível. Isso vale também para a política interna, em que o padrão das intervenções tem sido mais consistente. A *LRB* nasceu sob Thatcher e passou seus dezesseis anos de vida sob um regime conservador na Grã-Bretanha. Desde cedo, foi uma opositora corajosa da Guerra das Malvinas, entrincheirando-se contra a hegemonia da nova direita e criticando ferozmente o thatcherismo como elixir do reerguimento nacional. Na verdade, nenhuma outra revista

---

[2] Para um exemplo trêmulo, podemos compará-lo com Garry Wills, "The Clinton Scandals", *New York Review*, 18/4/1996. "Whitewater foi um escândalo, mas a pior conduta comprovada foi a dos políticos, jornalistas e (bem pagos) críticos de Clinton. Comparado a eles, Clinton parece um modelo de virtude" etc.

no país fez ataques tão letais à insensibilidade, à futilidade e à corrupção do sistema conservador do poder e as ruínas da justiça britânica sob ele. A coletânea não dá aqui muitas indicações de seu histórico excepcional[3]. Sua atitude para com a oposição, por outro lado, sempre foi menos nitidamente definida. A revista logo perdeu a paciência com o Partido Social-Democrata e nunca mostrou muito interesse pela liderança do Partido Trabalhista ou por sua esquerda. Kinnock era visto com brusco desdém, mas, dada a distância da oposição em relação ao governo, suas vicissitudes nunca receberam muita atenção. No entanto, com o novo trabalhismo agora finalmente às portas do governo, uma paisagem política muito diferente nos aguarda. A *London Review* sempre demonstrou resistência inata a qualquer tipo de visão *bien-pensante*: nenhuma outra revista se manteve tão distante da mentalidade adesista. É impensável que venha a se tornar um enfeite do regime que se inicia. Por outro lado, enganam-se os leitores radicais da *LRB* ao supor que podem antecipar a atitude desta em relação à ele.

O único artigo da coletânea sobre a Grã-Bretanha, escrito por Ross McKibbin, é um exemplo da capacidade do jornal de frustrar expectativas em relação à esquerda. Não há muitos trabalhistas – para não dizer socialistas – dispostos a manifestar nostalgia pela era Wilson e Callaghan; assim como há poucos libertários civis que discordariam do apelo do Charter 88 por uma declaração de direitos – firmemente rejeitada, contudo, pelo colaborador mais regular da revista no Judiciário[4]. De maneiras diferentes, ambos os textos frustram certo consenso. Um confortaria o outro? Talvez o fato de Blair, ainda como um reserva obscuro, ter exposto seu capital político primeiro na *LRB* não seja mais que curiosidade histórica[5]. A primeira análise significativa publicada na revista sobre a imagem de Blair como líder do partido foi injuriosa[6]. Mas a eleição de um governo trabalhista mudará a atmosfera em que trabalha a *London Review of Books*, e duvidamos que haja alguém, mesmo da revista, que saiba como ela vai reagir à nova autoridade.

Há uma razão para isso. A *LRB*, ao contrário da *New York Review*, não é uma revista de motivação ideológica. O frescor de sua crítica vem essencialmente

---

[3] Ver, *inter alia*, Ross McKibbin, "Stormy and Prolonged Applause Transforming Itself into a Standing Ovation", 5/12/1992; Connor Gearty, "The Party in Government" e "Our Flexible Friends", 9/3/1995 e 18/4/1996; Ronan Bennett, "Criminal Justice", 24/6/1993.
[4] Stephen Sedley, "Free Speech for Rupert Murdoch", 19/12/1991.
[5] Tony Blair, "Diary", 29/10/1987.
[6] Seumas Milne, "My Millbank", 18/4/1996.

daí. Essa assimetria é sugerida até pelo principal contraste político entre os dois periódicos. Compromisso positivo com as linhas gerais que orientaram a Guerra Fria até a sua vitória é um programa. Esquiva negativa, não. Não é fácil determinar as origens da sensibilidade por trás do fato de a *LRB* ter escapado das convenções dominantes sobre questões internacionais. Parece provável que possuam um elemento geracional. A *NYRB*, estabelecida no centro da nova ordem mundial, é duas décadas anterior à *LRB*. Seus principais articulistas se formaram, em geral, no auge da política de contenção – nos últimos dois anos, a idade média de seus colaboradores mais frequentes (três ou mais artigos) era superior a 65 anos. Para um grupo mais jovem, naquela que é hoje uma potência menor, as paixões daquele período são menos importantes. O histórico do editor também pode ser relevante. A *LRB* é talvez o principal periódico do Ocidente editado por uma mulher, com uma vice do mesmo sexo. Politicamente incorreto em demasia, nunca houve nenhuma ênfase feminista em suas páginas, apesar de discutir com frequência a situação da mulher. Mas é razoável supor que certa indiferença aos temas do mundo livre pode estar relacionada com preocupações mais contemporâneas, relativas ao gênero. Se, no caso de Mary-Kay Wilmers, as origens russas ou a formação belga têm algo a ver com isso é menos óbvio.

O que está claro é que a divergência significativa no modo como os dois periódicos são dirigidos não é uma questão de pessoal, mas de concepção editorial. Os artigos em ambas as revistas são selecionados com base numa mistura de critérios, que incluem a reputação do autor, a premência da questão e a orientação do argumento. Mas se para a *New York Review* a relevância pública de uma questão constitui, em geral, um imperativo, para a *London Review* o estilo do autor tende a vir antes da importância de um assunto ou da afinidade de uma posição. Estas últimas entram na alquimia editorial, mas nunca em detrimento da primeira. O resultado é que a *LRB* é escrita num padrão mais alto, numa gama de estilos – alguns de grande brilho – mais ampla que a sua colega de Nova York, cuja prosa, na melhor das hipóteses, é bem trabalhada, mas cobre uma gama mais estreita e caprichosa de assuntos da atualidade. A *NYRB* – e isso também vale para o *TLS*, que hoje está nas mãos capazes de Ferdinand Mount – é muito mais sensível à magnitude dos temas e sempre publica algo moderadamente informativo sobre questões da atualidade, raramente deixando de fornecer aos leitores uma matéria substancial a respeito de algum grande acontecimento mundo afora. A *London Review* ignora qualquer país ou crise quando não consegue encontrar um autor a seu gosto para escrever a respeito. Em algumas ocasiões, essa lacuna é uma questão de meios (a remuneração é modesta para os padrões norte-americanos) ou de conhecimento, sem dúvida, mas muito mais de gosto.

Os maiores prazeres de ler a *LRB* são, portanto, recompensados num horizonte mais errático e limitado. A dispersão da cobertura pode não ser tão errática. O Extremo Oriente é a falha que mais chama a atenção. Sugestivamente, talvez, o único texto da coletânea sobre a Ásia – a maior parte da humanidade – trata de um missionário europeu na Índia. Embora a redação tenha recebido a ideia com risos, visto de fora, um perfil inconsciente da *Commonwealth*, como uma marca d'água gasta, pode ser traçado pela distribuição de foco da revista. A África do Sul tem mais espaço que toda a América Latina. A Austrália foi representada de forma generosa em páginas que raramente registram a existência do Japão. O Oriente Médio aparece com força; o Magrebe, nunca. Mesmo na Europa Ocidental, o único país que podemos ter certeza de que vai estar na *LRB* é a Irlanda: os campanários de Fermanagh e Tyrone raramente saem de vista, ao passo que o continente permanece com frequência sob brumas.

Nesse sentido, Manhattan é um mirante melhor que Bloomsbury. O alcance global do império norte-americano não deixa nenhum canto do mundo fora de um possível escrutínio, e a cobertura da *New York Review* reflete um lado dessa responsabilidade. Mas talento não se distribuiu de modo uniforme, e o produto de um jornalismo com senso de dever que está invariavelmente *à la page* corre o risco de ser sem graça e convencional como a *LRB* nunca é. Seus interesses não são inconstantes. Se a Irlanda tem mais projeção que a Alemanha ou a França, a razão está numa guerra que a maior parte da Inglaterra prefere esquecer. O histórico de publicações da *London Review* nesse que é o menos popular dos tópicos é de dar vergonha a muitas revistas situadas à sua esquerda. Nenhum periódico pode discutir tudo; quando escolhe um tema, a *LRB* com frequência se destaca.

Nenhuma linha em particular, além do horror ao discurso oficial, une os diversos escritores irlandeses já publicados pela *LRB* – e dos quais Colm Tóibín é um exemplo aqui. Isso toca numa característica mais geral da revista, que a distingue de sua colega norte-americana. Os autores nunca estão sujeitos a uma direção editorial na *London Review*. Textos podem ser rejeitados, mas, uma vez aceitos, a firme meticulosidade em torno da sintaxe e do fraseado é combinada com uma liberdade de opinião quase total, por mais do contra que seja. Nenhum colaborador jamais verá suas conclusões reescritas. Essa falta de pressão, como princípio operacional, pode ter relação com o metabolismo interno da revista.

Karl Miller e Mary-Kay Wilmers são dois editores notáveis. Mas não há sinal de uma vontade desproporcional em suas páginas, e vários membros da equipe – editorial, de design, de negócios – escrevem para a revista que ajudam a produzir[7]. Quem já trabalhou para um periódico sabe quanto a dinâmica desse tipo de escritório difere de uma hierarquia mais convencional.

Tais considerações afetam particularmente o tratamento das questões políticas, é claro. Mas a *LRB* é, antes de mais nada – tal como descreve a si própria –, uma revista literária. Na verdade, a acuidade de sua identidade política provém, em larga medida, da ausência dos reflexos ideológicos de praxe no mundo político. Mas é também uma revista literária no sentido mais óbvio de tratar em grande parte daquilo que é descrito tradicionalmente como vida e letras. Sua abordagem é muito particular. As artes são dominadas, como se poderia esperar, pela ficção e pela poesia, mas não em alto grau. A pintura e a música motivaram alguns dos melhores textos da revista: é característico aqui o lindo idílio de Nicholas Spice sobre música ambiente[8]. É intrigante que o cinema continue relativamente marginal – nesse volume, as cabeças dos irmãos Marx saltam para fora como um totem ancestral incongruente. Recentemente, a arquitetura começou a se destacar. Geograficamente, o foco é sobretudo anglo-americano, com o tradicional olhar de esguelha para a França. Cronologicamente, o modelo é o século XX, com alguns embarques forçados de trabalhos anteriores em linhas contemporâneas, como a famosa leitura sáfica que Terry Castle dedicou a Jane Austen e foi incluída aqui. A mistura é menos cosmopolita que em Nova York, porém mais viva.

As ideias seguem um padrão um tanto similar. A filosofia e a história estão mais bem representadas que a ciência natural, cuja comparação é decididamente em favor dos Estados Unidos – a revista nunca conseguiu atrair colaboradores do calibre de Stephen Jay Gould ou Richard Lewontin. As ciências sociais são mais ventiladas, porém a característica mais marcante dos interesses da *LRB* é reverter os estereótipos nacionais. A psicanálise tem mais destaque, e respeito

---

[7] Para exemplos, ver: Peter Campbell sobre Tiepolo, 12/1/1995; Jeremy Harding sobre o Zaire, 8/6/1995; Paul Laity sobre o *Sun*, de Murdoch, 20/6/1996; John Lanchester sobre Auden, 16/11/1995; Jean McNicol sobre os serviços de saúde psiquiátrica, 9/2/1995; Andrew O'Hagan sobre a esmola, 18/11/1993; Sarah Rigby sobre as irmãs Yeats, 15/6/1996; John Sturrock sobre Camus, 8/9/1994; Mary-Kay Wilmers sobre seu encontro com o general Sudoplatov, 4/8/1994.

[8] Do mesmo autor, ver também: "How to Play the Piano" (sobre Glenn Gould e Alfred Brendel) e "Music Lessons" (sobre Mozart), 26/3/1992 e 14/12/1995.

lúdico, em suas páginas que nas páginas da *New York Review*, que deu ampla voz aos ataques céticos. O contraste das atitudes levanta uma questão mais ampla. Politicamente radical, como não há dúvida, em que medida a *London Review* também é radical culturalmente?

É fato notório na vida intelectual em geral que não há ligação necessária entre esses dois planos. Na Grã-Bretanha, o *New Statesman* de antigamente era famoso pelo contraste entre suas duas metades – política veementemente socialista e letras amenamente conservadoras. Podemos dizer que o *Scrutiny** apresenta a combinação contrária: ataque literário com retrocesso político. Esses exemplos não são irrelevantes. Karl Miller, fundador da *London Review*, foi treinado por Leavis em Cambridge e tornou-se editor literário do *New Statesman*, antes de assumir *The Listener*. Mas são os precedentes que indicam quanto a *LRB* se afasta desse padrão. Desde o começo, impulsos semelhantes eram visíveis nos lados político e literário da revista, que nunca os segregou numa ordem particular – abrindo (ou fechando) as edições com artigos de um ou outro, dependendo da ocasião.

A cobertura da ficção, portanto, nunca foi convencional. Um nome conhecido não é garantia de ser notado pela *LRB*; aliás, com frequência ela ignora romances de autores da moda, cujas resenhas são *de rigueur* em outras revistas. Por outro lado, um escritor desconhecido pode ter mais chances de ser notado por ela do que por qualquer outro veículo da imprensa. Entre suas "descobertas" estão Salman Rushdie, que mereceu da *LRB* sua única resenha solo pelo lançamento de *Os filhos da meia noite***, e mais recentemente Paddy Doyle e James Buchan. Formas menos ortodoxas – Georges Perec ou Christine Brooke-Rose – receberam igual atenção. O gosto pelo novo, ou pelo ignorado, é desde o começo uma tendência visível da revista. Não representados nessa coletânea, colaboradores abaixo dos quarenta anos certamente poderiam compor um segundo volume. Aqui, o contraste com a *NYRB* é o maior de todos.

Todavia, é justo dizer que o quociente de iconoclastia na cobertura que a *LRB* faz da vida cultural é menor que o de seus comentários sobre questões de interesse público. Em geral, artigos sobre autores contemporâneos tendem não a questionar, mas a apoiar as reputações. Essa é uma questão de proporção, não de regra. É difícil encontrar exemplos contrários. Um seria o famoso texto crítico

---

* Periódico literário fundado em 1932 pelo crítico F. R. Leavis. (N. E.)
** São Paulo, Companhia das Letras, 2006. (N. E.)

sobre Brodsky[9], mas aqui o alvo está distante; os autores da casa são criticados com menos frequência. Objetos de demolição são mais prováveis de serem encontrados em gêneros menores que em gêneros maiores: digamos, P. D. James, em vez de V. S. Naipaul. Há muitas razões para isso. Antipatia pelo desdém fácil é compreensível. É verdade também que a forma mais difícil de crítica é a afirmativa, e isso a *London Review* consegue fazer extraordinariamente bem, como revelam os ensaios, digamos, sobre Bishop ou Nabokov[10].

No entanto, ainda resta uma diferença no modo como os instintos editoriais comuns se resolvem nos dois campos principais de cobertura da revista. Não está de todo claro por que isso acontece. Podemos imaginar que tenha a ver com a proximidade necessariamente maior das revistas literárias com o mundo da edição do que com o mundo da política no cenário metropolitano do Reino Unido. Esse é um universo que vem mudando nos últimos quinze anos, conforme os processos de concentração aumentam cada vez mais os níveis de investimento dos editores nos escritores principais, desde adiantamentos generosos até altos orçamentos para publicidade, em que os *tours* promocionais para vender livros são acompanhamento obrigatório do sucesso literário. A saturação do campo pelo excesso de investimentos ocorreu na época em que a *LRB* cresceu – quando o primeiro poeta lírico foi levado de helicóptero para as leituras públicas – e mudou o ambiente das letras, com efeitos profundamente ambíguos para os próprios escritores que ainda não foram compreendidos inteiramente.

Não podemos dizer que a revista tenha se esforçado para discuti-los. Mas as razões para a coexistência relativamente pacífica que mantém com esse universo não estão num emaranhado institucional qualquer. A pequena verba que recebe do Conselho das Artes provoca regularmente a indignação dos críticos da direita, só porque a *LRB* não se ajustou às expectativas estabelecidas – o *Sunday Times* pediu recentemente que a verba fosse suspensa, já que a revista dá pouco apoio aos escritores britânicos. Longe de participar da cena literária atual, movida pela moda e pela hipérbole, a *LRB* manteve por ela algo largamente percebido como uma indiferença de mandarim. Intimidade com as instituições literárias, sejam patrões ou anunciantes, não é uma acusação que se possa fazer contra a revista.

---

[9] Ver Christopher Reid, "Great American Disaster", 8/12/1994.
[10] Ver Helen Vendler, "The Numinous Moose", 11/3/1993; John Lanchester, "Unspeakability", 6/10/1994.

Uma explicação alternativa poderia ser buscada entre os leitores, em vez de entre os mantenedores. A observação comum sugere que o comprador médio de livros combina o ceticismo habitual em relação aos políticos, de qualquer tipo, com crença casual em reputações literárias, por mais bem construídas que sejam. Basta pensar na relativa confiança que dedicam aos debates parlamentares e aos concursos literários. É de *bon ton* ser cáustico a respeito de Major ou Blair, e menos sobre Barnes ou Brookner. A venda automática de romances premiados fala por si. Algum traço dessa sensibilidade – que pode recorrer afinal à visão de que a política é o reino da fraude retórica e a literatura das verdades imaginárias – pode ser encontrado de forma mais sofisticada nessa revista?

É inegável que haja conexão entre certo estrato da população, com seu ponto de vista tradicional, e a *LRB*. A revista visa o que podemos chamar de leitor comum, no sentido woolfiano moderno, ou seja, nem "acadêmico" nem de "vanguarda". Apesar de muitos de seus colaboradores virem das universidades e suas colunas realizarem disputas marcadas por animada erudição, a revista se esforça para evitar qualquer ar catedrático. Sintomaticamente, as notas de rodapé – uma característica normal e útil da *New York Review* – foram banidas da *LRB*, porque são consideradas pedantes. Da mesma maneira, ainda que a escrita experimental esteja entre as predileções da revista, nas outras artes – onde são mais fortes – a vanguarda foge do seu escopo. Deve-se esperar tanto comentários sobre Godard ou Beuys na *London Review* quanto resenhas sobre Parsons (embora sempre seja capaz de nos surpreender). É assim que a revista se mantém próxima do ideal de um leitor leigo cultivado, imune aos tiques das conversas de salão ou das panelinhas.

Mas essa relação não está atrelada à indulgência aos gostos passageiros dos consumidores. Se, de modo geral, a *London Review* ataca menos a opinião literária tradicional que a sabedoria política, a razão talvez esteja no peso diferente que dá tacitamente a cada uma. A chave para esse contraste parece residir em suas respectivas estratégias de recusa. Se não gosta de um trabalho literário, a revista normalmente o ignora. Mas se é contra um processo político, ela o ataca de frente. O que esse contraste sugere é a convicção de que, por mais deplorável que seja, a arte inferior – ou mesmo fraudulenta – não é um transtorno público importante. No balanço final, o vulgar ou o pretensioso importam menos que o cruel e o injusto. A crença de que o bem-estar moral – e *a fortiori* a saúde política – de uma nação está na preservação de sua literatura tem uma longa história na tradição intelectual inglesa, e não se desfez. Essa é a hipótese que a prática da *LRB* nega. Esquecendo-se de si próprio, num gesto talvez de compensação, um eminente comentarista político falou recentemente da "transmutação em ouro da base, que é a matéria-prima da literatura – nossa débil e sardônica esperança"[11]. Nenhum floreio poderia estar mais longe do espírito da revista. O que a distingue, secretamente, é o senso de proporção.

Isso também poderia ser descrito como uma espécie de realismo. O termo, entretanto, tem uma nota deflacionária, dissonante em uma revista cujo tom é tudo menos grave. Talvez seja melhor falar de sua forma idiossincrática de mundanidade. Como editores, o gênio peculiar de Karl Miller e Mary-Kay Wilmers foi ter encontrado um tom que combinasse os valores da inteligência e da despretensão. A inteligência sempre se arrisca a beirar o esnobismo, o exclusivismo: "distinção", no sentido que Bourdieu lhe dá. Caracteristicamente, a *LRB* evita esse perigo fazendo do estilo uma espécie de elegância informal, ligada aos assuntos mais comuns e aos temas mais secundários da vida. Na verdade, o tipo de escrita que realmente distingue a revista não é nem político nem crítico-literário, mas o que reflete melhor esse *ethos*. Abrange a curiosidade sobre a variedade de vidas individuais exibida nessa coletânea. Outro gênero, não representado aqui, são os relatos documentais, escritos pelo pessoal mais jovem da equipe, sobre o submundo da mendicância e da desordem mental, para os quais não há equivalente na *NYRB*. Por fim e talvez mais significativo – *pace* Bennett –, a *LRB* está transformando a forma jornalística do diário, tradicionalmente enfadonha, num veículo de impressionante variedade, em muitas das matérias mais memoráveis que a revista já publicou. A seleção apresentada aqui está, quando muito, entre as contribuições mais leves.

Um campo maravilhoso de escritos é oferecido nessas e noutras formas. Estilisticamente, há limites tácitos. O oracular e o sinuoso não fazem parte do repertório. Nenhum receio poderia ser mais estranho à revista que o da "chateação do esclarecimento prematuro", do qual Fredric Jameson – cuja chegada é uma despedida bem-vinda da consistência – advertiu um dia. A veemência excessiva também não é bem-vista, porque é suspeita de "extravagância". Talvez a melhor maneira de exprimir o clima dominante seja dizer que a revista resiste a qualquer *esprit du sérieux*, no sentido sartriano, ou seja, ao portentoso, ao altivo, ao hipócrita. Contra todos eles, sua descontração encontra expressão tanto nas maiores como nas menores questões. Emblemático nessa coletânea é

---

[11] Christopher Hitchens, "After-Time", 19/10/1995.

o tom saturnino de Edward Luttwak, como colaborador "peso-pesado"[12]. Basta lembrar as contribuições do presidente Havel ao *New York Review* para compreender a antítese.

A última palavra pode ficar com as imagens de cada um dos periódicos. Entre as muitas marcas de sucesso da *NYRB*, os desenhos de David Levine destacam-se pelo impacto que causam no público, como um logotipo infinitamente fértil na reprodução da identidade da revista. São ilustrações que jogam contra o texto. Quando a prosa é solene ou sentenciosa, as imagens são cínicas e astutas. Heróis e vilões transformam-se em marionetes ligeiramente desprezíveis, contorcendo-se à beira do ridículo. As aquarelas que adornam a capa da *London Review* funcionam no sentido oposto: animam o sentido da prosa, ao invés de mortificá-lo. A perspicácia e a beleza contidas das máquinas de escrever, das pias, das colchas amarfanhadas e das folhagens tropicais de Peter Campbell são uma *promesse de bonheur* no interior das páginas – nem sempre mantida, é claro. Mas ainda que, de tempos em tempos, o ideal que representam exceda a realidade das edições, as capas dizem mais a respeito da revista que qualquer outra coisa no mundo.

1996

Postscriptum

Desde então, a *London Review* já passou de um quarto de século. Tornou-se assim o principal periódico intelectual da Grã-Bretanha, relegando o *Times Literary Supplement* – no momento em que escrevo, potencialmente num beco sem saída, com incertezas sobre quem assumirá o conglomerado – a um *status* claramente secundário, não apenas na qualidade e no alcance daquilo que publica, mas também nas vendas. De fato, com um território equivalente a um quinto do tamanho do norte-americano, a *LRB* hoje tem uma circulação de 45 mil exemplares contra 135 mil da *NYRB* – metade dela no exterior, onde os números da *New York Review* caem para menos de um décimo. A circulação de ambas as revistas aumentou desde 2000 – a da *LRB* mais rapidamente –, mas, como cada uma reflete ambientes distintos, seu crescimento tem se mostrado oscilante.

---

[12] Ver também "Screw You" (sobre a corrupção na Itália), 19/8/1993; "Programmed to Fail" (a presidência dos Estados Unidos), 22/12/1994; "Does the Russian Mafia Deserve the Nobel Prize for Economics?", 3/8/1995; "Buchanan has it Right", 9/5/1996.

Na Grã-Bretanha, a *LRB* deparou com uma mudança de ambiente mais drástica, quando o novo trabalhismo se consolidou no poder como regime sucessor do thatcherismo, encontrando ainda menos oposição que a ordem conservadora dos anos 1980. A revista, como era de se esperar, nunca chegou a aderir à terceira via, mas, como se poderia supor, nunca se opôs a esta de forma especialmente vigorosa. Durante muito tempo, a *LRB* publicou pouca coisa sobre o sistema local e, quando o fez, a contribuição foi de baixa octanagem. Num período marcado pela guerra na Iugoslávia e pela escalada dos bombardeios no Iraque, a cobertura que dedicou a Clinton e Blair não diferiu muito daquela da *NYRB*: defendeu a operação Força Aliada nos Bálcãs e protegeu o presidente, quando passou por momentos de atribulações domésticas legais, independentemente do número de foguetes lançados contra Cartum ou Bagdá em nome da mesma causa[13].

Com a eleição de Bush em 2000, entretanto, a situação das duas revistas divergiu. Sob administração republicana, a *NYRB* foi automaticamente para a oposição, destacando-se da ambivalência da *LRB* em relação ao novo trabalhismo. No entanto, por quase dois anos, até o outono de 2002, pouco publicou sobre os acontecimentos em Washington. Com a proximidade da guerra no Iraque, porém, o temor de que a Casa Branca estivesse descartando fórmulas conhecidas e testadas para o exercício do poder através do Conselho de Segurança começou a aumentar – ainda que, no início, não questionasse a existência de armas de destruição em massa no Iraque ou a necessidade urgente de tomar alguma atitude contra Saddam Hussein[14]. Quando a guerra começou, as críticas ao rompimento de Bush com a tradição multilateralista aumentaram. Mas foi apenas depois que a resistência iraquiana começou a infligir sérios danos à ocupação que o tom da cobertura mudou. Do outono de 2003 em diante, a *NYRB* redescobriu um *tranchant* que não praticava desde os anos 1960, atacando com muita repercussão não só a institucionalização da tortura sob Bush, mas

---

[13] Comparar os respectivos artigos de Lars-Erik Nelson, Ronald Dworkin e Anthony Lewis, *NYRB*, 20/1/2000, 9/3/2000 e 13/4/2000, com Stephen Holmes, Martin Jay e David Simpson, *LRB*, 18/3/1999, 29/7/1999 e 23/9/2004.

[14] Ver Michael Ignatieff, "Bush's First Strike", 9/3/2001; Brian Urquhart, "The Prospect of War", 15/11/2001; Michael Walzer, "The Right Way", 13/3/2003. A cobertura dos preparativos para a guerra foi muito mais sólida na *LRB*; comparar com Charles Glass, "Iraq Must Go!", 3/10/2002; Norman Dombey, "What Has He Got?", 17/10/2002; Edward Said, "The Academy of Lagado", 17/4/2003.

também as políticas da gestão[15]. Um ataque tão irrestrito ao regime Bush, desacompanhado de entusiasmo pela candidatura de Kerry, não diferia significativamente da atitude da *LRB* em relação ao governo. Mas em Londres Bush podia ser o para-raios de Blair, que continuou a ser tratado pela *London Review* de modo visivelmente brando. Pouco antes das eleições de 2005, o balanço do governo Blair deixava a desejar; mas havia mais decepção que repulsa. Mesmo depois da invasão do Iraque, os colaboradores da *LRB* ainda elogiavam com frequência a personalidade do novo chefe da Grã-Bretanha, antes de arriscar críticas às suas políticas, como para compensar a falta de lealdade aos trabalhistas com um novo estilo de crítica: mais admiração que raiva[16]. Aqui também a ascensão da resistência iraquiana e o colapso do mito das armas de destruição em massa causaram uma mudança. Mas foi apenas no outono de 2003 que um articulista – de histórico social-democrata, e não trabalhista – pediu timidamente – depois dos cumprimentos de praxe – a renúncia de Blair[17]. Mesmo os melhores textos da revista sobre questões internas, como o histórico ensaio de Stefan Collini sobre a hipocrisia e a confusão em torno da reforma educacional[18], dirigiam-se ao governo com certa cautela. Se está longe de ser o orgulho do regime, a *LRB* também nunca foi um espinho em sua carne. Não há como não notar o contraste com o papel que desempenhou sob o governo Thatcher.

Em parte, as razões são bastante claras e têm menos a ver com a revista do que com sua posição. Nas condições políticas britânicas, os reflexos de um sistema bipartidário são profundos. A desafeição pelo trabalhismo é logo contida pela apreensão em relação ao conservadorismo, num espírito de se apegar ao que já se conhece, mesmo que os primeiros aprovem leis que os últimos não

---

[15] O exemplo mais notável é certamente Chris Hedges, "On War", 16/12/2004; o crítico mais persistente, Mark Danner, "Torture and the Truth", "The Logic of Torture", "Abu Ghraib: The Hidden Story", "The Secret Way to War", 10/6/2004, 24/6/2004, 7/10/2004 e 9/6/2005.

[16] Outros exemplos desse gênero: Conor Gearty, "How Did Blair Get Here?", Ross McKibbin, "Why Did He Risk It?", John Lanchester, "Unbelievable Blair", *LRB*, 20/2/2003, 3/4/2003 e 10/7/2003. A frase inicial do primeiro artigo: "Tony Blair é o mais bem-sucedido político de sua geração"; do segundo: "Concordemos ou não com ela, sempre houve um argumento plausível para a intervenção no Iraque"; e do terceiro: " Eu achava que Blair fosse, no fundo, uma boa coisa".

[17] Peter Clarke, "Blair Must Go", 11/9/2003: "Há um argumento muito convincente para defender a atuação de Blair na questão do Iraque. Seus críticos nunca reconheceram propriamente seus esforços de atuar de forma complexa em um jogo difícil. Ele não se submete a ninguém. Foi sábio, e não ingênuo, não isolar os norte-americanos...".

[18] "HiEdBiz", 6/11/2003.

ousam levar adiante. O paroquialismo de boa parte do que se escreve localmente sobre política, mais à vontade com faixas de dedução de impostos ou regulação dos jogos de azar no Reino Unido do que com questões relativas aos Bálcãs ou ao Oriente Médio, reforça os instintos tribais – dos quais os partidos muitas vezes conseguem fidelidade eterna, como se fossem clubes de futebol, não organizações políticas. A essas circunstâncias podemos adicionar o fascínio de boa parte da opinião liberal na Grã-Bretanha pela figura juvenil de Blair, que por muito tempo atraiu o mesmo tipo de *Schwärmerei* que cercava Kennedy nos Estados Unidos – em ambos os casos, uma fixação capaz de sobreviver até mesmo à desilusão política. Tal humor sem dúvida dificultou a tarefa da *LRB* de encontrar textos mais mordazes ou diferentes daqueles que conseguiu reunir; se era impossível já é outra história. O que está claro é que, paradoxalmente, uma de suas maiores virtudes – a relutância em interferir nas opiniões do autor – também tornou provável que ela mais refletisse que contestasse os humores prevalecentes na *intelligentsia* britânica, uma vez empossado o novo trabalhismo. Mesmo agora, os veredictos mais severos que encontramos nos principais artigos da revista continuam a ser temperados pela esperança de que dias melhores virão – as reformas sociais de Brown como consolo pelas aventuras militares de Blair, como se depois de Kennedy viesse o alívio de um Johnson mais limpo[19]. A revista não fez até hoje nenhuma reconsideração sobre o trabalhismo como cultura política, em suas versões velha e nova.

Que esse padrão tenha ocorrido mais por inércia que por intenção é o que sugere o contraste entre a voz editorial da *LRB*, raramente ouvida e usada com discrição, e o tom a seu respeito na mídia progressista em geral. Ali, Blair era cortejado por colunistas e editorialistas políticos com uma desmesura sem precedentes na política britânica do pós-guerra[20]. A *LRB* não pactuava com esse grau de aviltamento. Poucas coisas são mais reveladoras do clima do período que o alvoroço que provocou quando se recusou a publicar uma amostra dessa literatura[21]. Esse gesto de Mary-Kay Wilmers, estabelecendo um limite político,

---

[19] David Runciman, 21/4/2005: "A maioria das conquistas desse governo foi de Brown. A maioria dos erros foi de Blair. Por tudo isso, é em Brown que eu gostaria de votar".

[20] Para um florilégio, ver Susan Watkins, "A Weightless Hegemony", *New Left Review*, n. 25, jan.-fev. 2004, até hoje a melhor análise comparativa do novo trabalhismo.

[21] O artigo em questão, "The Liberal Nation", escrito por David Marquand, foi publicado com gratidão pela *Prospect*, fev. 2002. Passagens típicas: "O tratamento que Blair deu à crise após o 11 de Setembro foi impecável. Seu discurso na conferência trabalhista foi o mais impressionante proferido por um primeiro-ministro britânico no cargo desde Winston Churchill...

logo encontrou contrapartida numa série de interjeições ferozes de John Sturrock, editor consultor da revista, sobre o regime de guerra do novo trabalhismo, colocadas inconspicuamente num *box* reservado aos comentários pessoais[22]. Além disso, em ocasiões em que teve chance de fazer uma publicação mais radical que os habituais artigos domésticos, a *LRB* soube aproveitá-las. Seu famoso simpósio sobre o 11 de Setembro, rompendo com a avalanche de comiseração e histeria que rapidamente cobriu os ataques ao World Trade Center e ao Pentágono, foi um ato notável de audácia e imaginação que só poderia ter partido da *London Review*[23]. Da mesma maneira, "What I Hear about Iraq" [O que ouço sobre o Iraque], de Eliot Weinberger, seguindo o espírito de Karl Kraus, "On the Take in Iraq" [Faturando com o Iraque], de Ed Harriman, expondo a pilhagem que a autoridade provisória de coalizão realizava no país, e os sucessivos artigos de Patrick Cockburn sobre a zona de ocupação norte-americana foram intervenções cuja qualidade se destaca fortemente na hoje extensa literatura crítica sobre a campanha na Mesopotâmia[24]. É difícil imaginar qualquer uma dessas formas particulares publicada na *New York Review*.

Ele não foi, é claro, o principal artífice da coalizão anti-Bin Laden, mas é difícil acreditar que tivesse sido criada sem ele... Ele mostrou que um primeiro-ministro britânico, com a mistura correta de coragem, graça e talento forense, ainda pode desempenhar um papel geopolítico internacionalista significativo e voltado para fora... Seu primeiro teste será o euro. Há sinais de que pensa que pode vencer num referendo em curto prazo (ou razoavelmente em curto prazo). Acredito que esteja certo, mas a vitória não virá por meio de falsificações. Para vencer, Blair terá de jogar a mesma carta liberal-patriótica que jogou na conferência do Partido Trabalhista... Se for bem-sucedido, e a chance de isso acontecer é superior a 50%, ele dominará a política interna como nenhum outro primeiro-ministro conseguiu fazer desde os tempos de glória da sra. Thatcher. Em grande parte, será também o chefe de governo mais forte da União Europeia...". Dois anos depois, o mesmo autor escrevia sobre o mesmo homem exemplar, no mesmo veículo: "Foi Blair quem levou a Grã-Bretanha para a guerra, não o comitê conjunto de inteligência. Ele ajudou a infligir danos terríveis à ONU, envenenou nossas relações com os dois principais países da União Europeia e dividiu o Partido Trabalhista" (*Prospect*, fev. 2004). Hoje, Marquand deve ponderar com remorso que teria sido melhor aceitar o veredito da *LRB* e controlar a língua.

[22] Ver "Short Cuts", 17/4/2003, 19/6/2003, 7/8/2003, 6/11/2003 e 21/7/2005.
[23] "Reflections on 9/11", 4/10/2001. A *New York Review* raramente reconhece a existência da *London Review*, mas nessa ocasião foi levada a depreciar a mais importante contribuição para o simpósio. Ver Tony Judt, "America and the War", 15/11/2001. Seu simpósio sobre as eleições de 2004 nos Estados Unidos, o equivalente mais próximo em Nova York, era certamente de oposição, mas, por outro lado, foi bastante convencional; ver "The Election and America's Future", 4/11/2004.
[24] Respectivamente, 3/2/2005, 7/7/2005 e a partir de 24/7/2003.

E menos ainda a consistência com que a *LRB* se recusou a permitir que eufemismos e evasivas encobrissem a realidade das expropriações e expulsões israelenses na Cisjordânia ou a hipocrisia dos sucessivos "roteiros" que visavam subjugar a resistência palestina. Ali, a voz de Edward Said sozinha, ouvida repetidamente na *London Review* e em nenhum outro lugar no Ocidente, fez da revista algo insubstituível. Dissidentes israelenses e ativistas palestinos também fizeram suas contribuições emblemáticas. É justo dizer que o histórico da *LRB* nesse campo singularmente explosivo não tem paralelo no mundo atlântico. É fato que seu compromisso com a causa dos árabes palestinos nunca esteve separado da lembrança do destino dos judeus europeus. "Sound of Voices Intoning Names" [Sons de vozes entoando nomes][25], de Thomas Laqueur, sobre as crianças deportadas da França, é uma das mais assustadoras reflexões jamais escritas sobre sua aniquilação.

Nesses anos, o alcance geográfico da revista ampliou-se consideravelmente: marcas d'água mais antigas empalideceram sob a forte luz internacional. Japão, Nigéria, Guatemala, Síria, Nepal, Sudão, Coreia do Norte, Haiti – artigos sobre esses países teriam sido mais raros no passado e, muitas vezes, menos penetrantes. Aqui, há ainda uma grande diferença entre a *NYRB* e a *LRB*: a cobertura da primeira continua a ser motivada pelo interesse da região e a da última pela qualidade do relato. O ponto de vista dos artigos na *London Review* permanece, em geral, menos convencional, embora, como antes, não seja garantido: aberrações – elogios à contrainsurgência dos Estados Unidos na Colômbia, culpa pelo separatismo checheno da Rússia – aparecem ocasionalmente. De modo geral, porém, os leitores da *LRB* podem esperar uma seleção mais cáustica, a partir de um cardápio global mais variado, do que há uma década.

O elétrico contexto internacional dos últimos anos pôs em destaque o legado político de revistas como a *LRB* e a *NYRB*. Mas ambas continuam a ser revistas em que as questões públicas, entendidas no sentido tradicional, ocupam menos espaço que as artes e as letras: talvez um quinto das contribuições da *LRB* e menos de um terço das da *NYRB*. O que dizer de seu legado cultural durante esse mesmo período? Tomando como referência os anos Thatcher, podemos dizer que os artigos literários da *London Review* deslocaram-se na direção oposta aos artigos que tratam de política interna. Enquanto estes perderam força sob o novo trabalhismo, aqueles ganharam. Nas mãos de James Wood, Christopher Tayler e Theo Tait, o tratamento da ficção contemporânea

---

[25] 5/6/1997.

tornou-se perceptivelmente mais atento. Obras de nomes destacados como Amis, Barnes ou Boyd, sem mencionar os jovens seguidores da moda étnica ou multicultural, passaram a gozar de menos imunidade que em outros meios da Londres literária. Por padrões mais rígidos, é verdade, tais críticas são um tanto circunspectas. Velhas gárgulas do circuito de prêmios – Naipaul, Roth, Bellow – continuam a ser excessivamente elogiadas, e panos quentes são colocados ao final até mesmo das notícias mais lesivas sobre figuras menos veneráveis. Já os artigos sobre a política interna enviam cumprimentos conciliadores aos governantes do país, antes de fazer queixas ponderadas contra eles; resenhas de livros na moda tendem a inverter o procedimento, fazendo julgamentos aparentemente demolidores do trabalho em questão e depois voltando atrás com reverências e rapapés *pro forma* no parágrafo final.

A pressão do meio fechado das letras metropolitanas, no qual ambições e favores são continuamente forçados a se unir, pode muitas vezes ser sentida nessas retratações tímidas. É claro que, em grande parte, a *NYRB* continua a ser mais gentil com a ficção que ela resenha, muitas vezes assinada por escritores que frequentam suas páginas. Mas a liberdade propiciada ocasionalmente pela distância permitiu que produzisse um tipo de crítica da ficção inglesa que ainda falta na *LRB*. A comparação da acolhida que as duas revistas deram a uma obra tão distinta como o último romance de Ian McEwan é de fazer corar Little Russel Street[26]. É verdade que avaliar a literatura contemporânea é a tarefa menos gratificante e menos desinteressada da crítica. Quando se trata de textos clássicos, a *London Review* opera num plano diferente. Ali, ensaios como os de Michael Wood sobre James ou Neruda falam por si.

Nas outras artes, o leque se amplia. O cinema, livre dos lançamentos de estúdios, agora pode acomodar Godard – duas vezes até – e Kiarostami, juntamente com Stroheim, Welles e Buñuel. A cena arquitetônica abriu-se para o maravilhoso olhar seco de Hal Foster, crítico não apenas de prédios, mas das artes visuais contemporâneas, atualmente sem rival em termos de alcance e perspicácia. A música continua notavelmente sub-representada, em contraste com a *NYRB*. Em compensação, os leitores encontram mais poesia, de nomes menos consagrados, que em Nova York. Teoria? Uma dieta adequada de filosofia analítica e seus amenos acompanhamentos políticos, num contínuo anglo-americano que vai de Yale a Cambridge, em ambas as revistas. A *LRB*, contu-

---

[26] Ver Christopher Tayler, *LRB*, 3/3/2005, versus John Banville, *NYRB*, 26/5/2005. [Little Russel Street é a rua em Londres, Inglaterra, onde está localizado o escritório da *LRB*. (N. E.)]

do, é mais aberta. Onde mais poderíamos encontrar delícias alternativas como Slavoj Žižek falando do medo que Habermas sente da clonagem, ou Malcolm Bull sobre o estado de exceção de Agamben, ou ainda T. J. Clark sobre a paixão de Walter Benjamin – "o Fabrizio Del Dongo do marxismo" – pelas arcadas parisienses[27]?

Nas ciências, em que a superioridade da *NYRB* uma década atrás era enorme, hoje a vantagem, se houver, é da *LRB*. Nenhuma mudança na revista foi tão impressionante quanto essa. Debates sobre a biologia evolutiva, a história da Terra, o genoma, as calotas de gelo, a tecnologia nuclear, as novas pandemias: sobre tudo isso, a revista publicou contribuições poderosas, em que a autoridade técnica e a expressão pessoal andam juntas com facilidade, sem exercícios de autoridade de laureados ou bravatas de artistas performáticos em via de se popularizar. Nessa ampliação silenciosa de sua dimensão intelectual jaz uma das grandes transformações do jornal.

Mas o que talvez, afinal, defina melhor a *LRB* desse período é a sequência extraordinária de artigos autobiográficos publicada nesses anos. Em geral mais longos que o artigo médio, essas explosões de vida e memória deram à revista um registro particularmente seu. Por qual alquimia foram atraídos – tais textos não podem ser encomendados – é algo impenetrável. Podemos dizer apenas que seu aparecimento nas páginas da *LRB* é uma homenagem objetiva ao espírito da revista. As lembranças da infância judia de David Sylvester, em Hackney; o estranho *pointillisme* do jovem eu de Richard Wollheim; o zigue-zague sensacional da mãe e do analista de Wynne Godley; a narrativa impassível da adoção de Jeremy Harding[28] – a lista de tais *tours de force* poderia ser maior ainda. Podemos dizer que encontramos aqui a sensibilidade central da revista, a partir da qual todo o resto é indiretamente irradiado.

2005

---

[27] Respectivamente, 22/5/2003, 16/12/2004 e 22/6/2000.
[28] 5/7/2001; 15 e 20/5/2004; 22/2/2001; 31/3/2005. Alguns acrescentariam Woody Castle, "Desperatly Seeking Susan", 17/3/2005.

# 2

Um anglo-irlandês na China: J. C. O'G. Anderson

A gama de emoções que os pais podem suscitar nos filhos – afeição, rebelião, indiferença, medo, adulação e suas combinações perturbadoras – sugere um repertório de universais subjetivos, talhando aleatoriamente cada caso em todas as culturas. Por outro lado, o que as crianças sabem – como oposto de sentir – sobre seus pais deve-se provavelmente a limitações objetivas que variam de modo mais sistemático: tradição, lugar, duração de uma vida. Haveria, mesmo aqui, um cerne inalterável de *pudeur* ou incompreensão? Isso é menos claro. Nos trópicos americanos, diferenças de pouco mais de doze anos entre as gerações, coisa pouco incomum, podem com facilidade criar uma intimidade fraternal entre mãe e filha adulta difícil de imaginar no norte.

No polo oposto, meu pai tinha 43 anos quando seu primeiro filho, meu irmão Benedict, nasceu. Ele morreu 10 anos depois, quando eu tinha 8 anos. Em seus últimos anos, ele estava doente o suficiente para que minha mãe achasse melhor nos mandar para um internato. Aqui, a brevidade da interseção biológica foi reduzida ainda mais por uma decisão social. O motivo que levou minha mãe a fazer isso foi a compaixão, mas a solução sugere um filtro que de qualquer maneira poderia ter se interposto entre pai e filhos, se ele tivesse sobrevivido. A diferença de idade e a cisão da morte foram seladas por uma cultura que de todo modo era marcada pela reticência. Não era incomum nessas circunstâncias. O filho estava fadado a saber pouco a respeito do pai.

Em nossa família, contudo, uma cortina desceu sobre sua memória. Ele passou a vida a milhares de milhas da Irlanda – onde morreu e nós crescemos –, numa China que deixou de existir assim que ele se foi. Sabíamos que tinha trabalhado lá como comissário de alfândega, mas não tínhamos ideia do que isso significasse. Em seus últimos meses de vida, sentado ao lado da lareira naquelas noites úmidas da Irlanda, ele gostava de contar para nós, meninos (minha irmã era jovem demais para participar), anedotas sobre Parnell, que ele admirava, e histórias de juncos e piratas em que ele escapava dos bandidos ou ficava com o butim. Tais imagens eram vívidas demais para durar; seus matizes brilhantes desbotaram na luz fraca das histórias de ninar que os adolescentes, com mais impaciência que condescendência, deixam para trás – como o revólver que descobri numa gaveta, numa tarde de ócio, e cujo peso me surpreendeu, antes que minha mãe me flagrasse e se livrasse dele.

Quando essas lendas foram esquecidas, ficamos com um mundo de objetos familiares e incompreensíveis que lembravam um passado com o qual não tínhamos relação: grandes caixas de chá de madeira castanho-claro, com ideogramas gravados nelas, ainda embrulhadas – seria uma armadilha da memória? – em jornais chineses; livros empoeirados e papéis com caracteres chineses no verso, na cristaleira do *hall*; um abajur de porcelana verde translúcido, o tapete amarelo, uma pequena chaleira escura; xairéis azuis que minha mãe usava para cobrir o aparelho de TV; pinturas emolduradas de sábios de chapéus negros, pinturas em seda de senhoras sob suas sombrinhas, um cavalo rolando no chão ao lado de um riacho. Como um adolescente decididamente filisteu, eu não tinha tempo para nada disso. Mesmo o grande tigre de dorso largo, que nos olhava ameaçadoramente de cima para baixo na sala de jantar – cópia de um conhecido original Ming, como depois fui levado a acreditar –, quase não teve efeito consciente sobre mim. Apenas o *Ch'ing Ping M'ei*, numa versão domesticada do original, mas sexualmente elétrica para meus quinze anos, numa encadernação azul-celeste da Xangai dos anos 1930, capturou minha imaginação. Quando estava me formando na universidade, as associações com a China eram como pedaços desbotados do papel de parede da casa que eu gostaria de esquecer, a Irlanda dos bem-comportados e frequentadores de missa da época. "Alfândega" evocava apenas os covardes da cidade e seu clericalismo degradado, examinando livros no cais para ver se faziam parte de alguma lista negra tirada do índex papal.

Minha mãe, é claro, poderia ter dito mais. Mas, mesmo adultos, algo nos impedia de perguntar. Ela uma vez comentou nossa falta de curiosidade, mas tinha tato demais para impor o assunto. Ali estavam os álbuns de fotografia da família em Kunming, onde nasceu meu irmão; em Shantou, onde fui concebido; e, mais tarde, de nossa casa em Xangai. Mas havia poucas referências a isso tudo. Por que ela não tomou a iniciativa? Em parte, por causa de sua própria atitude diante da vida – ela tinha um dom incomum para tirar o máximo do

UM ANGLO-IRLANDÊS NA CHINA   385

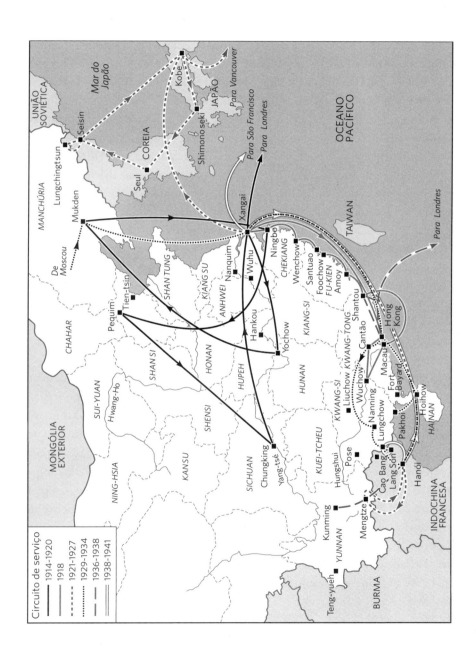

presente: eu muitas vezes achei que ela parecia cada vez mais jovem e viva à medida que envelhecia. Seu casamento com meu pai tinha sido feliz. Depois, cuidou dele durante sua longa doença. Por temperamento, era pouco inclinada a olhar para trás, a não ser que a convidássemos. Havia talvez um elemento a mais. Ela morou três anos na China com meu pai, antes da Guerra do Pacífico. Mas ele viveu lá mais de vinte anos, e durante uma década foi casado com outra mulher, a escritora Stella Benson, cujos romances foram conservados praticamente sem nunca terem sido abertos em nossas estantes. Minha mãe conhecia o limite de seu conhecimento a respeito daquela outra vida chinesa.

Quando Stella morreu, em 1933, meu pai depositou seus diários na Biblioteca Universitária de Cambridge, para que não fossem lidos nos cinquenta anos seguintes. Quando se tornaram disponíveis, uma excelente biografia, baseada neles, foi rapidamente produzida[1]. Minha mãe disse à biógrafa, Joy Grant, o que sabia sobre a vida pregressa do marido; mas ela e nós aprendemos muito mais com o livro. A biografia oferece um retrato generoso de meu pai. Baseada nos diários de uma escritora extraordinariamente honesta, mas também singularmente introspectiva, limita-se em essência à relação marital – que, em si, já é bastante impressionante. Os diários, embora reveladores em muitos aspectos, mostram pouco interesse pelo trabalho de meu pai, e sua experiência na China antes de se conhecerem, em 1920, permanece desconhecida.

A essa altura, na virada dos anos 1990, minha atitude mudou. Ninguém que lecionasse em Los Angeles poderia deixar de sentir a força do ditado italiano dos anos 1960: *La Cina è vicina* [A China está perto]. Com alguns dos melhores historiadores da China no *campus* e estudantes de toda parte do Extremo Oriente, foi difícil não especular mais sobre essa conexão familiar. Já havia uma quantidade substancial de estudos sobre a organização misteriosa para a qual meu pai trabalhara, a Alfândega Marítima Chinesa. Mas esse trabalho, em grande parte da ilustre autoria de John Fairbank, tratava majoritariamente das origens da instituição (século XIX) e pouco esclarecia sobre os tempos modernos. Quanto à sua história mais recente, o paradeiro dos registros não era muito claro: o melhor guia contemporâneo dos arquivos chineses, produzido em 1996, não dá indicação deles[2].

---

[1] Joy Grant, *Stella Benson: A Biography* (Londres, Macmillan, 1987).
[2] Ver Ye Wa e Joseph Esherick, *Chinese Archives: An Introductory Guide* (Berkeley, University of California, 1996).

No verão passado, averiguações por intermédio de meu irmão deram conta de que os arquivos que eu procurava estariam em Nanquim, mas não era certo que permitissem consultas. Como fui à China para uma conferência, desloquei-me até Nanquim. O Segundo Arquivo Nacional, que, em princípio, guarda documentos importantes sobre o período republicano (1911-1949), está abrigado numa grande construção afastada da estrada, protegida por um portão tradicional pintado de maneira espalhafatosa e uma mansão de telhados inclinados, erguida pelo Kuomintang não muito antes de a cidade ser tomada pelos japoneses, em 1937. Nanquim é famosa por ser uma das "quatro fornalhas" da China, e naquela época do ano a sala de leitura estava quase deserta. O respeito filial é reconhecido na China, e os funcionários foram amigáveis e prestativos. Mas não estavam otimistas. O arquivo da alfândega, observaram, continha 57 mil volumes e não havia catálogo detalhado. Por onde começar? Sugeri que procurassem relatórios da província de Yunnan do ano de 1936, quando meu pai foi comissário lá.

Em meia hora, tinha à minha frente os despachos que ele havia enviado de Kunming. A sensação de um encontro tardio me tomou de repente, misturada a uma espécie de espanto reverente. Estava olhando não apenas para os produtos da vida responsável pela minha, mas para um dos conjuntos de registros mais imaculados do mundo. Não sei o que esperava encontrar, mas não era exatamente aquilo. As mensagens trocadas entre as estações remotas – "portos", que incluíam cidades do interior e da costa – e o escritório central da alfândega estavam reunidas em livros encadernados de couro vermelho ou preto, estampados com letras de forma douradas, um para cada ano. Dentro deles, os despachos e as correspondências, em sequência meticulosa, estavam tão frescos e claros quanto na época em que haviam sido datilografados; nas margens, comentários escritos à mão por um incansável inspetor-geral e seus assistentes, ou instruções para que fossem respondidos. Três categorias distintas de mensagens eram transmitidas a cada mês, arquivadas e encadernadas em formatos diferentes: correspondência oficial, para assuntos administrativos comuns; semioficial, para processos políticos e militares na área; e confidencial, para materiais sensíveis sobre líderes, poderes e guerras[3]. Eram, na verdade, o memorial de um Estado dentro de outro. Ao longo de duas décadas, pude seguir por meio deles o rastro do meu pai, enquanto ele traçava sua órbita ao redor da China.

---

[3] Esses últimos parecem ter começado em 1939, se aceitarmos as indicações de um catálogo aproximado.

De volta à Europa, minha irmã mencionou, alguns meses depois, que primos da Irlanda teriam algumas fotografias velhas e possivelmente documentos sobre nosso avô, que morreu em 1920 – conhecido por ter estado a cargo da criptografia do Exército no começo da Primeira Guerra Mundial, mas, de resto, uma figura obscura –, no sótão de um moinho abandonado. Levemente intrigado com a ideia, fui vê-los. Ali, para meu espanto, me mostraram uma mala cheia de cartas de seu filho, que cobriam todo o período que ia de sua partida para a China até sua morte na Irlanda, mais de quarenta anos depois. Endereçadas a mãe, tia e irmã, devem ter sido guardadas em gavetas, sem ordem ou intenção, muitas delas esquecidas ou abandonadas. Apesar de a sequência não ser completa, não falta nenhum período importante; com toda a discrição que merece a correspondência entre família – a censura imemorial dos filhos que escrevem para as mães –, é possível traçar uma linha mais ou menos contínua da vida de meu pai, particularmente esclarecedora dos primeiros anos. As cartas guardadas perto de Cahir poderiam ser consideradas uma quarta série de relatos – pessoais – que completa, ou compensa, as três séries guardadas em Nanquim.

Começam em 19 de julho de 1914, três dias antes do aniversário de 21 anos de meu pai, quando era passageiro do *S. S. Morea* e avistou o Stromboli em erupção a caminho de Suez. Quando chegou a Colombo, em 2 de agosto, a Inglaterra estava prestes a entrar em guerra – "dois navios de guerra no porto e holofotes de alcance de 25 milhas em funcionamento"[4]. As hostilidades começaram antes de ele chegar a Penang, onde parecia que "os estreitos temiam um levante chinês" e a área do clube colonial já tinha sido protegida[5]. Viajando às escuras à noite, o *Morea* chegou a Hong Kong; dali, meu pai partiu alguns dias depois para o norte num barco-correio. Chegando na última semana de agosto a Xangai, foi enviado apenas algumas horas depois 800 milhas acima do Yang-tsé, para um porto nos confins de Hunan, onde começou sua carreira na alfândega. Por que foi para a China? Depois de um ano como bolsista em Cambridge, negligenciando ou desprezando o curso, foi reprovado nos exames do primeiro ano. Ofendido com a indolência, seu pai, uma pessoa autoritária, não permitiu que os prestasse novamente, e retirou o apoio financeiro. Seu tio, mais velho e também general, havia comandado a guarnição de Hong Kong e, sem dúvida, o recomendou à Alfândega Marítima. A tristeza do acadêmico foi a sorte do atuário. Nomeado para o futuro cargo pouco antes do começo da

---

[4] Cartas, 3/8/1914. Citadas daqui em diante como *C*.
[5] Ibidem, 7/8/1914.

guerra e despachado com uma "ajuda de custo" de cem libras esterlinas, foi obrigado por contrato a trabalhar cinco anos na China. Impedido de participar do morticínio na Europa, escapou do destino do irmão mais novo, o favorito dos pais, morto nos últimos meses de batalha. A morte do filho destruiu o pai. Ele punira o filho errado.

A instituição em que o jovem J. C. O'G. Anderson assumiu seu posto em 1914 existia havia quase cinquenta anos. Naquela época, não tinha equivalente em nenhum outro lugar do mundo. Suas origens remontam à crise do Império Qing, em meados do século XIX, quando a rebelião taiping deu chance para que a coalizão ocidental, liderada pela Grã-Bretanha, forçasse a combalida dinastia a aceitar um "sistema de tratados" que sujeitou a China a uma penetração comercial plena. A precursora imediata da criação do Serviço Imperial Chinês de Alfândega Marítima foi a expedição anglo-francesa a Pequim, em 1860, que culminou no incêndio do Palácio de Verão. Subjugado pelas armas, o recalcitrante Estado Qing precisou de apoio contra o perigo da insurreição taiping no delta do Yang-tsé, cujas atitudes ameaçavam a propriedade privada e o comércio de ópio. Uma nova inspetoria alfandegária, subordinada a Pequim, mas composta por estrangeiros, pôs em execução o vantajoso sistema de tarifas imposto à dinastia, estabelecendo um teto para as tarifas de importação de 5% *ad valorem*, e proporcionou-lhe um fluxo constante de recursos para pagar a compensação anglo-francesa e financiar a vitória militar sobre os taiping[6].

A partir daí, um império financeiro e semipolítico se ergueu. Seu arquiteto, Robert Hart, tinha apenas 28 anos quando se tornou inspetor-geral, em 1863. Ganhando rapidamente a confiança da corte Qing, criou aos poucos o primeiro sistema administrativo moderno da China. O coração do sistema era uma burocracia fiscal que garantia um terço da renda do Estado imperial e cuja probidade e eficiência se estendiam a várias outras operações, além do recolhimento de impostos. Administrava o serviço postal, gerenciava as hidrovias, fez melhorias nos portos, construiu faróis e implantou o serviço de estatística. Hart, confidente da imperatriz viúva, organizava missões além-mar, dava conselhos sobre questões diplomáticas e mediava conflitos internacionais. Em teoria,

---

[6] Para Fairbank, a criação da inspetoria insere-se, desde o Wei do Norte até o império Qing, em uma longa tradição de "sinarquia" – a submissão dos chineses a estrangeiros ou o emprego destes na administração do país, um conceito inicialmente discutido em *Trade and Diplomacy on the China Coast, 1842-1854* (Cambridge, Mass., Harvard University Press, 1953), p. 464-8, e depois desenvolvido em "Synarchy under the Treaties", em John Fairbank (org.), *Chinese Thought and Institutions* (Chicago, University of Chicago Press, 1957), p. 204-31.

devia sua posição à liderança da Grã-Bretanha no comércio da China; na prática, ao seu poder imperial na região. Num dado momento, Londres o pressionou a se tornar embaixador em Pequim.

Hart, porém, rejeitou a função. Longe de mero mordomo dos interesses estrangeiros, ele se via como servo leal do governo chinês, e era bem capaz de reprimir os abusos dos comerciantes ocidentais processando o governo britânico e contradizendo a chancelaria, se lhe parecesse apropriado. A China imperial continuava a ser um Estado independente, e Hart estava comprometido com sua modernização, ainda que, com o tempo, tenha começado a temer que a dinastia fosse irreformável. Contudo, sua insistência na autonomia da alfândega em relação às potências ocidentais que a haviam gerado e a integridade de sua aliança com a China não eram desinteressadas. A posição pessoal de Hart dependia crucialmente de sua dissociação do Estado-pai. Nunca chegaria a ter a mesma influência sobre a Cidade Proibida se tivesse sido um instrumento de Disraeli ou Salisbury. Mas seu papel soberano dependia, por sua vez, do caráter extraordinário da organização sob seu controle.

A Alfândega Marítima Chinesa recrutou candidatos não apenas na Grã-Bretanha, mas em todas as principais potências externas da época: franceses, alemães, austríacos, italianos, russos, norte-americanos, espanhóis, holandeses, belgas, dinamarqueses, suecos, noruegueses. As majestosas listas de serviço da AMC, em que eram indicados o país de origem, o cargo e a comissão de cada membro da organização – verdadeiras obras de arte burocráticas –, oferecem um quadro fiel dessa composição internacional. Embora os britânicos fossem predominantes, com mais da metade da "equipe interna" executiva, e o inglês fosse a língua de trabalho, Hart sempre teve o cuidado de contrabalançar seus patrícios com pessoas de outras nacionalidades, cujos talento e educação ele algumas vezes considerava superiores.

Na verdade, a alfândega era um consórcio interimperialista – comparável apenas à administração da dívida pública otomana, criada algumas décadas mais tarde como um instrumento de coleta de impostos gerido por estrangeiros para o Império Otomano. Ambos deviam sua estrutura a um impasse entre predadores. As grandes potências rivais, vigiando-se enciumadamente, não conseguiram chegar a um acordo sobre a partilha tanto do Império Otomano quanto do chinês, aceitando no lugar dele um instrumento coletivo indireto para garantir ao menos algumas compensações e empréstimos. A instituição otomana, entretanto, não só teve vida curta (1881-1918), como nunca chegou a empregar tantos europeus, porque podia contar com os súditos gregos ou armênios do sultão para ocupar os postos principais[7]. Instalado no topo de uma pirâmide mais cosmopolita, Hart tinha ampla liberdade de ação para conduzir os negócios como lhe conviesse e moldar a alfândega à sua imagem. Vinha de uma família modesta da Irlanda do Norte, saiu diretamente da Queen's University de Belfast para a China. Uma vez no poder, não descuidou de amigos e parentes. Favoreceu o irmão para sua sucessão e, quando este morreu de forma prematura, apoiou com entusiasmo o cunhado, Robert Bredon, outro norte-irlandês.

Mas a chancelaria britânica não concordou, e ele teve de aceitar Francis Aglen, filho de seu melhor amigo de escola, que havia sido nomeado por ele comissário em Cantão – onde ele próprio havia começado. Mesmo do túmulo, seu nepotismo continuou. Aglen foi logo sucedido por outro irlandês, Arthur Edwardes, que foi substituído pelo sobrinho de Hart, naturalmente também norte-irlandês, Frederick Maze. Nesse sentido, durante seus oitenta anos de esplendor, a alfândega – viveiro de modernidade administrativa – foi administrada como uma burocracia patrimonial. Não havia critérios formais de seleção, regras reais para promoções, regularidade ou previsibilidade de concursos. O inspetor-geral era um autocrata de sua esfera, que não respondia a ninguém. A equipe interna percorria o país à vontade, num ritmo mais rápido que qualquer magistrado chinês, mesmo sob aquelas dinastias mais determinadas a evitar que se estabelecessem conexões locais (uma preocupação de longa data). Com o tempo, essa mobilidade se intensificou. É duvidoso que, no século XX, tantos quadros do Partido Comunista Chinês, no auge de seu poder de mobilização, tenham feito carreira com tal alcance geográfico.

O contraste com a estabilidade dos comissionados provinciais no serviço público indiano, com o qual a alfândega era muitas vezes comparada, era impressionante. Isso se devia tanto à diversidade de idiomas na Índia, que desencorajava as transferências depois que um funcionário aprendia uma língua, em contraste com a uniformidade territorial do chinês escrito, como também às formas de hierarquia mais convencionais. Além disso, o corpo interno da alfândega era composto por uma elite cujos salários e benefícios se assemelhavam aos de seus colegas indianos: aspectos que, em 1916, impressionaram o jovem Maurice Bowra, em visita a seu pai, secretário-chefe da AMC: "A vida em Pequim

---

[7] Para detalhes, ver Donald Quataert, "The Employment Policies of the Ottoman Public Debt Administration, 1881-1909", em Festschrift für Andreas Tietze, *Wiener Zeitschrift für die Kunde des Morgenlandes*, v. 76, 1986, p. 233-7.

permitia confortos que eu nunca vira antes e desde então nunca mais vi"[8]. Em 1914, havia apenas 321 estrangeiros na equipe interna, de um total de 7.600 funcionários; os recém-contratados recebiam um salário inicial de 1.500 taéis haekwanos por ano – aproximadamente 2.250 dólares.

Em 1911, com um *timing* admirável, Hart morreu. Três meses depois, o Império Qing desmoronou. Mas a Revolução de 1911 mostrou-se incapaz de criar uma república única, desintegrando-se num tabuleiro de regimes liderados por militares. Nessas condições de confusão e divisão endêmicas, Aglen – que pessoalmente nunca teve nem de perto a autoridade de Hart em qualquer governo chinês – paradoxalmente ganhou um poder institucional maior que o do seu predecessor em Pequim. Enquanto nos tempos de Hart a inspetoria estrangeira calculava os impostos devidos, que acabavam sendo coletados por superintendentes chineses para então serem transmitidos ao Estado central e às autoridades provinciais, a partir de 1912 as taxas eram coletadas diretamente pela AMC e depositadas em três bancos de "custódia" (britânico, russo e alemão); estes retinham o dinheiro para a AMC como garantia em empréstimos externos e só desembolsavam fundos para os regimes de Pequim com a aprovação do inspetor-geral e do corpo diplomático. Com esse controle fiscal sobre os grupos que competiam pelo poder na China setentrional, a alfândega acabaria por se tornar, como o próprio Aglen dizia em segredo, um *imperium in imperio*[9]. Desde 1913, os poderes estrangeiros apoiavam a pretensão do antigo comandante Qing, Yuan Shikai, de se estabelecer como o novo homem forte da China contra seus oponentes, em sua maioria ligados ao Kuomintang de Sun Yat-sen, cujo reduto ficava no sul do país.

Esse era o cenário quando meu pai chegou à China, com apenas uma vaga ideia do que o aguardava. Avançando Yang-tsé acima – numa escala em Hankou, o cônsul russo o levou para assistir a uma corrida de cavalos –, uma semana depois ele chegou a um pequeno posto de alfândega nos arredores de Yochow no norte de Hunan, onde o rio Siang, fluindo pelo vasto lago Tung-ting, deságua no Yang-tsé[10]. Ali, extremamente solitário, ele aprendeu os procedimentos

---

[8] Maurice Bowra, *Memories 1898-1939* (Londres, Weidenfeld & Nicolson, 1967), p. 49.

[9] Aglen para Acheson, 28/2/1922, documentos de Aglen. Os riscos potenciais envolvidos na mudança de estimativa para arrecadação de rendas foram registrados por Leonard Lyall, um funcionário graduado da alfândega durante a administração de Hart, em seu reflexivo *China* (Londres, Ernest Benn, 1934), p. 280-6.

[10] Yochow, hoje Yueyhang, foi escolhida por Hart em 1899 para ser o primeiro exemplo de porto "aberto", isto é, um porto que a China, em teoria, teria posto à disposição dos estran-

básicos e teve suas primeiras lições de chinês. Naquele posto isolado, expedições frustradas de caça nos charcos da margem oposta e jantares num navio francês encalhado eram praticamente as únicas distrações[11]. Do alto dos morros perto do rio, o destacamento de alfândega dava vista para um acampamento de soldados, enviados por Yuan Shikai para defender a província – "15 mil homens para conter os revolucionários em Hunan". Ao anoitecer, ele voltava para casa: "Se não levarmos algum tipo de iluminação, os soldados podem atirar ao nos ver, porque temem que uma força rebelde invada a província, e o lugar está cheio de patrulhas e barreiras de controle"[12]. No próprio rio, o transporte de tropas se deslocava em ambas as direções. Foi uma introdução à China dos senhores da guerra. Aparentemente calado e compenetrado, ele caiu nas graças do comissário local, um escocês de barba ruiva que lamentou perdê-lo nove meses depois, quando recebeu ordens para sua transferência[13]. Em abril de 1915, foi instruído a ir para Mukden, onde faria um aprendizado intensivo do chinês na Escola da Alfândega, criada para ensinar a língua aos novos funcionários. Sob Aglen, pela primeira vez, para subir na carreira, além de um dado nível, era necessário passar por uma série de exames de chinês escrito e falado que se estendia por quase uma década.

Situada num vilarejo nos arredores da cidade, a escola em si não tinha nenhum atrativo. Mas ali pelo menos um rapaz de 21 anos estava entre pessoas da mesma idade, companhia preferível à solidão de Yochow. A Manchúria, que na época estava passando para o controle de Chang Tso-lin, um ex-bandido que logo depois viria a ser governador da região, era bem mais tranquila que Hunan. Mesmo assim, era possível sentir as ondas de choque do resto do país.

---

geiros de forma voluntária. Sua intenção era promover a penetração comercial de Hunan. Contudo, como havia pouca necessidade de que o tráfego fluvial entre Hankou e Changsha parasse em Yochow, sua escolha não foi das melhores. Para detalhes sobre a maneira como o posto da AMC foi construído, ver John Fairbank, Martha Coolidge e Richard Smith, *H. B. Morse: Customs Commissioner and Historian of China* (Lexington, University Press of Kentucky, 1995), p. 145-61.

[11] "Sem grana, sem piano, sem cachorro e, no verão, sem gelo! Ufa!" *C*, cit., 1915.
[12] Ibidem, set. 1914; 22/1/1915. Sobre a escalada da repressão de Yuan na província, ver Ernest P. Young, *The Presidency of Yuan Shih-K'ai* (Ann Arbor, University of Michigan Press, 1977).
[13] AMC 32130: R. A. Currie para Aglen, 9/9/1914, 12/4/1915 e 27/4/1915 – a mensagem termina assim: "29 juncos cheios de soldados desceram até Lin-hsiang ao longo do mês, de Changsha e outros lugares acima de Yochow, e uma quantidade semelhante subiu de Hankou para Changsha".

Meu pai chegou a Mukden quando a notícia de que Yuan Shikai havia cedido à pressão do Japão por grandes concessões territoriais e econômicas na China – as famosas 21 demandas – causou rebuliço em todo o país. "Sem dificuldades reais quanto à questão sino-japonesa", escreveu à irmã, "apesar de chineses e japoneses terem fortificado suas respectivas partes do vilarejo"[14]. Na escola, as aulas iam das 9 às 15 horas todos os dias, e havia provas todos os meses. Quando chegou o inverno, a principal distração era o hóquei no gelo, ao qual se dedicou com entusiasmo[15]. Numa fotografia da época, ele aparece reclinado ao pé de uma pirâmide de jovens aprendizes, elegante, de monóculo, bigode e cigarro. Mas evidentemente era aplicado. Em outubro, o comissário encarregado da escola, depois de descrever um jantar com o governador da província e Chang Tso-lin – "este último não perdeu nada de sua ambição, embora não tenha acrescentado nada à sua educação, tão distante do padrão chinês" –, informava a Aglen que "nenhum outro aluno da escola até agora igualava a capacidade, a aptidão para o trabalho e o progresso do sr. Anderson"[16].

Depois de passar pouco menos de um ano em Mukden e terminar o curso, meu pai foi enviado para o sul na primavera de 1916, para o porto fluvial de Ningbo, 14 milhas para o interior da costa de Chekiang, perto de onde nasceu Chiang Kai-chek. O caráter interimperial da alfândega ainda não tinha sido atingido pelo conflito europeu, e cidadãos dos países beligerantes continuavam a trabalhar lado a lado. Enquanto seu irmão lutava contra o Exército Imperial na Picardia, ele se viu escrevendo relatórios para um chefe alemão, cujo único defeito era um afável toque de *Schlamperei* [desleixo]. A pequena comunidade internacional – 45 pessoas, no total – vivia na minúscula margem do rio: "da varanda consigo ver navios e juncos passando, às vezes a apenas 20 metros de distância". O verão era sufocante, mas as viagens rio acima em casas flutuantes garantiam fins de semana agradáveis. Àquela altura, depois de uma tentativa malograda de se tornar imperador, abandonada diante da revolta generalizada, Yuan Shikai cambaleava. Uma semana depois de sua chegada a Ningbo, meu pai escreveu:

---

[14] *C*, cit., 29/5/1915.
[15] "Não faço nada além de trabalhar, ler e jogar hóquei no gelo, que é um ótimo jogo... Na última vez em que jogamos homens e mulheres juntos, estava tentando avançar com o disco quando colidi com senhorita Moorhead, caí sentado em cima dela e deslizei pelo menos dez metros sentado em cima dela!" (Ibidem, 20/2/1916).
[16] AMC 31910: Moorhead para Aglen, 23/10/1915. Seis meses depois: "No que se refere ao real domínio da língua, acho que ele se mostrou superior a qualquer outro estudante anterior a ele" (12/4/1916).

A província em que estamos, Chekiang, juntou-se ao partido revolucionário e houve algumas batalhas no interior, mas estamos bastante seguros aqui porque temos garantias de ambos os lados. Acabei de voltar de Xangai, aonde fui, custeado pelo serviço, entregar despachos, pois os rebeldes estão abrindo a correspondência chinesa.[17]

Seis semanas depois, Yuan – prestes a pedir refúgio à missão norte-americana – estava morto. Em Ningbo, meu pai teve dengues sucessivas, mas ainda assim foi aprovado, no outono, nos críticos exames de chinês. Na primavera de 1917, quando a China finalmente foi convencida a romper relações diplomáticas com as potências centrais, os funcionários alemães e austríacos da AMC foram mandados de volta para casa. Meu pai teve pouco tempo para se acostumar com o novo comissário. Na primeira semana de junho, foi transferido para o quartel-general da AMC, em Pequim.

Mal se estabeleceu no novo posto, no Departamento Pessoal, quando o caleidoscópio político girou novamente. Na primeira semana de julho, o general de trança, Chang Hsun, aliado Qing de longa data, tomou a cidade numa tentativa de restaurar a monarquia manchu. Sob o bombardeio da artilharia inimiga fora da muralha e dos subornos generalizados dentro dela, o golpe fracassou dias depois. "O fogo cessou às 10 horas da manhã. Chang, o líder monarquista, refugiou-se na missão holandesa. A única coisa que lembra que houve uma batalha é a grande quantidade de vidro quebrado. Há furos de bala nas janelas do nosso escritório e no clube"[18]. Apesar de breve, o golpe teve efeitos duradouros: os delegados do Kuomintang se desligaram do Parlamento e um poder alternativo, animado por Sun Yat-sen, estabeleceu-se em Cantão. No ano novo, uma tentativa de reconquistar o Sul fracassou, dividindo o regime em Pequim[19]. Trabalhando na inspetoria-geral sob as ordens de Aglen e Bowra, meu pai passou longas horas decodificando o tráfego de telegramas noite adentro, à medida que a AMC – que agora controlava não só os impostos alfandegários

---

[17] Ibidem, 20/4/1916.
[18] Ibidem, provavelmente 12/7/1917.
[19] "Há em torno de cinco rebeliões diferentes em curso, com grandes possibilidades de uma revolução conjunta financiada pelo Japão, mas os negócios seguem como de hábito. Tanto Yochow quanto Ningbo fazem parte. Yochow estava um tanto queimada, mas os comerciantes de Ningbo pagaram aos soldados revolucionários uma soma de 10 mil libras esterlinas para que passassem sem saqueá-la. Consequentemente, eles saquearam a cidade seguinte. O presidente da China deve dar no pé muito em breve, e há uns três ministros encarregados de uns oito ministérios, já que os outros foram para a concessão francesa em Tien-tsin" (Ibidem, 16/1/1918). A evolução da crise é descrita em Hsi-sheng Chi, *Warlord Politics in China 1916-1928* (Stanford, Stanford University Press, 1976), p. 18-23 e ss.

para financiar as dívidas externas, como também o excedente dessa operação, que ficava à disposição do corpo diplomático – tornava-se um ator cada vez mais importante na capital. "A alfândega estendeu muito sua influência desde a guerra, e aqui em Pequim somos mais do que meia força política", escreveu meu pai, "estamos assumindo os bancos governamentais, praticamente"[20]. Da inspetoria, localizada no centro do bairro onde estavam instaladas as delegações diplomáticas, a leste do que é hoje a praça da Paz Celestial, o palco dos conflitos entre os chefes guerreiros estava constantemente à vista. No verão de 1918, ele escreveu: "a razão é a religião da China, que é uma ótima religião também", exceto que resultava em distanciamento: "são apenas os inescrupulosos que se aventuram na política, daí o governo fútil de hoje"[21]. Sua atitude em relação aos conflitos entre os senhores da guerra, como a de muitos estrangeiros da época, era desdenhosa. Mas quando veio o despertar de 4 de maio de 1919, com os protestos estudantis que marcaram o nascimento da política moderna na China, sua resposta foi entusiasmada: "Toda a China está em greve! É impressionante", registrou ele, "todos os negócios estão parados e os estudantes, que organizam o movimento, são donos da situação. Há uma espécie de epidemia de renúncias, desde a Presidência até o Parlamento"[22].

Aglen evidentemente apreciava o trabalho de meu pai; ainda naquele ano, levou-o como secretário particular numa inspeção de barco pelos portos da China meridional, parando em Cantão, Wuchow, Amoy, Foochow, Wenchow, Macau e outros. Ele regressou com impressões conflitantes sobre o próprio Aglen. Informou à sua mãe:

> Sir F. Aglen é inglês. Grande, pesado, bem-apessoado, um pouco desajeitado e tímido, naturalmente preguiçoso, mas muito trabalhador, muito consciencioso e absolutamente "correto", conhecedor do trabalho da alfândega e com uma memória maravilhosa sobre ela; mas um tanto egoísta e com tendência a fazer ameaças vazias, bastante burro quanto ao lado chinês e político do seu negócio.[23]

---

[20] C, cit., 27/1/1918.
[21] Ibidem, 19/7/1918.
[22] Ibidem, 13/6/1919.
[23] "Essa é minha impressão, que pode ou não ser justa" (ibidem, 9/4/1919). Qualificar Aglen de inglês para sua mãe sugere um sentimento compartilhado de distância cultural. Anos depois, escreveria sobre a capacidade de manter relações amigáveis com as pessoas, sem nunca ter sido íntimo delas: "Essa é uma qualidade britânica. Nós, irlandeses, não conseguimos fazê-lo" (ibidem, 16/4/1933).

Suas próprias perspectivas pareciam boas. De volta a Pequim, terminou uma tradução para Kishimoto Hirokichi, comissário encarregado das negociações chinesas na inspetoria, "que é japonês e em cujo cargo estou de olho para daqui a vinte anos"[24]. Sua carreira parecia estar nos trilhos. Mas a ambição não é a nota dominante nas cartas da época. Ele tinha vinte e poucos anos, e os prazeres ao ar livre – equitação, patinação, tênis, natação –, quando a pressão do cargo diminuía, apareciam com mais destaque. A beleza de Pequim, comentada por todos os estrangeiros da época ("uma cidade maravilhosa", mesmo quando "os muros altos, a poeira e a aparência seca e dura das coisas" pareciam opressivos na estação quente) e das montanhas do Oeste, por onde caminhava nos fins de semana, eram atrações naturais[25]. Na costa, a alfândega mantinha bangalôs em Peitaiho, retiro onde hoje os líderes comunistas se reúnem todos os verões.

Mas outra preocupação era previsivelmente prioritária: "a incompletude da vida de solteiro"[26]. Sexualmente, os jovens europeus na China procuravam consolo com as criadas das casas de chá ou com as concubinas. Hart, um wesleyano devoto, teve três filhos com uma amante de Amoy antes de se casar com uma prima de Portadown. Meu pai, que considerava a típica "garota chinesa" da comunidade ocidental insuportavelmente mimada, por causa da desproporção dos gêneros, sem dúvida em algum momento seguiu seu exemplo. Em seu último ano em Pequim, porém, caiu no feitiço da mulher de um funcionário da Embaixada, Florence Harding, de uma audácia fora do comum (muitos anos depois, minha mãe brincou que "ela aparentemente abria os trabalhos enfiando a mão no bolso dele"). Seguiu-se um caso turbulento. Devia ser absolutamente clandestino. Mesmo a corte a uma menina solteira, se considerada inadequada por pais ou superiores, podia resultar numa transferência repentina para o posto mais remoto que a inspetoria-geral pudesse encontrar – destino de seu melhor amigo na época, exilado numa região infestada pela febre na fronteira com a Birmânia por causa de uma transgressão[27]. Em tais condições, a inten-

---

[24] Ibidem, 23/7/1919.
[25] Ibidem, 30/3/1918.
[26] Ibidem, 4/7/1918, enviada a seu irmão Sainthill, morto perto de Bucquoy em 25 de agosto, que não deve tê-la recebido. A morte do irmão, a quem era profundamente ligado, foi um golpe terrível. A notícia chegou a Pequim somente em meados de outubro.
[27] Por ter paquerado uma menina de dezesseis anos não muito inteligente, mas bonita: "Black foi transferido para Teng-yueh e fiquei revoltado... é um cemitério comum... Acho que a família dela solicitou a transferência de Black porque a menina estava muito interessada nele e eles temiam que ela estivesse se expondo demais" (ibidem, 12/4/1918).

sidade dos sentimentos provocada até mesmo por um segredo banal talvez tenha ido às alturas.

No começo de 1920, meu pai foi transferido para Chungking, 1.500 milhas Yang-tsé acima, na província de Sichuan. Ele desejava esse posto, por razões que se perderam. Talvez procurasse mais agitação. A província tinha sido o epicentro da revolta tanto da derrubada da dinastia Qing, em 1911, quanto da queda de Yuan Shikai, em 1916, quando as tropas de Yunnan e Kuei-tcheu a tomaram pelo sul, juntando-se aos insurgentes locais. Quatro anos depois, a situação ainda era altamente instável: militaristas de Sichuan tentaram expulsar as forças de Yunnan e Kuei-Tcheu, que ainda controlavam boa parte da província, inclusive Chungking[28]. Além das pilhagens constantes das tropas dos senhores da guerra, a pirataria grassava no Alto Yang-tsé. Meu pai chegou ao novo posto na primeira semana de março de 1920. O assistente substituído por ele, que viajava na direção oposta, rumo a Ichang, foi emboscado alguns dias depois. "As condições a jusante só fazem piorar", informou o chefe do posto a Pequim.

> Recebi uma carta do sr. Nordstrom, que saiu daqui no dia 8 por *wupan*, dizendo que foi atacado por ladrões a mais ou menos 10 *li* acima de Yunyang; eles atiraram contra o barco, mataram o *laodah* e levaram todos os seus objetos de valor. Chegaram despachos nos últimos dias dando conta de que mais três barcos com estrangeiros a bordo foram assaltados de maneira semelhante e dois navios de patrulha desceram o rio a toda velocidade.[29]

No verão, a luta entre os exércitos inimigos já se aproximava da cidade:

> Os homens de Yunnan estão recuando. Exigem contribuições enquanto se retiram, sob ameaça de destruir as cidades e os vilarejos [...] É possível que as tropas de Sichuan estejam nos muros ou na cidade em três dias. Parece claro que os homens de Kueichou têm pouca esperança de se manter, porque ainda estão deslocando as barreiras e hoje, quando desci o morro, encontrei muitos homens feridos indo para o sul.

A situação econômica dava pouca margem de manobra à alfândega:

> Infelizmente, os negócios estão parados. Os carregamentos não conseguem chegar com todas essas manobras militares acontecendo. Por causa do banditismo, os

---

[28] Sobre o ambiente de Sichuan nessa época, ver *sir* Meyrick Hewlett, *Forty Years in China* (Londres, Macmillan, 1943), p. 84-145, então cônsul-geral britânico; e Robert Kapp, *Szechwan and the Chinese Republic: Provincial Militarism and Central Power 1911-1938* (New Haven, Yale University Press, 1973), p. 13-7.

[29] Vice-comissário em exercício C. F. Johnston para C. A. V. Bowra (Aglen estava de licença): AMC 32045, S/O n. 210, 31/3/1929. Um *wumpan* é uma sampana um pouco maior – literalmente, "cinco tábuas", em vez de "três tábuas" –; *laodah* era o barqueiro.

juncos não vão sem escolta além de Wan-hien, e não há soldados suficientes para montar as escoltas. Uma semana e pouco atrás, havia trezentos juncos em Wan-hien, e essa multidão, somada ao consumo dos militares, está fazendo o preço da comida subir de forma preocupante.

Quanto à cidade em si: "Qualquer dos lados que esteja aqui, é quase certo que Chungking terá de pagar; ela sempre pagou"[30].

As circunstâncias eram suficientes para absorver as energias de qualquer jovem assistente. Mas seus pensamentos também deviam estar em seu amor de Pequim, e as cartas, sem dúvida, iam e vinham. Seja como for, em setembro, Florence foi para ficar com ele, mas – provavelmente por uma questão de decoro – levou duas amigas com ela. Uma delas era Stella Benson, que na época estava viajando pela Ásia como repórter e jornalista *free-lance*. Abrigados pela chuva torrencial que caía sobre a cidade, situada num rochedo acima do tortuoso rio, o grupo logo se transformou num ninho emocional. Stella se apaixonou violentamente por meu pai, enquanto ele se esforçava para arrancar Florence de seu casamento, regalando a primeira com confissões sobre sua paixão pela segunda. Discussões sobre a Irlanda – os "black and tans"* haviam acabado de ser criados; meu pai simpatizava com o Sinn Féin** – esquentavam o clima. Lá embaixo, renhidas batalhas eram travadas entre as tropas de Yunnan e Sichuan, no último *round* da luta pelo controle da província: balas zuniam pelas ruas, corpos boiavam rio abaixo, enquanto o agitado trio se preparava para ir de barco para Xangai[31]. Dolorosos *mises-au-point*

---

[30] Johnston para Bowra: AMC 32045, S/O n. 215, 24/6/1920.

* Força de combate especial criada no início dos anos 1920, na Irlanda, para reprimir as rebeliões no país. (N. E.)

** Movimento político irlandês fundado em 1905 por Arthur Griffith. Hoje, é um dos principais partidos políticos da Irlanda. (N. E.)

[31] "Às duas, Chungking caiu nas mãos das tropas de Sichuan. Assistimos a tudo como num cinema, tiros vinham de ambos os extremos da cidade e as balas mergulhavam para cima e para baixo da correnteza silenciosa. Imediatamente os tiros começaram, e uma espécie de explosão de juncos em fuga varreu o rio, provavelmente com yunnanenses fugidos a bordo; dúzias de juncos. Durante todo o dia, uma sucessão mais ou menos contínua de homens afogados sendo levados rio abaixo passou por nós... À noite, os estrangeiros atravessaram a cidade, alguns sob tiroteio, e Schjoth e Palmer subiram a bordo para nos contar das barricadas erguidas na Casa da Alfândega, das pilhas de homens mortos nas ruas, de um comerciante chinês que deixou cair na fuga uma sacola cheia de dólares de prata e a abandonou na rua, e da correria de civis e soldados para apanhar o dinheiro. Tivemos um jantar de despedida um tanto infeliz para Shamus..." (Diários de Benson, Add. 6783, 15/10/1920). A bordo, soldados esfaquearam e deram tiros pelos carregamentos de ópio.

[acertos de contas] marcaram a viagem. Florence voltou para Pequim. Stella seguiu para Calcutá. Meu pai terminou nos meses seguintes o giro por Xangai – cidade que detestava, onde "os chineses são tolerados apenas para serem chutados e xingados"[32]. Na primavera de 1921, aos 27 anos, embarcou para sua primeira licença em casa.

Quais eram suas impressões sobre a China? Muito provavelmente, meu pai teria dificuldade para dar uma resposta única, tão estreitamente entranhado e obscurecido pelas dificuldades gerais do amadurecimento deve ter sido o encontro particular com esse mundo estranho. Por exemplo, passados sete anos, quão fluente era seu chinês? Bom o suficiente para receber uma menção especial numa circular da inspetoria-geral, mas é difícil saber o que isso significava na prática. Há indicações de que conseguia ler poesia clássica, mas podem estar erradas. Com certeza, quando deixou Pequim, desprezava a atitude da maioria de seus contemporâneos. "O europeus na China são tão burros", escreveu, "que, se tivessem algum interesse pelo país onde vivem, aproveitariam melhor a vida. Mas esperam que Chungking seja como Leeds e sentem falta dos pequenos luxos de uma cidade inglesa de terceira categoria"[33]. É claro o orgulho pela variedade de paisagens e cidades que conhecia e pelo tamanho da organização da qual fazia parte[34]. Em sua última carta ao irmão, escreveu: "Não quero deixar a China; de certo modo, amo este país, e anseio tão pouco pelo 'colo fresco e verde da agradável terra do rei Ricardo' que sinto como se não fosse mais suportar a vida em casa"[35]. A segunda expressão de sentimentos é mais forte que a primeira, mas não nega sua força. É difícil falar de apego mais profundo. Fazendo eco a uma opinião de Stevenson, Claudel – que foi cônsul da França na China durante quinze anos e conheceu bem a comunidade ocidental ali – escreveu às vésperas da Primeira Guerra Mundial:

> Se um homem se torna um expatriado, não é em geral pelo prazer da aventura ou por uma energia impaciente diante das restrições; é simplesmente porque não pertence e como que se desprendesse por si mesmo [*comme de lui-même décroché*]. Pergunte a ele: são sempre as *circunstâncias* que determinam sua partida. Você nunca vai encontrar num expatriado aquela fé extasiada nas coisas deste mundo, a

---

[32] *C*, cit., 5/2/1920.
[33] Ibidem, 29/5/920.
[34] Para a mãe: "Você vai entender que depois de trabalhar aqui, numa administração que se estende por milhares de milhas, eu provavelmente não vou me satisfazer com um emprego paroquial aí" (ibidem, 7/3/1919).
[35] Ibidem, 4/7/1918.

tenacidade de propósitos, o apetite feroz por poder e dinheiro que admiramos nos heróis de Balzac. O expatriado tem sempre algo "frouxo", malconectado, dentro de si: certa indiferença na alma e no corpo.[36]

Seja qual for a validade geral dessa descrição, há razões para pensarmos que pode ser particularmente verdadeira no caso anglo-irlandês.

De volta a Londres, meu pai se casou com Stella em menos de três meses. Quando a levou a Waterford para conhecer a família, havia trincheiras nas estradas, acampamentos bombardeados e pontes marcadas por emboscadas. Diante do corte de cabelo de moça independente de Londres, os moradores presumiram que Stella tinha raspado a cabeça porque colaborava com o Sinn Féin. Enquanto Griffith e Collins negociavam, o casal partia em lua de mel para os Estados Unidos. Cruzaram o país de carro, da Pensilvânia à Califórnia, e regressaram à Irlanda durante a guerra civil. As forças do Estado livre, de conluio com os britânicos, aproximavam-se de Waterford, então sob domínio dos republicanos. Deve ter sido parecido com Sichuan. Na mesa de jantar da família, enquanto meu pai defendia a independência da Irlanda, o clima esquentava – as casas da elite protestante estavam sendo incendiadas e seu tio estava para ser expulso do país. Os recém-casados partiram para a China no dia em que Collins sofreu retaliação em Cork.

Ao chegar a Hong Kong, meu pai foi enviado para Mengtze, em Yunnan, na fronteira com a Indochina. Rechaçando as tentativas da inteligência local para aliciá-lo como agente britânico – por desprezar sua burrice –, ele levou a esposa a Hanói e depois seguiu pela ferrovia francesa que serpenteava o Alto Vermelho até Mengtze. O isolamento e a diversidade étnica da província de Yunnan, famosa por sua beleza e por seu clima agradável, tornavam os chefes guerreiros praticamente governantes independentes. Economicamente, contudo, a região estava sob influência francesa – comunicação, concessões e comércio fluíam para Tonquim. O banditismo grassava em torno de Mengtze, cujas montanhas eram habitadas em sua maioria por falantes do idioma lolo. Quando cavalgavam pela zona rural, Shaemas e Stella passavam por alguns apuros, mas, politicamente, a região era tranquila.

Ali, durante dois anos, o jovem casal morou numa casa comprida de adobe, "sobre fundações altas de pedra, com teto chinês curvo, alegremente pintado em tons desbotados de azul, laranja e grená"[37] – parte do conjunto de casas

---

[36] Paul Claudel, *Oeuvres Complètes*, v. 4: "Extrême Orient" (Paris, Gallimard, 1952), p. 92-3; escrito em 1909.
[37] *C*, cit., 22/2/1923.

construídas pela alfândega, onde, quinze anos depois, William Empson deu aulas de inglês durante a Guerra Sino-Japonesa e deu de cara com seus próprios bandidos fora das muralhas da cidade[38]. Em Mengtze, o casamento quase se desfez. Stella desapaixonou-se violentamente, meu pai caiu numa depressão dolorosa. Eles eram antíteses físicas. De saúde frágil – um estado tísico crônico –, ela era espiritualmente apaixonada, mas fisicamente entorpecida. Talvez o esforço para sobreviver solicitasse todo o seu calor humano. Meu pai era emocionalmente constante, mas forte e francamente sensual. Poucos casamentos aguentam tal tensão. Eles cogitaram o divórcio. Ela se entregou à escrita; ele, ao estudo do chinês. Na primavera de 1925, ele foi enviado a Xangai. Ela resolveu passar seis meses na Europa. No cais, quando a passarela do navio se ergueu, ela se sentiu vagamente surpresa por sentir falta dele.

Enquanto isso, a China aproximava-se da Irlanda. Espalhando-se pelas grandes cidades, o nacionalismo moderno estabeleceu uma base política em Cantão, onde desde o começo de 1923 Sun Yat-sen comandava um regime do Kuomintang assessorado por soviéticos e apoiado por comunistas. Uma tentativa de assumir controle da alfândega local foi frustrada por uma flotilha de canhoneiras das grandes potências, mas a inspetoria já enfrentava um levante geral em Pequim e um sentimento xenofóbico no Sul. Nessa conjuntura, assim que meu pai deixou Xangai, cipaios dispararam contra uma multidão de chineses que pedia a soltura de estudantes presos numa delegacia britânica. O massacre de 30 de maio de 1925 incendiou o país. Foi declarada greve geral em Xangai; protestos violentos contra os britânicos explodiram e atingiram outras cidades. Três semanas depois, uma grande passeata contra os tratados desiguais de Cantão topou com uma fuzilamento anglo-francês que deixou muitas vítimas[39]. O resultado foram dezesseis meses de greve popular e boicote aos produtos ingleses em Hong Kong e em Cantão – cenário do memorável romance de Malraux, *Os conquistadores**.

Qual era a impressão de meu pai sobre esses eventos? Parece provável que tenha deixado a cidade em torno de 3 de junho e testemunhado a explosão inicial, as greves e a repressão que se seguiram, mas não restou nenhuma carta

---

[38] "Moonlight Robbery: China 1938", *London Review of Books*, v. 17, n. 19, 5/10/1995.

[39] O melhor relato da crise e de seu contexto está em Richard Rigby, *The May 30 Movement: Events and Themes* (Canberra, Australian National University Press, 1980) – sobre a primeira semana em Xangai, p. 34-43.

* Porto, Europa-América, 1975. (N. E.)

escrita naquelas semanas. O que está claro é que, em vez de ser designado para um posto de escritório na cidade, como esperava, ele foi enviado como comissário em exercício – o mais jovem em serviço – para um canto remoto da China, onde a Manchúria se projeta na direção de um pequeno hiato entre o ponto mais setentrional da Coreia e a fronteira da Rússia. Geograficamente, a cidade mais próxima da colônia de Lungchingtsun, aonde chegou em 10 de junho de 1925, era Vladivostok. Seu primeiro relatório dizia:

> SITUAÇÃO LOCAL: O "caso" de Xangai e as irrupções subsequentes, negociações etc., são discutidas e comentadas por todas as classes de chineses. Para chegar aqui, fiz a jornada da fronteira [coreana] até Lungchingtsun a pé e vi camponeses, em vilarejos razoavelmente remotos, discutindo a situação. A Câmara de Comércio de Hunchun está coletando dinheiro para o fundo de greve em Xangai, houve uma manifestação sem muito entusiasmo em Yenchi e a principal loja do negociante da B. A. T. sofre boicote.[40]

Observou, entretanto, que o equilíbrio político e étnico na região não favorecia o movimento nacional. Nos portos da China central e do sul, o poder britânico ainda era o principal alvo das hostilidades populares. No nordeste, a expansão japonesa representava uma força muito mais formidável. A Manchúria era o território de origem do chefe guerreiro dominante do norte, Chang Tso-lin. Mas seu regime era vigiado por Tóquio, que ocupava posições de poder: controle militar da península de Liaotung, acampamentos em Mukden, guardas armados ao longo da ferrovia da Manchúria meridional. A zona de fronteira de Chientao, onde estava meu pai, era de especial interesse para o Japão, porque a maioria da população era constituída de imigrantes coreanos e era também a principal base da atividade nacionalista clandestina contra o domínio colonial japonês na Coreia. Depois que seus consulados foram atacados, em 1920, o Japão mantinha permanentemente uma polícia militar nas cidades da região[41]. Ali, alguns anos mais tarde, Kim Il-Sung começaria sua carreira de guerrilheiro no movimento comunista. Hoje, a região faz parte da prefeitura autônoma de Yanbian, na República Popular da Coreia. Naquela época, uma minoria de colonos chineses e um punhado de russos brancos completavam o cenário.

---

[40] AMC 31905, Lungchingtsun S/O n. 426, 4/8/1925.
[41] Ver Gavan McCormack, *Chang Tso-lin in Northeast China, 1911-1928* (Stanford, Stanford University Press, 1977), p. 41-2; e, para uma contextualização, Chong-sik Lee, *The Politics of Korean Nationalism* (Berkeley, University of California Press, 1963), p. 158-63, 181-2 e ss.

Apesar de remota, a terra era fértil e a atividade econômica crescia. "Lungchingtsun está se desenvolvendo rapidamente e parece mais uma colônia nas pradarias do Meio-Oeste dos Estados Unidos do que um porto livre chinês dos Tratados. Andaimes e prédios estrangeiros de aspecto despojado se erguem entre as choupanas de tijolos dos colonos coreanos"[42].

Meu pai passou dois anos nessa estranha ponta da Sibéria. Os invernos eram implacáveis, apesar de não desprovidos de animação. Comunicando a Aglen "uma inspeção de 360 *li* pelas barreiras fronteiriças e postos de patrulha", observou que na maior parte da jornada podia deslizar de carro pela superfície congelada do rio Tyumen – "seria difícil achar estrada melhor"[43]. Stella juntou-se a ele; sofria com os fortes ventos e o isolamento, mas com o tempo transformou os russos da região em material para seu romance mais bem-sucedido. Quando ela partiu para seis meses de férias na Califórnia, ele levou outra para a cama, mas escreveu-lhe – uma carta impressionante – pedindo seu consentimento. Sem pensar, ela respondeu por telegrama que seguisse em frente; arrependeu-se; ao regressar, criticada, deixou por isso mesmo. Àquela altura, ela já sabia quão forte era o apego dele por ela e quão pouca satisfação ela lhe oferecia. A estranha e desencontrada vida do casal – imaginando, examinando – recomeçou.

Nesse ínterim, a alfândega foi atingida pela crise política no país. No verão de 1926, o regime do Kuomintang em Cantão, agora chefiado por Chiang Kai-chek, lançou a Expedição do Norte para expulsar os vários chefes guerreiros que governavam o resto da China. No fim do ano, as forças nacionalistas já haviam avançado até o Yang-tsé e estabelecido um governo em Hankou. Aglen, na chefia da alfândega, e a Grã-Bretanha, como hegemonia do corpo diplomático, estavam num dilema. Tradicionalmente, ambos haviam apoiado os regimes dos chefes guerreiros em Pequim. Mas Aglen, ao direcionar parte do excedente da alfândega para um fundo de compensação interno, em vez de hipotecá-lo inteiramente aos credores externos – mudança que lhe deu mais poder no interior da política chinesa –, passou a ser visto com reservas pela chancelaria britânica, como alguém independente demais. Que linha deveria ser adotada dali em diante em relação ao Kuomintang? No outono, Chiang Kai-chek deu ordens para que se pusesse fim à longa greve e ao boicote às mercadorias britânicas, até então apoiados por Cantão. Satisfeita com o fim da pressão em Hong

---

[42] AMC 31905, Lungchingtsun S/O n. 426, 4/8/1925.
[43] AMC 31905, n. 444, 4/2/1926.

Kong, Londres não objetou quando o Kuomintang impôs uma sobretaxa ao comércio exterior, tecnicamente violando o sistema de tratados, e começou a cultivar relações com Hankou.

Dois meses depois, o regime de Pequim – agora sob o controle de Chang Tso-lin e formalmente declarando autoridade sobre todo o território chinês – respondeu com o anúncio de uma sobretaxa no mesmo valor e instruiu a alfândega a coletá-la. Aglen, alegando oposição diplomática, foi para o Sul discutir a delicada situação com as autoridades de Hankou. Antes que estivesse de volta, o governo de Pequim o dispensou por insubordinação. Quaisquer que fossem seus sentimentos em relação a Aglen, Londres estava determinada a garantir que seu sucessor fosse um cidadão britânico – com o que a missão japonesa, depois de alguma hesitação, consentiu. Em fevereiro de 1927, o regime do Norte nomeou o então secretário-chefe, Arthur Edwardes, como inspetor-geral em exercício. Meu pai, que conhecia bem Aglen, observou: "Edwardes é um irlandês grande e gordo, de cabelo ruivo, que parece um açougueiro, mas na verdade é um Butler por parte de mãe e está ligado ao ducado irlandês do mesmo nome" – bastante sociável, mas "não especialmente trabalhador" e "inclinado a ser generoso com os amigos à custa dos outros"[44].

Diante de um conflito territorial contínuo, Edwardes optou por uma cooperação *de facto* com o Norte. A cobrança da sobretaxa foi autorizada – mas pelos superintendentes chineses, não pelos funcionários estrangeiros da alfândega. O Japão, prestes a abandonar Chang Tso-lin, era contra o imposto. Em julho, instruções para a cobrança chegaram a Lungchingtsun. Ali, o quartel-general japonês orquestrou o assalto ao depósito da alfândega e uma campanha virulenta na imprensa contra meu pai, ameaçando-o com ataques a bomba dos "atiradores coreanos", contra os quais eles não podiam oferecer proteção – algo mais provável, observou ele, de ser dirigido contra as instalações japonesas, já que ele não se opunha à independência coreana. Stella registrou: "Metralhadoras emproavam-se pelas ruas e esgueiravam-se pelos muros do enorme, fortificado e abaluartado novo consulado, que, segundo os japoneses, foi construído como 'símbolo da amizade entre duas grandes nações'"[45]. Na ocasião, o *establishment* japonês impediu que isso acontecesse, mas os últimos meses de meu pai na Manchúria foram cada vez mais tensos, à medida que o sentimento

---

[44] C, cit., 8/3/1927.
[45] Diários de Benson, Add. 6795, 13/7/1927; "Storm in a Manchurian Teacup", *The Nation and Athenaeum*, 27/8/1927.

nacional chinês – tardiamente liberado por Chang Tso-lin – explodia em toda a região numa campanha de manifestações populares contra o Japão. No outono, chegaram as férias, e Shaemas e Stella partiram para a Europa.

Em que medida a frequência dessas ausências – em tese, de um ano a cada cinco, uma interrupção determinante em sua existência – teria intensificado a percepção das mudanças na China, uma vez que os regressos eram como voltar a uma peça depois de perder um ato, que só podia ser recuperado por indicações nas cenas seguintes ou consultas furtivas ao programa? Enquanto meu pai esteve fora, o panorama político da China mudou radicalmente, assim como a posição da alfândega nesse cenário. Na primavera de 1928, a Expedição do Norte foi retomada. Os exércitos do Kuomintang, com vários aliados regionais, avançaram sobre Pequim. No começo de junho, Chang Tso-lin abandonou a capital e, por obra de oficiais japoneses, morreu na explosão do trem de luxo que o levava de volta a Mukden. Em outubro, um governo nacionalista que alegava controle sobre todo o país foi proclamado em Nanquim.

Na alfândega, Edwardes, que nunca havia sido aceito pelo Kuomintang, logo se viu numa posição insustentável. Desde o começo de seu mandato, ele era ameaçado por um rival na pessoa do sobrinho de Hart, Frederick Maze, comissário em Xangai. Maze, mais velho e mais hábil, cultivava boas relações com o Kuomintang desde a revolução de 1911, quando era comissário em Cantão. Quando o comandante nacionalista Pai Chung-hsi entrou em Xangai, em março de 1927, Maze estava lá para conversar secretamente com ele – pouco antes de Chiang Kai-chek comandar o massacre dos comunistas na cidade, com a cumplicidade anglo-francesa. Ao longo do ano, Maze procurou conquistar as graças das autoridades do Kuomintang e o apoio da comunidade comercial de Xangai. Ele entendia as exigências do poder ascendente e não hesitava em atendê-las. Em janeiro de 1929, Edwardes foi retirado do cargo e Maze foi nomeado inspetor-geral[46]. O quartel-general da Alfândega Marítima Chinesa foi transferido para Xangai e o recrutamento de estrangeiros foi suspenso. No mesmo mês, a China recuperou a autonomia tarifária. A Revolução Nacionalista parecia a pleno vapor.

Na realidade, depois de se voltar contra os aliados comunistas, Chiang Kai-chek unificou a China apenas nominalmente. Militaristas regionais, que não

---

[46] Martyn Atkins, *Informal Empire in Crisis, British Diplomacy and the Chinese Customs Succession 1927-1929* (Ithaca, NY, Cornell East Asia Program, 1995), faz um relato duro, mas admirável, das vitórias da inspetoria de Maze contra a oposição da chancelaria britânica.

possuíam as mesmas ligações com o exterior e com o mundo dos negócios, mas eram generais muito melhores, controlavam vastos territórios e forças próprias, sob o amplo manto ideológico legado por Sun Yat-sen. A autoridade direta de Nanquim nunca se estendeu muito além da China central e até mesmo lá estava sujeita a contestações frequentes. Nos vinte anos seguintes, os mais temíveis e persistentes inimigos vieram da província subtropical de Kuang-si, uma região atrasada da fronteira indochinesa com uma ampla minoria de origem tailandesa. Seus principais generais, Li Tsung-jen e Pai Chung-hsi, destacaram-se mais nas batalhas da Expedição do Norte do que o próprio Chiang, encerrando-a no controle de uma vasta área que incluiu por algum tempo Hankou e Pequim. Ambos destacaram-se mais uma vez na guerra contra o Japão; quando Chiang finalmente teve de renunciar, depois do desastroso fracasso na guerra contra os comunistas, Li Tsung-jen assumiu como o último presidente da China Republicana, em 1949, e tentou em vão negociar a paz com o Partido Comunista Chinês. Regressou do exílio já na velhice e morreu como um honorável veterano em Pequim.

No começo de 1929, porém, Chiang ganhou, de repente, maior poder sobre a "turma de Kuang-si", expulsando-os do Kuomintang e forçando-os a se exilar em Hong Kong[47]. Ali, eles planejaram retornar a partir de sua província natal. Para detê-los, Chiang inadvertidamente instalou funcionários locais simpáticos à esquerda em Kuang-si. Naquela primavera, meu pai voltou para a China sozinho, pela Transiberiana. A viagem foi desoladora e ele estava ansioso: a partida havia sido turbulenta. Os médicos haviam lhe dito que não poderia ter filhos, como desejava Stella. Com os papéis invertidos, ele lhe escreveu de Hong Kong: "Se você realmente quer um filho, vá em frente. Eu não me importaria, desde que você não se separasse de mim"[48]. Assumia que ela não se juntaria a ele. Consideravelmente deprimido, soube que havia sido transferido para Nanning, a capital de Kuang-si.

De fato, enquanto navegava rio acima, desde o delta do rio das Pérolas, e descobria pouco a pouco o tipo de território em que se embrenhava, seu ânimo melhorou. Nanning fica a pouca distância da confluência dos rios Oriental e Ocidental, num local tão distante do Tyumen quanto se possa imaginar.

---

[47] Sobre esses eventos, ver Diana Lary, *Region and Nation: The Kwangsi Clique in Chinese Politics 1925-1937* (Cambridge, Cambridge University Press, 1974), p. 13-145, um dos melhores estudos sobre a política provincial no período da República.

[48] *C*, cit., 6/5/1929.

Minha casa fica na margem do rio e dá vista para as simpáticas touceiras de bambu e para os búfalos, assim como para os chineses que lavam ali suas roupas, remam, levantam as velas dos juncos etc. Tenho um jardim simpático, que cresceu demais: hibiscos, jasmins-manga, camélias, primaveras, tamarizes, acácias floridas, palmeiras, bambus e vários arbustos e árvores daqueles que têm um perfume quase excessivo.[49]

O comércio estava em baixa, e a carga de trabalho era leve. Ele se instalou, à espera da vinda de Stella. Uma semana depois, um emissário do Partido Comunista em Xangai chegou secretamente a Nanning. Foi assim que Deng Xiaoping entrou na história, na época um jovem de 25 anos que chegara havia pouco da Europa – seu conhecimento do francês talvez tenha sido o motivo por que foi escolhido para a missão, quando subiu o rio com ajuda de comunistas vietnamitas pelo que meu pai chamava de "a porta dos fundos" de Kuang-si, a cidade fronteiriça de Lungchow[50].

Infiltrado no governo local e na guarnição, Deng lançou as bases da rebelião. Em outubro, contudo, os oficiais encarregados da província – sob cuja proteção o Partido Comunista trabalhava – declararam-se prematuramente contra Chiang Kai-chek, em acordo com outras forças descontentes no campo nacionalista, apenas para ver suas tropas desaparecerem e abrir caminho para que os famosos militaristas de Kuang-si retornassem ao poder. Antes que alcançassem Nanning, Deng ordenou que os destacamentos que haviam se juntado à causa comunista saíssem da cidade – um grupo foi em direção a Lungchow, no sudoeste, e o outro foi para uma região de minoria chuang, no noroeste da província, onde se encontrou com eles após subir o rio Oriental num comboio de juncos carregados com o arsenal da cidade. Ali, na cidade montanhesa de Pose, controlando a passagem para Yunnan, ele proclamou um soviete. Donos de terra foram expropriados, os vilarejos chuang foram mobilizados e, em pouco tempo, uma área com aproximadamente um milhão de habitantes estava sob o controle da recém-criada Corporação Inglesa do Exército Vermelho. Meu pai relatou a Maze:

> Todo o rio Pose é vigiado por uma força de camponeses comunistas que recentemente tomou P'ingma e Lungan, esta última a apenas 60 milhas daqui. Nessas cidades, eles queimaram em praça pública retratos do dr. Sun, assim como todas as escrituras encontradas nos *hsien yamens*![51]

---

[49] Ibidem, 14/7/1929.
[50] A versão oficial mais completa das atividades de Teng em Kuang-si, em 1930, pode ser encontrada no relato de sua filha, Deng Maomao, *Deng Xiaoping: My father* (Nova York, Basic Books, 1995), p. 162-91.
[51] AMC 32519, n. 451, 9/1/1930.

Um mês depois, em janeiro de 1930, a turma de Kuang-si estava novamente em Nanning.

POLÍTICO: Grande mudança na situação desde que escrevi pela última vez [...] Li Tsung-jen está aqui. Passando pela Casa da Alfândega outro dia, abrigou-se em meu escritório para se proteger de um temporal repentino e falou abertamente e com aparente confiança sobre seus planos. Ele próprio comandará de Nanning as operações para limpar os rios Lungchow e Pose, atualmente infestados de sobreviventes do exército de Yü Tso-po e por comunidades camponesas. Tudo está calmo localmente, e a Câmara de Comércio de Nanning pagou mais de $ 70.000 a Li. O dinheiro foi obtido sem muita dificuldade, já que os comerciantes estão interessados na reabertura das ligações com Pose, onde os estoques de ópio estão retidos há muito tempo.[52]

De fato, Li e Pai não seriam capazes de tomar nenhuma atitude imediata contra as forças comunistas em Kuang-si – onde um segundo soviete seria proclamado alguns dias depois no rio Ocidental, perto da fronteira com a Indochina – porque se viram sob ataque de Cantão, onde se recrutou um exército contra eles em nome do governo de Chiang Kai-chek. A luta já havia se espalhado para o leste da província quando outro comandante da Expedição do Norte, Chang Fa-kuei, juntou-se a eles, trazendo para Nanning o que restou dos "fortes e corajosos" a fim de conter o avanço dos cantoneses.

Chang Fa-kuei é agora o encarregado da defesa de Nanning e está se preparando para a tarefa com muita energia, cavando trincheiras, erguendo barricadas, derrubando barreiras etc. Fui visitá-lo outro dia e encontrei, para minha surpresa, um homem diminuto, de aspecto *chétif*, que poderia ser confundido com um estudante de idade um tanto avançada [...] Seus homens estão em todas as lojas, pagando pelas compras com dinheiro de Hong Kong, Tonquim e Xangai. É agradável ouvir os "erres" de Pequim num local tão ao sul como este.[53]

O clima em Nanning tornou-se uma mistura duvidosa, talvez bastante típica da época, de cerco e distração, capturada de forma vívida pelo diário de Stella. Num dia, aviões cantoneses bombardeavam a cidade; no outro, generais de Kuang-si se entregavam a seu esporte favorito. Stella registrou em seu diário:

---

[52] AMC 32519, n. 353, 27/1/1930. Para um relato do próprio Li a respeito de seu regresso a Kuang-si, depois de ter sido expulso de Hong Kong pelas autoridades coloniais sob pressão de Nanquim, ver *The Memoirs of Li Tsung-jen* (Boulder, Westview Press, 1979), p. 274-6; ditado durante seu exílio nos Estados Unidos.
[53] AMC 32519, n. 358, 16/4/1930.

O general Huang Shao-hsiang [o terceiro da junta] ordenou por telefone que providenciássemos uma partida de tênis para ele hoje – parece que houve uma pausa na batalha. Ele é um grande homem e comporta-se como tal. Corremos para montar uma quadra de tênis e uma mesa de chá lá fora, apesar da garoa fina. O general Huang chegou com seis soldados armados com revólveres de cano longo, como sempre acenando com a mão desarmada em direção aos olhos do anfitrião e da anfitriã.[54]

Houve um torneio. No jantar, travavam-se discussões acaloradas sobre as virtudes e os defeitos de uma batalha com um oficial dos "fortes e corajosos" que havia cursado a London School of Economics; durante essas discussões, Shaemas e Stella mostravam-se indignados com o sofrimento que os camponeses chineses enfrentavam nas mãos de chefes guerreiros gananciosos ("era reconfortante dizer o que pensávamos a um militarista chinês"). Entre tanto preconceito europeu, essa foi uma das raras ocasiões em que Stella deu mostras do que meu pai sabia sobre a vida intelectual chinesa: aqui, ele aparece citando Hu Shi, o líder moderado da geração Quatro de Maio, como o crítico mais inteligente das pragas da China contemporânea – uma voz capaz de envergonhar qualquer chefe guerreiro retrógrado[55].

Em março, chegou a notícia de que o soviete do rio Ocidental, sob ameaça de ataques aéreos franceses, havia invadido prédios estrangeiros em Lungchow. Deng Xiaoping estava na cidade quando as multidões assaltaram e queimaram o consulado francês, levando armas e dinheiro, e depois se dirigiram para a Casa da Alfândega. O comissário responsável – Comte O'Kelly – buscou refúgio com os bandidos da região; teve de pagar resgate e então comprar a travessia pela fronteira da Indochina[56]. A sequência em que ocorreram esses eventos talvez não tenha sido acidental. O soviete de Lungchow foi proclamado em 1º de fevereiro de 1930. As primeiras greves nas plantações do Vietnã organizadas pelos comunistas foram deflagradas em Phu Rieng, em 4 de fevereiro. O Partido Comunista Vietnamita foi fundado num encontro de 3 a 7 de fevereiro, em Hong Kong, onde Ho Chi Minh estava exilado. Deng retornou a Lungchow de uma viagem a Hong Kong em 7 de fevereiro. A primeira insurreição nacionalista em Tonquim irrompeu com o motim

---

[54] Diários de Benson, Add. 6798, 4/2/1930.
[55] Ibidem, 10/4/1930.
[56] O'Kelly para Maze: AMC 32578, S/O n. 474, 28/3/1930, para um relato emocionante de suas aventuras; ele solicitou aposentadoria logo em seguida.

de Yenbai, em 9 de fevereiro – para a opinião pública francesa, um raio em céu azul[57].

Essa é uma trama para a qual nem China nem Vietnã desejam chamar a atenção, e que ainda precisa ser desenredada pelos historiadores. O que está claro é que o governo colonial em Hanói foi estimulado a agir dos dois lados da fronteira. Os aviões franceses bombardearam Lungchow – Deng afirmaria mais tarde que seus homens abateram um dos aviões durante o ataque. Logo depois, as tropas de Li Tsung-jen retomaram a cidade, mas não restabeleceram a ordem, e a região continuou nas mãos dos bandidos. Foi nesse contexto que meu pai recebeu ordens de Maze para ir para Hong Kong. Nanning ainda estava cercada a leste, de modo que a única saída era descer o rio Ocidental. Com um subordinado sueco viciado em morfina *in extremis* a bordo, meu pai e Stella partiram numa lancha, escoltados por um navio de patrulha enviado pelos generais de Kuang-si.

Navegando por esse cenário maravilhoso – às vezes sinistro – durante cinco dias, Stella caiu num estado onírico não muito diferente da atmosfera criada por certa poética chinesa que ela desconhecia:

> Deitada em minha cama de campanha esta tarde, lembrei que esse era meu ideal de viagem na infância – seguir *muito lentamente, perto do mundo*, deitada de bruços, sem esforço, enquanto um mundo passava muito próximo de mim e uma coisa nova surgia a cada minuto. Era lindo ao entardecer e depois, quando a lua surgia, sentar na proa do barco e olhar para a frente – a quilha roncando deliciosamente pelas corredeiras. Viver assim era como estar soberbamente afogado num mar verde de não pensamento – vir à tona é um verdadeiro anticlímax –, vaga-lumes vagueando como folhas de um pinheiro, pelos muros pendentes de um vilarejo encastelado – o bem-amado nada da vida.[58]

A versão de meu pai era menos taoista:

> A jornada rio acima na direção de um lugar chamado Lungchow foi muito boa: "repleta" de corredeiras, cachoeiras, cânions, montanhas e macacos algaraviando nas margens. Os macacos eram gibões-de-bigode-cinza, e o fato de seus bigodes terminarem num círculo negro cuidadosamente desenhado ao redor dos olhos lhes dava um aspecto um tanto dissoluto. Toda essa parte do país foi tomada de assalto (como diria você) por (a) bandidos, (b) comunistas um mês antes e refugiados aterrorizados.

---

[57] Sobre essa sequência de eventos, ver Daniel Hémery, "Résistances, nationalismes, mouvements sociaux (1900-1939)", em Pierre Brocheux e Daniel Hémery, *Indochine: La colonisation amibiguë 1854-1954* (Paris, La Découverte, 1994), p. 303-6 e ss.
[58] Diários de Benson, Add. 6798, 6/5/1930.

Camponeses chineses espiavam nosso barco das cavernas no alto das montanhas à beira do rio.[59]

No meio dessa selva, numa parada de uma noite num vilarejo, Stella recebeu – inacreditavelmente – um telegrama de seus editores em Londres. Em Lungchow, eles examinaram o saque na residência do Comissário ("Amarramos o barco ao pé da escada da Alfândega e subimos para ver a ruína deixada pelos Vermelhos", observou Stella. "A Alfândega deve ter sido uma propriedade linda – duas ou três casas avarandadas encantadoras, numa sequência de terraços verdes de bosques descendo até o rio")[60]. Na segurança do refúgio francês além da fronteira, eles encontraram Comte O'Kelly: "um tanto obcecado por sua experiência com comunistas e bandidos – havia um desejo de *action décisive* por toda parte – em Yenbai – na Índia – na França – na Conferência Naval – por toda parte as pessoas devem ser colocadas contra o muro e fuziladas"[61]. Eles seguiram caminho até Hanói e de volta a Hong Kong.

Em Kuang-si, o soviete do rio Oriental caiu naquele outono, depois que o comando do Partido Comunista Chinês instruiu Deng e seus colegas a retirar a Oitava Corporação da base de Chuang, numa marcha desastrosa – teoricamente, rumo a Cantão – da qual escaparam somente uns poucos combalidos, que depois se juntaram à investida de Mao contra o Norte. Em Nanning, Li Tsung-jen e Pai Chung-hsi, firmes novamente no comando, estavam decididos a transformar Kuang-si num modelo. Hu Shi, visitando a província alguns anos depois, aprovou os esforços para modernizá-la. Àquela altura, Shaemas e Stella tinham menos a dizer sobre a Colônia da Coroa.

* * *

Na terceira semana de julho de 1998, houve em Pequim uma "conferência nacional contra o contrabando". Em discursos sensacionais, os governantes da República Popular revelaram que a China perde atualmente 12 bilhões de dólares por ano por causa de uma onda de contrabando que envolve funcionários públicos de todo tipo – inclusive o próprio Exército de Libertação Popular. Para conter esse fluxo desastroso, o presidente Jiang Zemin anunciou a instituição de uma "força policial nacional especial para reprimir o contrabando

---

[59] *C*, cit., 22/6/1930.
[60] Diários de Benson, Add. 6798, 10/5/1930.
[61] Ibidem, 11/5/1930.

disseminado", que será paga com o resultado dos confiscos, e ordenou que o Exército se desligasse completamente dessas – diversificadas – atividades comerciais. A questão tem certos ecos históricos.

Na primavera de 1930, após dezesseis anos de serviço, meu pai foi enviado a Hong Kong. Permaneceu ali dois anos, tecnicamente lotado em Kowloon, mas vivendo na Cidade do Pico. Ele não gostava de lá. O cenário pode ser "descuidadamente lindo", mas a sociedade era sem graça e a cidade, repugnante. "É curioso notar como as colônias são fora de moda", observou.

> Hong Kong está apenas começando a ser eduardiana. Hanói é quase completamente Jules Ferry. É estranho encontrar em Hong Kong meninas comportando-se como garotas de 1900 e, em Hanói, ouvir franceses expressando ideias sobre o desenvolvimento colonial etc. que têm a audácia de um Rudyard Kipling.

Ainda que Hanói fosse bonita, com ruas partindo de um lago rodeado de árvores no centro, cafés de toldos rosa e branco e vasos de flores em cada esquina, "Hong Kong, como cidade, é grotescamente feia – a parte que se pretende digna é simplesmente terrível, uma praça com gramados entulhados das mais revoltantes estátuas de realezas menores"[62]. Stella se interessou em combater a licença que o governo dava à prostituição forçada de mulheres, em que moças do continente eram vendidas como escravas para os bordéis locais. Passando por cima de devoções missionárias e hipocrisias realistas, ela deixou claro que a questão não era a moralidade, mas a exploração sexual. ("Acabar com os bordéis e, acima de tudo, eliminar qualquer traço de autorização governamental a donos de prostíbulos, cafetões, traficantes e 'mãezinhas' que exploram garotas indefesas é afirmar o princípio de que o corpo da mulher pertence a ela, não discuti-lo."[63]) Apesar da intensa oposição oficial, uma campanha efetiva, patrocinada pela Liga das Nações, forçou um governador relutante a suspender o esquema.

Naturalmente, a intervenção de Stella trouxe aborrecimentos para meu pai. Mas ele servia ao governo chinês, não ao britânico, e, de qualquer modo, a Alfândega Marítima estava em conflito com as autoridades de Hong Kong. A colônia sempre foi um reduto de contrabandistas, protegido por oficiais britânicos em conluio com os interesses locais. Pouco tempo após a chegada de meu pai, Maze apresentou-se em pessoa para esclarecer com as autoridades coloniais a ajuda necessária para que a Alfândega pudesse reprimir o contrabando para a China. "Estamos discutindo com o governo de Hong Kong e, no momento, há

---

[62] C, cit., 17/7/1930; 12/2/1933.
[63] Diários de Benson, Add. 8367, 370, 8-13/12/1931.

a possibilidade de sairmos daqui e criarmos um cordão de navios ao redor da ilha para perturbar a marinha mercante", escreveu numa carta para a Irlanda.

Da última vez, as negociações foram interrompidas e houve muito aborrecimento. Eles não gostam de Maze nem confiam muito nele. Mas é um homem capaz e vai conseguir o que quer, penso eu. Ele não se importa com o que as pessoas pensam dele, desde que as aparências sejam salvas.[64]

De fato, Maze estava impondo um novo dinamismo à Alfândega Marítima Chinesa. O restabelecimento da autonomia tarifária pelo governo de Nanquim elevou os impostos de importação dos níveis semicoloniais, abaixo dos 5% nominais, para até 15% em 1931, agora num padrão de equivalente-ouro. O resultado foi um grande salto na arrecadação alfandegária, praticamente triplicando nos três anos seguintes. Em 1932, a AMC respondia por 60% da receita do governo central – muito mais que na época de Hart[65]. Como a pressão fiscal na fronteira tornava o contrabando muito mais rentável, a importação ilegal cresceu enormemente. Para combater sua disseminação, Maze criou um departamento de prevenção dentro da inspetoria, garantiu poderes de interceptação armada para a AMC e montou uma frota de barcos rápidos, interligada por rádio, para operações de busca e apreensão ao longo da costa chinesa. Foi para esse trabalho que meu pai foi encarregado, primeiro como substituto e, em seguida, como comissário *ad interim* em Hong Kong, controlando o movimento de pequenos navios de patrulha nas águas em torno da ilha. Ele era bom nisso ("estamos abarrotados de apreensões") e gostava do que fazia[66].

Desdenhoso das autoridades britânicas em Hong Kong ("um governo muito abestalhado")[67], teve de lidar com cuidado com as autoridades chinesas a que servia. Cantão era controlado pelo chefe guerreiro de Kuang-tong, Chen Chi-tang, que havia formado um bloco regional com Li e Pai em Kuang-si contra Chiang Kai-chek em Nanquim. Naturalmente, cada lado reivindicava as mais valiosas fontes de fundos públicos disponíveis. O trabalho de meu pai era, portanto, como dizia, "agradavelmente complicado pelo fato de eu servir a dois governos": um legítimo, em princípio – porém distante –, e o outro insurgente – porém muito mais próximo.

---

[64] *C*, cit., 2/8/1930; sem data, set. 1930.
[65] Arthur Young, *China's Nation-Building Effort, 1927-1937: The Financial and Economic Record* (Stanford, Stanford University Press, 1971), p. 73. Young era norte-americano e foi assessor financeiro do governo do Kuomintang entre 1929 e 1947.
[66] AMC 32427, S/O n. 595, 8/1/1932.
[67] *C*, cit., 30/6/1931.

Meu principal trunfo é a *force majeure*. Essa palavra é muito cara a todos os governos chineses, *de jure* ou *de facto* (e, de qualquer modo, enfraquecidos). Um exemplo: o ministro das Finanças do governo central me instrui em termos grandiosos a parar de enviar certa renda aos "cães rebeldes da facção de Cantão" e permitir que ele fique com elas. Isso significa que devo pedir a um amigo do lado dos cães rebeldes que envie um velho rebocador, com cinco ou seis soldados indiferentemente armados a bordo, para fazer uma demonstração de força num dos meus postos de arrecadação fora de Hong Kong. Poderíamos acabar facilmente com qualquer coisa parecida com uma força armada enviada pelos cantoneses, inclusive a Marinha deles, que é muito menos imponente que a minha própria flotilha anticontrabando. Mas, em vez disso, eu telegrafo ao governo central para informá-los de que tive de ceder por motivo de *force majeure*. Então tudo fica bem até a próxima crise.[68]

Esse tom despreocupado, sem dúvida um pouco exagerado para causar impressão, não durou muito. No outono de 1931, o Japão devastou a Manchúria e formou, seis meses depois, o estado-títere de Manchukuo. De um só golpe, a AMC foi excluída de todos os portos da Manchúria, uma grande perda de renda. Em janeiro de 1932, as forças japoneses em Xangai lançaram-se contra as posições do Kuomintang, causando, após duras batalhas, um enfraquecimento ainda maior do controle chinês sobre o entorno da cidade onde a inspetoria estava localizada. "Embora minha posição pessoal na alfândega esteja frutificando", disse à sua mãe, "a posição da alfândega é um tanto delicada diante da guerra em Xangai"[69]. No curto prazo, a AMC sobreviveu bastante bem. Mas a ocupação da Manchúria pelos japoneses e a gradual expansão do controle territorial para o sul da Grande Muralha afetaram fortemente o sistema de mobilidade da alfândega. A partir dali, haveria cada vez menos portos disponíveis no norte do país, onde o clima era mais saudável e as condições eram melhores. Stella, que detestava Hong Kong, partiu para a Europa pouco antes do incidente de Xangai, animada no caminho pelo Prêmio Femina que recebera por seu último romance. Em abril, meu pai foi transferido para Hainan.

Ele foi nomeado para o novo posto com um propósito específico. Hainan, uma ilha tropical do tamanho da Irlanda, está localizada no extremo meridional da China, na mesma latitude de Luçon, nas Filipinas, e ao norte do Vietnã. Tradicionalmente o local do remoto desterro dos sábios Tang (assim como o exílio de Ovídio no mar Morto), ainda era uma região selvagem, com muitos grupos não pertencentes à etnia Han. No interior da ilha, a guerrilha do Parti-

---

[68] Ibidem, 20/12/1931.
[69] Ibidem, 17/3/1932.

do Comunista Chinês era ativa: "bandidagem ordinária disfarçada com o garbo do comunismo – um resíduo do regime Borodin", na visão do comissário dinamarquês que precedeu meu pai[70]. Sua importância se devia à localização geográfica. Todos os juncos que partiam de Bangkok, Singapura, Batávia ou Saigon deviam obrigatoriamente, por força de um decreto da inspetoria-geral, passar por Hainan antes de seguir para qualquer porto da China continental. Do outro lado do estreito da península Leizhou situava-se o adormecido enclave francês de Guangzhouwan, cujo quartel-general era em Fort Bayard: 200 milhas quadradas arrendadas à força do Império Qing em 1898, e praticamente esquecidas desde então. Contudo, com o aumento das tarifas chinesas no começo dos anos 1930, essa zona sombria de repente se tornou um ímã para o contrabando em larga escala, desembarcado em Fort Bayard e rapidamente enviado por navio a Hainan ou por terra através da fronteira. "Interesses vastos e poderosos", alertava o memorando do dinamarquês, "criaram um 'El Dorado' dos contrabandistas"[71].

Foi por essa razão que Maze enviou meu pai para o sul, depois de chamar a atenção em uma circular para o exemplo vigoroso das apreensões que ele realizou em Hong Kong. Sua primeira instrução dizia: "Considero que você ocupa um dos postos mais interessantes que o serviço tem a oferecer e que o problema da prevenção em seu distrito vai lhe propiciar ampla oportunidade de usar da melhor forma a experiência adquirida na área de Kowloon"[72]. A estação da AMC em Fort Bayard era controlada de Hainan. Sua primeira tarefa como comissário era atacar o tráfico ilegal vindo do território francês. Meu pai passou a inspecionar rios e baías em ambos os lados do estreito, mobilizou barcos e pediu mais lanchas e blindados a Xangai. Três meses depois de chegar, Hainan foi cenário de uma revolta naval contra Cantão, reprimida depois que um tiro direto do ar – "uma enorme labareda amarela e grandes colunas de fumaça" – afundou o navio rebelde no porto de Hoihow, exigindo que ele advertisse os marinheiros até o

---

[70] AMC 3250, 12/4/1932, memorando oficial de K. E. Jordan sobre transmissão da chefia da alfândega de Kiungchow, que é atualmente Haikou.

[71] Idem. Fort Bayard é atualmente Zhanjiang.

[72] "O posto exige qualificações especiais e, quanto a Guangzhouwan, está cheia de dificuldades: você terá de demonstrar tato e paciência com as autoridades francesas e agir com circunspecção na fronteira terrestre até poder contar com o apoio de guardas suficientes, mas a inspeção de contrabando em juncos deve lhe proporcionar oportunidades ilimitadas de ação" (Maze para Anderson, AMC 32358, 16/5/1932).

sudeste da Ásia[73]. Logo decidiu que seria melhor combater o contrabando a partir do outro lado do estreito e conseguiu de colegas que convencessem a inspetoria a transferir o controle sobre Fort Bayard para Pakhoi, o porto mais próximo do continente, administrado na época por um sonolento comissário holandês. Maze, percebendo a sensatez da proposta, enviou-o a Pakhoi no outono de 1932.

Stella, depois de seis meses de sucesso literário em Londres – cerimônias de premiação, *soirées* com os Woolf, retrato pintado por Wyndham Lewis etc. –, regressava à China com um mau pressentimento. "Estou em perigo novamente."[74] Cinco dias depois de chegar a Hainan, teve uma crise de bronquite da qual escapou por pouco – "cuidada com devoção dia e noite por uma concubina chinesa (não a de James) mais rica do que nós"[75]. Quando se mudaram para Pakhoi quinze dias depois, ela teve de ser carregada até terra firme. Ali, melhorou um pouco e voltou a escrever. A casa do comissário era "quase um palácio": estava situada numa grande área coberta de árvores e arbustos em flor, com vista para o mar. Meu pai e seu agente russo percorreram de carro a península de Leizhou para tentar estabelecer um cordão mais firme em torno de Fort Bayard. Em todo caso, a sociedade ali era menos pretensiosa que em Hong Kong. O corpulento *administrateur* – "solteiro e *impénitent*, o que significava que mantinha duas meninas anamitas" – teve o prazer de notificá-lo oficialmente: "*Si quelqu'un me mord dans la derrière, je lui donne un coup de pied dans les roupettes* [Se alguém me morde o traseiro, eu lhe dou um chute no saco]. Isso quer dizer que houve um 'incidente na fronteira'"[76]. Nessas circunstâncias, os modos eram menos rígidos. "Em Guangzhouwan, encontrei uma chinesa lésbica. Uma mulher muito curiosa, esposa de um funcionário da alfândega. É chamada de 'conquistadora' e é tremendamente mandona: ordena que lhe providenciem cortesãs para dormir com ela."[77] Ele parece ter apreciado o desafio dessa excêntrica fronteira e confirmou a boa opinião de seus superiores, embora as autoridades francesas continuassem a fazer vista grossa ao tráfico

---

[73] *C*, cit., 14/7/1932. A supressão da revolta foi seguida de uma campanha intensa contra o movimento comunista na ilha. "Prisioneiros com bandeiras vermelhas e cachecóis vermelhos são exibidos nas ruas de Hoihow periodicamente. Houve muitas vítimas em ambos os lados, creio eu" (AMC 32358, S/O n. 595, 15/9/1932).
[74] Diários de Benson, Add. 6801, 25/8/1932.
[75] *Some Letters of Stella Benson* (Hong Kong, Libra Press, 1978), p. 38, 22/11/1932.
[76] *C*, cit., 9/2/1933.
[77] Ibidem, 4/6/1932.

proibido. De seu lado, o regime de Kuang-tong – que Hu Shi, depois de entrar em conflito com Chen Chi-tang, considerava eminentemente atrasado em comparação com Kuang-si – obstruía qualquer esforço para fortalecer a fronteira e tratava a alfândega em Pakhoi como se fosse uma agência de Nanquim, com a qual não tinha nada a ganhar.

No fim do inverno, a saúde de Stella piorou novamente. "Fico pensando agora se já não cheguei ao fim", observou. "E realmente não me importo. Cheguei ao meu auge, como tal, e não sinto que algo muito valioso seria tolhido *sem ter sido experimentado*, até minha morte."[78] No verão, meu pai solicitou uma licença de um mês e eles foram de férias para as montanhas javanesas. Ela ainda estava muito fraca. No outono, eles foram a Tonquim, onde ele tinha negócios da alfândega para tratar. Durante sua curta ausência, ela permaneceu na baía de Along, famosa pelo encanto de suas ilhotas pontiagudas. Ali, contraiu uma última pneumonia e morreu. Meu pai a enterrou numa ilha da baía. Eles tiveram um daqueles relacionamentos peculiares – bastante comum ou produto de circunstâncias alheias? – como o desenho incompleto de um oito. Ela se apaixonara por ele e ele se casara com ela com o pensamento em outra. Ela o frustrava fisicamente e ele a desapontava emocionalmente. O vínculo se desgastou e o laço se rompeu. Entretanto, sua companhia se tornara essencial para ele e ela aceitou se deslocar em nome disso. Terno e insensato, no fim ele certamente a amava mais do que ela a ele; contudo, na prática, ela abriu mão de mais coisas por ele, mas só ocasionalmente se arrependeu. Depois de sua morte, ele escreveu: "É difícil pôr no papel o orgulho secreto que sempre tive dela, mesmo quando estávamos bravos um com o outro"[79]. Não há cartas de seus últimos meses sozinhos em Pakhoi. Em abril de 1934, ele partiu para a Europa. Antes de entregar o diário dela à Biblioteca Universitária de Cambridge, escreveu em letra miúda na última página: "Foi uma mulher *magnífica*. Entregar este diário é como enterrá-la novamente. Mal consigo suportar"[80].

Durante sua estada na Europa, a situação na China se alterou profundamente outra vez. Em meados de 1934, a Quinta Campanha de Extermínio de Chiang Kai-chek inviabilizou a base de Mao na zona de fronteira entre Kiang-si e Fu-kien. Em outubro, as forças comunistas romperam o cerco e começaram a Longa Marcha. Um ano depois, tendo sofrido perdas tremendas, um pequeno remanescente chegou a Yan'nan. Enquanto o Kuomintang e chefes guerreiros

---

[78] Diários de Benson, Add. 6801, 12/3/1933.
[79] *C*, cit., 9/12/1933.
[80] Diários de Benson, Add. 6802, nota escrita em 4/12/1934.

aliados atormentavam a nova base do Partido Comunista no noroeste da China, a pressão japonesa aumentava no leste. Um mês após a chegada de Mao a Shensi, o exército japonês ampliou seu domínio sobre o entorno de Pequim, sem nenhuma resistência séria do regime nacionalista. Em 9 de dezembro de 1935, protestos estudantis contra a acomodação de Nanquim a Tóquio foram reprimidos pela polícia em Pequim, com inúmeras prisões. Em solidariedade, houve manifestações patrióticas em todo o país, nas quais os comunistas clandestinos desempenharam um papel-chave. Depois das perdas militares, o Partido Comunista Chinês começava a investir novamente na política.

Voltando a Londres, meu pai confessou que ainda estava "dilacerado de dor e remorso" pela morte da esposa[81]. Pouco disposto a encarar a China sozinho, frequentou casas noturnas, brincou com autogiros, cogitou companhias alternativas. Ao jantar com minha mãe, sentiu-se tocado pelo jeito como ela balançava o garfo e a faca enquanto falava. Pouco tempo depois, pediu-a em casamento. Ela era doze anos mais nova que ele e estava apaixonada por um guarda nacional cuja família não queria a *mésalliance* [casamento desigual]. Em passeios pelo campo, em notas em seu diário, ela comparava as opções. Uma viagem para a Irlanda fez a diferença. Em setembro de 1935, eles se casaram. Muito tempo depois, às vezes ela falava do casamento como se tivesse sido quase arranjado. A China certamente deve ter sido um salto no escuro. Mas ela era aventureira, e pelos padrões da época – e de hoje em dia – o relacionamento foi bem-sucedido. Maze telegrafou a meu pai para que seguisse até Kunming. Eles partiram animados, perderam o barco e embarcaram em outro, em Marselha. Meu irmão foi concebido em algum ponto do oceano Índico.

Chegaram a Yunnan em fevereiro de 1936. A nova realidade logo se fez sentir. O primeiro despacho de meu pai para Maze começava assim: "OS COMUNISTAS: entraram na província pelo lado nordeste. Há indicações de que as tropas de Yunnan não vão enfrentá-los, mas forçá-los a seguir em direção a Sichuan"[82]. As forças de Mao haviam alcançado Shensi, mas uma segunda coluna do Exército Vermelho, cuja base na fronteira entre Hunan e Hubei havia resistido mais tempo, avançava pela China. Liderada por Ho Lung, ex-comandante dos "fortes e corajosos" de Chang Fa-kuei, chegaria a Yan'nan um pouco mais forte – em torno de 20 mil soldados – que os sobreviventes da Longa Marcha. Em abril, as forças de Lung moviam-se tão perto de Kunming que meu

---

[81] C, cit., 13/10/1934.
[82] AMC 32611, Mengtze, S/O n. 863, Yunnanfu, 7/3/1936.

pai relatou "algo muito próximo de pânico aqui [...] na última sexta-feira toda a população estrangeira – e muitos chineses – passou a tarde nos trens com as caldeiras acesas, pronta para partir a qualquer momento"[83]. Em seu diário, minha mãe descreve com mais vivacidade o caos na estação ferroviária à meia-noite e a opinião corrente de que os comunistas seriam um progresso para a população local, caso viessem. De fato, o II e o VI Exércitos Vermelhos desviaram para oeste e norte em Sichuan, sem que Yunnan tenha feito esforços para detê-los, como previra meu pai[84].

O alarme, entretanto, levou Chiang Kai-chek a Kunming para reavaliar a situação. Meu pai seguiu com a comitiva oficial para recebê-lo no aeródromo quando desembarcou de Chengdu. "Ele parecia muito bem, em contraste com o anfitrião, o general Lung Yun, que parece ser, e de fato é, um fumante inveterado de ópio."[85] Governador de Yunnan, o diminuto Lung Yun governava a província desde 1928 como se fosse um estado praticamente independente. Chefe guerreiro lolo, originário da mesma faixa nordeste do país onde nasceu Chiang Kai-chek, nunca provocou o regime Kuomintang como seus opositores de Kuang-si ou Kuang-tong, mas conseguiu mantê-lo firmemente afastado. Yunnan tinha uma moeda de prata própria, contato com o mundo exterior por meio da Indochina, minas de estanho que garantiam receita e – acima de tudo – a maior plantação de ópio da China, que enchia os cofres e garantia fortunas para os altos funcionários. Logo depois que chegou, apreendendo um grande carregamento "com o selo do Escritório de Supressão do Ópio de Yunnan" a caminho de Tonquim, meu pai foi obrigado a deixá-lo passar. Conforme relatou a Maze, o contrabando de ópio era

> um interesse instituído muito importante para o governo local. Se eu não for autorizado a fechar os olhos para o tráfico de sal e ópio, e sem um forte apoio do governo central, acredito que será inútil e perigoso tentar fazer alguma coisa. Agradeceria se recebesse instruções semioficiais a esse respeito.[86]

Ele foi diretamente instruído a fazer vista grossa.

---

[83] AMC 32611, Mengtze, 13/4/1936.
[84] Sobre a passagem de Ho Lung por Yunnan, ver Harrison Salisbury, *The Long March: The Untold Story* (Nova York, Harper & Row, 1985), p. 306-10; sobre Nym Wales, "Ho Lung foi a figura mais glamurosa de todos os líderes vermelhos chineses, assim como a mais esquiva" (*The Chinese Communists: Sketches and Autobiographies of the Old Guard*, Westport, Conn., Greenwood, 1972), p. 291.
[85] AMC 32611, 25/4/1936.
[86] AMC 32611, S/O n. 865, 30/3/1936.

Mesmo o contrabando menor era difícil de controlar, por causa da sensibilidade do regime a qualquer ingerência do governo central em suas prerrogativas. Os sucessivos pedidos de meu pai para que uma guarda armada apoiasse a patrulha da alfândega na busca de contrabando comum ao longo da ferrovia depararam com forte resistência e ataques na imprensa.

> O governo vê a tentativa de recrutar uma guarda armada e a descoberta de irregularidades em Mapai como incursões impertinentes nas questões da província, quando estou na realidade cumprindo estritamente minhas atribuições, a coleta de tributos, que é de interesse do governo central, cujo agente sou eu.

Impressionado – assim como estavam, na época, muitos chineses instruídos – com a afirmação de Chiang Kai-chek de que estava construindo um Estado nacional moderno, ele tinha pouca consideração pelas autoridades de Yunnan:

> A verdade é que o governo é não apenas provincial, mas também extremamente provinciano: tem muito pouco conhecimento ou compreensão do que acontece no resto da China e é extremamente desconfiado e difícil de lidar. Essa é a opinião de todas as agências fora da província.[87]

Tais reservas não eram suficientes para atrapalhar os encantos de Kunming, "um dos lugares mais charmosos da China"[88]. Situada num platô, sob o céu azul de um clima quase perfeito, a cidade era cercada por enormes muralhas ocres, interrompidas por quatro portões ornamentados, e por morros cobertos de camélias e árvores frutíferas. O rio Liang, que passava ao lado do escritório de meu pai, corria para o sul, até o lago Dian, de cuja margem oeste se erguia a escarpa abrupta do Hsi Shan: templos e altares na encosta da montanha, sampanas e ilhas nas águas aos seus pés. Foi nesse cenário que meu irmão nasceu. A família morava numa vila construída por alemães, de propriedade de Lung Yun, vizinha a uma de suas residências. Segundo reza a lenda da família, foi uma época de ouro, mantida surpreendentemente intacta pelos registros contemporâneos: as *fêtes champêtres* [festas campestres] nos morros, os banhos no lago à meia-noite, os méritos dos Lawrence (D. H. e T. E.), as festas infantis no jardim, a esposa do governador ou de seu primo vindo para o tomar chá. Talvez houvesse recepções demais; mas o fato é que, quando a ordem de transferência chegou da inspetoria-geral, foi a única vez que meu pai quebrou o protocolo com um protesto.

---

[87] AMC 32611, S/O n. 883, 10/11/1936.
[88] AMC 32611, S/O n. 912, 8/10/1937. Sobre Lung Yun e seu regime, sempre subestimado pelos estrangeiros, ver John Hall, *The Yunnan Provincial Faction 1927-1937* (Canberra, Australian National University, 1976), p. 55-61 e ss.

Enquanto durava esse idílio, começaram as primeiras grandes batalhas do que viria a ser a guerra mundial. Em agosto de 1937, Chiang Kai-chek – já sem o controle de Pequim – lançou suas melhores divisões contra as posições japonesas em Xangai, num assalto improvisado que seria esmagado, acarretando 250 mil vítimas chinesas e o retorno às pressas a Nanquim. Em outubro, no auge da luta, meu pai recebeu ordens súbitas de sair de Kunming. Em seus últimos despachos, ele previu que Yunnan se beneficiaria economicamente da conflagração: "Eu agora penso que algo como um *boom* está prestes a acontecer e que deve continuar enquanto a guerra durar. Já há uma confluência de refugiados chineses de outras províncias. Os aluguéis das casas estão subindo rápido"[89]. O que não antecipou foi a abertura cultural e política que a guerra trouxe para Kunming. Três meses depois de sua partida, a transferência de três importantes universidades de Pequim e Tien-tsin para Yunnan, onde foi criado o famoso campus de Lianda, transformaria Kunming na capital intelectual da China durante o período da guerra. Lung Yun, que tinha todas as razões para desconfiar das armações do Kuomintang na província, protegeu esse fermento – enquanto a liberdade acadêmica era sufocada em Chungking, capital de Chiang. Inevitavelmente, isso levou a um debate político e a uma oposição cada vez maior ao Kuomintang. Assim que a guerra terminou, as tropas nacionalistas armaram um golpe e fuzilaram estudantes e intelectuais numa série de incidentes que ajudaram a desencadear a guerra civil – eventos registrados graficamente por Robert Payne, que na época lecionava em Lianda[90]. Lung Yun, preso e deportado para Chungking, mais tarde fugiu para Hong Kong. Ele terminou seus dias, como Li Tsung-jen, como figura honorável da República Popular.

Em novembro de 1937, quando os japoneses expulsavam os exércitos nacionalistas de Xangai, a família tomou a autoferrovia Michelin – bastante avançada para a época – até Hanói e dali foi de barco até Shantou, o porto em Kuang-tong para onde meu pai havia sido enviado. Conhecida hoje sobretudo por ser a cidade natal do mais rico dos bilionários de Hong Kong, o magnata armador Li Ka-shung, que não economizou em investimentos no local, Shantou tem um clima muito úmido e um interior granítico. Nem meu pai nem minha mãe gostaram dali. Profissionalmente, meu pai tinha algum consolo: a arrecadação era o dobro da de Yunnan e a equipe era maior. Ali, o superintendente – o equivalente chinês do comissário, em geral um cargo decorativo – interes-

---

[89] AMC 32611, idem.
[90] *China Awake* (Nova York, Dodd &. Mead, 1947), p. 200-34 e 417-9.

sava-se fortemente pelos assuntos da alfândega. Num relatório feito assim que chegou, meu pai "o considerou, como esperado, alguém sem humor e com inclinações desagradáveis", e "um medroso antipático (pela minha experiência, uma qualidade incomum num oficial chinês)"[91] – um detalhe importante sobretudo pela comparação implícita.

Maze respondeu de modo bastante colonial: "Confio que, com sua discreta maneira de lidar com a situação, o superintendente se dará conta de sua real posição na Alfândega"[92]. De fato, ficou claro que o oficial em questão estava preocupado sobretudo em endurecer a fiscalização do contrabando, um objetivo com o qual meu pai comungava inteiramente. Agora, navios de guerra japoneses patrulhavam a costa sul da China para impedir que suprimentos militares chegassem ao governo nacionalista, e Shantou estava na zona de bloqueio: um par de destróieres ficava estacionado a algumas milhas do porto. O efeito foi o confinamento dos barcos da alfândega no litoral e o crescimento do contrabando comercial em alto-mar, onde a prática-padrão era lançar dos navios a vapor os fardos de mercadorias amarrados a boias para serem resgatados e levados a terra firme por juncos da região. As embarcações norueguesas que viajavam sem guarda contra a pirataria eram as recalcitrantes. Plantando agentes disfarçados num barco vindo de Hong Kong e uma lancha aguardando os juncos num riacho das proximidades, meu pai apreendeu uma grande quantidade de mercadorias e contrabandistas – fazendo com que esse tipo de ação, pelo menos temporariamente, praticamente acabasse. Ao ler as anotações manuscritas da inspetoria no despacho: "um golpe típico de Anderson – bem pensado e planejado"[93], imagens frágeis de minha infância reapareceram.

Poucos dias depois, bombas japonesas caíram em aldeias próximas e aviões sobrevoavam a região, mas meu pai descartava um desembarque iminente. Em março de 1938, ele foi enviado para Wuchow, no rio Ocidental. Em Hong Kong, soube que teria de fazer uma operação e tirou seis meses de licença. A família regressaria a Londres em maio. Naquele mês, as exigências dos japoneses sobre a AMC chegaram a um estágio crítico. O Japão não havia declarado formalmente guerra à China, e ainda estava às voltas com outras potências imperialistas na região. Apesar de controlar tanto Xangai quanto Nanquim, Tóquio não podia simplesmente anexar ou liquidar a Alfândega sem provocar um conflito com a Grã-

---

[91] AMC 32374, Shantou, 16/11/1937.
[92] Anotação, idem.
[93] AMC 32375, 22/1/1938.

-Bretanha e os Estados Unidos. As autoridades japonesas determinaram então que toda a renda arrecadada nas áreas da China sob controle japonês fosse depositada no Banco de Espécies de Yokohama e que as indicações de cargos no serviço refletissem a preponderância japonesa. Sob pressão, Maze pediu apoio a Londres e Washington e compreensão a Chungking, reteve o saldo acumulado no Banco de Hong Kong e Xangai e recusou-se a mudar indiscriminadamente a equipe; de resto, cedeu à primeira demanda e avançou um pouco na segunda.

No outono, os japoneses tomaram Cantão. Em menos de um ano, já controlavam portos responsáveis por 90% da arrecadação. Comissários estrangeiros – um norte-americano em Cantão, um britânico em Tien-tsin, um dinamarquês em Amoy etc. – continuaram a trabalhar sob a ocupação japonesa; as autoridades japonesas pagavam quotas à inspetoria para cobrir gastos, mas retinham o saldo para si. Ainda legalmente a serviço do governo chinês em Chungking, a inspetoria-geral agora dependia do envio de recursos de um governo em guerra com este. De seu quartel-general em Hart Road, no assentamento internacional, Maze procurou tratar a situação da alfândega com o máximo de tato possível: voou a Hong Kong para assegurar com o ministro das Finanças do Kuomintang, H. H. Kung, recém-chegado de Chungking, a tolerância extraoficial aos acordos. Numa carta confidencial ao secretário em Londres, ele escreveu: "Minha posição não era apenas difícil, era impossível. Um epigramista poderia descrevê-la assim: 'Tóquio *exigia*, Chungking *se opunha* e as potências interessadas *esperavam*'"[94]. No entanto, qualquer que fosse a pressão exercida pelo Japão ou a informação passada à Grã-Bretanha, como funcionário ele ainda era leal à China[95].

Em outubro de 1938, meu pai foi chamado de volta a Xangai. Minha mãe, reclamando de sua partida, ficou para trás. Durante seis meses, ele teve uma vida calma na concessão francesa, no limbo burocrático. Nominalmente designado comissário em Wuhu, um porto do Yang-tsé situado na zona de guerra japonesa – onde já não havia mais nenhum posto da AMC em operação –, ele morava no Picardie, um quarteirão *art déco* na avenida Pétain; ali, jogava xadrez com exilados russos, aprendia italiano e lia Saint-Simon. Quando a primavera trouxe consigo um cargo, seu alívio foi visível. Dentre o número cada vez menor de portos controlados pela China, ele ficou com o de Lungchow. A cidade em

---

[94] Maze para Cubbon, 27/3/1943, documentos confidenciais de Maze, v. 15, p. 347.
[95] Para uma boa discussão sobre seu papel nessa época, ver Nicholas Clifford, "Sir Frederick Maze and the Chinese Maritime Customs, 1937-1941", *Journal of Modern History*, mar. 1965, p. 18-34; e *Retreat from China: British Foreign Policy in the Far East, 1937-1941* (Seattle, University of Washington Press, 1967), p. 56-61 e 105-6.

si não havia mudado muito nos dez anos desde o soviete do rio Ocidental. Chegando via Hanói, porém, encontrou situação muito diferente na fronteira entre Kuang-si e Tonquim. Com a queda de Cantão, esta se tornou de repente uma das duas únicas rotas terrestres remanescentes para alcançar o território controlado pelos nacionalistas. Na estreita estrada de Hanói para Nanning, o pequeno posto de inspeção ficava congestionado de comboios de caminhões e outros veículos carregados de suprimentos militares e civis que vinham do território francês e iam em direção à China. No espaço de alguns meses, a receita da alfândega aumentou mais de cem vezes. As condições em Lungchow, supostamente o porto mais insalubre da China, eram primitivas e o volume de tarefas enorme. Mas ele estava feliz por estar ali.

Enquanto isso, os japoneses transformavam Hainan numa grande base aérea e naval, cem milhas mar adentro. Hidroaviões japoneses logo iniciaram os ataques à região, bombardeando a estrada e os veículos que passavam por ela. A carga tinha de ser transportada à noite. Em meados de agosto, os ataques aéreos a Lungchow eram diários. Dois assistentes de meu pai foram feridos a alguns metros de distância dele, quando uma bomba caiu em seu jardim. Uma semana depois, um esquadrão de bombardeiros pesados, acompanhado de hidroaviões, lançou um ataque feroz, que arrasou alvos em ambas as margens do rio e destruiu a Casa da Alfândega. Não havia defesas antiaéreas em Lungchow: "Os aeroplanos descem a baixa altitude e, a cada visita, passam habitualmente *uma hora* aqui; bombardeiam, voam em círculos à procura de alvos, bombardeiam novamente e metralham" – pior que o barulho das explosões era o assassino "ruído do mergulho dos aviões, que soa como se um céu de seda estivesse sendo rasgado"[96]. Quando o alarme tocava, o pessoal da alfândega se refugiava em cavernas profundas nos morros vizinhos, embora a fuga em si também fosse arriscada: numa ocasião, o carro da alfândega foi cravejado de balas por aviões que vinham na direção contrária. Dadas as condições, meu pai transferiu a sede para o outro lado da fronteira, em Lang Son – oficialmente, o governador-geral francês proibiu a mudança; na prática, a Sûreté fechou os olhos. Durante o dia e até o anoitecer, a equipe trabalhava em Namkuan, "Porte de Chine" – o *Umbral da China* do filme de Samuel Fuller; à noite, dormiam no Vietnã. A guerra na Europa começou duas semanas depois.

Entre os boletins sobre a situação militar, meu pai continuava a enviar relatórios sobre os problemas surreais da alfândega na região.

---

[96] AMC 31607, cartas confidenciais IGS, Lungchow, 21/9/1939; *C*, cit., 20/8/1939.

Há três tipos principais de contrabandistas de óleo de madeira: o sindicato de Kuang-si, que trabalha contra os interesses da Comissão de Comércio (ou seja, o governo central); a própria equipe do sindicato, que contrabandeia em particular contra os interesses da comissão e do sindicato; e as organizações contrabandistas locais, que trabalham com a assistência e a proteção armada dos oficiais locais contra os interesses da comissão, do sindicato e dos funcionários do sindicato. (Tudo isso numa época de guerra pela existência nacional da China).[97]

O óleo extraído de madeira era um produto de exportação altamente rentável. As mercadorias comuns haviam sido manipuladas e taxadas de forma tão extorsiva por Chungking que "o exportador tinha de ser menos que humano para obedecer docilmente às exigências do governo. Ele continuava humano e contrabandeava"[98]. Nessas condições, longe de pressionar por mais guardas, passou a considerá-los uma provocação inútil.

Durante 25 anos, meu pai viveu diagonalmente à sociedade chinesa. A Alfândega Marítima não era uma elite colonial que governava seus súditos. Tampouco era uma comunidade moderna de expatriados, dispostos a ganhar dinheiro a qualquer custo. Também não era um corpo diplomático, que cuidava de seus interesses nacionais. O envolvimento da AMC com a China era mais íntimo que isso. Mas era inevitável que permanecesse dissociada do tecido mais profundo da vida chinesa. Na época imperial, a arrogância ocidental naturalmente permeava o serviço. No período republicano, isso talvez acontecesse em menor medida, mas o enfraquecimento do Estado do qual era um braço semiautônomo encorajava certa distância irônica, não menos indiferente à realidade humana à sua volta. Meu pai conheceu boa parte da China, mais que a maioria dos contemporâneos instruídos nascidos no país, mas havia, ainda assim, um distanciamento fundamental. Naquele momento, talvez, esse distanciamento diminuiu. Sob ataque do Japão, o risco de perder a vida era compartilhado, e a admiração de meu pai pela paciência e pela engenhosidade de seus subordinados devia-se à experiência comum. A habilidade do chinês comum, a extraordinária capacidade de, em época de guerra, "obter dez litros de uma garrafa de um litro"[99] marcou-o profundamente, e ele se tornou mais cáustico em relação às autoridades que os governavam.

---

[97] AMC 31608, cartas confidenciais IGS, Lungchow, 15/1/1940.
[98] AMC 3326, Lungchow, despacho n. 3405, memorando de entrega de chefia, 30/5/1940.
[99] CM 31608, cartas confidenciais IGS, Lungchow, 14/2/1940.

Em novembro, a Marinha japonesa desembarcou, na costa norte do golfo de Tonquim, uma força expedicionária que atravessou rapidamente as montanhas e chegou à região central de Kuang-si. Um porta-aviões encarregou-se de abastecer os ataques aéreos[100]. No fim do mês, Nanning estava tomada e a linha de provisão para o interior fora cortada – "um duro golpe", escreveu Maze para Londres, já que "cerca de um terço dos suprimentos militares importados da China livre passava pela estrada de Nanning"[101]. Voltando-se para o sudoeste, uma coluna de aviões atingiu Lungchow em dezembro, destruindo-a. Meu pai relatou: "Quatro quintos da cidade estão no chão, e a ponte sobre o rio foi parcialmente destruída por dinamite"[102]. Namkuan foi ocupada alguns dias depois. Os funcionários da alfândega haviam sido evacuados para Lang Son pouco antes. Quando as tropas japonesas avançaram, eles reconstruíram o posto de fronteira e parte da equipe voltou para Lungchow. Em meio a tudo isso, minha mãe veio da Inglaterra num pequeno avião francês que voava algumas centenas de milhas por dia e juntou-se a ele em Langson. Ela o acompanhava nos giros de inspeção pela zona rural de Cao Bang, mais tarde cenário das batalhas sino-vietnamitas. Em abril, Lungchow foi mais uma vez intensamente bombardeada do mar – "Não consigo conceber por quê. Não há quase literalmente nada que valha a pena ser atacado"[103]. Em maio, ele passou o cargo a um sucessor. Em mais dois meses, os inspetores japoneses estacionaram em território francês, controlando todo o tráfego para a China[104]. Em Nanquim, o vice-presidente de Chiang Kai-chek, Wang Ching-wei, alegando credenciais legítimas do Kuomintang, estabeleceu um governo colaboracionista.

Chamado de volta a Xangai, meu pai foi promovido a secretário estatístico, um dos cargos mais pomposos da alfândega – responsável por verificar declarações, publicar resultados, manter arquivos, administrar uma gráfica e uma considerável biblioteca. No verão de 1940, minha tia atravessou o Canadá com

---

[100] Sobre essa campanha, ver Frank Dorn, *The Sino-Japanese War, 1937-1941* (Nova York, MacMillan, 1974), p. 284-303.
[101] Maze para Cubbon, 29/1/1940, documentos confidenciais de Maze, v. 14, p. 81.
[102] AMC 31608, cartas confidenciais IGS, Lungchow, 5/1/1940.
[103] AMC 32583, Lungchow, S/O n. 704, 20/4/1940.
[104] Sobre essa sequência de eventos, ver Minami Yoshizawa, "The Nishihara Mission in Hanoi, July 1940", em Takashi Shiraishi e Motoo Furuta (orgs.), *Indochina in the 1940s and 1950s* (Ithaca, Cornell University, 1992), p. 9-54; Hata Ikuhiko, "The Army's Move into Northern Indochina", em James Morley (org.), *The Fateful Choice: Japan's Advance into South-East Asia 1939-1941* (Nova York, Columbia University Press, 1980), p. 155-208. Em setembro, o Exército japonês já ocupava Tonquim.

as crianças. A família vivia provavelmente com algum estilo – ainda que com a discrição de um *haut fonctionnaire*, e não com a opulência cromada do mundo dos negócios de Ballard, em *O império do Sol**. A segurança econômica e a harmonia doméstica estavam ali; meu pai desejou muito ambas as coisas. Mas nunca apreciou Xangai, símbolo de tudo o que os ocidentais imaginavam a respeito da China, e aborrecia-se com qualquer trabalho burocrático, por mais nobre que fosse – "Eu gosto de me mexer", escreveu de um dos locais mais selvagens em que esteve. Mais opressor que tudo, é claro, era o clima no assentamento internacional, agora cercado de tropas e navios japoneses por todos os lados, enquanto os inimigos europeus se aproximavam. "A vida em Xangai é tudo, menos alegre", escreveu para a Irlanda, em fevereiro de 1941: "É tranquila e sem graça, e a maioria de nós prefere que seja assim, hoje em dia. Porque a alternativa – tensa e ameaçadora – não está tão longe assim"[105]. Ele queria uma filha, mas não conseguia aumentar a família, "porque há sempre a possibilidade de uma evacuação repentina (para não falar de um campo de concentração japonês)"[106]. Em abril, começavam as férias de doze meses. Para não perder seus funcionários, Maze fez uma proposta tentadora a meu pai: enviá-lo para Tien-tsin, o segundo maior porto do país. Mina mãe bateu o pé. A Europa estava fora de alcance. Partimos para São Francisco no *President Coolidge*.

A Califórnia, no verão de 1941, vivia em outro tempo. Enquanto a família se instalava em Los Gatos, o controle japonês intensificava-se em Xangai. O pagamento dos gastos da inspetoria nos portos ocupados foi suspenso até um comissário japonês ser empossado na cidade. Maze, citando sua experiência em Ichang durante a Rebelião Boxer de 1900, resistiu a qualquer planejamento contingente de evacuação, mantendo todos os comissários aliados em seus postos[107]. Algumas horas após o ataque a Pearl Harbor, enquanto meus pais assistiam atônitos ao pânico e ao êxodo em massa da baía de São Francisco, os japoneses assumiam o controle do assentamento internacional. Dois dias depois, Maze foi posto em prisão domiciliar e demitido pelo regime de Wang Ching-wei, em Nanquim. Kishimoto, a quem na juventude meu pai sonhava suceder, assumiu o cargo de inspetor-geral, e os funcionários norte-americanos e britânicos foram mandados embora. Em março, a Kempeitai, a temida polícia mi-

---

* Rio de Janeiro, Record, 1984. (N. E.)
[105] *C*, cit., 21/2/1941.
[106] Ibidem, 28/1/1941.
[107] Maze para Lockhart (cônsul-geral dos Estados Unidos em Xangai), 29/4/1941, documentos de Maze, cartas confidenciais, v. 14, seção US, item 15.

litar japonesa, prendeu Maze por não cooperar com as novas autoridades. Nanquim, entretanto, ainda não havia declarado guerra aos Aliados. Depois de um mês, Maze foi solto; no verão de 1942, ele e outros funcionários da Alfândega Aliada – no auge da Guerra do Pacífico – tiveram permissão para deixar Xangai e partir para Moçambique.

O *status* anômalo da Alfândega Marítima Chinesa se manteve até o fim. Na Primeira Guerra Mundial, alemães e austríacos foram dispensados, mas não foram presos. A situação agora era o oposto: britânicos e norte-americanos foram mandados embora. Mas o governo de Nanquim agiu em 1942 como o governo de Pequim havia feito em 1917, tratando-os não como cidadãos inimigos, mas simplesmente como empregados cujos contratos haviam vencido. Em Xangai, a continuidade burocrática foi meticulosamente mantida. Imperturbável, enquanto os britânicos eram expulsos para a Malaia, o novo secretário estatístico chinês escrevia ao inspetor-geral: "S/O No. 224. Prezado sr. Kishimoto, rogo que renove a sugestão feita por meu predecessor, sr. Anderson..."[108].

No fim de 1942, de Lourenço Marques, Maze encaminhou-se de volta a Chungking para reassumir seu cargo de inspetor-geral na zona do Kuomintang. Encontrou tudo mudado. Depois da queda de Singapura e Hong Kong, o prestígio da Grã-Bretanha estava em baixa; o sentimento nacionalista contra os funcionários estrangeiros era forte; e ele não estava mais protegido pela distância do Generalíssimo, por quem nutria agora uma antipatia profunda ("nota-se que, enquanto o 'liberalismo' e o comunismo são condenados, faz-se silêncio sobre o fascismo e o nazismo")[109]. Em maio de 1943, ele jogou a toalha. Os últimos anos, observou com franqueza recém-descoberta, testemunharam "as fases finais da história romântica do quase absoluto controle britânico sobre o serviço de Alfândega Marítima Chinesa"[110]. Agora – de nada servia esconder o rancor –, o bastão tinha de ser passado aos Estados Unidos[111]. Em junho, o

---

[108] AMC 30347, 10/1/1942.
[109] Maze para Cubbon, secretário da AMC em Londres, "Secret", 3/5/1943, documentos confidenciais de Maze, v. 15, p. 441.
[110] Dossiê em documentos confidenciais de Maze, v. 15, p. 441.
[111] Ver Maze para Cubbon, 7/5/1943, documentos confidenciais de Maze, v. 15, p. 414: "Isso dito, a indicação de um *norte-americano* para o cargo de inspetor-geral (levando em consideração os notáveis serviços prestados por Hart à China e ao mundo e a extraordinária administração de Aglen nas questões financeiras etc. durante a confusão política que se seguiu por algum tempo à deposição da dinastia Tsing em 1911) é de certo modo uma afronta à Inglaterra – e, segundo me disseram, a intenção é essa mesma!".

governo nacionalista, com o consentimento de Washington, nomeou Lester Little, comissário de longa data em Cantão, como último inspetor-geral ocidental da Alfândega Chinesa.

Na Califórnia, meu pai, decaindo numa longa doença, não tinha condições de regressar a Chungking. Considerado inválido em 1942, trabalhou enquanto pôde no Escritório de Guerra Política, em São Francisco, criado por Londres com o intuito de coletar informações e transmitir propaganda na China. Uma sombra de dor obscurece esses anos nas poucas cartas que restaram. Em 1945, a família embarcou no *Queen Mary*, na época um navio de transporte de tropas, com destino a Greenock. Em Waterford, meu pai assumiu que lhe restava pouco tempo de vida. Mas seus pensamentos ainda estavam na China. A última carta que encontramos não é de sua autoria. É uma resposta de seu assistente cantonês em Lungchow, agradecendo meu pai por uma averiguação de seu paradeiro que havia circulado seis meses pela China até chegar a ele, em 1946. A carta, em letra pequena e clara, contava sem espalhafato o que havia acontecido durante a guerra com seus diversos assistentes, de Sin-kiang a Kuang-tong, e com seus filhos ("inclusive a menina que gostava de se vestir de menino"): fome, prisão, fuga, promoção, morte. O autor, então encarregado da alfândega em Hainan, conclui:

> O povo chinês, com o poder em potencial de superar dificuldades insuportáveis, pode pôr a casa em ordem. É muito gentil de sua parte pensar em nós. Se as pessoas, em especial os poderosos, compreendessem o que é a amizade e se preocupassem com o bem-estar dos outros como você, a paz mundial perpétua não seria um sonho. Espero poder visitá-lo no futuro, quando o custo de uma passagem aérea cair para um valor que eu possa pagar, ou pelo menos poder falar com você ou vê-lo por um telefone via televisão. Tenho todas as razões para crer que essa não é uma visão simplista.[112]

A carta foi enviada em dezembro. Quando chegou à Irlanda, meu pai estava morto.

A Inspetoria Estrangeira da Alfândega Marítima durou até o Exército de Libertação do Povo entrar em Cantão, em outubro de 1949. Seu último serviço ajustava-se ao *post-scriptum* norte-americano. Com muita antecedência, seguindo ordens de Chiang Kai-chek, que não confiava em sua própria Marinha, Little carregou os cruzadores da alfândega com duzentas toneladas de ouro e prata – a totalidade das reservas da China – e enviou-os para Taiwan, onde aguardaram a chegada do Generalíssimo.

1998-2005

---

[112] Carta de Hui Sungkai, 14/11/1946.

ÍNDICE ONOMÁSTICO

Acheson, Dean, 345, 358, 392
Adams, Henry, 315
Adenauer, Konrad, 189, 345
Adorno, Theodor, 105, 139, 141-2
Aglen, Francis, 393-6, 398, 404-5, 429
Agostinho, St., 240, 315
Albright, Madeleine, 106
Ali, Tariq, 220
Allende, Salvador, 117, 197
Althusser, Louis, 212, 342
Amery, Leo, 54, 59
Amis, Martin, 381
Anderson, Benedict, 383
Anderson, J. C. O'G., 383, 389, 394, 416, 423, 429
Andrewes, Thomas, 279
Annan, Kofi, 248
Annan, Noel, 69, 320
Arbenz, Jacobo, 117, 197
Arnold, Matthews, 211
Aron, Raymond, 100
Arrighi, Giovanni, 238-40, 310-2
Arrow, Kenneth, 289, 298
Ascherson, Neal, 87, 89-100
Ascoli, Graziadio, 224
Ashton, Robert, 306-7
Asquith, Herbert, 311
Aston, Trevor, 335
Atkins, Martyn, 406
Attlee, Clement, 33, 165

Auden, Wystan, 370
Austen, Jane, 370

Bacon, Francis, 38, 139
Baden-Powell, Robert, 67
Bagehot, Walter, 51-3, 55, 57, 60, 64
Bahro, Rudolf, 102-3
Baker, James, 122
Bakunin, Mikhail, 333
Balakrishnan, Gopal, 14
Balcerowicz, Leszek, 88, 100
Ballard, J.G., 428
Banville, John, 381
Barker, Ernest, 26
Barnes, Julian, 373, 381
Bebel, August, 184
Beethoven, Ludwig van, 123-4
Béjar, Héctor, 249
Bell, Daniel, 133
Bellow, Saul, 381
Benjamin, Walter, 382
Benn, Anthony Wegwood, 267, 328, 392
Bennett, Alan, 363
Bennett, Ronan, 367, 374
Benson, Stella, 386, 399, 405, 410-3, 417-8
Bentham, Jeremy, 133
Berdyaev, Nikolai, 23
Berlin, Isaiah, 325
Berlusconi, Silvio, 330
Bernard, Claude, 228

Bernier, François, 83
Beuys, Joseph, 373
Bini, Carlo, 237
Bishop, Elizabeth, 372
Bismarck, Otto von, 145, 178, 336
Blair, Tony, 77-9, 82, 101, 110-3, 118-21, 123-4, 269, 328, 357, 367, 373, 376-9
Blake, William, 215-9
Blanqui, Auguste, 227
Bloch, Marc, 209, 315
Bloom, Allan, 56
Bobbio, Norberto, 15-6, 157-67, 169, 172, 174-6, 183-7, 190-7, 200-2, 205, 239-40
Bobbitt, Philip, 14
Bodin, Jean, 240
Bomba, Rei (Ferdinando II de Nápoles), 336
Bonar Law, Andrew, 52
Bopp, Franz, 240
Borges, Jorge Luis, 253
Bork, Robert, 50, 56
Borrow, George, 83
Bosanquet, Bernard, 26
Bougainville, Louis Antoine, 83
Bourdieu, Pierre, 374
Bowra, Maurice, 391-2, 395, 398-9
Boyd, William, 381
Bracton, Henry de, 53
Braudel, Fernand, 312, 329
Brazier, Rodney, 63-4
Brecht, Bertolt, 330, 342
Bredon, Robert, 391
Brejnev, Leonid, 354
Brendel, Alfred, 370
Brenner, Robert, 16-7, 267, 269-314, 339
Brocheux, Pierre, 411
Brodsky, Joseph, 372
Brookner, Anita, 373
Brooke-Rose, Christine, 371
Brown, Gordon, 248, 359, 378
Brüning, Heinrich, 24
Brzezinski, Zbigniew, 106-8, 125, 348
Buchan, James, 371

Buchanan, Pat, 375
Büchner, Georg, 241
Buckingham, George Villiers Conde de, 269
Buckley, E. R., 50, 191
Bull, Malcolm, 382
Buñuel, Luis, 381
Burckhardt, Jakob, 28-9
Burgess, Guy, 318
Burke, Edmund, 22, 30-1, 34, 53, 70, 211
Burnham, James, 50, 56
Buruma, Ian, 87, 101
Bush, George (sr.), 106, 137
Bush, George W. (jr.), 110-3, 121-2, 135, 294, 376-7
Bustamante y Rivero, José Luis, 246
Byers, Stephen, 79
Byron, Robert, 84, 86, 237

Callaghan, James, 165, 327, 367
Calvino, Italo, 234
Campbell, Peter, 370, 375
Camus, Albert, 370
Capitini, Aldo, 183
Carlos I, 269, 272, 274-6, 279, 281
Carlyle, Thomas, 211
Carter, Jimmy, 106, 365
Castle, Terry, 370, 382
Castro, Fidel, 249
Cattaneo, Carlo, 183, 224
Cavalli-Sforza, Luigi, 238
Cavell, Edith, 67
Chang Fa-kuei, 409, 419
Chang Hsun, 395
Chang Tso-lin, 393-4, 403, 405-6
Chateaubriand, François-René de, 225
Chen Chi-tang, 414, 418
Chi, Hsi-sheng, 395
Chiang Kai-chek, 394, 404, 406, 408-9, 414, 418, 420-2, 427, 430
Chirac, Jacques, 111-3
Chomsky, Noam, 225
Churchill, Winston, 33, 68, 80, 120, 124, 378

ÍNDICE ONOMÁSTICO 433

Cícero, 31, 235
Cipolla, Carlo, 238
Clarendon, Edward Hyde Conde de, 355
Clark, General Wesley, 198
Clark, T. J., 382
Clarke, Peter, 377
Claudel, Paul, 400-1
Clausius, Rudolf, 228
Clay, Lucius, 197
Clifford, Nicholas, 424
Clinton, Bill, 101, 106, 121, 135, 166, 202, 204, 293-4, 358, 366, 376
Cobb, Richard, 315
Cobbett, William, 70, 211
Cobden, Richard, 183
Cockburn, Patrick, 379
Colley, Linda, 218
Collingwood, R. G., 315
Collini, Stefan, 377
Collins, Michael, 401
Comines, Philippe de, 355
Comte, Auguste, 34, 183, 350
Condorcet, Marie Jean Caritat Marquês de, 34
Constant, Benjamin, 175, 317
Cook, James, 83
Coolidge, Calvin, 345
Cooper, J. P., 302
Cornford, James, 64
Cornford, John, 319
Cornuelle, Richard, 56
Coryate, Thomas, 83
Coward, Barry, 309
Crafts, Nicholas, 314
Craxi, Bettino, 175, 235, 330
Croce, Benedetto, 238,
Cromwell, Oliver, 121, 267, 271, 277, 278, 308
Crossman, Richard, 57, 60
Crozier, Brian, 89
Cubbon, J. H., 424, 427, 429
Currie, R. A., 393
Custine, Astolphe Marquês de, 83

Danner, Mark, 377
Darwin, Charles, 228-9, 241
Davidson, Basil, 322
Davis, Mike, 135
Dawkins, Richard, 241
Dawson, Christopher, 23
De Amicis, Edmondo, 233-5
De Gaulle, Charles, 100, 120, 327
De Krey, Gary, 281
De Maistre, Joseph, 23
Debray, Régis, 343
Debreu, Gerard, 298
Delbrück, Bethold, 228
Deng Xiaoping, 408, 410-1
Denning, Alfred, 62, 68
Derrida, Jacques, 39, 111, 194, 199, 240
Descartes, René, 34, 242, 315
Destutt de Tracy, Antoine Louis Claude, 237
Dewey, John, 197
Dicey, Albert Venn, 51-4, 59-60, 145
Dickens, Charles, 72
Dienstbier, Jiri, 88
Disraeli, Benjamin, 72, 390
Dollfuss, Engelbert, 25, 32
Dombey, Norman, 376
Donoso Cortés, Juan, 23
Dorn, Frank, 427
Douglas, Norman, 84
Doyle, Paddy, 371
Dubček, Alexander, 103
Dulles, Allen e John Foster, 115, 345
Dworkin, Ronald, 376

Ebenstein, Alan, 15
Edwardes, Arthur, 391, 405-6
Einstein, Albert, 229
Eisenhower, Dwight, 341
Elgar, Edward, 67
Eliot, George, 221
Eliot, Thomas Stearns, 73
Empson, William, 402
Engels, Friedrich, 224, 227-8, 236, 266
Ennius, 222

Epstein, Joseph, 56
Esherick, Joseph, 386
Essex, Robert Devereux Conde de, 276, 285
Evans-Pritchard, Edward, 84
Fairbank, John, 386, 389, 393
Falck, Colin, 50
Faulkner, William, 246, 253
Ferguson, Adam, 34
Ferry, Jules, 413
Firth, Raymond, 84
Fischer, Joschka, 121
Fleming, Peter, 86
Fletcher, Anthony, 270
Foot, Paul, 366
Forster, E. M., 75
Forster, Georg, 83
Foster, Hal, 381
Foucault, Michel, 138
Fraenkel, Eduard, 222
Francisco, São, 121, 385, 428, 430
Franco, Francisco Bahamonde, 50
Franco, Paul, 15, 21
Franks, General Tommy, 198
Frederico, Guilherme III, 204
Frege, Gottlob, 224
Freud, Sigmund, 96, 229-32, 236
Friedman, Milton, 249
Friedman, Thomas, 105, 125
Fronto, 222
Fujimori, Francis, 327
Fuller, Samuel, 425
Fuller, Timothy, 21, 29
Furet, François, 267
Furuta, Motoo, 427

Gaitán, Eliécer, 245, 249
Gaitskell, Hugh, 328
Garton Ash, Timothy, 15, 83, 87-96, 98--104, 106-7, 109-10, 112, 114-25
Gearty, Conor, 367, 377
Geertz, Clifford, 240
Gellner, Ernest, 133
Gentles, Ian, 270, 280, 306

Geremek, Bronislaw, 88, 100
Gibbon, Edward, 216-7, 315
Gide, André, 83
Ginzburg, Carlo, 238, 240
Giordani, Pietro, 224, 236
Gissing, George, 73
Glass, Charles, 376
Glick, Mark, 339
Glyn, Andrew, 340
Godard, Jean-Luc, 373, 381
Godley, Wynne, 382
Goering, Hermann, 26
Goldwater, Barry, 51, 55
Gómez, Juan Vicente, 248
Göncz, Árpád, 88
González, Felipe, 165
Goode, William, 255
Gorbachov, Mikhail, 102-4, 122, 200, 322, 344
Gordon, David, 340
Gould, Glenn, 370
Gould, Stephen Jay, 241, 345, 370
Gowan, Peter, 14
Gramsci, Antonio, 226-7, 350
Grant, Joy, 386
Grattan, Henry, 53
Griffith, Arthur, 22, 399, 401
Grimm, Jakob, 39
Guizot, François, 59, 145, 315

Habermas, Jürgen, 15-6, 39, 111-2, 139-54, 167, 169, 171, 174-6, 178-205, 382
Hailsham, Quintin Hogg Lorde, 324
Hall, John, 421
Hall, Stuart, 209, 212, 356
Hanson, James Lorde, 67
Harding, Florence, 397
Harding, Jeremy, 370, 382
Harriman, Ed, 379
Hart, H. L. A., 144
Hart, Robert, 389-92, 397, 406, 414, 429
Harvey, David, 291
Hata Ikuhiko, 427

ÍNDICE ONOMÁSTICO   **435**

Havel, Václav, 88, 90, 94, 96, 98-100, 102, 110, 121, 123, 375
Hayek, Friedrich von, 15, 21-2, 32-9, 42-3, 45-7, 65, 69, 90, 130, 162, 249, 298, 357
Hazlitt, William, 218
Heath, Edward, 55, 325
Hedges, Chris, 377
Hegel, Georg Wilhelm Friedrich, 26, 41, 45, 133, 140, 193, 203-5, 240, 350
Heidegger, Martin, 39, 174
Heinemann, Margot, 319
Helmholtz, Hermann, 228
Helvetius, Claude Adrien, 225, 237
Hémery, Daniel, 411
Hennecke, Hans Jörg, 15
Henriqueta Maria, 269
Heseltine, Michael, 325
Hewart, Gordon Lorde, 62
Hewlett, Meyrick, 398
Hexter, J. H., 268
Hicks, John, 240
Hill, Christopher, 212, 215, 219, 268, 284, 323
Hilton, Rodney, 302
Hitchens, Christopher, 366, 374
Hitler, Adolf, 24, 26, 32, 45, 174, 190, 201, 316, 351
Ho Chi Minh, 410
Ho Lung, 419-20
Hobbes, Thomas, 23-8, 34, 40-1, 43, 144, 172-3, 186-7, 200
Hobsbawm, Eric, 12, 16-7, 212, 257, 315-59
Holbach, Paul Heinrich Barão de, 225, 235
Holmes, Clive, 285
Holmes, Stephen, 376
Holstun, James, 307
Home, Alec Lorde, 61
Homero, 139
Honecker, Erich, 90
Hoon, Geoff, 359
Hoppenbrouwers, Peter, 302

Horkheimer, Max, 105, 139, 141-2
Housman, Alfred Edward, 221
Howe, Geoffrey, 37
Hu Shi, 410, 412, 418
Huang, Philip, 305
Huang Shao-hsiang, 410
Hugo, Victor, 225
Hui Sungkai, 430
Hull, Cordell, 209, 345, 358
Humboldt, Alexander von, 83
Hume, David, 34, 46
Hunt, John e Leigh, 217
Hurd, Douglas, 324
Hussein, Saddam, 111, 190, 376
Husserl, Edmund, 175
Hutton, Ronald, 309
Huxley, Thomas, 241

Ignatieff, Michael, 376
Ingham, Bernard, 50
Ireton, Henry, 121
Isett, Christopher, 305

Jacques, Martin, 328
Jaime I, 269, 271
Jaime II, 271, 279-80
James, Henry, 381
James, P. D., 372
Jameson, Fredric, 12, 374
Jaurès, Jean, 184
Jay, Martin, 376
Jefferson, Thomas, 81, 100, 143, 153
Jeffreys, Geroge, 63
Jennings, William Ivor, 51-3, 60
Jiang Zemin, 412
Johnson, Lyndon, 378
Johnson, Paul, 56
Johnson, R. W., 366
Johnson, Samuel, 67
Johnston, C. F., 398-9
Jones, Ernest, 232
Jordan, K. E., 416
Joseph, Keith, 77-8

Joyce, James, 229
Judt, Tony, 379

Kadaré, Ismail, 96
Kaldor, Mary, 219
Kant, Immanuel, 132-3, 138-9, 169, 171-3, 178, 183, 185, 191-2, 204-5, 350
Kapp, R. A., 398
Kästner, Erich, 235
Kaus, Mickey, 161
Kelsen, Hans, 144, 175, 191-2
Kennan, George, 98
Kennedy, John F., 365, 378
Kepler, Johannes, 317
Kerry, John, 377
Keynes, John Maynard, 32, 298
Khruchov, Nikita, 318, 322-4
Kiarostami, Abbas, 381
Kiernan, Victor, 366
Kiesinger, Kurt Georg, 47
Kim Il-Sung, 403
King, Martin Luther, 136
Kinnock, Neil, 328, 367
Kipling, Rudyard, 413
Kishimoto, Hirokichi, 397, 428-9
Kishlansky, Mark, 308
Klaus, Václav, 88, 90
Klugmann, James, 319
Kohl, Helmut, 90, 94, 101-2, 120
Kojève, Alexandre, 266
Kondratiev, Nikolai, 334, 338-9, 354, 357
Koselleck, Reinhart, 355
Kostov, Traicho, 322
Kramer, Hilton, 56
Kristol, Irving, 56
Kuhn, Thomas, 240
Kundera, Milan, 92
Kung, H. H., 424
Kuroń, Jacek, 88
Kurosawa, Akira, 342
Kwasniewski, Aleksandr, 90

La Mettrie, Julien Offray de, 225
Lacan, Jacques, 39

Lachman, Karl, 222, 236
Ladurie, Emmanuel Le Roy, 302, 305
Lafontaine, Oskar, 358
Laity, Paul, 370
Lamfalussy, Alexandre, 291
Lanchester, John, 79, 370, 372, 377
Landes, David, 314
Lane, Geoffrey Lorde, 62
Laqueur, Thomas, 380
Larkin, Philip, 209
Lary, Diana, 407
Laslett, Peter, 255
Lawrence, D. H., 73, 211, 421,
Lawrence, T. E., 86, 421
Leavis, F. R., 364, 371
Lee, Chong-sik, 403
Lefebvre, Georges, 268
Leigh Fermor, Patrick, 84
Leiris, Michel, 83
Lenin, Vladimir Ilyich, 322-3, 346, 348
Lennon, John, 123
Leopardi, Giacomo, 222, 224-8, 236, 241-2
Letwin, Shirley, 67-8
Levine, David, 375
Lévi-Strauss, Claude, 39, 83, 225
Lewis, Anthony, 376
Lewontin, Richard, 370
Li Ka-shung, 422
Li Tsung-jen, 407, 409, 411-2, 422
Lilla, Mark, 343
Lincoln, Abraham, 136, 176-8, 197
Little, Lester, 430
Llosa, Mario Vargas, 245-9, 252
Locke, John, 24-5, 34, 38, 44, 133
Lockhart, Frank, 428
Luís XIV, 200
Lucano, 122, 240
Lucas, São, 222
Lucrécio, 222, 225
Lung Yun, 420-2
Luttwak, Edward, 375
Luxemburgo, Rosa, 267, 326

Lyall, Leonard, 392
Lyotard, Jean-François, 14, 227

MacArthur, General Douglas, 258
Mach, Ernst, 31, 228
MacIntyre, Alasdair, 134, 138
Maclean, Donald, 318
MacMahon, Marie Edmé, 336
Macmillan, Harold, 55
Major, John, 47, 78-9, 82, 373
Malenkov, Georgi, 324
Malloch Brown, Mark, 248
Malraux, André, 83, 85, 402
Mandelson, Peter, 79
Manilius, 221
Mann, Michael, 145
Manning, Brian, 286, 307
Mansfield, Harvey, 56
Manzoni, Alessandro, 225
Mao Tsé-tung, 351, 412, 418-9
Maquiavel, Nicolau, 238, 355
Marcial, 222
Marek, Franz, 322
Mariátegui, José Carlos, 321
Maritain, Jacques, 23
Marquand, David, 378-9
Márquez, Gabriel García, 16, 17, 243-52, 260
Marx, Karl, 72, 140, 142, 174-5, 202, 228, 236, 269, 287, 289, 295, 298, 305, 312, 345, 350-1, 355, 370
Mathiez, Albert, 268
Matuštík, Martin Beck, 201
Maurras, Charles, 26
Mayer, Arno, 337
Maze, Frederick, 391, 406, 408, 410-1, 413-4, 416-7, 419
Mazzini, Giuseppe, 183, 225, 237
McCloy, John, 197
McCormack, Gvan, 403
McEwan, Ian, 381
McKibbin, Ross, 367, 377
McNicol, Jean, 370

Mead, George Herbert, 197
Mearsheimer, John, 14,
Meier, Christian, 355
Meier, Heinrich, 26
Mellon, Andrew, 345
Mendoza, Plinio Apuleyo, 243
Menger, Carl, 39
Meringer, Rudolf, 236
Merkel, Angela, 111
Michaux, Henri, 83
Michnik, Adam, 88
Milburn, Alan, 79
Mill, John Stuart, 59, 132-3, 140, 175, 240, 315
Miller, Karl, 370-1, 374
Milne, Seumas, 367
Milošević, Slobodan, 95, 108, 191, 193
Milosz, Czeslaw, 92
Mises, Ludwig von, 31-2
Mitchell, Juliet, 209
Mitterand, François, 165
Modigliani, Franco, 238.
Molotov, Vyacheslav, 324
Momigliano, Arnaldo, 238
Montesquieu, Charles-Louis de Secondat Barão de, 54, 304
Montez, Lola, 336
Moore, Charles, 21
Moorhead, T. D., 394
Morand, Paul, 83
Moretti, Franco, 234, 238, 240
Morgan, J. Pierpont, 345
Morley, James, 427
Morril, John, 268, 270, 275, 279, 282, 306
Morris, William, 213, 235
Mossadegh, Mohammed, 117, 197
Mount, Ferdinand, 15, 49-81, 368
Mozart, Amadeus, 370
Muggleton, Ludowick, 215
Mulhern, Francis, 328
Murdoch, Rupert, 90, 364, 367, 370
Murray, Charles, 56, 161
Musatti, Cesare, 232

Musil, Robert, 229
Mussolini, Benito, 32, 174-5

Nabokov, Vladimir, 372
Nagel, Thomas, 178
Naipaul, V. S., 372, 381
Nairn, Tom, 54, 91, 211, 366
Napoleão, Luís, 188, 333
Nelson, Horatio, 217
Nelson, Lars-Erik, 376
Neruda, Pablo, 330, 381
Nietzsche, Friedrich, 13, 27-9, 221, 315
Nixon, Richard, 28, 166, 298, 327
Northcliffe, Alfred Harmsworth 1º Visconde, 84
Notestein, Wallace, 268
Novalis (Friedrich von Hardenburg), 225
Nuri al-Said, 86

O'Brien, Conor Cruise, 56
O'Hagan, Andrew, 370
O'Kelly, H. M. D. Comte, 410, 412
Oakeshott, Michael, 2, 9, 15, 21-31, 33-4, 36-47, 50-1, 55-6, 65, 220
Odría, General Manuel, 249
Orbán, Viktor, 88
Orwell, George, 84, 93, 97, 100, 124
Ovídio, 222, 415

Pai Chung-hsi, 406-7, 412,
Paine, Thomas, 217
Papen, Franz von, 47
Pareto, Vilfredo, 175
Parnell, Charles Stewart, 384
Parsons, Talcott, 133, 142, 197, 373
Pasquali, Giorgio, 222, 238, 242
Paulo, São, 45
Paulus, General Friedrich, 355
Payne, Robert, 422
Pearl, Valerie, 280
Peirce, Charles, 197
Perec, Georges, 371
Peter, Hugh, 276

Philby, Kim, 318
Philby, St. John, 84, 86
Phipps, Diana, 96
Pinay, Antoine, 345
Pincus, Steven, 309
Pipes, Richard, 105
Pirenne, Henri, 269
Pitt, William (o Jovem), 217
Platão, 13, 26-7
Plutarco, 246
Pogge, Thomas, 176-7, 180, 201
Polanyi, Karl, 179
Políbio, 355
Pollard, Sidney, 314
Pomeranz, Kenneth, 304
Postan, Michael, 302
Powell, Anthony, 49, 121, 243,
Proudhon, Pierre-Joseph, 333
Pym, John, 269, 273-7, 280, 282

Quataert, Donald, 391
Quayle, Dan, 47
Quine, Willard van Orman, 315

Racine, Jean, 70
Radcliffe, Cyril John Lorde, 62
Rainsborough, Thomas, 120-1, 276
Rajk, László, 322
Rattigan, Terence, 70
Rawls, John, 15-6, 46, 129-38, 144, 153-4, 162, 167, 169-71, 173-8, 180-3, 185-8, 196-7, 200, 202-5
Reagan, Ronald, 47, 51, 55, 87, 103, 119, 193, 200-1, 311, 341, 351, 357
Reeve, John, 215
Reid, Christopher, 372
Ricardo, David, 350,
Rice, Condoleezza, 122
Richmond, Charles Lennox Duque de, 217
Ridley, Nicholas, 69
Rigby, Richard, 402
Rigby, Sarah, 370
Rilke, Rainer Maria, 240

ÍNDICE ONOMÁSTICO 439

Robert, Marthe, 232
Roberts, Paul Craig, 56
Robinson, Henry Crabb, 218
Rockefeller, David, 348
Roemer, John, 130
Rolland, Romain, 226
Roosevelt, Franklin Delano, 103, 111, 192-3, 344
Rorty, Richard, 240
Rousseau, Jean-Jacques, 143, 240-1, 315, 350
Rove, Karl, 80
Roy, M. N., 321,
Rudolf II, 45
Rumsfeld, Donald, 121
Runciman, David, 378
Rushdie, Salman, 371
Ruskin, John, 211
Russell, Bertrand, 315
Russell, Conrad, 268-70, 273-4, 279, 288, 307
Russo, Luigi, 238
Rycroft, Charles, 239

Sade, Donatien François Marquês de, 139
Said, Edward, 14, 366, 376, 380
Saint-Exupéry, Antoine de, 83
Saint-Simon, Louis de Rouvroy Duque de, 183, 424
Salazar, António de Oliveira, 25,
Salisbury, Harrison, 390, 420
Sallust, 222
Samuel, Raphael, 209, 326
Sánchez de Lozada, Gonzalo, 248
Sarkozy, Nicolas, 111
Sartori, Giovanni, 238, 240
Sartre, Jean-Paul, 174, 240, 243, 315, 317
Sassoon, Donald, 235
Saussure, Ferdinand de, 224
Savigny, Friedrich Karl von, 39, 45, 145
Scelba, Mario, 345
Schapiro, Leonard, 89
Schleicher, Kurt von, 24

Schmidt, Helmut, 88
Schmitt, Carl, 15, 21-6, 31, 33, 35, 40, 42-7, 144, 191-2, 355
Schopenhauer, Arthur, 226
Schorske, Carl, 232
Schroeder, Gerhard, 101, 110-1, 113
Schumpeter, Joseph, 289
Scott, Jonathan, 308-9
Sedley, Stephen, 367
Seipel, Ignaz, 32
Selassiê, Hailê, 85-6
Sen, Amartya, 357
Sêneca, 222
Serge, Victor, 321
Servius, 222
Seton-Watson, R. W., 84, 86, 89, 96, 109
Shaftesbury, Anthony Ashley Cooper Conde de, 280
Sharpe, Kevin, 268-70
Shiraishi, Takashi, 427
Sidgwick, Henry, 133,
Simpson, David, 376
Sisson, C. H., 52
Slánský, Rudolf, 322
Smith, Adam, 34, 350
Sneevliet, Henk, 321
Soboul, Albert, 268
Sócrates, 27, 31
Sofri, Adriano, 241
Somoza, Anastasio, 50
Southcott, Joanna, 216
Spencer, Herbert, 183, 241, 350
Spice, Nicholas, 370
Spinoza, Baruch, 25
Stalin, Josef, 102, 322, 351-2
Steiner, George, 223
Stendhal (Marie-Henri Beyle), 237
Stiglitz, Joseph, 357
Stimson, Henry, 345
Stone, Lawrence, 269
Stone, Norman, 56, 89, 209
Strafford, Thomas Wentworth Conde de, 274

Strauss, Leo, 15, 21-2, 25-31, 33, 35, 38, 40, 42, 45-6
Stroheim, Erich von, 381
Sturrock, John, 370, 379
Sudoplatov, General Pavel, 370
Sun Yat-sen, 392, 395, 402, 407
Swift, Jonathan, 213
Sylvester, David, 382

Tácito, 355
Taft, William, 345
Tait, Theo, 380
Tanguay, Daniel, 15
Tawney, R. H., 268, 307
Tayler, Christopher, 380-1
Taylor, A. J. P., 315
Tebbit, Norman, 324
Tertuliano, 45
Thatcher, Margaret, 21, 47, 55-7, 61, 64, 66-70, 77-9, 87, 89, 101-2, 119, 121-2, 249, 269, 327-8, 356-7, 365-6, 377, 379-80
Therborn, Göran, 16-7, 255-66
Thesiger, Wilfred, 85-6
Thomas, Hugh, 89
Thompson, Dorothy, 220
Thompson, Edward, 16-7, 74, 209, 212-8, 255, 326
Thomson, George, 277
Thomson, Maurice, 272, 274, 276-9
Tiepolo, Giambattista, 370
Timpanaro, Sebastiano, 12, 16-7, 221-42
Tocqueville, Alexis de, 45, 98, 140, 159, 315, 355
Tóibín, Colm, 369
Townshend, Charles, 284
Trollope, Anthony, 72
Trotski, Leon, 321, 326
Truman, Harry, 188, 352
Tucídides, 355
Tucker, Josiah, 34

Underdown, David, 270, 283-4
Urban, George, 89
Urquhart, Brian, 376

Valerius Probus, 236
Vendler, Helen, 372
Vico, Giambattista, 240
Virgílio, 222, 230
Volney, Constantin-François, 216
Voltaire, François-Marie Arouet de, 217, 240-1, 351
Vries, Jan de, 302

Wales, Nym, 420
Walesa, Lech, 90, 102
Wallerstein, Immanuel, 14
Walras, Léon, 298
Walzer, Michael, 188, 376
Wang Ching-wei, 427
Warwick, Robert Rich Conde de, 273-4, 276
Washington, George, 197
Watkins, Susan, 378
Watson, Richard Bispo de Llandaff, 217
Waugh, Evelyn, 84-5
Weber, Max, 13, 44, 144, 175, 182, 209, 240, 286
Weinberger, Eliot, 379
Welles, Orson, 381
Wells, H. G., 73
West, Rebecca, 84, 86
Wilamowitz-Moellendorff, Ulrich von, 221
Williams, Raymond, 211, 214, 239
Wills, Garry, 366
Wilmers, Mary-Kay, 368, 370, 374, 378
Wilson, Harold, 165, 367
Wilson, Woodrow, 192, 345
Wittgenstein, Ludwig, 39, 224
Wojtyla, Karol (papa João Paulo II), 102, 120
Wolf, Markus, 90
Wollheim, Richard, 382
Wood, James, 380
Wood, Michael, 381

ÍNDICE ONOMÁSTICO   441

Woodward, Susan, 97, 99
Woolf, Virginia, 73, 75, 84, 417
Woolrych, Austin, 270, 308
Worden, Blair, 269-70
Wordsworth, William, 218
Wrigley, E. A., 314
Wyndham Lewis, Percy, 417

Ye Wa, 386
Yeltsin, Boris, 105, 117, 344, 366

Yoshizawa, Minami, 427
Young, Arthur, 414
Young, Michael, 161
Yü Tso-po, 409
Yuan Shih-k'ai, 393

Zanden, Jan Luiten van, 302
Zhdanov, Andrei, 322
Žižek, Slavoj, 382
Zola, Emile, 228, 235

OUTRAS PUBLICAÇÕES DA BOITEMPO

Brasil: uma biografia não autorizada
Francisco de Oliveira
Apresentação de **Fabio Mascaro Querido e Ruy Braga**
Orelha de **Marcelo Ridenti**

Esquerdas do mundo, uni-vos!
Boaventura de Sousa Santos
Orelha de **Guilherme Boulos e Tarso Genro**
Quarta capa de **Nilma Lino Gomes**

Gênero e desigualdades: limites da democracia no Brasil
Flávia Biroli
Orelha de **Céli Pinto**
Quarta capa de **Albertina de Oliveira Costa**

A liberdade é uma luta constante
Angela Davis
Organização de **Frank Barat**
Tradução de **Heci Regina Candiani**
Prefácio à edição brasileira de **Angela Figueiredo**
Prefácio de **Cornel West**
Orelha de **Conceição Evaristo**

A nova segregação: racismo e encarceramento em massa
Michelle Alexander
Tradução de **Pedro Davoglio**
Revisão técnica e notas de **Silvio Luiz de Almeida**
Apresentação de **Ana Luiza Pinheiro Flausina**
Orelha de **Alessandra Devulsky**
Quarta capa de **Eliane Dias**

COLEÇÃO TINTA VERMELHA

Por que gritamos golpe?
Ivana Jinkings, Kim Doria e Murilo Cleto (orgs.)
Apresentação de **Ivana Jinkings**
Quarta capa de **Luiza Erundina e Boaventura de Sousa Santos**

COLEÇÃO MARX-ENGELS

Diferença entre a filosofia da natureza de Demócrito e a de Epicuro
Karl Marx
Tradução de **Nélio Schneider**
Apresentação de **Ana Selva Albinati**
Orelha de **Rodnei Nascimento**

COLEÇÃO ESTADO DE SÍTIO
Coordenação de Paulo Arantes

Comum: ensaio sobre a revolução no século XXI
PIERRE DARDOT E CHRISTIAN LAVAL
Tradução de **Mariana Echalar**
Orelha de **Eleutério Prado**

COLEÇÃO MARXISMO E LITERATURA
Coordenação de Michael Löwy

Ensaios sobre Brecht
WALTER BENJAMIN
Tradução de **Claudia Abeling**
Posfácios de **Sérgio de Carvalho e José Antonio Pasta**
Orelha de **Iná Camargo Costa**

COLEÇÃO MUNDO DO TRABALHO
Coordenação de Ricardo Antunes

Gênero e trabalho no Brasil e na França
ALICE RANGEL DE PAIVA ABREU, HELENA HIRATA E
MARIA ROSA LOMBARDI (ORGS.)
Tradução de **Carol de Paula**
Prefácio de **Tatau Godinho**
Orelha de **Renata Gonçalves**
Quarta capa de **Miriam Nobre**

COLEÇÃO CLÁSSICOS BOITEMPO

Tempos difíceis
CHARLES DICKENS
Tradução de **José Baltazar Pereira Júnior**
Orelha de **Daniel Puglia**
Ilustrações de **Harry French**

LITERATURA

Estação Perdido
CHINA MIÉVILLE
Tradução de **José Baltazar Pereira Júnior**
e **Fábio Fernandes**
Orelha de **Fausto Fawcett**

SELO BARRICADA

Conselho editorial Gilberto Maringoni e Luiz Gê

Marx: uma biografia em quadrinhos
ANNE SIMON E CORINNE MAIER
Tradução de **Mariana Echalar**
Letras de **Lilian Mitsunaga**

SELO BOITATÁ

O capital para crianças
JOAN R. RIERA (ADAPTAÇÃO)
Ilustrações de **Liliana Fortuny**
Tradução de **Thaisa Burani**

Meu crespo é de rainha
BELL HOOKS
Ilustrações de **Chris Raschka**
Tradução de **Nina Rizzi**

O Deus Dinheiro
KARL MARX E MAGUMA (ILUSTRAÇÕES)
Tradução de **Jesus Ranieri e Artur Renzo**

Este livro foi composto em Adobe Garamond
11/14 e reimpresso em papel Avena 80 g/m²
pela gráfica Rettec, para a Boitempo, em maio
de 2018, com tiragem de 500 exemplares.